关系社会学丛书

西安交通大学研究生
"十四五"规划精品系列教材

杜海峰 何晓晨

王洋 蔡萌 任义科

编著

社会网络分析方法与应用

从属性分析到结构分析

M ETHODS
A ND
APPLICATIONS OF
SOCIAL NETWORK
A N A L Y S I S

*From Attribute Analysis
to Structural Analysis*

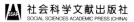
社会科学文献出版社
SOCIAL SCIENCES ACADEMIC PRESS (CHINA)

编著者简介

　　杜海峰，1972 年生，博士，西安交通大学公共政策与管理学院教授，博士生导师。分别于 1996 年、1999 年和 2002 年在西安交通大学获得机械工程学士、硕士和博士学位，斯坦福大学博士后。入选首批陕西省"特支计划"—哲学社会科学领军人才、教育部"新世纪优秀人才"、"陕西高校人文社会科学青年英才"等支持计划，享受国务院政府特殊津贴。现任中国人民政治协商会议第十四届全国委员会委员，民革十四届中央教科卫体委员会委员，民革陕西省副主委、常委，陕西省监委特约监察员；中国管理现代化研究会公共管理专业委员会，常务委员；中国社会学会社会网与社会资本委员常务理事，陕西省统一战线智库首批入选专家。先后在美国圣塔菲研究所、加州大学尔湾分校、华盛顿大学进行合作研究。主持各类项目 30 余项，其中国家社科重大项目 1 项，重点项目 2 项，国家自然科学基金项目 5 项，国家"十二五"科技支撑计划项目 1 项；作为子课题负责人/主要成员参与国家自然科学基金重大研究计划项目、"973 计划"项目、国家科技支撑计划项目、国家社会科学基金重大项目等 10 余项；出版教材、专著 16 部，发表学术论文 180 余篇，获得各级奖励 27 项，其中省部级一等奖 3 项。与民政部等各级政府部门合作开展相关研究，20 余项成果被各级政府采纳，中央电视台、《中国青年报》、《中国社会科学报》、《中国科学报》等媒体先后50 余次对有关研究进行报道。

　　何晓晨，1992 年生，博士，西安交通大学公共政策与管理学院副教授，硕士生导师，西安交通大学党委政策研究室副主任（挂职）。分别于 2014年、2020 年在西安交通大学获得管理学/经济学双学士学位、管理学博士学位，2018~2019 年在康奈尔大学做访问学者。2020 年入职西安交通大学公共政策与管理学院，先后入选"西安交通大学青年优秀人才计划 A 类"与"仲英青年学者"。兼任陕西省应急管理学会理事。主要研究方向为复杂网络与社会网络、城乡融合发展与乡村治理、儿童教育与发展。主持国家自然科学基金面上项目 1 项、国家自然科学基金青年项目 1 项、博士后面上项目一等资助 1 项以及多项校级与横向项目。参与包含国家社会科学基金重大、重点项目、国家自然科学基金专项项目等 20 余项课题研究，在 *Chaos, Solitons and Fractals*、*Swarm & Evolutionary Computation*、*CAAI Transactions on Intelligence Technology* 等国内外重要期刊发表学术论文 40 余篇，发表专著 2 部，获陕西省人文社科优秀成果奖三等奖、陕西省高等学校人文社会科学研究优秀成果奖一等奖。与地方各级政府部门开展合作相关研究，被多家媒体报道。担任国家自然科学基金通讯评审、*Chaos: An Interdisciplinary Journal of Nonlinear Science*、*IEEE Transactions on Computational Social Systems*、*Child Indicators Research* 等期刊评审。

任义科，1969 年生，博士，山西师范大学经济与管理学院教授，博士生导师。分别于 1992 年、2004 年在山西师范大学获得理学学士和经济学硕士学位，2009 年于西安交通大学获得管理学博士学位。先后入选山西省高等学校 131 领军人才工程优秀中青年拔尖创新人才，山西省 C 类（省部级领军人才）高层次人才。兼任山西省智库发展协会专家、太原市社会治理研究会副会长。主持国家社会科学基金项目 1 项，山西省软科学基金项目、山西省教育厅项目和横向项目 10 余项。在 *Cities*、《中国农村观察》、《地理科学进展》等刊物上发表论文 40 余篇，出版专著 4 部、译著 1 部。研究成果获教育部高等学校科学研究优秀成果三等奖、山西省社会科学研究优秀成果一等奖和二等奖各 1 次、山西省社科联"百部（篇）工程"一等奖、二等奖各 1 次；获山西省高等教育研究生教学成果一等奖 1 次。

王洋，1987 年生，博士，西安交通大学公共政策与管理学院教授，博士生导师，院长助理，秦创原战略研究院副院长。分别于 2009 年、2012 年在北京师范大学管理学院获得管理学学士和理学硕士学位，2016 年获得以色列巴伊兰大学博士学位，先后在美国宾夕法尼亚州立大学和美国西北大学从事博士后研究。2019 年入选陕西省"高层次人才引进计划"和西安交通大学"青年拔尖人才"支持计划。兼任中国科学学与科技政策研究会科技政策专委会、科技成果转化专委会委员；中国人工智能学会社会计算与智能专委会委员；陕西省应急管理学会理事。近年来，特别关注科技政策与管理、数据驱动的科学学、计算社会科学等方面的研究。主持国家自然科学基金项目 3 项、高等教育学会重点课题、陕西省软科学委托和面上项目等课题。近年来，在 Nature（2 篇）、Nature Communications、Research Policy、《科学学研究》等国内外顶级期刊发表论文 20 余篇，主编出版专著 1 部、教材 1 部，研究成果受到国内外学术界广泛关注，被国内外社交媒体转载 7000 余次，下载量近 20 万次。相关研究成果被《经济学人》、《华尔街日报》、《哈佛商业评论》、《泰晤士报》、《纽约时报》、《搜狐新闻》、中国网等国内外数十家媒体报道 40 余次，影响广泛。研究成果获陕西省哲学社会科学优秀成果一等奖、Nature Communications 2019 年度创新论文奖、陕西省高等学校人文社会科学研究优秀成果一等奖等，基于研究成果形成的决策咨询入选 2024 年度陕西省政协系统重点提案（被省委书记督办），被国家自然科学基金委政策局、陕西省委办公厅、陕西省科学技术学会采纳。担任美国自然科学基金会、瑞典人文社会科学基金会函评专家；PNAS、Nature Communications、Research Policy 等杂志的审稿人。

蔡萌，1984 年生，博士，西安交通大学人文社会科学学院教授，博士生导师。分别于 2006 年、2014 年在西安交通大学获得工学学士和管理学博士学位，2016～2018 年在美国波士顿大学从事博士后研究。先后入选西安交通大学"青年拔尖人才"支持计划和陕西省"高层次人才特殊支持计划"。兼任中国社会学会计算社会学专委会理事，陕西省应急管理学会理事。主要研究方向为计算社会科学、社会网络与社会治理。主持国家自然科学基金、国家社会科学基金及各类科研课题等近 30 项，省级教改重点项目 1 项；在国内外权威期刊上发表论文 50 余篇，授权专利 1 项；以排名第一获国际奖、省部级一等奖、三等奖各 1 次。相关研究成果或建议多次获得政府部门、社会团体与企事业单位的采纳，被人大复印报刊资料、中国社会科学网、《中国青年报》、《人民日报》客户端等全文转载或报道。

丛书总序

边燕杰

关系社会学（Relational Sociology）是关于社会关系的本质、内在变动逻辑、影响作用的社会学研究。"关系社会学丛书"旨在向读者呈现关系社会学研究领域的学术成果，推动关系社会学研究与教学，建立关系社会学的知识体系。

社会学发轫于欧美。虽然欧美社会学不乏社会关系的经典理论和研究范例，但直到20世纪70年代社会网络分析才有了学科影响力，到了90年代关系社会学才被明确提出。在欧美，关系社会学是一种思维方法论、一种研究视角，是针对"实质社会学"（Substantive Sociology）而提出的。关系社会学视角中的社会行动者是社会关系的集合体，而实质社会学视角中的社会行动者是利益、价值、地位的承载体，理论上与关系无涉。可以说，从实质视角到关系视角，欧美社会学的理论抽象越来越接近现实。

关系视角是中国社会学家对国际社会学的重要学术贡献。早期留学欧美的中国学生注意到，欧美社会学关于社会和社会结构的假设，有实质社会学的倾向，无视社会关系的中心性，不完全适用于中国社会。1980年，我和同学访问身居上海的留美社会学家应成一先生，他说的"中国只有关系，没有社会"指的就是这个意思。1950年以前，在从关系视角探索中国社会和文化内在变动逻辑的、具有原创性的中国社会研究中，影响最大的是梁漱溟的"伦理本位"论和费孝通的"差序格局"论。20世纪40年代，胡先缙关于面子的研究颇具国际影响力，美国社会学家戈夫曼（Erving Goffman）以此为基础发展了他的日常生活社会学学说。进入20世纪80年代，越来越多的中国关系研究成果在国际上发表。1992年，费孝通的"差序格局"等系列论文集出版英译本，在国际学界产生新的影响。

创立和发展关系社会学是时代的召唤。一方面，中国改革开放四十多年的经济发展令世人瞩目，随着现代化的推进，社会关系的重要性不但没有下降，反而可能有所上升，这和现代化理论预测相悖，需要在实证研究的基础上提出新的理论解释。另一方面，在国际社会学界，社会网络和社会资本研究在过去30年有了长足进步，但许多被普遍接受和使用的概念、理论、方法，在中国的分析有效性有待证明，而基于中国关系现象的本土化研究，必将反过来丰富这些认识工具，同时在理论上有所创新，进而形成中国的关系社会学的理论流派。关系社会学可能成为中国社会学跨出国门、走向世界的路径。

诚挚希望这套丛书对关系社会学的研究和教学起到推动作用。

序

　　《社会网络分析方法与应用——从属性分析到结构分析》的出版，为我国高校提供了一部社会网络分析的专业教材，为社会网络研究者提供了一份理论与方法的参考手册，也为"关系社会学丛书"的广大读者提供了一部有关社会网络专业知识的最新读本。

　　人类生活在社会关系网络之中，马克思主义关于人是社会关系总和的论断早已深入人心。但是作为高等教育的一个专业教学和研究领域，社会网络分析（Social Network Analysis，SNA）于20世纪60年代才成为英美大学的一门社会学课程。我于1985年赴美攻读社会学博士学位，当时社会网络分析还属于博士学位选修课，没有正式出版的教科书，课上讨论和课下阅读的材料均来自期刊和会议论文，这是学科知识体系正在形成、尚未完善的表现。这种情况到20世纪90年代才有了革命性改观，前后有两本专业教科书出版，均以SNA作为书名的主标题：一本是英国学者John Scott的简易教程，侧重于讲解社会网络分析的基本概念和基础知识，是入门性质的；另一本由美国学者Steve Wasserman和Katherine Faust编著，厚厚一部，系统性地阐释社会网络分析方法和应用，颇有专业知识大全之效。在英语世界的社会网络分析专业课中，无论是社会学还是其他社科专业，这两本书至今仍是最受欢迎的指定教材。

　　20世纪90年代，社会网络理论和分析方法从英语世界传入我国，由于以下三个背景要素随即引起学界的高度重视。一是社会网络理论和分析方法虽为舶来品，但因其大量内容与我国的人情面子文化和关系行为导向存在一定的亲和性，为我国学者研究自家门口的关系主义现象提供了新的视角和方法。二是社会资本概念和理论也在同期传入我国，其与社会网络分析方法有机结合，构成了一种联系性思维范式和学术研究范式，即从人与人、人与组织、组织与组织的联系性视角出发，研究正在发生巨变的中国社会，这活跃了我国社会科学的研究领域。三是进入 21 世纪以后，伴随着互联网、大数据、数字经济、社会计算的蓬勃发展，网络科学（Network Science）应运而生，为社会网络分析方法的应用和完善，为社会资本理论的拓展和创新，为推动中国主体话语的社会关系研究和理论建构，开辟了新的平台、提出了新的议题、创造了新的发展空间。

摆在读者面前的这部社会网络分析教科书，来自西安交通大学公共政策与管理学院长期从事我国社会关系与社会网络研究的一个学术团队。该团队的学术带头人杜海峰教授是本书主编，他是社会网络研究的知名学者，具有管理学、社会学、人口学的综合学研背景，专长于社会网络的科学建模和数据分析，在复杂网络理论和模型分析、流动人口的个体中心网络和整体网络，以及人际社会网络对农民工观念行为的实证研究等方面，均有原创性学术贡献，是中国社会学会"社会网络与社会资本"专业委员会的创会成员之一。本教材的内容来自杜海峰教授及其团队成员近 20 年来的社会网络研究成果和课堂教学经验，既介绍了通识知识，又展示了中国实证研究成果，还包括了最新的大数据分析和网络科学知识，因此大大区别于以翻译国外著作为主的其他教材。这部教材的定位是，通过系统全面的教学，尽快将学习者引入社会网络前沿领域，从事高水平科学研究，其特色主要体现在以下四个方面。

一是系统性。该教材系统地介绍了社会网络发展史、社会网络理论、社会网络数据收集、社会网络分析方法（包括经典社会网络分析和复杂网络分析），以及相应的社会网络分析软件与操作实例。该书既具有学习、教学的即时实用性，也具有社会网络百科全书式的查阅参考性。

二是层次性。这部教材为不同学科背景的学习者提供了学习选择。由于学习者的学科背景不同，对社会网络方法和工具的学习重点也不同。具有人文社科背景的学习者应主要侧重于学习经典社会网络分析方法部分，具有理工科背景的学习者则可以侧重于学习复杂网络算法与建模部分。

三是前沿性。该教材包括了多个领域的研究前沿，无论是在经典社会网络分析方面，还是在复杂网络分析方面，学习者都可以通过对该教材的学习，较快地了解社会网络领域的热点前沿。

四是跨学科性。社会网络理论与方法具有较强的学科包容性，可用于包含行动者的关系和属性元素在内的各个研究领域。这部教材涉及社会网络分析这一学科的发展历程，以及社会网络理论与方法在不同学科的应用与最新发展，有助于拓宽学习者的视野，同时也兼顾了不同学习者的学习需求。

这部教材凝聚了编者多年的研究心得和教学经验，适用于我国本、硕、博三个层次的相关课程，也为关系主义现象和问题的研究者提供了有力工具。由此我们期待，该书的出版将对我国高校的社会网络教学和科研产生积极的推动作用。

是为序。

边燕杰
2023 年 9 月

前　言

　　社会网络已经成为社会学的重要研究领域之一，社会网络分析方法也逐渐被社会问题研究者所熟悉。我们所在的研究团队从 2004 年开始对社会网络理论、方法和应用进行研究；在对经典网络分析指标和方法系统把握的基础上，注重复杂网络研究等相关领域新成果在社会问题研究中的借鉴和应用。2005 年开设"社会网络分析导论"课程，当时国内有关社会网络的教材和参考书还不多，因此就有了编写相关教材的冲动，并开始收集资料、准备写作提纲。但是，写作计划一再搁浅，工作繁忙是常用且说得过去的借口，更重要的原因是教材编写的难度大大超出了想象，社会网络相关的研究和应用越来越多，资料收集工作量大；有关社会网络的专著和教材也越来越多，也直接挑战了我们的知识储备，增加了我们在教材编写时取得新突破的难度。

　　随着研究团队的逐渐壮大和成果不断积累，特别是在西安交通大学研究生院"'十四五'规划精品系列教材"项目的资助下，我们加速了资料收集、教学实践经验整理以及编写团队再组建和优化的工作。我们所在的研究团队前期依托西安交通大学人口与发展研究所，在以社会网络分析为代表的多学科交叉方法解决社会问题方面，与美国斯坦福大学、华盛顿大学、加州大学尔湾分校、曼彻斯特大学、维多利亚大学、美国圣塔菲研究所等国外知名大学与研究机构建立了交流与合作关系，形成了由 40 余人组成的校内研究团队，其中教授 4 名、副教授 1 名、助理教授 2 名、在读博士研究生和硕士研究生 30 余名。本教材所涉及的方法已经被用于国家社会科学基金重大项目（13&ZD044、15ZDA048、22ZDA057）、国家社会科学基金重点项目（12AZD110、19ARK005、21AGL028）、国家自然科学基金项目（72474175、72104194、72004177）等研究实践；同时，研究团队自 2005 年起就开始了社会网络数据收集工作，多次深入工厂、农村社区、县域学校，先后在西安市、深圳市、平顶山市、汉中市、渭南市等地的村镇，开展 10 余次大规模抽样调查，调查对象超过 8 万人，其中整体网络数据 50 余个，规模超过 200 人的整体网络有 15 个，最大规模达到 3400 人。这些数据不仅为学术研究提供了基础，而且为课程教学提供了素材，从而让我们更好地把握了社会网络这样一个将模型、方法和理论有机整合的研究领域在教学中应该有的特点。

本教材在参考其他教材的基础上，尝试将经典社会网络分析与复杂网络分析、社会网络分析方法与实践操作、具体指标与实际应用进行协调整合，以便在教学中体现社会网络沟通自然科学和社会科学、宏观研究和微观研究的桥梁功能，力图使本教材成为一本受欢迎的教学用书，也希望其成为自学者的参考书。本教材的绪论和第一章是社会网络分析的基础；第二章至第八章是经典社会网络分析部分，介绍经典的指标和模型；第九章至第十一章是复杂网络分析部分；第十二、十三章是两个社会网络研究专题。杜海峰为全书研究人员提供基础资料，负责第一章具体撰写，并和何晓晨及任义科做最后修改及定稿；何晓晨负责第五、六、七、十二章及每一章常用软件操作部分的撰写；任义科负责第八章及附录中阅读拓展部分的撰写；王洋负责第九、十、十一、十三章的撰写；蔡萌负责第一、二、三、四章的撰写。我们认为所有编者对本教材的贡献是均等的，只是囿于资助项目规定，列出了编著顺序。

本书是研究团队全体师生共同劳动的结晶，在此致以由衷的谢意，也感谢西安交通大学研究生院的经费支持，特别感谢西安交通大学公共政策与管理学院李树茁教授和斯坦福大学 Marcus W. Feldman 教授，他们是研究团队社会网络研究方向的开启者和最早的组织者。

尽管我们在努力出版一本社会网络的"高质量教材"，但由于学术积累和能力有限，不妥之处在所难免，深知与"高质量"之间还有较大距离，恳请各位读者和学者不吝批评指正，让我们更有动力补充完善。

全体编者
2024 年 9 月 1 日

目　录

绪　论

本章主要介绍社会网络（Social Network）① 分析从属性拓展到结构的哲学逻辑，特别强调了将"关系"引入系统建模和分析的重要性及其给研究带来的挑战。此外，本章还探讨了社会网络作为模型、理论体系和分析方法所具有的多重属性。同时，本章还概述了全书的结构，介绍了各章节的核心内容，并提供了简要的阅读建议。

一　自然科学与社会科学

柏拉图（Plato）将世界分为两个层次：本质世界（World of Being）和形成世界（World of Becoming），认为一般人所接触的都是形成世界，是现实的、具体的事物，但是真知依附于本质世界。科学家（哲学家）的职责在于超越可以观察、感受和经历的事物而获取本质世界中的真理，即研究本质世界（谢宇，2008）。换言之，科学家超越其所处的形成世界，揭示形成世界抽象到本质世界里的规律是什么。例如，物理学中的一个简单距离公式表明：一个物体在匀速运动时，其运动距离等于初始距离加上速度乘以运动时间；如果一个物体在 1 秒钟内移动 5 米，那么 2 秒钟的移动距离应为 10 米。这一规律使得我们可以轻松预测物体的位置或计算其运动的总距离。在理想状态下，这一规律与物体的形状、所处的地域、观测时

_____

① "Social Network"这一术语在国内主要有三种翻译：社会网、社会网路和社会网络。《说文解字》中对"网"的注释是"庖牺氏结绳以渔"，即庖牺氏结绳编织的捕鱼工具。如果仔细观察渔网，会发现是一种规则的网状结构。"络"在《说文字》中的释义是"絮也，一曰麻未沤也"，即破旧的丝绵，形象地表达了杂乱无章的联系。在社会互动关系中，既可有"网"这样的规则联系，也存在"络"这样的不规则联系，所以本书采用"社会网络"作为"Social Network"这一术语的翻译。

间等因素无关，可以被研究者利用实验观测复现，因此自然科学规律忽略或者简化在形成世界中的无关因素，找到了本质世界里的"真理"，不仅获得了自然科学知识的积累，而且深刻影响了人类的思维方式和认识世界的习惯。

自然科学以发掘"永恒世界"中的真理为最终目的，这也是其精华所在，长期以来在科学史中占据主导地位。人类在认识本质世界的同时，开始重视如何更好地认识和研究自身所处的社会。"社会学之父"孔德（Comte）提出了社会学实证主义思想，创立了社会静力学和社会动力学，但他的基本信念是自然科学与社会科学无根本区别，应当像研究自然科学那样研究社会科学。人的主观能动性使得人类活动丰富多彩、社会现象纷繁复杂，"形成世界"很难找到"放之四海皆准"的普遍法则和规律，所以社会科学关注或者研究的正是"差异"。自然科学的理论和方法虽然可以为研究人类群体与社会行为提供有益的借鉴，但是完全将作为主要研究对象的"人"原子化，忽略其主观能动性，显然就丧失了社会科学或者社会学研究的本意。因此，邓肯（Duncan）明确指出，社会学不像物理学，唯独物理学才像物理学，因为一切近似于物理学家对世界的理解都将最终成为物理学的一部分（谢宇，2008）。谢宇（2006）在《社会学方法与定量研究》一书中强调，社会中的人是存在差异的，而以统计学为基础的定量分析方法是研究差异的妥当办法，进而提出了社会科学研究的三个基本原理。

第一个原理，变异性原理（Variability Principle）。社会科学研究除了研究对象（由人构成的社会）存在的差异之外，社会科学还研究社会现象或对象之间的变异或差异。以研究学历对收入的影响为例，如果研究对象的收入是一样的，或者学历是一样的，就无法揭示学历与收入之间的关系，或者会认为学历不是影响收入的重要因素。在相关系数公式中，对两个变量 X 和 Y，相关系数 r 为：

$$r(X,Y) = \frac{Cov(X,Y)}{\sqrt{Var(X)Var(Y)}} \qquad (0-1)$$

如果 X 和 Y 之间没有差异（即常量），它们的方差为 0，相关系数的值就无法计算，也就无法判断 X 和 Y 之间是否存在关系。总之，无论是在研究的目的上还是在方法的使用上，变异或差异是社会科学研究的基础。换言之，社会科学研究变量间的关系，不研究常量间的关系。

　　第二个原理，社会分组原理（Social Grouping Principle）。社会科学研究的总体往往是"量大"且"复杂的"。例如，要探讨影响高中学生学业成绩的因素，2023 年我国在校高中生超过 2600 万人，这是研究的总体，显然很难提供总体中每个个体的信息（大数据处理是另外一个问题，不在这里讨论），每个高中生的情况千差万别，但可以依据不同的个体属性，比如根据年龄、性别、籍贯、户籍等进行分组，分组是为了突出组与组之间的差异，以及组内个体的相似性。社会分组能减少社会结果的差异性，差异性减少得越多，社会分组就越有意义。

　　第三个原理，社会情境原理（Social Context Principle）。所有的社会现象都发生在其所处的特定时空环境，即社会情境。在社会科学研究的过程中，无论是问题提出，还是问题分析，都不能脱离社会情境。例如，美国社会学家格兰诺维特（Granovetter）提出的"弱关系"假说，认为西方社会弱关系的特点是个人的社会网络异质性较强，人与人之间的关系并不紧密，也没有太多的情感维系，但更易传递有价值的信息，因此在求职中可能发挥更重要的作用。然而，边燕杰基于天津调查的实证研究表明，在中国劳动者的求职中发挥主要作用的是强关系而非弱关系，而且这一结论并没有随着中国特色社会主义市场经济的形成而发生改变。

　　社会科学遵循的变异性、社会分组和社会情境原理与自然科学研究明显不同，因此需要不同于自然科学研究的基础假设、核心问题、理论工具、研究方法和研究路径，即不同的研究范式。

二　社会学与统计分析

　　邓肯奠定的定量社会科学研究新范式是建立在批判通过模仿自然科学以寻求普遍社会规律的研究范式的基础上的（谢宇，2008）。随着统计学的引入，在过去 50 年中，社会科学研究呈现更严格、清晰的假设和更大、更详细的数据集合趋向（Raftery，2000）。统计方法在社会科学领域走过了半个世纪，一方面使得该领域的研究水平有了很大的提高；另一方面为了拟合数据，统计模型也变得越来越复杂。Raftery（2000）根据研究者所使用的数据类型的不同，将战后统计学方法在社会学中的应用过程分为三个层叠的时期。

　　第一代统计方法出现于 20 世纪 40 年代晚期，研究者主要运用交互表

（Cross-tabulations）的方法，同时对关联测量（Measures of Association）和对数线性模型（Log-linear Models）倾注了很多心血，可以说这是社会学对统计学贡献最大的一个领域。

第二代统计方法出现于20世纪60年代，这一时期的研究者主要面对的是个体层次的调查数据，同时他们将注意力集中在具有线性结构关系（LIS-REL）的因果模型和事件史分析（Event History Analysis）上。

这两代统计方式都使用随机抽样数据。Barton（1968）早在20世纪60年代就敏锐地指出，在过去的30年里，经验性的社会研究被抽样调查所主导。在一般的情况下，通过对个人的随机抽样，调查变成了一个社会学的绞肉机——将个人从他的社会背景中撕裂出来并确保研究中没有任何人之间会产生互动。如果我们的目的是理解人类的行为，我们就需要了解群体、邻里、组织、社交圈、社区，以及互动、沟通、角色、地位、社会控制、信息利益等。基于传统统计分析的主流社会科学研究总是关注人们的个体行为，而不考虑行为的社会方面，也就是不关注人们之间的互动和互动对彼此的影响。

第三代统计方法在20世纪80年代晚期就已经初现端倪，研究者所处理的数据已经不能简单地归入上文所述的任何一个范畴。一方面是因为这些数据都具有与众不同的形式，比如文本和口述；另一方面是因为在与空间的和社会网络的数据联系时，依赖性已经成为一个至关重要的方面。

总之，以交互表为代表的第一代统计方法和面向个体层次调查数据的第二代统计方法都关注属性研究，第三代统计方法关注社会网络数据，侧重于关系研究，需要发展新的分析方法。

三　关系与社会网络

社会网络数据的多样性与复杂性的实质是社会网络问题纷繁复杂，或者是对问题的认识进入了新阶段，提出了新要求。对于社会系统，不能孤立考量其组成元素的属性，需要同时分析元素间的"依赖性"，当互动"关系"不能被忽略时，就需要更复杂多样的数据和方法。关系是广泛、普遍存在的，方程是最直观的关系表达，例如，在一个不考虑迁移的封闭环境中，如果人口是线性增长的，那么 $t+1$ 时刻的人口总数 $N(t+1)$ 和 t 时刻的人口总数 $N(t)$ 满足下面的关系：

$$N(t + 1) = \alpha N(t) \tag{0-2}$$

公式（0-2）中，α 是一个包含了出生和死亡的恒定系数。显然，这是一个线性关系，只要给定 $N(1)$ 和 α，很容易预估出 $t>1$ 时刻的人口总数。但是，如果考虑系统的资源约束，即人口和环境的互动关系，公式（0-2）所示的线性系统可以表示为下面的关系：

$$N(t + 1) = \alpha \left[1 - \frac{N(t)}{N_{\max}} \right] N(t) \tag{0-3}$$

公式（0-3）中，$N_{\max}$ 是封闭环境人口承载力的最大值，$\left[1 - \frac{N(t)}{N_{\max}} \right]$ 反映的是人口和环境的互动关系。图 0-1（a）给出了 $N_{\max} = 1000$，α 从 -0.2 变化到 1 时 N 随 t 的变化情况，可以看出，当 t 时刻的人口总数 $N(t)$ 接近 $N_{\max}$ 时，$\left[1 - \frac{N(t)}{N_{\max}} \right]$ 就会变小，从而抑制人口的增长，反之就促进人口增长，这一系统最终稳定在人口最大值 $N_{\max}$，事实上是在 $N_{\max}$ 处波动，同时系统还有一个稳定点，即 $N(t) = 0$。与公式（0-2）刻画的线性关系相比，公式（0-3）刻画的是一种非线性关系，要复杂很多。图 0-1（b）展示的是 α 从 1 变化到 3 时的情况，系统的动态变化情况已经不再"简单"，表现出一定的"随机性"，这就是"混沌"。总之，将"关系"纳入分析时，系统将变得复杂，需要更适合的分析理论和方法，自然科学是这样，社会科学也是这样。

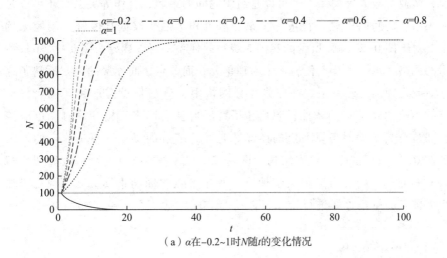

（a）α 在 -0.2~1 时 N 随 t 的变化情况

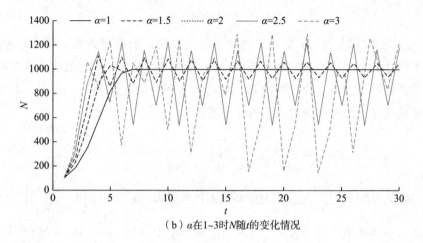

（b）α在1~3时N随t的变化情况

图 0-1　人口总数随时间变化的情况

如果将样本间的关系纳入分析，样本将不再独立，统计方法用于社会科学分析的基本前提将受到挑战，因此，作为从属性分析到结构分析的社会网络分析便应运而生。社会网络是社会行动者[①]（Social Actor）及其相互关系的集合，以人与人、人与组织或组织之间的关系为研究对象，其形成和发展经历了一个从方法和隐喻到理论和实质的变化过程（韦尔曼，1994）。

社会网络是一个模型。经典的社会网络仅用"节点"和"边"两个元素就可以为系统构建模型。节点代表的就是社会行动者，可以是人，也可以是组织，还可以是某种事件；边反映的是相互关系，可以是人和人之间的朋友、亲戚、敌人等关系，也可以是组织之间的隶属、合作等关系，还可以是人与组织之间的隶属、背叛等关系。节点和边需要根据具体研究问题来确定。对于图 0-2（a）所示的我国 5 级行政体系，可以建模为图 0-2（b）所示的网络，每一个节点代表一个治理单元，而节点之间连接的边则反映了这些单元之间的互动关系。在经典社会网络中，节点是没有形状区别的，但这并不是忽略节点的属性，包括在后续经典社会网络指标计算时，也应该在结构分析的同时考量节点的属性。此外，节点的位置也不是固定的，因此图 0-2（a）被称为科层结构，图 0-2（b）中的节点是严格按照图 0-2（a）排布的，因此可以很清楚地看出每个节点之间的隶属关系。但是，如果将节点的位置重新进行排布，保持节点间的边关系不变，如图 0-2（c）

---

① 有时也简称为行动者。

所示，图 0-2（b）的网络和图 0-2（c）的网络是相同的。边在社会网络图形化表达中可以是直线也可以是曲线，还可能因为要表示关系强弱、方向等属性而粗细不同，但本质上只是反映所连接的节点具有的特定关系。

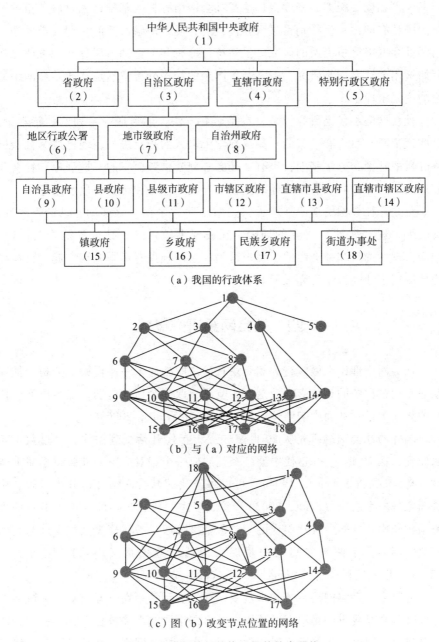

（a）我国的行政体系

（b）与（a）对应的网络

（c）图（b）改变节点位置的网络

图 0-2　我国的行政体系及其社会网络

社会网络作为研究方法有其特殊性，Freeman（2004）将其概括为结构性思想、系统的经验数据、（关系）图形化表示、数学和计算模型四个特点的综合。事实上，社会网络作为研究方法，还提出了一系列针对结构的测度指标，例如度、距离、密度等，这是社会网络分析的基础，也发展了指数随机图等特有的模型。特别是进入新世纪后，复杂网络研究的兴起，极大地丰富了社会网络分析模型的研究。虽然统计分析和随机动力学分析等方法已经开始被用于社会网络研究，但是基于图论的结构分析依然是经典社会网络研究的主要手段。

社会网络不仅是研究对象，也是研究方法，还形成一系列的独特理论。这些理论既有引进和借鉴的，如从数学中引入的图论思想，现已成为社会网络分析的理论和方法基础；也有从社会心理学借鉴而来的平衡理论和社会比较理论；还有独立发展而来的理论，如异质性理论和结构角色理论等。

总之，社会网络理论强调了"关系"和"个体"之间的互动的重要性，突破了常规"属性"研究的局限，在表现出较强的实证分析能力的同时，把个人理性选择和社会制约、微观行为和宏观现象有机联系在一起，已被广泛地应用于社会科学研究领域。

四　社会网络研究概况

社会网络理论在微观行为和宏观现象之间架起了一座桥梁，分析个体在动态互动过程中的相互影响，这些影响既会改变个体的行动，也会改变个体间的相互关系，从而影响整体结构（Newman et al.，2006）。

国外的社会网络研究从 20 世纪二三十年代开始受到关注，经过数十年的发展，在 20 世纪 90 年代中期已经发展成一个相对成熟的社会科学研究领域（Wasserman & Faust，1994）。可以将经典的社会网络分析分为微观、中观和宏观三个层次（Scott，2002）。微观层次的研究包括度和单个节点的聚类系数和中心性等；宏观层次的分析包括度分布、整体聚类系数、度与度的相关性等；介于两者之间的中观层次包括二方关系（Dyad）、三方关系（Triad）以及凝聚子群（Cohesive Subgroup）分析等。

近年来，真实网络系统越来越复杂，节点和关系在百万级上，无法通过经验观察和经典方法得出好的结论，社会网络研究面临数据、方法和理论的多重挑战。同时，作为网络研究的一个分支，社会网络研究必然受到网络研究最新进展的影响。最近的研究发现，大量的真实网络既不是规则网络，也不是随机网络，而是具有与前两者均不同的统计特征的网络；因此，复杂网络在 20 世纪末成为新的网络研究热点（Newman et al.，2006）。目前，复杂网络的研究重点集中在网络特征的描述方面。小世界效应（Small-world Effect）和无标度特性（Scale-free Property）是目前最受关注的两类复杂网络特征（Watts & Strogatz，1998；Barabási et al.，1999），已有研究表明，类似的特征广泛存在于好莱坞演员网络、科学家合作研究网络、人类性关系网络等社会网络之中。当然，真实网络还有很多统计上的特征，例如混合模式（Newman，2003），度-度相关特性（Newman，2002）也受到了研究者的重视。在 Girvan 和 Newman（2002）提出社群结构（Community Structure）概念后，社群结构成为网络结构中观层次分析的新方向。

但是，网络研究的最新成果并没有受到社会科学研究者的广泛重视，复杂网络的分析方法还很少被用于社会系统研究。社群结构是复杂网络在网络结构中观层次分析时提出的新概念，在某种程度上可以将其视为凝聚子群概念在复杂网络研究中的自然延伸。同时，网络社群结构与传统网络分析的凝聚子群之间也有一定差异：凝聚子群基于二方关系和三方关系，重视对子群内部结构的研究；而网络社群结构将优化的观点引入网络结构分析，综合考察子群内部和相互间的结构特征。另外，将社群结构用于社会问题和管理问题分析的研究并不多见。

国内社会网络分析研究较为滞后，相关成果多集中在跟踪性介绍或是概念应用，在社会网络分析方法和理论方面有独创性的成果相对较少。近年来，一些社会学和管理学领域的华人学者，将社会网络分析与中国"关系"研究相结合，促进了社会网络研究方法和理论的本土化。同时，国内研究者已经开始关注社会网络分析方法及其应用。

五 本教材的结构与使用建议

（一）本教材的结构

本教材总体上分为四个部分。第一部分为社会网络分析基础，包括绪论和第一章，主要介绍社会网络分析发展以及基本概念和理论。第二部分为经典社会网络分析，包括第二章至第八章，介绍社会网络的数据收集和形式化表达，个体中心网络和整体网络指标，网络位置和社会角色、凝聚子群、核心-边缘结构，以及社会网络经典统计模型。第三部分为复杂网络分析，包括第九章、第十章和第十一章，主要介绍无标度网络模型、小世界网络模型以及社群结构等内容。第四部分为社会网络前沿专题，包括第十二章和第十三章，分别介绍社会网络中的博弈论以及社会网络发展前沿。具体章节内容如下。

绪论。本章辨析了自然科学与社会科学的研究范式，讲述了基于统计学的定量社会科学研究的三个基本原理，总结了"交互关联"→"面向个体层次调查数据"→"关注社会网络数据"的演变过程，进而对社会网络的概念进行辨析，强调研究个体之间的互动或"关系"的重要性。同时，简述了社会网络研究的概况，构建了本书的总体架构，指出了不同章节的适用读者范围。

第一章，社会网络基本概念及其理论。首先，回顾了社会网络概念的发展阶段并给出了概念界定。其次，梳理了社会网络的核心理论及其发展应用。最后，简单介绍了个体网络和整体网络概念及数据收集方法及常用操作软件。具体来看，社会网络的概念发展经历了隐喻性、形式化和概念化、理论化及技术化四个阶段。在此基础上形成了社会关系论和社会结构论视角的社会网络概念，两者分别对应着个体中心网络方法和整体网络方法。前者关注以个体为中心形成的关系形式，后者关注成员之间的网络关系结构。

第二章，社会网络的数据收集和形式化表达。本章首先介绍了个体网络和整体网络的数据收集方法，其中个体网络的数据收集主要为提名法和定位法，而整体网络的数据收集主要为问卷调查法、历史资料收集、文献资料收集和大数据收集。其次介绍了社群图和矩阵两种最常用的社会网络形式化表达方式。然后，针对矩阵的基本运算进行了说明，包括矩阵的重排、加法、减法、幂和转置等常见运算的计算方法及实例。最后介绍了如何通过 UCI-NET 软件录入网络数据。

第三章，个体中心网络。个体中心网络是以某个社会行动者为中心，关注个人与其他社会行动者所发生的社会联系。本章介绍了个体中心网络中社会资本和关系的概念与测量，还围绕关系的经典研究，进一步介绍了个体中心网络规模、个体中心网络节点对数、个体中心网络关系总数、个体中心网络密度、个体中心网络弱成分以及网顶、网差和异质性等指标。在此基础上，从经济社会发展、政治参与，以及科学合作和知识传播三方面介绍了个体中心网络的应用情况。最后介绍了如何使用 UCINET 软件计算个体中心网络指标。

第四章，整体网络指标。整体网络关注的是有界群体内所有成员之间互动关系的结构特征。本章首先介绍了整体网络中经典的微观及宏观指标，包括微观层面的度中心性、距离与平均路径长度、居中中心性、接近中心性、流中心性、特征向量中心性，以及宏观层面的度中心势、居中中心势、接近中心势、密度等指标。其次介绍了关联与聚类、二方关系与三方关系等中观层次的整体网络指标或分析方法。最后介绍了如何使用 UCINET 软件计算整体网络指标。

第五章，网络位置和社会角色。本章介绍了社会网络角色和地位的理论背景，辨析了网络中位置与角色的内涵，并在此基础上概述了三类不同类型结构上的对等性：结构对等性、自同构对等性和规则对等性。为进一步精确化表达社会角色的描述性代数分析，本章还介绍了块模型，并提供了 UCI-NET 软件操作的示例，以供读者参考与练习。

第六章，凝聚子群。本章首先介绍了凝聚子群定义，在此基础上进一步介绍了基于互惠性的凝聚子群、基于可达性的凝聚子群、基于度的凝聚子群、基于子群内外关系的凝聚子群。基于互惠性的凝聚子群最严格，主要采用派系的概念，要求凝聚子群对应的子群是完备子图。基于可达性的凝聚子群放松了派系条件，提出 n-派系和 n-宗派概念。基于度的凝聚子群是针对 n-派系的脆弱性和不稳健性提出了 k-丛和 k-核。基于子群内外关系的凝聚子群则提出了成分（包括块）、LS 集合的概念。$E-I$ 指数介绍了相关定义和计算公式。本章还提供了每个凝聚子群指标运用 UCINET 软件的操作路径和结果呈现，便于学习者参考和练习。

第七章，核心-边缘结构。核心-边缘结构是网络结构不对等的常见表现形式。分析核心-边缘结构的目的是运用相关算法把网络矩阵分成"1"块和"0"块，从而找出哪些节点位于网络的核心，哪些节点位于网络的边缘，并通过核心-边缘拟合指标或核心度明确实测数据与理想的核心-边缘结构模型之间的差异。本章主要介绍了离散的核心-边缘结构与连续的核心-边缘结构，并给出运用 UCINET 软件分析社会网络核心-边缘结构的示例。

第八章，社会网络经典统计模型。本章主要介绍了社会网络经典统计模型的建模思想、原理和相关软件的应用，主要包括二次指派程序（QAP）和指数随机图模型（ERGM）。QAP 是基于程序的统计分析方法，在介绍 QAP 思想和原理的基础上，介绍了 QAP 相关性分析、QAP 多元线性回归分析（MRQAP）、QAP 非线性回归分析（LRQAP）。这些方法分别对应于传统属性统计分析中的 Pearson 相关性、OLS 多元线性回归和 Logistic 非线性回归。指数随机图模型（ERGM）与传统 Logistic 回归模型相比，有相似之处，但也有本质的不同。从形式上来看，ERGM 模型反映的是某个社会网络与其局部构型之间关系的静态模型，而实质上是揭示了网络由局部到整体的动态涌现过程。本章详细地介绍了 ERGM 模型族中最主要的一类模型，即社会选择模型的原理、构型含义及建模思想，并给出了运用 PNet 软件实现模型结果的示例。

第九章，无标度网络模型。本章首先介绍了 ER 随机图模型，通过进一步阐述该模型无法解释的实际观测现象，引出在不同系统中广泛存在的"富者愈富"效应；其次采用了 Barabási-Albert 模型对"富者愈富"效应的形成机制进行解释，并探讨了无标度网络的度分布、枢纽节点等结构性质，以及无标度网络的鲁棒性；最后基于 Barabási-Albert 模型的相关性质，概述了其在信息传播、疾病传播等方面的实际应用，并给出了运用 NetworkX 软件的操作实例。

第十章，小世界网络模型。本章通过对比分析规则网络和随机网络的网络性质，引出了小世界网络模型，其网络结构介于规则网络和随机网络之间；基于小世界网络模型的平均聚类系数、平均路径长度、度分布等统计性质，研究了小世界网络模型在随机扰动方面具备鲁棒性，但在目标攻击方面相比于随机网络更脆弱。同时，本章探讨了小世界模型在学术合作与创新、互联网安全、社会问题研究、生物网络研究等领域中的应用。

第十一章，社群结构。本章主要介绍了社群结构的划分基础、社群结构概念、模块化函数、社群结构划分算法等。图的二划分是图划分的基础，本章通过介绍 KL 算法思想、过程描述、时间复杂度和适用范围，引出社群结构概念。在此基础上，介绍了社群的定义、社群特征、社群结构类型以及社群结构的应用，引出网络同构性并提出模块化定义，介绍了部分经典社群结构划分算法。在 UCINET 软件操作部分，演示了 Girvan-Newman 算法、Louvain 算法和 Fast Newman 算法在分析社会网络社群结构中的操作方法。

第十二章，社会网络中的博弈论。本章介绍了博弈与社会网络的关系，并在此基础上概述了博弈论的概念与基础模型，以及演化博弈的基本思路，并以鹰鸽模型为例描述了演化博弈的基本过程。另外，从社会网络的结构视角出发，阐述了网络上的演化博弈，包括一般网络、适应性网络、符号网络上的博弈过程，以及从众机制对于社会网络演化博弈的影响，这些模型对于解释 Olson 的集体行动理论具有重要意义。

第十三章，社会网络发展前沿。计算社会科学是 21 世纪以来发展的旨在通过计算模型和大数据技术揭示社会现象的规律和机制的交叉学科领域。本章从社会网络研究中的隐私问题及计算社会科学两个方面对社会网络发展前沿进行概述。社会网络研究中的隐私问题主要包括个人隐私的泄露、社会网络拓扑结构的隐私暴露以及个人特征的隐私推断等。为应对社会网络研究中的隐私问题，可以采用数据最小化原则、差分隐私、联邦学习、透明度和可解释性等隐私保护策略和技术。此外，为确保研究更具合法性和道德性，应关注法律法规和伦理道德问题。

需要说明的是，了解社会网络分析发展简史，对整体把握社会网络分析的发展脉络和总体特点非常重要。由于 Freeman 的《社会网络分析发展史——一项科学社会学的研究》已经详细介绍了社会网络研究发展的演变的过程、重要事件和关键人物，因此本教材将该书精简后作为附录 A，供读者参阅。

（二）本教材的使用建议

本教材试图向读者展示社会网络分析的发展历史、基本指标和方法以及最新的研究动态，同时，本教材也给出了相应示例、思考题以及软件工具的使用。为了满足不同读者的需求，有如下建议。

对于需要系统掌握社会网络分析的读者，建议阅读全书，同时利用相关辅助资料理解指标的计算过程、模型的构建和分析过程，并通过示例掌握相关软件的使用。对于只是想了解经典社会网络分析的读者，建议阅读第一部分和第二部分（第一章至第八章），不必对本教材列出的所有指标和模型做全面了解，可以根据需要解决的问题，有选择地掌握相关指标的计算方式。对于已经有基础的社会网络研究者，特别是已经有经典社会网络分析基础的读者，建议将主要精力放在第三部分和第四部分（第九章至第十三章）。

第一章　社会网络基本概念及其理论

社会网络从概念到理论、从理论到方法经历了漫长的发展历程。从 20 世纪初的隐喻性阶段，到 20 世纪 30~60 年代的形式化与概念化阶段，再到 70 年代以来的理论化及技术化阶段，社会网络研究随着对象、理论和方法的演进而不断完善。20 世纪 70 年代以后，社会网络分析方法迅速发展成社会学乃至整个社会科学界的一门"显学"。发展至今，社会网络既是一个看问题的视角，也是一系列可验证的中层理论，更是社会科学研究的重要方法。总而言之，社会网络为理解个人与个人、个人与社会之间的关系结构提供了一个全新的理论视角和测量工具（张文宏，2007）。那么，究竟如何界定社会网络概念？代表性理论有哪些？研究方法、路径及主要分析软件有哪些？这是本章介绍的主要内容。

第一节　社会网络的概念

一　社会网络概念的形成阶段

从学科发展史的角度来看，按照概念和方法的特征，可以将社会网络的发展过程分为三个阶段：隐喻性阶段、形式化与概念化阶段、理论化与技术化阶段（见表 1-1）。

表 1-1　社会网络概念的形成阶段

阶段	代表人物	主要贡献
隐喻性	Georg Simmel	构想出社会元素之间的关联，形成了"网"的形象化表达
	Radcliffe Brown	明确使用了"网络"一词形容社会结构，将社会结构定义为"实际存在的社会关系的一种网络"
形式化与概念化	John A. Barnes	首次正式运用"社会网络分析方法"并进行了实证研究
	Jacob Levy Moreno	用社会计量学的方法检验关于社群的构想，发明"社群图"
	Kurt Lewin	用拓扑学和集合论分析社会空间的结构特点，提出"场域"概念
	Elizabeth Bott	进行家庭婚姻关系的主体网络研究，提出一系列网络相关的测量指标
	J. Clyde Mitchell	首次提出社会网络的概念，具体论述"整体网络"和"个体中心网络"概念
理论化与技术化	Harrison C. White	主张对所有类型的社会结构进行模型化处理，推动代数模型在社会结构分析中的运用
	Mark Granovetter	提出"弱关系的力量"的经典理论，推动社会网络研究不断走向成熟
	边燕杰	提出"强关系假设"，强调在不同的社会和文化背景下强关系的作用和意义

1. 隐喻性阶段

"社会网络"是一个专业的学术概念，是考察社会结构和社会关系的研究范式。但"网络"概念最早被应用时只是一种隐喻，用来比喻社会关系或社会要素之间的网状形式（林聚任，2008）。把社会结构比喻为网络最早可追溯到德国古典社会学家 Simmel，他非常重视对社会关系形式的研究，坚持社会过程论，反对 Durkheim 的社会实体论。Simmel 认为，人与人之间的交往或互动过程才是社会的本质，因此他强调形式的社会作用以及社会交往的社会学研究路径。同时，Simmel 还尝试将数学思维引入社会学，建立起所谓的"社会几何学"。对形式和数学的重视使他构想出社会元素之间的关联，形成了"网"的形象化表达。从这个角度来看，Simmel 是最早进行社会网络分析的社会学家，但他并未直接提出社会网络的概念，仅仅是对社会网络的隐喻性使用。

通常认为，人类学家是社会网络研究的先驱。英国社会人类学家 Brown

受 Durkheim 的社会结构分析的影响，认为社会结构是指制度化的角色和关系中的人的配置，是"在由制度即社会上已确定的行为规范或模式所规定或支配的关系中人的不断配置组合"。Brown 明确使用了"网络"一词来表达社会结构，将社会结构定义为"实际存在的社会关系的一种网络"，但他并未直接分析作为社会结构的网络形式，只是一种隐喻形式的使用，而不是分析意义上的实践。

2. 形式化与概念化阶段

首次正式运用社会网络分析方法的学者是人类学家 Barnes。20 世纪 50 年代，Barnes 加入曼彻斯特大学，成为"曼彻斯特学派"中的一员，为社会网络研究的发展做出了重要贡献。Barnes 的社会网络研究是在挪威的一个渔村展开的，他认为社会成员之间的互动方式、亲属关系以及社会成员的生活方式都是社会网络要研究的内容。他研究了"一种阶级体制得以运行的许多面对面的关系"（Barnes，1954）。Barnes 的主要贡献在于直接提出并使用了"社会网络"概念，为这一领域的进一步研究奠定了基础。

Moreno 是一位社会心理学家，试图用心理疗法揭示择友关系的结构，致力于探索群体关系对个体行动的影响。Moreno 用社会计量学的方法检验关于社群的构想。他发明了"社群图"，用节点代表个人，用线代表个人之间的关系，实现了"网络"概念的形式化表达，为社会网络研究方法的进一步发展做出了巨大贡献。

Lewin 是一名社会心理学家，"场论"是其代表性理论。他将群体行为看成相互冲突的社会力量的一个函数，也就是将群体行为看成由其行为所处社会力量的场域（群体所处环境）所决定的。Lewin 用拓扑学和集合论分析社会空间的结构特点，试图描绘社会结构中因果的、互动的关系，这种理论上的形式化描述为社会网络的形式化发展做出了突出贡献。

Bott 是加拿大的一名心理学家，她受到 Barnes、Moreno 等人的影响，关注英国家庭亲属关系的各种形式。她的主要研究问题是："如何解释在婚姻关系中，不同夫妇扮演的角色是不同的？"经过研究，她提出了"夫妇在婚姻角色关系中分离的程度与该家庭的社会网络的关联度直接相关"的著名论断。从方法上来看，Bott 进行了主体网络研究，并测量了网络的"关联性"和"婚姻的关联度"等指标，该概念成为"密度"指标的前身，对整体网络研究方法的贡献功不可没（Bott，1957）。

　　Mitchell（1969）首次提出了社会网络的概念，认为社会网络是"一群特定的个人之间的一组独特的联系"。并进一步强调，社会网络概念关注对社会关系的分析，基于此，Mitchell 区分了三种类型的关系秩序：结构秩序、类群秩序和个人秩序。因此，社会网络分析在强调结构研究的同时，也要重视微观的人际关系。Mitchell 还具体论述了"整体网络"（Whole Network）和"个体中心网络"（Ego-centered Network）概念，并阐释了社会网络的特征。围绕整体网络，Mitchell 提出了密度、可达性、方向性等概念，将互惠性、紧密性、持续性等概念更多地用于围绕某一个体产生的社会关系网络，即"主体网络"研究，也就是"个体中心网络"。不可否认，Mitchell 对社会网络的符号化处理及清晰的定义对社会网络的系统化发展做出了重要贡献。但 Mitchell 认为，社会网络仅仅是针对人际关系的一种研究方法，而忽略了对宏观层次的社会结构要素的分析，这是该方法的主要局限。

　　3. 理论化与技术化阶段

　　20 世纪 70 年代，在"新哈佛学派"的推动下，社会网络在理论建构和研究方法上均取得了较大突破，推动社会网络研究成为社会结构研究的重要范式，其中最具代表性的人物是 White 和 Granovetter。

　　White 对社会网络分析方法的贡献以数学上的"块模型"和"多维量表"两大创新性研究为代表。White 主张对所有类型的社会结构进行模型化处理，推动了代数模型在社会结构分析中的运用。

　　Granovetter 是 White 的学生，受其影响，Granovetter 在社会网络领域进行了深入研究。1973 年，他发表了著名的"The strength of weak ties"（《弱关系的力量》）一文，"弱关系的力量"成为社会网络研究领域的经典理论。Granovetter 所说的关系是指人与人、组织与组织之间通过交流和接触形成的一种纽带联系。他首次提出了关系力量的概念，并将关系分为强关系和弱关系，认为强弱关系在人与人、组织与组织、个体和社会系统之间发挥着不同的作用。强关系维系着群体、组织内部的关系，而弱关系却能在群体、组织之间建立起纽带联系。他从互动频率、情感强度、亲密程度、互惠交换四个维度测量关系强度，在此基础上提出了"弱关系充当桥"的论断（Granovetter, 1973, 1974, 1995）。Granovetter 的观点得到了学术界的广泛认同，也推动学术界在该领域展开了广泛的实证研究，大大拓展了社会网络分析的研究领域，推动社会网络研究不断走向成熟。

　　在新哈佛学派的一系列研究成果的影响下，到 20 世纪 70 年代末 80 年代初，社会网络研究作为一个领域日渐成熟，并出版了大量研究成果。突出标志是 1977 年 Wellman 发起成立了专门的研究组织，即"社会网络分析国际研讨会"（International Network for Social Network Analysis, INSNA），这是一个同行间交流互动的研讨会。1977 年，社会网络的专门杂志 Connection（《联络》）创刊，是 INSNA 的通信性刊物；1978 年，Freeman 等创办了 Social Networks（《社会网络》）期刊，目前已成为社会网络分析领域最具权威性的学术刊物；2000 年，作为电子期刊的 Journal of Social Structure（《社会结构学刊》）也创刊成功。至此，社会网络分析不再局限于心理学、人类学等学科，而是成为一个专门的研究领域。

以上简要介绍了社会网络研究近百年发展历程中的一些代表性学者及其贡献，然而上述学者的贡献远非寥寥数语所能表达清楚。而且，为社会网络研究的发展做出贡献的学者远不止上面提到的这几位。心理学家、社会学家、数学家、人类学家都曾做出突出贡献，推动着社会网络研究在概念、技术和理论方面不断朝精细化方向发展。

二 社会网络的概念界定

社会网络近百年的发展历史，从隐喻性阶段到形式化与概念化阶段，再到理论化与技术化阶段，不同学者从自身的研究角度给出相应的概念界定，虽各有侧重，但更多是共识。学者们关于社会网络的界定可以归纳为两种代表性观点：社会关系论和社会结构论。

持社会关系论的学者多将社会网络界定为特定个体之间的一组独特联系，这个定义强调的是，在固定的群体内部，个人、组织、群体之间不可替代的关系形式，代表人物有 Mitchell、Granovetter 等。持社会结构论的学者认为，社会网络是将社会成员联系在一起的关系模式，这一观点强调社会成员间既定的社会结构，即一种由关系网络产生而非由先赋地位产生的新的社会结构观。事实上，上述两种观点分别对应着个体中心网络研究和整体网络研究。前者沿袭了英国人类学家的研究视角，从个体的角度来界定社会网络，关心的是个体行为如何受到人际网络的影响，以及个体如何通过人际网络结合为社会团体。后者遵循了社会计量学的传统，研究一个社会体系中角色关系的整体网络结构（肖鸿，1999），这种研究以矩阵方法为技术支撑，关注"社会系统内部整合与分解的模式及系统成员结构均衡的角色关系、网络结构随时间的变迁和系统成员直接或间接联系的方式"（Wellman & Berkowitz，1988）。

总体来看，社会网络分析者认为，整个社会是由一个相互交错或平行的网络所构成的大系统，社会网络结构及其对社会行为的影响模式是社会网络的研究内容。社会网络研究深层的社会结构，即隐藏在社会系统中的固定网络模式，强调网络结构的重要性，聚焦网络中的联系模式如何提供机会与限制，研究以连接社会系统中各个交叉节点的社会关系网络为基础。研究者将社会系统视为一种依赖性的联系网络，社会成员按照联系节点有差别地占有稀缺资源和结构性地分配这些资源。社会网络分析的一个独特之处是，强调按照行为的结构性限制而不是行动者的内驱力来解释行为（Ruan，1993）。

第二节　社会网络理论

一　社会网络经典理论

社会网络理论聚焦社会行动者（包括个体、团队与组织）之间形成的纽带关系和互动结构，将社会网络系统看作一个整体来解释社会行为，基本观点是社会情境中的个体基于彼此间的关系而以相似的方式行动。

社会网络理论不仅提出了一系列有助于分析社会结构的基本概念，如社会关系、网络规模、关系强度网络结构和情感支持等，还形成了诸多经典理论用于揭示个体行动的逻辑，其中最具代表性的是弱关系理论与强关系理论、结构洞理论、嵌入性理论和社会资源理论。

1. 弱关系与强关系理论

Granovetter 于 1973 年在其文章 "The strength of weak ties"（《弱关系的力量》）中，首次提出了著名的弱关系理论。他认为，关系强度可以通过互动频率、情感强度、亲密程度和互惠交换四个维度来测量，由此将人与人之间的关系分为"强关系"和"弱关系"。强关系表现为互动频率高、情感强度高、亲密程度高、互惠性强；相对而言，弱关系则表现为互动频率低、情感强度低、亲密程度低、互惠性弱。

Granovetter 对美国居民的求职情况进行了一系列研究，结果发现，弱关系对求职的影响更强。他指出，强关系的同质性较强，存在于特征相似的个体之间，如职业类型、知识结构等特征。因此，从强关系中得到的信息具有冗余性，并不利于求职成功。而弱关系能够连接不同群体中的个体，使个体在更大范围内建立联系，通过"桥"（Bridge）形成高效的信息传递渠道，进而带来丰富的非冗余信息，促进个体获得更多具有异质性的求职信息，进而提升求职成功的概率。因此，Granovetter 得出研究结论：强关系不可能成为桥，同时，虽然并不是所有的弱关系都会成为桥，但是桥的存在必然建立在弱关系的基础上。

为什么弱关系比强关系更有可能传递异质性信息？为了解释 Granovetter 研究结果的内在机制，有必要厘清一个关键概念——桥接（Bridging）。桥接关系是连接两个本来没有联系的行动者网络的社会联系。换句话说，桥接关系为两个没有联系的网络 A 和网络 B 之间提供了唯一的连接路径，如图 1-1 所示。Granovetter 发现，弱关系更有可能成为桥接关系，因为弱关系的边缘地位使其比强关系更能接触到外部信息。在图 1-1 中，网络 A 和网络 B 各代表一个亲密的朋友圈，因为每个网络中的所有节点都连接在一起。在这种高度连通的圈子里，每个节点都有可能收到类似的信息。因此，桥接关系（位于两个网络之间）成为网络 A 中任何节点从网络 B 中获取新信息的唯一机会。

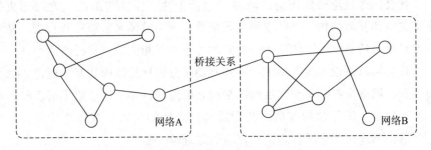

图 1-1　桥接关系

尽管强关系通常出现在网络中心，这使它们有更大的能力来传播信息和施加社会影响，但 Granovetter 强调的是弱关系的桥梁功能和它传播新信息和非冗余信息的能力。因此，弱关系的力量不在于其连接的数量，而在于其提供信息的异质性。

Granovetter 的弱关系理论突破了社会网络理论中宏观与微观的壁垒，将个体的行为与整个社会网络联结在一起，促进了社会网络理论的发展。但是，也有学者提出不同的观点，即强关系理论。Wellman（1992）认为，强关系通常具有长期、稳定和高信任的特征，建立强关系的个体更加了解彼此的需求，能给予对方更多的支持和帮助，并且自愿对这一关系进行投资。一方面，这种帮助可能是无形的，例如情感支持等；另一方面，这种帮助也可能是有形的，例如某些难以通过市场直接获得的有价值的商品或服务，必须通过人情关系才能得到。因此，强关系理论认为，强关系比弱关系更能够帮助个体从社会网络中获取信息或资源。弱关系理论和强关系理论是两个重要的社会网络理论，之后的理论大多是从这两个理论发展而来的。

2. 结构洞理论

Burt（1992）在 *Structural Holes: The Social Structure of Competition*（《结构洞：竞争的社会结构》）一书中提出"结构洞"（Structural Holes）的概念，用于解释社会网络中不同行动者之间的社会资本差异。

结构洞刻画的是社会网络中两个节点之间关系的断裂状况。具体来说，如果网络中的某个节点和另一个节点不存在直接联系，那么这两个节点之间的关系就出现了断裂，从网络整体结构来看，就像出现了一个"洞"。图1-2所示的两个社会网络中均包含三个节点。如果三个节点之间两两连接，则网络中不存在结构洞，如图1-2（a）所示；如果节点1分别与节点2和节点3连接，而节点2和节点3之间没有连接，那么就认为节点2和节点3之间存在结构洞，如图1-2（b）所示。同时，在这个网络中，节点2和节点3虽然不直接连接，但是可以通过节点1连接起来，因此，节点1占据了结构洞位置。

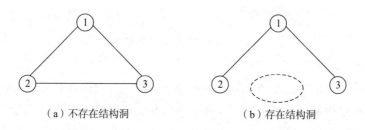

（a）不存在结构洞　　　　　　（b）存在结构洞

图1-2　结构洞

Burt的结构洞理论认为，结构洞的竞争优势体现在信息利益和控制利益两个方面。信息利益以三种形式存在，分别是通路、先机和举荐。通路是两个群体之间信息流动的通道，使行动者获得更多有价值的信息；先机是行动者能够优先得到信息；举荐是行动者通过过滤流向自身的大量信息，向外传递对自身最有利的信息。控制利益是由信息利益衍生而来的，是指占据结构洞位置的行动者作为第三方在其他两个群体之间担任桥梁，通过采取策略影响两个群体之间的关系而获利。例如，在图 1-3 中，节点 1 比节点 2 具有更强的信息优势。原因在于，与节点 2 连接的其他节点之间也有连接，能从节点 2 处获得的信息，也可以从其他节点获得。此外，节点 2 和其他与之相连的节点可以归属于一个群体，这个群体内的信息很可能具有较强的同质性，节点 2 从不同节点获得的信息可能是相同的，因此，节点 2 的连接被认为是冗余的。相反，节点 1 的位置使其成为三个不同群体之间的桥梁或中介，节点 1 可能会从其他节点接收非冗余的异质性信息，具有更强的信息优势。这种信息优势能够给节点 1 带来控制优势，节点 1 可以决定优先将信息传递到哪个群体以及传递哪些信息等，因此能够在互动中拥有竞争优势。

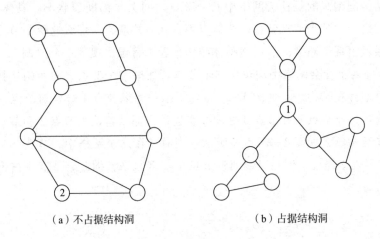

（a）不占据结构洞　　　　　　　　（b）占据结构洞

图 1-3　结构洞的竞争优势

结构洞理论描述的现象与 Granovetter 的弱关系理论具有相似之处，前者强调占据结构洞位置能够给行动者带来信息优势和控制优势，后者认为信息往往通过弱关系在不同的群体之间发生流动。因此，两个理论分别从结构层面和关系层面，分析了行动者通过跨越群体边界，获得异质性信息而形成的竞争优势。

3. 嵌入性理论

嵌入性理论是社会网络理论中的一个核心理论，由 Granovetter、Burt 和 Uzzi 等学者提出。嵌入性理论的核心是假定社会关系被嵌入更广泛的社会背景，并且其性质和结构可以深刻地塑造社会互动的结果。

"嵌入"的概念可以追溯到 Granovetter 的理论，他在 1985 年的文章《经济行动和社会结构：嵌入性问题》中，开创性地引入了"嵌入性"的概念（Granovetter，1985）。Granovetter 指出，经济行为嵌入社会网络和社会结构中。他认为，经济交易通常以社会关系为中介，而这些关系的性质和强度会对经济结果产生深远影响。

继 Granovetter 提出"嵌入性"概念之后，其他学者对这一概念进行了拓展。如 Zukin 和 Dimaggio 将嵌入性分为"结构嵌入性、认知嵌入性、文化嵌入性和政治嵌入性"（Zukin & Dimaggio，1990）。其中，结构嵌入性的解释与经济学中提出的网络化理论相似，认为企业可能得到的潜在机会依赖于企业组织的网络类型，而企业能否抓住这些机会则依赖于其在企业组织网络中所处的位置及其与所连接企业之间的关系。关于认知嵌入性、文化嵌入性和政治嵌入性的阐述，则从内部个体认知、外部文化和政治环境等差异化角度，分析影响经济行为的嵌入性。基于 Granovetter 的研究，Barber（1995）对嵌入性的概念和发展意义进行了深入的探讨，他认为，重构嵌入性概念将是经济学和社会学研究领域的重要推动力。新古典主义的经济理论认为，市场上的交易具有理性、非人格化和独立性特征。尽管这种假说对理论研究起到了一定的帮助作用，但是在现实生活中，经济运行规律、组织选择以及个人行为等都不是按照既定假说运行的。因此，对传统的经济学、社会学观点的补充和完善，是嵌入性理论的一个重要突破。

Burt 在 Granovetter 的基础上发展了社会资本理论。Burt 认为，社会资本是一种嵌入形式，反映了社会关系在产生资源、信息和机会方面的价值。Burt 指出，社会资本在社交网络中的分布并不均匀，具有高水平社会资本的个体往往会在能提供宝贵资源的网络中占有一席之地。Wuchty（2007）在经济领域中的社会嵌入性方面的工作，也为嵌入性理论的发展做出了贡献。Wuchty 认为，创造性工作高度嵌入社会网络，这些网络的结构和组成又会对创造性工作的结果产生深远影响。他指出，创造性工作通常需要多种专业知识的结合，且最好通过具有互补技能和背景的个人之间的合作来实现；社会网络可以促进这些合作，创造性工作的成功在很大程度上取决于创意团队的社会嵌入性。

嵌入性理论对解释广泛的社会现象具有重要意义，包括经济行为、社会运动和创造性工作。该理论强调了社会背景在塑造社会互动结果时的重要性，并强调了对社会关系和社会结构塑造社会结果的复杂方式进行研究的重要性。

目前，嵌入性理论的重要研究领域之一是社会嵌入与社会不平等之间的关系。一些学者认为，社会嵌入可以通过建立特权和排斥网络来加剧现有的社会不平等；另一些学者则认为，通过提供资源和机会，社会嵌入可以成为促进社会流动和减少社会不平等的有力工具。尽管有许多悬而未决的问题和持续的争论，嵌入性理论仍然是社会学和社会网络理论领域中一个重要且有影响力的理论。嵌入性理论提供了一些关于社会互动的微妙而复杂的观点，并研究了社会关系和社会结构塑造社会结果的复杂方式。

4. 社会资源理论

社会学家林南提出社会资源理论，该理论对社会网络理论做出了开创性的贡献。林南将社会资源定义为"通过社会纽带、关系或网络获得的资源"（Lin，2001）。社会资源理论认为，行动者不是通过直接占有嵌入在社会网络中的财富、权力和威望来获得社会资源的，而是通过自己所具有的社会关系来直接或者间接获得社会资源。个体可以获得的社会资源的量和质，取决于个体的社会网络的异质性、社会网络成员的社会地位，以及个体与社会网络成员之间的关系力量。

林南指出，个体可以通过工具性行动和表达性行动来获得社会资源。与强关系相比，个体在弱关系中采取工具性行动可以获得更多社会资源。具体来说，个体试图在分层的社会结构中采取工具性行动时，如果弱关系对象的地位高于其自身的地位，那么此类弱关系将能够比强关系带来更多的社会资源。

林南的社会资源理论强调了弱关系的作用，并指出弱关系的作用超过了Granovetter 提出的信息沟通。在弱关系中，各个阶层的资源主体之间存在着一定的联系，因而资源的交换和吸收通常是由"弱关系"这一纽带实现的。强关系将同一阶层拥有相似资源的人联系在一起，因此这种资源交换既没有必要，也不具备工具意义。基于此，林南的社会资源理论提出了三个基本假设：一是地位强度假设，认为个体的社会地位愈高，获得社会资源的机会愈多；二是弱关系强度假设，认为当个体的社会网络具有较高的异质性时，个体更有可能利用"弱关系"来获取社会资源；三是社会资源效应假设，认为当个体拥有更多的社会资源时，其工具性行动会产生更好的效果。

社会资源理论还强调了网络结构影响社会资源的分布和可用性。根据林南的观点，社会网络的结构可以通过两种方式影响个体对社会资源的获取：价值资源访问和控制关键资源参与者访问。林南确定了网络结构的三个维度，即网络规模、网络密度和网络异质性，这对理解社会资源的分布和可用性至关重要。网络规模是指个体拥有的联系或关系的数量。林南认为，更大的网络规模可以让个体更容易接触到多样化和有价值的资源；然而更大的网络规模也可能更分散，凝聚力更弱，这可能使个体调动资源变得更加困难。网络密度是指个体关系之间重叠或相互联系的程度。林南认为，密度更高的网络提供了更多获得社会支持的机会，因为它们促进了个体之间的信息和资源交换。网络异质性是指个体在人口统计、社会或组织特征方面的多样性。根据林南的说法，异质性高的网络提供了更多获取新颖和多样化资源的途径，因为它们能让个体接触到与自己不同的个体和观点。

社会资源理论是社会网络理论的一大突破，因为其否认了"资源通过个体占有才能运用"的地位结构观。林南认为，社会资源不仅属于个体，而且属于嵌入在社会网络中的个体，可以通过动员关系网络得以使用，且弱关系比强关系更能有效地获取社会资源，因此弱关系比强关系更为重要。在实证研究中，社会资源理论被广泛用于解释一系列社会现象，包括教育程度、劳动力市场结构、健康行为和政治参与。该理论的重要贡献在于它强调社会资源在塑造社会结果中的作用，以及它对社会资源获取和动员机制的关注。通过强调社会网络在获取和调动资源方面的重要性，该理论有助于将社会不平等的研究重点从个体属性和特征转移到社会结构和关系上来。

二 网络结构观与地位结构观

如何理解并分析社会结构？不同的理论流派形成了不同的方法论和世界观，代表性理论流派是地位结构观和网络结构观（张文宏，2007）。

地位结构观的观点是，不同的个体具有不同类型的属性，且个体的社会行为能够被这些类型的属性所解释。地位结构观关注的是个体或者不同群体的属性，如差异性的特征、态度和状态。在地位结构观的视域下，社会学关注的是个体属于什么阶级、有什么特征（如年龄、性别等），以及占有资源的类别和数量等问题。此观点虽存在合理性，但忽视了人与人之间的社会关系其实也是影响社会结构的重要因素。在这种背景下，人们开始从社会关系、社会网络等视角来观察社会结构，从而形成了网络结构观。

网络结构观的观点是，人与人之间、组织与组织之间的联结关系是一种客观的社会结构，应当从这个角度来研究联结关系对个人与组织的影响。因此，网络结构观的先决条件是人、组织和其他社会主体并非"原子化"的，而是通过错综复杂的联系，构成一个特殊的社会网络结构。人或组织的行为，都会受到其所处的联结关系的影响。因此，网络结构观重视个体与其他行动者（如亲戚、朋友或熟人等）之间的关系，强调个体的社会接触面及与社会行动的"嵌入性"，关注个体对资源的动员与吸收能力。

网络结构观在一定程度上弥补了地位结构观的不足。应当指出，网络结构观是地位结构观的一种补充，二者之间存在差异，网络结构观并不能也无意取代地位结构观。与地位结构观相比，网络结构观具有以下特点。

第一，网络结构观根据个体与其他个体之间关系的类型（如亲属、朋友或熟人等）、强度（强关系或弱关系），以及网络规模、密度等特征来确定个体在社会结构中的位置。地位结构观以个体的属性特征为依据，对个体的社会位置进行定义，包括个体对生产资料的占有关系，以及对人、财、物等各种资源的调配能力，还包括个体在科层制组织中的等级位置，以及他们所拥有的权威；或者以个体的教育水平或家庭出身为依据，将社会成员划分为不同的类别。

第二，网络结构观侧重于对人与人之间的社会关系、社会行为的"嵌入性"进行分析。Granovetter 认为，无论是在农业社会，还是在工业社会，经济活动都是建立在人与人之间的社会关系网络当中的。而地位结构观则强调个体的认同与归属感。对地位结构的分析显示，社会成员大多对自己的阶级身份有一种主观性的认同，而这种主观性的意识常常会对个体的归属感和阶级行为产生影响。马克思在其经典著作中也指出，阶级的发展是由"自在"走向"自为"，也就是由客观性走向主观性。

第三，网络结构观关注个体的社会资源吸收能力。个体不一定要直接占有社会资源，但可以通过社会关系来调配社会资源，从而达到工具性行动或表达性行动的目的。而地位结构观强调的是，个体是否占有以及占有多少社会资源（比如财富、地位或威望），首先要看对资源的直接占有与否，然后才看占有的数量多少和实际调配资源的能力大小。

第四，网络结构观关注个体在社会网络中是否处在核心地位（或者战略性结构洞位置），以及网络资源的数量和质量对个体行为的影响。地位结构观则强调个体身份地位的重要性，比如个体所处的阶层、受过的教育、社会地位等。

第五，网络结构观认为，社会不平等是由个体在社会网络中所处的位置以及他们对社会资源的吸收能力不同所导致的，与社会成员的社交能力以及他们的交往范围有关。而地位结构观认为，个体先天身份与后天身份的不同是造成社会不平等的主要原因。在现代社会中，教育对人们阶级地位的获得有着很大影响，因为职业是区分不同阶层的重要依据，而高教育水平是个体进入劳动力市场的基础性门槛。

总体而言，以网络关系为基础的网络结构观，关注的不是个体对资源的占有，而是个体之间的关系方式与行为特征，突出了个体对嵌入在网络中的资源的动员能力。从某种意义上来说，它是对权力资源决定论的一种颠覆。

第三节　个体中心网络与整体网络

根据不同的网络类型，社会网络的研究对象可以分为两大类：个体中心网络与整体网络。

个体中心网络（Ego-centered Network，以下简称"个体网络"）是由一个焦点个体和与之直接相连的其他若干个体构成的网络。个体网络的节点由唯一的一个中心节点（Ego），以及这个节点的邻居（Neighborhood）组成，而个体网络的边由中心节点与邻居，以及邻居与邻居之间相连而成。

图1-4展示了一个个体网络，黑色节点为中心节点（Ego，自我），周边的白色节点（Alter，他者）都与此中心节点直接相连。所有节点与它们之间的边共同构成了以黑色节点为中心的个体网络。

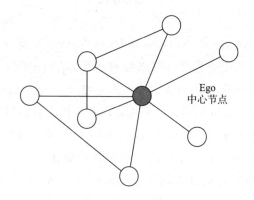

图1-4　个体网络

整体网络（Whole Network）是在一个有限群体内部，所有行动者及其之间的关系所构成的网络。米切尔把一个社会的"整体网络"定义为"在任何社区或者组织的限制内部或外部伸展的始终交织着的关联丛"。

整体网络关注有限边界内的所有行动者之间的社会关系。因此，整体网络特别适合分析网络结构，如国际贸易网络就是典型的整体网络。整体网络常用的测量指标包括各种图论指标、密度、子图、角色和位置等。

从连接关系的角度来看，整体网络强调关系的互惠性、传递性，而个体网络强调关系的密度、属性和同质性。从网络边界的角度来看，可以将个体网络看成整体网络的一个子集，即整体网络是由若干个个体网络构成的。

第四节 常用社会网络分析软件简介

目前，学界已经开发出多种社会网络分析软件，其中比较常用的有UCINET、Pajek、Gephi 和 NetworkX 等。UCINET 和 Pajek 是目前较为成熟的社会网络分析软件，两者都集成了多种社会网络分析程序，可以用于社会网络分析和可视化。Gephi 是一个开源图形可视化平台，着重发展整体网络结构图形的绘制功能，也可以实现简单的社会网络分析。NetworkX 是一个基于 Python 的第三方库，配合 Python 使用可以实现社会网络分析、可视化以及更加复杂的分析功能。本书后续软件操作以 UCINET 为主。

一 UCINET

UCINET（University of California at Irvine Network）是一个功能强大的社会网络分析软件，用于分析社会网络数据以及其他 1-模和 2-模网络数据。它最初由社会网络研究的开创者、加州大学欧文分校（University of California at Irvine）的 Freeman 编写，后来主要由新一代学者，目前供职于美国肯塔基大学（University of Kentucky）的 Borgatti 和英国曼彻斯特大学（University of Manchester）社会科学学院的 Everett 维护更新。

该软件的试用版可从官方网站（https://sites.google.com/site/ucinetsoftware/download）上免费下载，试用版和正式版在功能上没有区别，只是试用版有使用时间限制。下载安装包后可直接点击安装，需要注意的是，UCI-

NET 程序仅支持 Windows 操作系统，若要在 Mac 和 Linux 系统上运行则需要安装虚拟机。UCINET 提供了 64bit 和 32bit 两个版本的程序，64bit 版本可以进行更快的运算，但是一些算法只能在 32bit 版本的程序上运行。学习者可根据自身需要灵活选择。

　　UCINET 的主界面包含多个区域，以版本 6.735 为例，如图 1-5 所示，从上到下依次为菜单栏、快捷按钮、操作历史和当前地址。菜单栏汇集了 UCINET 的全部操作，从左到右依次是 File、Data、Transform、Tools、Network、Visualize、Options 和 Help，可以通过子菜单中的选项选择需要的程序。File 菜单下的功能主要是操作文件和设置程序，Data 菜单中包含了数据处理的相关功能，Transform 菜单中包含了对矩阵进行某种转变的命令，Tools 菜单提供了一些针对关系数据的计算工具，Network 菜单中提供了基本的网络分析程序，Visualize 菜单提供了多个可视化程序，Options 菜单中提供了改变 UCINET 程序设置的选项，Help 菜单中提供了注册、帮助文档等功能以及两本参考书的链接。菜单栏下方的快捷按钮提供了一些常用程序的快捷操作，可以减少中间环节，从左到右依次是 Exit（快速退出程序）、Excel Matrix Editor（Excel 数据编辑器）、Matrix Editor（编辑 UCINET 本身的矩阵数据）、DLEditor-Import Text Data from Spreadsheet（数据语言编辑器，可以从文本文档中导入网络数据并保存为 UCINET 格式文件）、Edit Text File（编辑文本文件）、Display UCINET Dataset（展示 UCINET 数据）、Command Line Interface（命令行操作界面，可以运行矩阵算法）、Visualize Network with Net Draw（Quick Start）（快速使用 Net Draw 打开并可视化选定的网络）和 Visualize Network with Net Draw（打开 Net Draw 程序，但不选择网络并可视化）。操作历史中提供了 UCINET 的引用信息和作者提供的相关书籍，还会提供操作的历史记录。

　　使用 UCINET 进行社会网络分析时通常包括以下步骤：选择功能→选择网络并设定参数→运行程序→查看结果。以分析 UCINET 自带网络文件 Friend 网络的度中心性（Degree Centrality）为例，依次点击 Network→Centrality→Degree，弹出如图 1-6 所示的界面，再点击 Input Networks 右侧的"…"按钮后弹出文件选择界面，选择"Friend.##h"后程序自动填写输入和输出文件名。操作界面下方有多个选项框，选择所需选项后点击"OK"即可开始运算。计算完成后弹出计算结果，内容包含输入输出文件地址、分析结果和其他相关信息，同时在当前文件夹中生成输出文件，后续可以通过

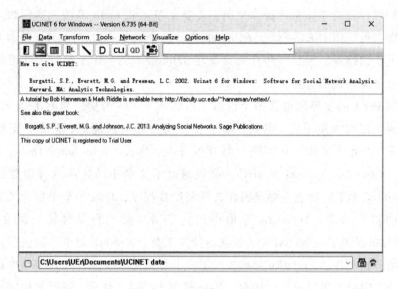

图 1-5　UCINET 主界面

Display UCINET Dataset 快捷按钮打开输出文件。如果进行了多个操作，可以通过点击 File→View Previous Output，打开日志文件列表以选择对应日志来查看操作结果，默认可以查看最近的 50 个操作，但是一旦退出 UCINET，这些日志文件就会自动删除。另外，UCINET 官方提供了详细的说明文档，点击右侧的 Help 按钮就可以查看官方文档中的相关内容。

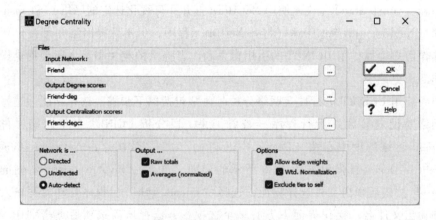

图 1-6　计算度中心性操作界面

UCINET 中的网络数据以矩阵形式储存。一个 UCINET 网络数据库通常由两个文件组成，两个文件的名称相同，一个扩展名为"##d"，包含关于实际数据的信息，另一个扩展名为"##h"，包含实际数据。用 UCINET 处理数据时，使用的是"##h"文件。一个文件中可以包含多个相匹配的矩阵，即每个矩阵的行和列相互对应，代表相同的节点，这些矩阵代表不同类型的关系，可以用于更加复杂的分析。

二　Pajek

Pajek 是一个用于分析和可视化大型网络的程序，目前已经发展 20 多年。Pajek 程序的开发始于 Mrvar 于 1996 年在卢布尔雅那大学（University Ljubljana）研究大型网络的分析和可视化的博士论文。目前，Pajek 仍是唯一可以处理大型网络数据的通用程序，它可以分析节点达到十亿个的大型网络，除了内存限制之外，对网络中连线的数量几乎没有限制。

在 Pajek 中，大型网络的分析和可视化使用六种数据类型（对象）：网络（图）、分区（顶点的名义或顺序属性）、矢量（顶点的数字属性）、集群（顶点的子集）、排列（顶点的重新排序，顺序属性）和层次（顶点的一般树形结构）。Pajek 提供的一些基本操作包括提取子网络、收缩选定部分网络、寻找连接成分（弱、强、双连通）、搜索最短路径、K-近邻、最大流、计算网络的顶点中心性（度、紧密度、居中中心性、枢纽和权威、聚类系数、拉普拉斯中心性）、片段搜索、网络（有约束或无约束）中的聚类、检测社群结构（Louvain 方法和 VOS 聚类）、快速稀疏网络乘法等。Pajek 的计算结果可以导出为 R、SPSS、Excel 等程序所需的格式，以便在这些软件中进一步分析。

Pajek 同样提供了 32bit 和 64bit 版本的程序，读者可以根据自己的需要进行选择。Pajek 支持 Windows 系统，官方网站（http://mrvar.fdv.uni-lj.si/pajek/）也给出了在 Mac 和 Linux 系统中运行 Pajek 的帮助文档，还可以在官方网站中查看相关学习资料。Pajek 主界面如图 1-7 所示。

三　Gephi

Gephi 是一个跨平台的开源图形可视化工具，适用于各种网络和复杂系

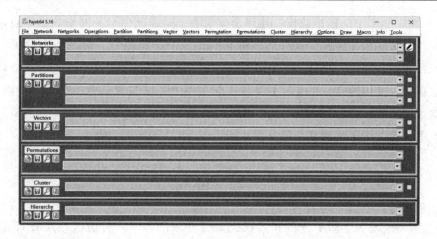

图 1-7　Pajek 主界面

统、动态和分层图的绘制，该程序为探索和理解网络的研究者提供类似于图片编辑软件的功能。用户通过操纵结构、形状和颜色揭示网络隐藏的属性。Gephi 可以在 Windows、Mac 和 Linux 系统上运行，并且提供了中文界面，还在官方网站（https://gephi.org/）上提供了帮助用户快速入门的操作手册。Gephi 主界面如图 1-8 所示。

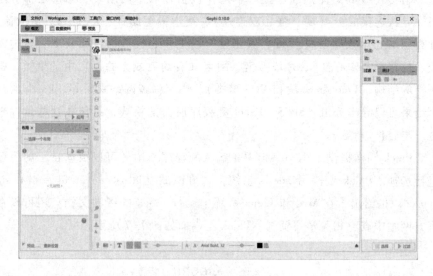

图 1-8　Gephi 主界面

四 NetworkX

NetworkX 是一个用于创建、操作和研究复杂网络的结构、动态和功能的 Python 软件包，目前已更新至 3.5 版本。NetworkX 支持无向图、有向图和多维图等数据结构，内置多种标准算法和网络生成器。在节点和连边的操作上具有较高的自由度。NetworkX 需要配合 Python 使用，因而不受操作系统的限制，可以通过 Python 内置的包管理工具 pip 进行安装。同时，官方网站（https://networkx.org/）上提供了帮助文档，主要内容包括函数介绍、签名和示例代码。

思考与练习

1. 阐述弱关系理论与强关系理论之间的联系。

2. 试利用结构洞理论解释现实生活中的某个现象或某类事件，如征地纠纷、民间借贷、乡贤治理等。

3. 在分析社会结构时，网络结构观与地位结构观分别具备哪些优势？

4. 假如你准备针对某企业开展社会网络关系调查，请思考如何完整、准确地反映员工之间的正式与非正式关系。

第二章　社会网络的数据收集和形式化表达

与传统社会科学数据不同，社会网络数据包括对社会行动者间关系的测量。因此，有关社会网络的分析变量往往包括两种类型：社会行动者的属性变量与关系变量。属性变量从个体层面予以界定，属于传统社会科学数据收集的范畴，例如性别、受教育程度、婚姻状况、户籍地信息等。关系变量是两个社会行动者之间某种特定的联系，如人与人之间的友好或敌对关系、公司之间的商务往来关系、学者之间的合作关系等。传统数据的收集过程同样适用于收集网络数据，但网络数据的收集却需要一些特殊的方法，原因在于网络数据的收集过程更为复杂。

在收集社会网络数据时，个体中心网络和整体网络的抽样方式存在差别。具体而言，个体中心网络可以采取随机抽样，并且可以用样本推断总体。而收集整体网络数据时需要寻找一个封闭的群体，这个封闭的群体只能作为一个个案；在实际抽样过程中，通常采取便利整群抽样，这样得到的数据虽然无法用样本推断总体，但对于揭示网络结构具有独特的作用。

第一节　个体网络数据收集

一　提名法

（1）提名法的概念

提名法（Name Generator）是一种传统的测量社会网络的方法。从时间上来看，提名法是最早用于个体中心网络的数据收集方法，早在 20 世纪 60

年代，该方法就被应用于实证研究中。1968 年，Wellman 等人在加拿大多伦多访问了 845 个成年人，要求受访者提供与他们最亲密的六个人（"除家人之外你觉得最亲近的人"）的详细信息，如关系人的性别、社会经济地位、关系类型（如亲戚、邻居）、居住地址、联系频率及方式、关系人中可利用的帮助类型，以及关系人与被访者的亲密度排名等（Wellman，1979），以此来收集个人社会网络资本。

目前，最常用的提名法由美国社会学家 Burt 等人在前人研究的基础上发展而来（Burt，1984；Marsden，1987），包含提名生成法和提名诠释法（罗家德，2010）。具体做法是，首先，要求被访者回溯过去 6 个月有哪些人曾与他探讨过重要的问题，如"哪些人曾与您讨论过私事？"。被访者提供这些关系人的姓或者名的首字母，并从给出的这些关系人中选取前几个（一般不超过 9 个人，最常用的是 5 个人）作为被访者的核心关系人。其次，采用提名诠释法进一步探寻这些关系人的基本情况（如性别、受教育程度等）、关系人之间的亲密程度、被访者与关系人组成的网络特征等信息。最后，根据研究需求进一步测量社会经济方面的问题。通过被访者回答的网络成员的相关信息，反映被访者的社会资本情况（林南和俞弘强，2003；张文玉和蒋承，2018）。正如罗家德（2010）所言，提名法主要做两件事：一是得到一群人的名字；二是询问这些人之间是什么关系，得到一个网络结构。提名法于 1985 年首次作为一个模块被纳入美国"综合社会调查"（General Social Survey，GSS）（左旭东，2006），此次调查第一次掌握了具有代表性的美国人社会网络数据（Marsden，1987）。此后，这一测量方式成为大多数国外学者的选择，但他们会根据自己的研究问题进行适当调整（Friedman & Krackhardt，1997）。

（2）提名法的特点

提名法的优势是清晰易懂，方法成熟，操作简便；提名法可以通过"提名诠释"对网络中主体的行为和态度进行更进一步的解释（左旭东，2006），可以满足社会网络分析中的信息要求，收集的数据比较系统和全面；但是提名法的劣势也是比较明显的。Marsden（1987）的研究表明，提名法搜集的往往是以亲属为核心，具有高密度与高同质性的小型网络。这可能是由于被访者在回溯"核心问题讨论网络"时优先汇报一些与自己联系比较频繁、感情比较亲近的社会关系，因此测量的往往是强关系或地理上邻近的联系，而对弱关系有所忽视，这可能会使测量的社会资本具有较高的同质性，从而造成测量误差（吕涛，2012；邹宇春，2015；林南，2020；Campbell et al.，1991）。另外，该方法要求被访者逐一回忆每个网络成员的具体情况，在实际调查中难度较大（赵延东和李睿婕；2017）。同时，该方法所列网络成员的数目是确定的（3个、5个或10个），而且网络成员之间的互动关系一般是由中心个体（即被访对象）汇报的，无法全面真实地反映个体之间的互动情况。

（3）提名法在我国的应用

国内最早使用提名法测量社会资本的是1986年的"天津城市居民的社会网络"调查，采用Burt发展的"核心问题讨论网络"提名法。此后的很多调查，包括1993年的"天津城市居民生活与社会网络调查"、1998年的"天津城乡居民社会网络调查"（张文宏，2011）、2003年中国综合社会调查（CGSS）等均采用修改版的"核心问题讨论网络"提名法。调查涉及以下具体内容：①与被访者讨论重要问题的关系人数量（讨论网络的规模）；②与核心讨论网络中关系人讨论问题的性质（工具性、情感性、混合性）；③与核心讨论网络中关系人的人际关系类型（家庭成员/亲属/朋友/同事/邻居/其他）；④核心讨论网络中关系人的性别、年龄、受教育程度、职业、工作单位性质、管理级别；⑤与核心讨论网络中关系人的交往频率；⑥与核心讨论网络中关系人的熟悉程度（王卫东，2006）。表2-1摘自CGSS（2003）调查问卷，是用提名法来测量社会网络的典型案例。

表2-1 CGSS（2003）调查问卷中提名法示例

与您讨论问题的主要对象	第一人姓 ___	第二人姓 ___	第三人姓 ___	第四人姓 ___	第五人姓 ___
您与他主要讨论哪方面问题？ （1）要办的具体事情 （2）情感方面的问题，或生活、工作以及其他方面的社会问题 （3）两者都有					
他是您的什么人？ （1）家庭成员 （2）亲属 （3）朋友 （4）同事 （5）邻居 （6）其他					
他的性别是？ （1）男 （2）女					

续表

与您讨论问题的主要对象	第一人姓 ————	第二人姓 ————	第三人姓 ————	第四人姓 ————	第五人姓 ————
他的年龄？					
他的教育程度？					
他的职业？					

注：也可以在问卷中编制这样的题目："在过去半年内，您和谁讨论过对您来说是重要的问题呢？请您说出所有这些人的姓或简称，如老张、小李、王姨、老伴等"。调查员将被访者所说的交往对象按重要性程度，将其中最重要的五个人依次记录在表 2-1 中的第一行，同时请调查员记录被访者提出的全部人名的数目；如果提名超过 5 个，记录实际数字。

二　定位法

（1）定位法的概念

定位法（Position Generator）也称位置生成法，是一种常用的社会网络或社会资本的测量方法，在社会网络与社会资本的调查研究中广泛应用。该方法以社会资源理论为基础（Lin，2001），由林南和杜明于 1986 年首次提出（Lin & Dumin，1986），它以"位置"为出发点，假设在多数社会中，（经济）财富、（政治）权力和（社会）地位是普遍的有价值的资源，它们不是均匀分布在社会之中的，而是按照社会地位高低呈金字塔型分布的（刘林和刘丽，2013）。其中，金字塔顶层的人数很少，但拥有着最丰富、最有价值的社会资源；金字塔底层的人数多，但拥有的社会资源较少。因此，个人的社会资本拥有量取决于其所处的社会结构地位。换句话说，个人的社会资本就是他们与金字塔型的社会位置上的人的接触情况，反映了个体的结构性地位（林南，2020）。在现代社会中，职业和单位类型是个体社会资源与社会地位的直接表现形式。因此，可以通过对个体的职业和单位类型进行调查，从而对其拥有的社会资本做出比较准确的测量（刘林和刘丽，2013）。

定位法研究的是等级制位置，而不是内容或角色领域（Lin，1986），主要通过结构位置对社会资本指标进行测量（郭丽婷，2017）。定位法的核心内容是，首先按照一定的标准，如职业声望，将代表结构性位置的职业类别进行排序，从中选取知名度较高以便在访谈中有积极响应的职业类别作为指标（Lin，1986）。其次针对列出的职业类别，要求被访者回答自己是否与这些职业类别的人有交往（若有多人，则填答最熟悉的那个人）。

最后通过被访者所选的最高职业声望得分、最高职业声望与最低职业声望之差、单位类型及职业类型的总数，对被访者社会资本的达高性（社会网络所能触及的最顶端的资源）、异质性（社会网络所能触及资源的纵向幅度）、广泛性（社会网络所能触及资源的多样性）进行测量（边燕杰和雷鸣，2017；李黎明和李晓光，2019；Lin，2001）。此外，还可以测量被访者与这些网络成员的关系强度（如熟悉程度）、关系类型（如血缘、地缘、学缘、业缘），以及他们的社会人口特征（如性别、年龄、种族、教育水平、职业类型）等（林南，2020）。简单来说，定位法主要解决两个问题：一是资源从哪里来，二是这个资源是否可以有效获取（罗家德，2010）。

（2）定位法的特点

与提名法相比，定位法具有以下优势。第一，由于定位法不是对社会网络的内容或角色进行抽样，而是对等级地位进行抽样，所以它是内容无涉的（Content Free）和角色/位置中立的（Role/Location Neutral）（Lin，1999）；同时，更少涉及个人的隐私（孙立新等，2013），被访者容易接受，因此在实际操作中更为客观、准确、简便。第二，定位法测量的社会资本的覆盖面更广，其以多种资源（如职业、权威等）为基础，可以直接或间接地识别与这些资源位置的联系（边燕杰和雷鸣，2017），克服了提名法偏重强关系的缺点（Lin & Dumin，1986）。第三，通过职业类型、职业声望得分等指标，可以较为客观地对社会资本的异质性、广泛性、达高性进行测量（林南，2020）。尽管定位法有这些优势，但也存在一定的局限性，即定位法难以收集网络成员及其联系的数据，无法进一步了解受访者社会网络的具体构成情况（赵延东和罗家德，2005；孙立新等，2013）。

（3）定位法在我国的应用

国内最早使用定位法测量社会资本的是 1998 年边燕杰等主持的天津、武汉、上海和深圳四城市的"餐饮网络与社会资本"的研究（边燕杰，1998）。边燕杰结合中国特殊的国情背景，提出了"拜年网络""餐饮网络""求职网络"等具有中国特色的测量社会资本的方法。其中，"拜年网络"以中国的传统节日春节为依托，通过访问被调查者"在拜年的人中，他们有没有从事如下工作的？"等问题（王卫东，2009），研究被访者给多少人拜年、给什么职业和职位的人拜年（张学志和才国伟，2012），以此测量城市居民的家庭社会网络资源。"餐饮网络"是从行为层次对日常餐饮社交状况（如请客、被请客）的测量，是指通过"饭局"的方式联系起来的社会网络

（张文宏等，2004；边燕杰，2004）。"求职网络"是对求职过程中所找的关系人、关系人的属性、直接关系和间接关系、关系人提供的资源等的全面测量（林南，2020）。"拜年网络"是被广为接受的具有中国特色的社会资本测量的有效手段（王卫东，2009），2003 年、2008 年中国综合社会调查（CGSS）均采用了边燕杰提出的"拜年网络"来测量社会资本。具体的调查内容为：①拜年者中亲属的人数、亲密朋友的人数、其他人的人数，以此推算拜年网络的规模；②在社会等级结构中从高到低列出了 18 种职业（包括无业人员），询问被访者的拜年对象中是否有从事这些职业的人；③列出了 8 种不同的单位类型，询问被访者的拜年对象中是否有在这些单位工作的人（王卫东，2006）。表 2-2 摘自 CGSS（2003）调查问卷，是用定位法来测量社会资本的典型案例，其中提问的问题是："在今年春节期间，以各种方式互相拜年、交往的亲属、亲密朋友和其他人中有无从事以下职业或在下列单位工作的人？（如果有，请在相应方框里打"√"）。"

表 2-2 CGSS 定位法示例

职业类别				单位类型	
1. 产业工人	☐	10. 科学研究人员	☐	1. 党政机关	☐
2. 大学教师	☐	11. 法律工作人员	☐	2. 国有企业	☐
3. 中小学教师	☐	12. 经济业务人员	☐	3. 国有事业	☐
4. 医生	☐	13. 行政办事人员	☐	4. 集体企事业	☐
5. 护士	☐	14. 工程技术人员	☐	5. 个体经营	☐
6. 厨师、炊事员	☐	15. 政府机关负责人	☐	6. 私营/民营企事业	☐
7. 饭店餐馆服务员	☐	16. 党群组织负责人	☐	7. 三资企业	☐
8. 营销人员	☐	17. 企事业单位负责人	☐	8. 其他类型	☐
9. 无业人员	☐	18. 家庭保姆、计时工	☐		

第二节 整体网络数据收集

整体网络是由一个群体内部所有成员及其互动关系构成的网络，不同个体组成的不同集合所表现出的网络结构会对其内部成员的行为产生不同的影响。整体网络研究在方法上侧重于整体分析，即把某一社会系统视为一个整体和构成整体的各个部分，测量和呈现整体网络的结构特征，从而对整个网络进行较为全面的刻画，可以解释成员联系的紧密性和成员行为之间的联系（刘军，2014），并说明其产生的原因和可能造成的后果。

收集整体网络数据的关键在于确定哪些行动者应该被囊括进来？哪些社会行动者集合是需要研究的总体？即需要确定网络的边界（罗家德，2010）。在有些情况下，行动者集合较小且封闭，网络的边界相对容易确定，例如一个班级的全体同学。然而，在另一些情况下，许多自然形成的社会行动者之间并不具有定义清晰的边界。此时社会行动者集合的构造需要以实践和理论为依据，辅之以专门的抽样技巧来定义网络边界。整体网络和个体网络研究在数据获取的方式上存在差异。个体网络的数据多采用问卷调查的方式来获取，而整体网络数据的获取方式则更加多样化，网络抓取、问卷调查、深度访谈等都是常用的收集方法。

一　问卷调查法

与个体网络数据相比，整体网络数据收集难度更大。整体研究是有边界的，范围内的所有个体都需要被调查，否则网络是不完整的（Laumann et al.，1983）。由于调查问卷不可以匿名，被访者可能会担心数据和个人隐私的泄露而隐藏自己的真实信息或拒答，因此问卷的信度和效度难以得到保证。另外，问卷所能列入名单有限，且人数过多的整体网络可能关系变得稀疏且内部派系过多，可挖掘价值不够显著，因此网络规模不可能非常大。研究者需要与被访团体或成员建立良好的社会关系，且需要长时间的接触和深入访谈，才可能获得该群体更多、更丰富的信息，并用调查数据对相关理论进行检验（刘军，2004；罗家德，2010）。

为了获得较为理想的问卷反馈率，保证数据质量，在收集数据之前，应通过中间人与被调查群体的负责人建立联系，告知其研究目的和内容，说明调查问卷需要被访者的真实姓名，承诺所有问卷信息和访谈信息仅用于学术研究。并通过负责人了解调查群体的结构等相关情况，获取被调查者名单。在此基础上，进一步优化问卷内容，提升问卷质量，为后续的实地调研和问卷收集奠定基础。问卷调查过程大体分为两个阶段：第一阶段进行信息采集，形成社会网络的边界，确保在调查过程中不会遗漏样本，并对抽取的样本进行编码；第二阶段在熟人的引导和协助下，调查人员发放问卷，组织被调查者填写并现场回收。

　　整体网络调查问卷的格式如表2-3所示，第一列为题目，之后各列为所有被调查者的姓名（或标识的编号）。在调查时，分别请每一位被调查者就每一个问题勾选与其有关系的所有成员，但一般不勾选与本人的关系。在本例中，如果调查甲时，仅勾选在每个题目上与乙、丙及丁的关系，在相应的方格内打"√"即可。

表2-3　整体网络问卷格式示例

题目	甲	乙	丙	丁
您和哪些人交谈时会谈及您的私生活和私事				
您在工作上遇到困难时，会询问哪些人以得到帮助				
您经常和哪些人在工作之余聚餐				
当您想离职或跳槽时，您会把您的想法告诉哪些人				
当您感到不开心、郁闷时，您经常把谁当作您的倾诉对象				

二　历史资料收集

　　"档案"是基于人类活动形成的各种形式的具有保存价值的原始资料。随着时代的发展，档案管理模式从"以档案实体为中心"向"以档案信息为中心"转变。国内许多学术机构也都致力于将已有的、大规模的、个人的，或其他微观层面的档案资料电子化。武汉大学早在2011年就成立了数字人文研究中心，着力推进文献和文化遗产资源的数字化和数据化，并推动相关技术与方法的创新。北京大学成立的数字人文研究中心，聚焦古籍知识图谱的生成、古籍目录的集成和地理信息系统的可视化。这些数字化平台在提供海量文献资料信息、直观呈现复杂史实的同时，也给多学科交叉合作带来了新的挑战和机遇，在开辟新的领域、发现新的方法、创新研究范式和激发研究活力等方面展现出前所未有的必要性和可能性。例如，中国历代人物传记资料库（China Biographical Database Project，CBDB），作为关系型数据库拥有42万多条中国历代人物传记数据，能够呈现亲属关系网络，方便梳理进士家族图谱。在此基础上，潘俊（2021）提出了一个基于知识库和文献的历史人物关系网络构建和挖掘方法，以明代进士群体为对象展开了实证研究，对进士社会网络的拓扑特征和社会关系分布、核心进士的群体特征及关系子图挖掘等问题进行分析与讨论。刘京臣（2019）展示了以血缘、姻亲为核心的进士家族世系图谱，认为姻亲关系能够将多个进士家族之间联系起来，将研究视角从单个进士家族转向有关联的多个进士家族，考察这些姻亲家族在治经、传经等方面是否存在影响。

有学者利用文献信息处理技术，提取了《左传》中的人物和事件数据，形成了隶属关系表，并探讨了春秋人物关系网络的中心性（许超和陈小荷，2014）。严程（2018）在一项关于清代著名女词人顾太清与"秋红吟社"的研究中，以数字人文手段处理顾太清与沈善宝等10余位诗友的往来诗作，将其中涉及的人物、时间和事件信息转换成动态的人际网络。该研究发现，以顾太清为中心的女性诗人交游群体在诗社存续期间发生的两次重大结构变化，较为清晰地呈现了顾太清在不同阶段与闺友交往的形态，以及以顾太清为中心的女性诗人交游群体在这一期间发生重大结构变化的客观缘由。不仅如此，严程还通过人际关系图发现，顾太清的社会关系呈现由依附关系到拟家庭关系，再到真正的社会关系转变的趋势。

综上所述，将社会网络分析技术引入历史档案研究，不仅能够帮助研究者在卷帙浩繁的文献中抽取有价值的信息，还能够提高对历史文献保护与开发并重的政策的实施效率。在理论建设方面，随着数据库的不断丰富，研究者对历史档案中个体之间、群体之间、地方与国家之间的互动关系，甚至对整个区域内的经济、政治、文化发展之间的互动关系都有了全面而深刻的把握（张应强和郝静，2022）。

三　文献资料收集

在文献计量学领域中，对网络结构关系的高度关注，改变了传统文献计量学基于描述统计的研究范式。目前，学者主要从合作研究和引用研究两个层面进行梳理和总结。学术界的科研合作不仅能够反映科学研究工作的团队性、协同性，还能够体现出科学知识的交流与互补，打破学科界限，实现研究方法的交叉和理论的相互借鉴。例如，自然科学、工程科学领域越来越注重在研究团队中加入社会科学、人文科学研究人员，这样可以使研究成果更符合人类的实际需求、更符合社会的发展规律。合作关系研究既包括文献作者的合著关系研究，也包括科研机构的合作关系研究。将社会网络分析应用于作者合著关系研究，能够帮助研究者识别特定研究领域的核心作者。同时，有学者重点关注了文献作者相互间的影响和呈现出的知识结构，借助对作者合著网络在时间序列上的发展变化，动态地揭示了作者合著网络背后的知识创意流动网络的底层结构，发现由弱连接构成的研究者群体比同类学术网络具有更低的密度（Henneberg et al.，2009）。张生太等（2020）对 Web of Science 数据库中全球科学研究机构/学校合作进行了分析与网络可视化，展示了科研力量的具体分布情况。

在合作关系研究中，研究者们基于各种合作关系构建的合作关系网络属于无向网络，而考虑到引用与被引用之间的差异，研究者们主要使用有向网络进行引用关系研究。事实上，研究者们在关注作者引用关系的同时，也在努力揭示引用关系背后的知识结构；基于作者引用关系绘制特定领域的知识结构图谱，并以此来揭示相关主题、概念之间的关联。在这类研究中，研究者们往往根据作者及其引用的参考文献进行引文和共引分析学科的发展脉络，把握学科的前沿进展；甚至还通过引用关系网络中文献的作者属性和时间属性揭示研究主题，识别不同知识节点的相对重要程度。而研究期刊之间的引用关系能够评估期刊之间的交流模式以及期刊在知识传播中的具体情况，为进一步研究特定领域的学科发展和变迁提供证据。

正如比利时学者 Otte 和 Rousseau（2002）所说，社会网络分析并不是单纯的形式化社会学理论，而是一种调查群体结构的思想策略，这种策略可以被广泛地应用于很多领域的结构关系研究。特别是随着一系列可视化分析工具软件的诞生，社会网络分析对研究对象结构关系的揭示能力超越了以往任何一种理论和方法；目前，基于文献资料的社会网络分析旨在为科研工作者精准识别某一研究热点、揭示其演化脉络与结构特征，以及后续的研究与知识延伸提供理论借鉴与应用参考。

四　大数据收集

科技发展日新月异，人类社会的流动和交流行为呈现出前所未有的新特征。在移动互联网、物联网等新兴信息技术的支持下，个体行为与组织行为呈现出鲜明的网络化特征。同时，智能手机、GPS、App、传感器等记录设备可以在任何时间、任何地点记录人们的各种行为；现代交通工具的快速发展，也大大增加了人们的流动性和扩大了人们的社会活动范围。各种具有时空信息和网络特征的数据相互融合、相互叠加，描绘出人类社会的各种动态特征，全球数据量出现爆炸式增长。这些数据真实可靠，规模庞大，结构多样，来源广泛。

大数据的快速发展，拓展了社会科学的定量研究领域，为研究人类行为提供了新的工具，为研究社会互动与社会交往提供了新的可能。当然，在正面看待大数据带来积极作用的同时，也要意识到大数据分析失灵的可能性，要理性认识大数据的优势与劣势，处理好大数据与传统数据之间的关系。

（1）政策文本数据收集

政府部门间联合行文是推动公共事务治理中部门间合作的重要方式，也为分析部门间合作网络的特征提供了可供观察的经验资料。政策文本及其之间的关联关系，在经过一段时期的积累后会形成政策文本关联网络，为政策网络和政策关联的研究提供丰富的可图谱化数据。政策文本之间的参照关联可能体现在政策的标题中，也可能存在于正文中。参照关联既包括以政策文本内容形式呈现的显性关联，也包括以政策意图相似而呈现的隐性关联。

学者们可以进行政策差异研究、政策扩散研究等。政策差异研究可通过对政策文献的外部属性特征和文本内容开展量化分析，挖掘中央政府与地方政府之间、地方政府与地方政府之间在政策发文时间、政策发文单位、政策工具使用方面的差异，探讨不同地区政策导向与政策工具组合的关系。政策扩散研究可通过对政策文献外部属性特征的参照网络分析，以及政策文献内部工具运用的关键词时序分析，从强度、广度、速度与方向四个维度研究科技成果转化政策扩散的过程和特点。按照研究对象的不同，该方法还可以应用于国际关系、国际贸易、国际政治等领域。近年来，该方法已被广泛用于描述住房保障、食品安全监管、科技发展、退役军人保障、互联网治理等领域的部门间合作网络。

以研究政府部门应对突发公共卫生事件的合作网络为例，具体操作步骤如下。基于"北大法律信息网"数据库，以"非典""SARS""H1N1""甲型流感""新冠"等为主题词和标题内容进行检索，补充收集中央层面各机构联合发布的政策文本。在此基础上，结合中央政府门户网站、国家卫生健康委、财政部、民政部、科技部等相关部门网站的内容进行对比补充。为提高数据的针对性、有效性和代表性，需要对样本数据进行筛选：一是筛选与突发公共卫生事件主题高度相关的政策文本；二是主要选取部门间联合发布的通知、意见等政策文本类型，不包括单个部门发布的政策或者非正式文件。

随后，视政府部门为网络中的"行动者"，以部门间的联合发文行为建立"行动者"之间的关联关系。将政策文本的发文部门提取出来进行编码，构建部门间联合发文关系矩阵，形成发文部门之间的关系数据，再利用网络分析法对关系数据进行量化分析，以描述部门间合作网络的特征。一般而言，部门间联合发文关系矩阵分为关系矩阵与强度矩阵。关系矩阵构建的依据是组织是否存在联合发文行为，为二值型矩阵，即矩阵中各元素的值只有 0 和 1，0 代表部门间无发文关系，1 代表部门间存在发文关系。强度矩阵的构建不仅考虑了部门间是否存在发文关系，还考虑了部门间关系的强度（即联合发文次数），为多值型矩阵，数值的大小代表部门间联合发文次数的多少，反映了部门合作关系的丰富性与合作的强度，有助于分析整体网络对核心机构的依赖程度和组织间合作关系的密切程度。从部门间合作网络整体结构和网络中心性两个维度，评估部门间协同合作效果，为政府政策优化和协同合作提供理论依据与决策建议。

目前，国内有代表性的研究成果是对科技政策文件进行的研究（张剑等，2016），提出了不同类型的引用模式和网络特征。第一类是星型网络，即以单一政策为核心的单核心、单级别网络；具有多个施引政策且仅仅构成一级网络的政策很少。第二类是延伸星型网络，即以单一政策为核心的单核心、多级别网络，这类网络具有一个核心；该政策的一级施引政策中有若干条政策在二级网络中被引用，但引用频次较低，难以构成整个网络的分中心，因此该网络整体上呈现单核心、多级别的较为简单的结构。第三类是雪花型网络，即以单一政策为主中心，具有多个分中心的单核心、多中心、多级别网络；当核心政策的某一条施引政策（或其他级别的施引政策）在下一级网络中被引用，且引用频次较高时，该项政策就成为整体网络中的一个分中心，网络明显分为若干个簇，整个网络呈现单核心、多中心、多级别的复杂形态。第四类是双（多）子型网络，即以双（多）政策为核心的双（多）中心政策关联网络，此类政策关联网络由两个或多个政策形成相对对等的引用中心。

研究者可以基于不同的指标维度将网络结构类型化，从而揭示网络整体结构的变化。刘纪达和王健（2019）用"相对网络密度"和"网络凝聚力"两个指标考察退役军人保障政策中的部门合作网络，构建了四种网络形态，即均衡－松散型、均衡－密集型、集中－松散型、集中－密集型。魏娜等（2019）从"网络密度"和"网络中心势"两个维度出发，构建了一个理解治理机构间合作关系网络的分类框架，将互联网服务机构合作网络划分为协调型、中心－边缘型、分散－耦合型、松散型四种类型。段尧清等（2020）发现，我国政务大数据在时间维度上呈现典型的 S 曲线扩散特征，在空间维度上呈现地理上的非均衡分布特征和层级上的梯进式特征，在主题维度上呈现继承性与创新性融合的特征，在扩散过程中，被参照政策呈较为核心的价值指向得到了继承。学者们可以通过对政策关联网络结构与特征的分析，反映出普遍存在的涵盖与被涵盖、衍生与被衍生、统摄与被统摄的政策文本之间的参照关联关系，从而挖掘潜藏的内引规律，呈现政策文本之间难以察觉的微妙关系。

（2）网络舆情数据收集

社交媒体已经成为网民记录生活、表达观点、获取信息、分享交流的最主要途径，也是反映网民真实状态的可靠的、即时的大数据来源之一。真实、准确、及时的社交媒体大数据样本蕴含着巨大的科研价值，为科学研究提供了更丰富的可能。不同于传统的社会关系网络，在线社会关系网络具有鲜明的特征，如开放性、匿名性、跨地域性、高度交互性和复杂性。在众多在线社会网络中，可以随时随地发布消息的微博脱颖而出，成为国内学者研究在线社会网络的最主要平台之一。在社交媒体中发出的一条信息，会被不断转发，从而引出更多的相关信息，这些相关信息中蕴藏着丰富的价值。这些数据体现了人类复杂的行为模式，企业也可以从大数据中挖掘出客户对商品的喜好和需求，从而改进产品。在自媒体时代，运用社会网络分析在线社会关系网络结构、网络舆情传播机制是技术和社会发展的必然结果。

社交媒体在复杂公共议题中发挥着越来越重要的信息发布、用户参与和舆论引导功能。对社交媒体平台的用户记录进行大数据分析，可以考察不同国家和不同平台用户诉求的差异和传播途径。Yang 等（2019）基于美国商学院研究生 450 万次电子邮件通信数据，发现社会网络中心性能可以预测他们能否获得具有领导地位的工作职位。Hobbs 等（2016）基于 1200 万名 Facebook 用户的数据，揭示了在线上结交更多朋友的人会得到更多的健康利益，且他们的死亡风险更低。聂瑞华等（2019）提出了一对多轮换估计法下的同伴驱动抽样方法能够有效地估计多类微博用户的总体比例，是一种可推广于社交网络数据采集的大数据抽样方法。

　　某一突发事件（如新冠疫情）暴发时，往往会伴随着海量信息以社交媒体为媒介的快速生成和传播过程。在这一过程中产生和传播的信息具有复杂性，往往是真实信息与虚假信息或者谣言以及不完全准确的"扭曲"信息的交织，会引发信息接收者的恐慌、焦虑和行为扭曲。基于舆情大数据的社会网络属性，剖析网络社会环境下社会安全事件的特征，可以快速为社会突发事件应急管理提供情报支持（夏一雪，2019）。刘淑华等（2017）对天津爆炸事故中的地方政府微博进行研究，发现不同类型危机中的信息传播具有不同的网络传播形态，其中灾后恢复政策传播存在信息提供者子群、信息转接桥梁子群和传播放大器子群等类型的关键节点群体，三者在政策传播中发挥独特的作用。同时，他们认为地方政府在官方微信公众号发布政策传播信息方面依然面临较大挑战和短板：①总体来看，地方政府官方微信公众号的网络影响力较低；②危机治理过程过分强调结果应对而忽视过程应对能力的建设；③地方政府虚拟空间的危机治理政策信息发布能力和传播引导能力，与线下政策制定与实务治理之间缺乏协同。徐选华和余紫昕（2022）针对社会网络环境下复杂大群体应急决策中难以获得决策属性信息的问题，提出社会网络环境下公众行为大数据驱动的大群体应急决策方法。

　　（3）传感器数据收集

　　传感器作为一种检测装置，它的应用早已渗透到诸如工业生产、宇宙探索、海洋探测、环境保护、资源调查、医学诊断、生物工程，甚至文物保护等领域。各种含传感器的设备（如智能手机等）会产生和传送海量的数据，包括温度、湿度、电压、电流、压强、光照、加速度、角速度等，互联网强大的功能则需要通过传感器网络与世界接轨。传感器网络由数据感知网络和数据分发网络组成，并由统一的管理中心控制。大量的微型传感器节点集合具备感知能力、计算能力和通信能力，传感器能够感知、采集和处理网络覆盖区域中对象的信息，并发送给观察者。

　　引入智能学习方法和仿生群智能优化算法，可以确保移动无线传感器网络在复杂的应用环境中高效运行。同样，如果将个体看作一个智能传感器，节点之间的社会关系会受到社会属性的影响，这些传感器在社会自然环境中自主移动，通过社会网络进行信息交换，同时，数据信息的交换受到人类信息感知的偏好性影响。Wang（2022）充分利用数据变化响应传感器状态的思想，以无线传感器网络的实际监测数据为研究对象，通过提取无线传感器网络数据的特征，选择实测环境数据的时间相关性和空间相关性作为可靠性指标，分析无线传感器网络拓扑环境中社交网络的数据传播特性，从内容流行度的视角对数据进行挖掘、分析和量化，并分析该数据上节点的兴趣指标，得出稳定的兴趣量化值。

现有研究多从适用于大规模、简单信息和延迟容忍的移动无线传感器网络出发，结合传感器网络自身的特点和需求，在传感器网络可靠性分析的基础上联结各类社会行为，特别是手机的广泛应用不仅扩大了人们的社交范围，也拓宽了研究数据的来源。Deville 等（2016）采用多个手机移动通信数据集，研究了人们的流动性与社会网络之间的关系，建立了流动性幂律与互动性幂律两个模型指数之间的线性关系，展示了人们的流动性和社会互动的空间依赖性。梅大伟和修春亮（2020）利用 2018 年沈阳市手机信令数据，运用社会网络分析测度沈阳市居住—就学网络的空间结构特征，发现沈阳市小学生就学行为具有明显的空间依赖性，行政区划对就学行为具有重要影响。Jia 等（2017）将 2013 年雅安地区受地震影响的 15 万灾民的移动通信数据与相关调查数据、社会经济和地震影响等数据相结合，研究了人们在风险环境下的应急沟通行为、信息使用行为和应对行为；另外，还探讨了地震灾害情况下社会网络的嵌入性对应急通信行为的影响以及网络演化机制，基于电话和短信的田野实验揭示了网络变量与亲社会行为的因果关系。季航宇等（2021）认为，出租车出行是表征空间不平等的重要指标，利用上海市出租车出行的车流数据与人口普查数据，揭示了上海市出租车出行存在空间不平等现象，不同类型人口在出行能力上存在差异，出行弱势人群（儿童、老人、外来人口、农业人口等）占比高的区域具有更低的出行便利性与更远的出行距离，而且这一相关性随着空间位置与空间尺度的变化而变化。

第三节　社会网络的形式化表达

社会网络分析通常使用图表和矩阵来表示社会行动者之间的关系模式。针对小群体的参与者（例如，邻里或商业公司），使用可视化方式可以有效地描述其社会关系模式。

数学家对图的深入研究形成"图论"，图论是数学的重要分支。图论中的图是由若干给定的节点及连接两个节点的线所构成的拓扑结构，用节点代表事物，用连接两个节点的线表示两个事物间的关系。关于图论的记载最早出现在 1736 年欧拉（Euler）的论著中，他所考虑的问题具有很强的现实背景。第一个图论问题是著名的哥尼斯堡七桥问题，欧拉用图论证明了这个问题没有解，并把这一问题进行了推广，这项工作使欧拉成为图论及拓扑学的创始人。实际上，直到 1936 年，匈牙利数学家科内格（König）才正式提出图论思想；20 世纪 50 年代，他的著作在美国出版之后，图论思想才引起重视。后来，Harary 和 Norman 发展了科内格的思想（李金华，2009）。用图论的语言和符号可以精确简洁地描述网络。图论发展至今，不仅是数学家和物理学家的重要研究工具和方法，也成为社会科学研究的重要基础。

矩阵是行和列元素的集合，它被用来表示行动者之间的连接。邻接矩阵是其中的一类重要矩阵。邻接矩阵是一个正方形的行动者关系矩阵，其中成对关系的存在被记录为元素。邻接矩阵中的主对角线或自我关系经常在网络分析中被忽略。社会关系网络图可以用矩阵形式来表示并进行数学运算，如向量运算、分块和分割、矩阵代数（逆、转置、加法、减法和乘法）等。

一　社群图

图论用包含一组行动者及其联系的图来表示社会网络①，被称为社群图（Sociogram）。在图中，节点（Nodes）代表行动者，边（Edges）代表行动者之间的联系。

在一个图 G 中，节点集合被表示为 $V = \{n_1, n_2, \cdots, n_N\}$，各对节点之间的边的集合表示为 $L = \{l_1, l_2, \cdots, l_m\}$。综合起来，可以用节点集合 V 和边集合 L 共同表示一个图，记作 $G = (V, L)$。其中节点不能与自身相连，即网络中不存在回环（Self-loops）或反身联系（Reflexive Ties）。同时，一对节点之间不能存在多条边。无回环且一对节点间只存在一条边的图被称为简单图（Simple Graph）。

此外，一个图 G 也可用图形表示，即用点代表节点，用两点间的连线代表对应节点对之间的边。点的位置是任意的，边的长短没有实际意义。如图 2-1 所示，5 个节点代表 5 家公司，边代表公司之间的合作关系。可以看出，n_3 和 n_5 之间曾有过合作，则边的集合 L 中包含边（n_3, n_5）；公司 n_1 和 n_2 之间未曾合作，则边的集合 L 中不包含边（n_1, n_2）。

---

① 图和网络本质上是相同的，为了表述方便，本教材后续部分不做专门区分。

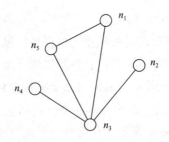

图 2-1 5家公司的合作关系网络

（1）子图的定义

图 G 的子图被定义为 G_s，G_s 中的点集（记作 V_s）是 G 的点集 N 的一个子集，并且 V_s 中的边集（记作 L_s）也是 G 的边集 L 的一个子集，即 $V_s \subseteq V$ 且 $L_s \subseteq L$，则 G_s 是图 G 的子图。如图 2-2（a）所示，图 G 的节点集为 $V = \{n_1, n_2, n_3, n_4, n_5\}$，边集为 $L = \{l_{12}, l_{13}, l_{15}, l_{34}\}$。在图 2-2（b）中，子图 G_s 的节点集为 $V_s = \{n_1, n_3, n_4\}$，边集为 $L_s = \{l_{13}, l_{34}\}$。

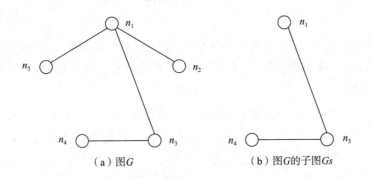

（a）图G （b）图G的子图Gs

图 2-2 图和子图

子图可以分为点生子图和边生子图。其中，点生子图是从总图中拿出一个节点集与这些节点集内节点之间的关系形成的子图；边生子图是从总图中拿出一个边集及其与这些边对应的节点形成的子图。点生子图需要包括其涉及的所有节点在总图中存在的关系，是凝聚子群分析的基础。

（2）社会网络分类

可以依据不同的标准对社会网络进行分类，表 2-4 提供了 5 种分类标准。①根据边的方向，社会网络可分为有向网络（有向图）和无向网络

（无向图）。②根据边的赋值，社会网络可分为二值网络（二值图）和赋权网络（赋权图）。二值网络一般又被称为 0-1 网络，0 表示节点对之间不存在边，1 表示节点对之间存在边；而赋权网络则是网络中的每条边都有一个权重，表明两个节点之间关系的强度。需要注意的是，关系权重的测量方式对理解节点之间关系的含义至关重要。例如，关系权重如果是测量两个行动者共同参加社团的个数，那么权重越大表明两者的关系越紧密；而如果关系权重测量的是两个行动者之间的（心理）距离，那么权重越大表明两者的关系越疏离。③理论上网络中每一个成员都可能和其他成员产生联系，因此，任何两个节点之间都有边直接相连的网络是完备的，即完备图，其余情况为非完备图，即只要有一对节点之间没有边直接相连，网络就是非完备的。对于有 N 个节点的 0-1 无向网络而言，如果任意一个节点都与其他 $N-1$ 个节点直接相连，则该网络就是完备的，显然，此时网络中的总边数为 $N(N-1)/2$。④如果网络中的社会行动者是同一类型，那么称该网络为 1-模网络，例如某学校中同学之间的关系；如果网络中的社会行动者涉及两种不同类型的实体，那么称该网络为 2-模网络，例如某学校中同学和授课老师之间的关系网络。⑤如果网络中的边具有正或负的符号（往往为字符型），那么该网络为符号网络，正或负的符号通常表示积极或消极关系，例如多个行动者之间的朋友或敌对关系；否则为非符号网络（边的赋值往往为数值型）。

表 2-4　社会网络分类

分类标准	分类
关系（边）的方向	有向网络（Directed Network）
	无向网络（Undirected Network）
关系（边）的赋值	二值网络（Binary Network）
	赋权网络（Weighted Network）
各个成员之间联系的完备程度	完备网络（Complete Network）
	非完备网络（Non-complete Network）
社会行动者的类型	1-模网络（1-Mode Network）
	2-模网络（2-Mode Network）
关系（边）的赋值类型	符号网络（Signed Network）
	非符号网络（Non-signed Network）

二 矩阵

矩阵是呈现网络数据的另一种方法，又被称为网络的社会矩阵（Sociomatrix）。矩阵包含的信息与图类似，但更便于计算和使用计算机分析。

在社会网络分析中使用的主要矩阵叫作邻接矩阵（Adjacency Matrix），记作 $A = (a_{ij})$，i，$j = 1$，2，$\cdots$，N。对于有个 N 节点的网络而言，邻接矩阵的大小为 $N \times N$（N 行 N 列），每个节点都对应着相应的行和列，行和列用 1，2，$\cdots$，N 进行标识。行和列以相同的顺序标出网络中的个体或图中的节点，而且默认按照从小到大的顺序列出。习惯上，第 i 行表示节点 i 向其他节点发出联系的情况；而第 j 列则表示节点 j 收到其他节点发来关系的情况。对于 0-1 网络，若节点 i 和 j 直接相连，则邻接矩阵中 $a_{ij} = 1$，若无连接，则 $a_{ij} = 0$；对无向网络而言，邻接矩阵是对称的，对于任意节点 i 和 j（$i \neq j$）均有 $a_{ij} = a_{ji}$。

举例说明，图 2-3 中节点 n_2 和 n_3 相连，则其相应的邻接矩阵中 $a_{23} = 1$，$a_{32} = 1$；节点 n_1 和 n_4 不相连，则邻接矩阵中 $a_{14} = 0$，$a_{41} = 0$。图 2-3 对应的邻接矩阵为公式（2-1）。由于此图是没有回环的简单图，因此对角线元素 $a_{ii} = 0$；同时，由于此图是无向网络，因此邻接矩阵是对称矩阵，即 $a_{ij} = a_{ji}$。

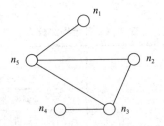

图 2-3　5 个节点的网络

$$A = \begin{bmatrix} 0 & 0 & 0 & 0 & 1 \\ 0 & 0 & 1 & 0 & 1 \\ 0 & 1 & 0 & 1 & 1 \\ 0 & 0 & 1 & 0 & 0 \\ 1 & 1 & 1 & 0 & 0 \end{bmatrix} \qquad (2\text{-}1)$$

由于社会网络图形绘制不考虑节点的位置，所以给定邻接矩阵，对应的社会网络图形的呈现方式可能是多种多样的；但是对于给定的网络图，只要节点顺序确定，其对应的邻接矩阵是唯一的。尽管如此，从信息量上来看，社群图和邻接矩阵可以一一对应，即给定社群图，就可以写出对应的邻接矩阵；给定邻接矩阵，也可以绘制出表明节点间关系的社群图。

第四节 矩阵的基本运算

社会网络分析过程本质上可以理解为对矩阵，特别是对邻接矩阵的操作运算过程，当然，不同指标的计算和分析过程的复杂程度是不一样的。本节给出最基本的运算。

（1）矩阵的重排

对于网络 $G = (V, L)$，如果重新给定节点序号，虽然网络结构不变，但是对应邻接矩阵相应行列要互换，即矩阵行列的重排。重新排列矩阵行列能够发现网络中潜在的结构规律和特性，这种操作仅仅是对调矩阵两行（多行）和对应两列（多列）的位置，并不改变网络结构，且矩阵重排只适用于正方形矩阵（方阵）。同时，若要对调方阵两行的位置，也必须同时对调方阵相应两列的位置。例如，将表 2-5 中所呈现的邻接矩阵重新进行排列，使得在矩阵中两个男性和两个女性是彼此相邻的，重排后的邻接矩阵如表 2-6 所示，所对应的网络如图 2-4 所示。

对矩阵进行排列能够帮助理解社会行动者是如何嵌入在社会角色或更大群体中的。从表 2-6 中可以发现，4 人中男性均选择男性作为朋友，却没有女性选择女性作为朋友，且男性更容易选择女性作为朋友。虽然此网络规模较小，但从此实例中可知，能够用网络的重新排列来识别社会网络中个体的交往规律，以及社群结构（同一个社群内的节点之间联系紧密，而不同社群节点之间的联系稀疏的现象，见本书第十一章）等特殊网络结构，从而识别出个体的社会角色。

表 2-5 重排前的邻接矩阵

社会行动者	Bob（男）	Carol（女）	Ted（男）	Alice（女）
Bob（男）	0	1	1	0
Carol（女）	1	0	1	0

续表

社会行动者	Bob（男）	Carol（女）	Ted（男）	Alice（女）
Ted（男）	1	1	0	1
Alice（女）	0	0	1	0

表 2-6　重排后的邻接矩阵

社会行动者	Bob（男）	Ted（男）	Carol（女）	Alice（女）
Bob（男）	0	1	1	0
Ted（男）	1	0	1	1
Carol（女）	1	1	0	0
Alice（女）	0	1	0	0

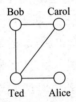

图 2-4　表 2-6 所示矩阵的对应网络

（2）矩阵的加法和减法

两个具有相同规模的矩阵（矩阵的行数和列数都相同）的加（减）法定义为两个矩阵的对应元素相加（减），即对于大小均为 $N_1 \times N_2$ 的矩阵 A 和 B，有：

矩阵的加法：$C = A + B$，$c_{ij} = a_{ij} + b_{ij}$

矩阵的减法：$C = A - B$，$c_{ij} = a_{ij} - b_{ij}$

例如，对于矩阵 $A = \begin{bmatrix} 1 & 3 & 0 \\ 4 & 2 & 2 \\ 6 & 1 & 5 \end{bmatrix}$ 和 $B = \begin{bmatrix} 0 & 3 & 1 \\ 2 & 2 & 4 \\ 0 & 1 & 0 \end{bmatrix}$，其和为：$C = A + B = \begin{bmatrix} 1 & 6 & 1 \\ 6 & 4 & 6 \\ 6 & 2 & 5 \end{bmatrix}$。

在实际应用中，矩阵加法往往用于计算多种关系的总和。例如，某学校共有 N_1 名学生，社团的种类共有 N_2 个，矩阵 A 表示学生参加校内社团的情况，矩阵 B 表示学生参加校外社团的情况。矩阵 A 和矩阵 B 均为 0-1 矩阵，表明学生是否参加某类社团，0 表示没有参加，1 表示参加，那么 $C = A + B$ 就表示学生参加社团的总体情况，矩阵 C 中元素的可能值为 0，1，2；其中 0 表示该学生没有参加该类社团，1 表示该学生仅参加了校内或校外的该类社团，2 表示校内和校外的该类社团该学生都参加了。又例如，矩阵 A 表示一个群体内部行动者之间的线上交往关系，矩阵 B 表示该群体内部行动者之间的线下交往关系，均为 0-1 矩阵，表明行动者之间是否存在该类社交关系。此时矩阵 A 和矩阵 B 的规模相等，$C = A + B$ 表示行动者之间社交关系的强度，0 表示两人没有任何社交关系，1 表示两人仅存在线上或线下的社交关系，2 表示两人在线上和线下均有交往。

矩阵减法往往用于将某种关系从总体关系中剥离，在上述两个例子中可以将其反过来应用。除此之外，矩阵减法还可以有效控制调查中产生的误差。例如，矩阵 A 表示某群体中行动者之间的朋友关系，矩阵 B 表示该群体中行动者之间的敌对关系，均为 0-1 矩阵，表明行动者之间是否存在该类关系，那么 $C = A - B$ 中元素的可能值为 -1，0，1；其中 1 表示两个行动者之间是朋友关系，-1 表示两个行动者之间是敌对关系。如果矩阵 C 中元素值为 0，则有以下两种可能：一种是矩阵 A 和矩阵 B 对应元素均为 0，那么两人之间不存在任何联系，这是正常的；另一种可能是矩阵 A 和矩阵 B 对应元素均为 1，那么说明在调查中，该行动者既认为对方是自己的朋友，又认为对方是自己的敌人。这种情况虽然在现实中可能存在，但更可能是因为该调查对象并未认真填答问卷。因此通过矩阵减法可以排除这种混乱的填答关系，减少误差。

（3）矩阵乘法

在社会网络分析中，矩阵乘法是非常重要的一种运算，可用来研究网络中的可达性，是关系代数中组合关系的基础。对于大小为 $N_1 \times N_2$ 的矩阵 A 和大小为 $N_2 \times N_3$ 的矩阵 B（矩阵 A 的列数必须等于矩阵 B 的行数），两个矩阵的乘积为：$C = AB$，其中，C 中的元素 $c_{ij} = \sum_{g=1}^{N_2} a_{ig} b_{gj}$。

矩阵乘积 C 有 N_1 行 N_3 列，矩阵 C 中位置为 (i, j) 的值等于 A 中第 i 行与 B 中第 j 列对应元素的乘积之和。

例如，对于矩阵 $A = \begin{bmatrix} 1 & 0 & 1 \\ 1 & 3 & 2 \end{bmatrix}$ 和矩阵 $B = \begin{bmatrix} 0 & 2 \\ 1 & 1 \\ 2 & 3 \end{bmatrix}$，其积为：$C = AB =$

$\begin{bmatrix} 2 & 5 \\ 7 & 11 \end{bmatrix}$，其中 $c_{11} = 1 \times 0 + 0 \times 1 + 1 \times 2 = 2$，以此类推。

（4）矩阵的幂

对于一个大小为 $N \times N$ 的矩阵 A，记矩阵自身的乘积 AA，即 A^2。矩阵 A^2 的大小保持 $N \times N$ 不变。一般将 A^{α}（A 的 α 次幂）定义为矩阵 A 与自己的 α 次乘积。

例如，对于矩阵 $A = \begin{bmatrix} 0 & 0 & 1 \\ 1 & 0 & 0 \\ 1 & 1 & 0 \end{bmatrix}$，有 $A^2 = \begin{bmatrix} 1 & 1 & 0 \\ 0 & 0 & 1 \\ 1 & 0 & 1 \end{bmatrix}$，$A^3 =$

$\begin{bmatrix} 1 & 0 & 1 \\ 1 & 1 & 0 \\ 1 & 1 & 1 \end{bmatrix}$。

（5）矩阵的转置

矩阵的转置（Transpose）是由原始矩阵的行和列的对应交换而构建出来的。对于矩阵 A，记其转置矩阵为 A'，其中元素 $a'_{ji} = a_{ji}$。例如，对于矩阵 $A = \begin{bmatrix} 1 & 3 & 0 \\ 4 & 2 & 2 \\ 6 & 1 & 5 \end{bmatrix}$，其转置为：$A' = \begin{bmatrix} 1 & 4 & 6 \\ 3 & 2 & 1 \\ 0 & 2 & 5 \end{bmatrix}$。

若矩阵 A 是对称的，那么 A 与其转置矩阵 A' 是相同的，即 $A = A'$。因此，0-1 无向网络的邻接矩阵和其转置矩阵总是相同的，因为对于所有的节点 i 和节点 j，都有 $a_{ij} = a_{ji}$。但有向图的矩阵和其转置不一定是相同的，因为一般来说，有向社会关系矩阵是非对称的。

第五节　常用软件操作

一般情况下，通过问卷等形式得到的社会网络数据需要输入到计算机并转换成相应的数据格式才能够用于社会网络分析。可以采取的输入方式有很多，例如使用 Excel、文本编辑器等输入数据，再使用 UCINET 的 Data→

Import 功能导入 UCINET，也可以通过 UCINET 自带的数据表编辑器等直接输入。

总体而言，UCINET 支持导入两种存储格式的数据文件。第一种是 Excel 软件生成的后缀为"．xls、．xlsx"的文件。由于 UCINET 难以读取其他数据库软件（如 MySQL）存储的数据，Excel 通常作为数据转换的一个中介软件。使用 Excel 进行数据输入在数据处理上具有一定的好处，即每个数据都可以单独占据一个单元格，不用担心数据内容含有分隔符导致一个数据被拆分为两个数据。目前，较新版本的 Excel 支持 1048576 行乘以 16384 列的工作表，也就是说最多支持 16384 列的数据，对于多数社会网络来说，较新版本的 Excel 已经足够进行数据输入。第二种是文本文件。文本文件涵盖的范围较广，可以读取包括 DL、GML、Pajek、Raw Matrix 等格式在内的数据，既包括手动输入生成的数据格式，也包括从其他软件中导出的数据格式。

对于输入数据来说，选择数据的格式比选择输入数据的软件更加重要。除了由其他社会网络分析软件导出的网络格式之外，UCINET 主要支持矩阵（Matrix Formats）和列表（List Formats）两种数据格式。接下来，将主要介绍这两种数据格式，穿插介绍编辑和导入不同格式数据的方法。

一　矩阵格式

矩阵是一种网络形式化表达的常见形式。图 2-5 展示了一个由 20 个节点构成的完全矩阵（Full Matrix），它由行标签、列标签以及矩阵构成。第一行和第一列分别是行标签和列标签，该网络是一个方阵，行标签和列标签完全相同，标签可以是字符串，也可以是数字。如果没有标签，导入后将会从 1 开始按顺序给节点标号。矩阵数据代表了连接强度，也就是说并不一定为 0 或 1，也可以是其他数字。

对于矩阵格式的网络数据，UCINET 提供了多种导入的方法。如果数据还没有输入，可以在 UCINET 自带的 Matrix Editor 或 DL Editor 中手动输入，再保存为 UCINET 格式的文件，也可以选择在 Excel 或文本编辑器中完成输入后再复制到 Matrix Editor 或 DL Editor 中。相较之下，更推荐在 Excel 中输入，如果使用文本编辑器输入，需要注意使用制表符（键盘中 Tab 键）分割数据。如果有矩阵格式的数据文件，可以直接将文件导入 UCINET。导入 Excel 文件时，可以依次点击 Data→Import→Import Excel File→Matrices，从

	AMH	ASW	BJSW	CAN	CCQ	CSWJ	CW	CYSR	FR	IJSW	JGSW	JSP	JSWE	PW	SCW	SSR	SW	SWG	SWHC	SWRA
AMH	13	0	0	0	0	0	0	0	0	0	0	0	0	0	0	0	3	0	0	0
ASW	0	70	0	0	0	0	0	0	0	0	0	0	18	13	0	21	73	0	0	7
BJSW	0	0	95	0	0	0	0	0	0	0	0	0	13	0	0	0	19	0	0	0
CAN	0	0	0	109	0	0	9	0	0	0	0	0	0	0	6	0	8	0	0	0
CCQ	0	0	0	0	92	0	12	0	0	0	0	0	0	0	3	0	0	0	0	0
CSWJ	0	0	0	0	0	40	0	0	0	0	0	0	0	0	41	20	45	0	0	0
CW	0	0	0	7	0	0	187	6	0	0	0	0	11	7	32	10	58	0	0	0
CYSR	0	0	0	12	5	0	70	26	4	0	0	0	0	6	8	14	28	0	0	6
FR	0	0	0	0	0	0	0	0	205	0	0	0	18	0	9	0	0	0	0	0
IJSW	0	0	0	0	0	0	0	0	0	6	0	0	0	0	0	0	3	0	0	0
JGSW	0	0	0	0	0	0	0	0	0	0	9	0	18	0	18	0	0	0	0	0
JSP	0	0	0	0	0	0	0	0	0	0	0	35	0	0	7	0	0	0	0	0
JSWE	0	9	0	0	0	0	0	0	0	0	0	0	104	0	18	16	58	0	7	16
PW	0	0	0	7	0	0	4	0	0	0	0	0	0	9	0	0	0	0	0	0
SCW	0	8	0	6	0	8	17	0	6	0	6	0	21	0	149	36	124	8	6	18
SSR	0	7	0	0	0	0	17	0	0	0	0	0	9	0	30	63	106	0	0	25
SW	0	15	0	0	0	0	52	0	9	0	0	0	33	19	58	63	366	15	43	0
SWG	0	0	2	0	0	0	0	0	0	0	0	0	9	0	9	7	40	41	9	0
SWHC	0	0	0	0	0	0	0	0	0	0	0	0	0	0	20	0	26	0	86	0
SWRA	0	0	0	0	0	0	8	0	0	0	0	0	24	0	8	39	44	0	0	40

图 2-5　完全矩阵

而打开导入界面，图 2-6 展示了 UCINET 中导入 Excel 文件的界面，然后选择相应的 Excel 文件和对应的工作表以及是否有行、列标签等，运行程序就完成了导入，软件会生成日志文件和 UCINET 格式的网络文件。导入文本文件时，可以依次点击 Data→Import→Import Textfile→Raw Matrix→Raw Matrix Text File Reader，选择文件后设置相关参数后即可运行，软件同样会返回日志文件和网络文件，图 2-7 展示了 UCINET 中导入文本文件的界面。

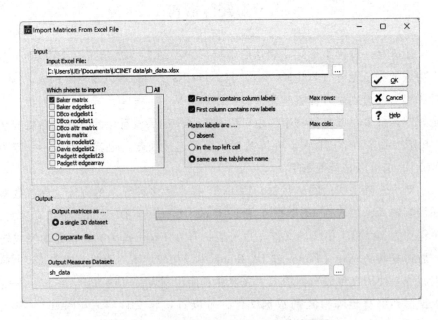

图 2-6　UCINET 中导入 Excel 文件的界面

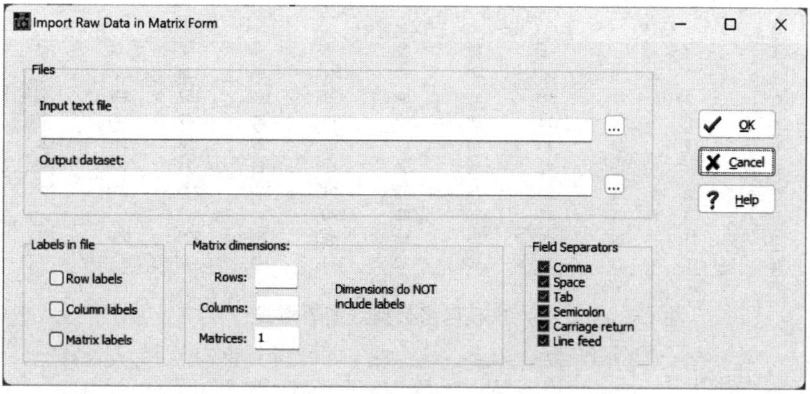

图 2-7　UCINET 中导入文本文件的界面

二　列表格式

对于节点很多而连边较少的稀疏网络，如果使用矩阵格式来输入数据，会花费大量时间来处理没有必要的信息，比如矩阵中大量的 0。尽管可以采用自动填充等方式来减少输入的数据量，但是矩阵形式的网络依然会占据大量的存储空间。此时可以使用点列表、边列表等格式输入数据。

点列表（Nodelist）是最为经济的数据存储格式，但是点列表只能存储 0-1 网络数据，也就是说只能显示两个节点之间有无连接。图 2-8 展示了 Excel 中两种网络数据点列表格式，图 2-8（a）展示的是使用数字作为节点标签的 1-模网络数据点列表格式，每行中的第一列是起始节点，之后的每个单元格中的数据是与之相连的节点，图 2-8（b）展示的是 2-模网络数据点列表格式，第一列是参与者，之后的单元格是其所参与的事件。文本文件中使用 DL 语言存储列表格式网络数据，具体内容与 Excel 差别不大，主要在数据前增加了数据的相关说明。图 2-9 展示了 1-模网络的文本格式，其中 dl 表示文本是 DL 语言，$n = 14$（" $=$ "可以省略）说明网络有 14 个节点。如果是 2-模网络，一个 5 行 10 列的网络可以使用" $nc = 5$， $nr = 10$ "来表示网络有 5 行 10 列；format = nodelist1 说明数据是 1-模网络的点列表格式；如果是 2-模网络，则 format = nodelist2；data 之后是具体的数据。

导入点列表格式的数据非常便捷。导入 Excel 文件时，首先打开 UCINET 的 DL Editor，之后依次点击 File→Open Excel File 打开文件选择窗口，

◢	A	B	C	D	E	F	G	H	I	J
1	4	7	8	15	22	5	39	40	30	45
2	7	8	39	40	42	44	96	138	190	
3	1	11	16	55	68	97	142	157	224	
4	8	26	13	29	45	19	53	32	51	75
5	12	23	20	16	62	67	97	108	116	123
6	11	18	22	45	51	59	81	71	105	226
7	3	21	150	179	162	201	204	243	244	254
8	2	21	35	59	85	270				
9	21	22	63	59	85	86	69	200	201	173
10	15	22	39	80	122	234	241			

（a）1-模网络数据点列表格式

◢	A	B	C	D	E	F	G	H	I
1	EVELYN	E1	E2	E3	E4	E5	E6	E8	E9
2	LAURA	E1	E2	E3	E5	E6	E7	E8	
3	THERESA	E2	E3	E4	E5	E6	E7	E8	E9
4	BRENDA	E1	E3	E4	E5	E6	E7	E8	
5	CHARLOTTE	E3	E4	E5	E7				
6	FRANCES	E3	E5	E6	E8				
7	ELEANOR	E5	E6	E7	E8				
8	PEARL	E6	E8	E9					
9	RUTH	E5	E7	E8	E9				
10	VERNE	E7	E8	E9	E12				
11	MYRNA	E8	E9	E10	E12				
12	KATHERINE	E8	E9	E10	E12	E13	E14		
13	SYLVIA	E7	E8	E9	E10	E12	E13	E14	
14	NORA	E6	E7	E9	E10	E11	E12	E13	E14
15	HELEN	E7	E8	E10	E11	E12			
16	DOROTHY	E8	E9						
17	OLIVIA	E9	E11						
18	FLORA	E9	E11						

（b）2-模网络数据点列表格式

图2-8 Excel 中两种网络数据点列表格式

```
dl n 14 format = nodelist1
labels embedded
data:
I1 w1 w2 w3 w4
I3
w1 I1 w2 w3 w4 w5 S1
w2 I1 w1 w3 w4 S1
w3 I1 w1 w2 w4 w5 S1
w4 I1 w1 w2 w3 w5 S1
w5 w1 w3 w4 w7 S1
w6 w7 w8 w9
w7 w5 w6 w8 w9 S4
w8 w6 w7 w9 S4
w9 w6 w7 w8 S4
S1 w1 w2 w3 w4 w5
S2
S4 w7 w8 w9
```

图2-9 1-模网络的文本格式

选择数据文件并在下拉栏选择 Excel 工作簿，完成后会在 DL Editor 中打开数据，DL Editor 界面如图 2-10 所示。在右侧下拉栏中选择对应的数据格式后，依次点击 File→Save UCINET Dataset 弹出保存界面保存即可，软件会返回日志文件并生成对应网络文件。导入文本文件时，依次点击 UCINET 中的 Data→Import→Import Text File→Multiple DL Files 打开导入界面，选择数据文件后生成即可。图 2-11 展示了导入多个 DL 文件的界面。

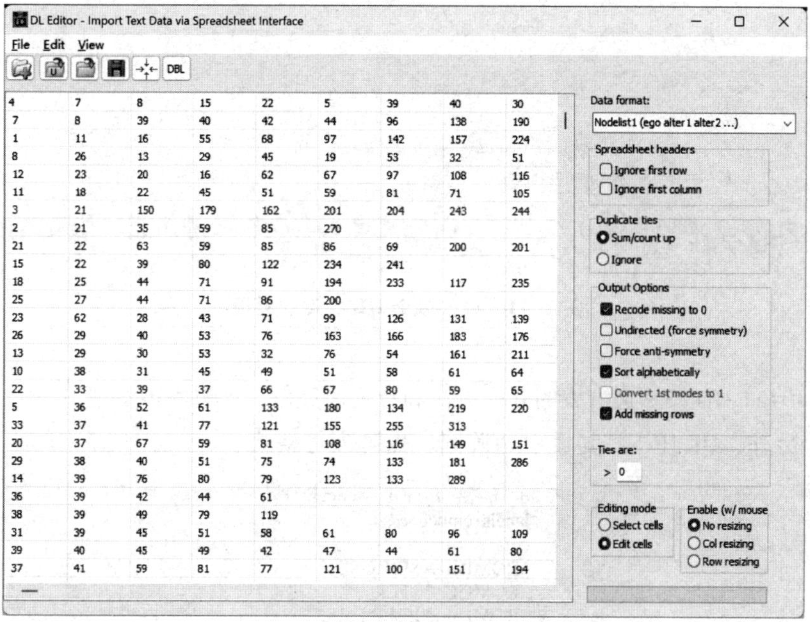

图 2-10　DL Editor 界面

边列表（Edgelist）的组成与点列表相似。每行前两列分别是连边的两个节点，第三列是一个可选项，通常可以是连边的强度。1-模网络和 2-模网络的差别不大，主要区别在于导入时需要选择正确的类别①。图 2-12 展示了 1-模网络的边列表格式，1-模网络中 format=edgelist1，2-模网络中 format=edgelist2。此外，第三列也可以是连边的属性。例如，两个节点之间有多种不同属性的关系连接，那么第三列可以是连接的标签，这种网络的边列表

---

① 1-模网络的行数和列数相同，表示同一群体之间的关系；2-模网络行数和列数可以不同，行和列分别表示不同类型的对象。

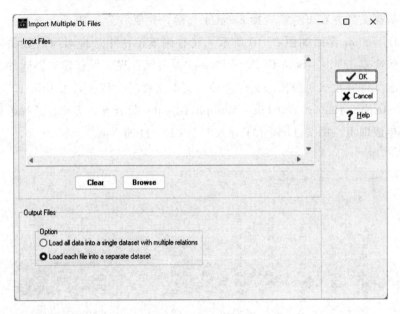

图 2-11 导入多个 DL 文件的界面

format＝edgelist23。边列表的导入方法和点列表类似,这里不再赘述。

另外,DL 还支持矩阵、边阵列、点阵列等格式。

```
dl  n=18  format = edgelist1
labels embedded
data:
 ROMUL AMBROSE 2
 ROMUL PETER 3
 ROMUL ALBERT 1
 BONAVEN ROMUL 3
 BONAVEN VICTOR 2
 BONAVEN ALBERT 1
 AMBROSE ROMUL 2
 AMBROSE BONAEN 3
 AMBROSE ELIAS 1
 BETER PETER 3
 BETER LOUIS 1
 BETER GREG 2
 PETER BERTH 3
 PETER HUGH 2
 PETER MARK 1
 LOUIS ROMUL 1
 LOUIS BERTH 3
 LOUIS JOHN 2
 VICTOR BONAVEN 2
 VICTOR WINF 1
 VICTOR BASIL 3
 WINF ROMUL 3
```

图 2-12 1-模网络的边列表格式

思考与练习

1. 简述提名法和定位法的主要内容及优劣。
2. 讨论整体网络和个体中心网络数据收集的区别与联系。
3. 简述收集整体网络资料的方法。
4. 思考本章介绍的基本矩阵运算对应的网络结构变化。

第三章 个体中心网络

社会网络理论与方法是针对"关系"研究的理论与方法体系，有别于"属性"研究，在长期的研究中形成了两种研究路径：个体中心网络与整体网络。两者在概念、测量、抽样方法、数据收集和分析目的等方面都有较大差异。第二章已经介绍了社会网络的数据收集和形式化表达，本章主要介绍与个体中心网络相关的概念、测量、应用及 UCINET 软件的操作方法。

第一节 社会资本与关系

一 社会资本

社会资本（Social Capital）的概念源于经济学中的"资本"概念。有许多社会现象和问题单纯用经济资本（如物质资本、人力资本、金融资本等）难以解释，为了弥补这一缺憾，社会学家提出了"社会资本"概念。

1. 社会资本的概念界定

社会资本思想可追溯到古典社会学家 Durkheim 的"集体意识"（Collective Consciousness）和 Simmel 的"互惠交换"（Reciprocity Transitions）的概念。在 Durkheim 和 Simmel 之后，经济学家 Loury（1976）应用"社会资本"概念，探讨种族之间的不平等，说明处于城市中心区不利地位的黑人孩子与其他孩子在社区和社会资源上有很大的差别。学界一般认为，社会资本理论形成于法国社会学家 Bourdieu 对"社会资本"这一概念的系统表述。Bourdieu 认为，社会资本是通过对体制化关系网络的占有而获取的现实或潜在的资源。关于社会资本的第一个重要的理论表述是由 Coleman 于 1988 年提出的，他被认为是首次从理论上对社会资本进行精确界定和分析的社会学家。在 Coleman 后，Putnam 认为，社会资本是个人在网络中或在更宽泛的社会结构中，由于取得了一种成员资格，因而具备获取稀缺资源的能力。Portes 更是把社会网络的特征引入社会资本的概念，并对社会资本结构化的动因进行了区分。另外，Burt 认为稀缺的网络关系推动了社会资本的流动，在此基础上，他构建了有关社会资本系统内各种权力关系的概念框架。林南则从社会网络嵌入资源的角度，把社会资本界定为"在具有期望回报的社会关系中进行投资"，并对社会资本的指标测量和理论模型的建构做出了里程碑式的示范。进入 21 世纪，社会资本已逐渐成为具有跨学科影响的重要理论之一。

Bourdieu 于 1980 年在《社会科学研究》杂志上发表了题为"社会资本随笔"的短文，严格定义了"社会资本"概念。他指出："社会资本是现实或潜在的资源的集合体，这些资源或多或少与拥有制度化的共同熟识和认可的关系网络有关，即与一个群体中的成员身份有关。"社会资本从集体拥有的角度为每个成员提供支持，社会资本有多种意义，能够为其成员提供获得信用的"信任"（Richardson，1986）。Bourdieu 在关系主义方法论的基础上率先提出"场域"概念，指出"场域"是以各种社会关系连接起来的、表现形式多样的社会场合或社会领域。他还认为，"场域"作为由各种要素组成的关系网络，是动态变化的，变化的动力就是社会资本。

Coleman（1990）按照社会资本的功能，把社会资本界定为"个人拥有的社会结构资源"，认为社会资本并不是一个简单的实体，而是由具有两种特征的不同实体构成的；它们都包括社会结构的某些方面，而且有利于处在特定结构中的行动者的行动（无论是个人还是集体行动者）。与其他形式的资本一样，社会资本也是生产性的，是否拥有社会资本决定了行动者能否实现某个特定的工具性行动。同时，与物质资本和人力资本相同，社会资本不可被替代，并且这三种资本是并存的（Coleman，1988，1990）。

Putnam 在 Coleman 的基础上，将社会资本从个人层面上升到集体层面，并将其引入政治学研究，从群体参与角度来研究社会资本。他指出："与物质资本和人力资本不同，社会资本指的是社会组织的特征，例如信任、规范和网络，它们能够通过促进协调和行动来提高社会效率。社会资本提高了投资于物质资本和人力资本的收益"（Putnam，1993）。Putnam 定义社会资本的三个关键概念是"社会网络"（Social Network）、"信任"（Trust）和"互惠"（Reciprocity），其中核心的概念是"社会网络"。他认为，良好的社会网络不仅有利于个人发展，更有利于地方民主与经济的繁荣。社会资本充足的地方，政治民主化程度更高；社会资本的多少也能通过民主发展情况反映出来。Portes（1995）为了论证社会资本并不像 Putnam 说的那样有积极的效果，提出了消极社会资本的概念，认为社会资本至少有四个消极后果：排斥圈外人、对团体成员要求过多、限制个人自由以及用规范消除差异。

Burt（1992）把社会资本定义为网络结构给网络中的行动者提供的信息和资源控制，即"朋友、同事以及熟人，通过社会资本获得使用金融和人力资本的机会"。Burt 是最早把社会资本由个人层次延伸至企业层次的人，他认为社会行动者可以从社会关系网络中获得资源。作为逐利性的社会行动者，社会资本的逻辑不可避免地会拓展到企业层次。1992 年，Burt 在《结构洞：竞争的社会结构》一书中提出了著名的"结构洞"（Structure Hole）理论，即社会网络中某个或某些个体和有些个体发生直接联系，但与其他个体不发生直接联系，即无直接关系或关系间断，从网络整体上来看，就好像网络结构中出现了洞穴。

林南综合了学者们的概念，将社会资本界定为："投资在社会关系中并希望在市场上得到回报的一种资源，是一种嵌入在社会结构之中并且可以通过有目的的行动来获得的资源"。他在定义社会资本时强调了社会资本的先在性，认为社会资本存在于一定的社会结构之中，人们必须遵循结构中的规则才能获得行动所需的社会资本。同时，该定义也说明了个体行动的能动性，个体可以通过有目的的行动获得社会资本。林南在界定社会资本时强调了以下三方面内容：第一，社会资本是根植于社会网络或社会关系中的资本，离开社会关系去谈论社会资本将没有意义；第二，社会资本的增值功能不仅体现为货币、财产等物质资本，也体现为人力资本以及声望、信任、规范等社会资本；第三，社会资本不仅嵌入在社会结构之中，而且也能够获得投资效益。从个人主义的视角出发，林南发展了社会资本理论，并结合以往研究成果，突出了社会资本的关系性和生产性，为社会资本理论的发展和完善奠定了良好的基础。

2. 社会资本的测量

社会资本可分为个体（微观）和集体（宏观）两个层次。在测量个体社会资本时，研究者多对个人网络中蕴含的资源进行测量；而在测量集体社会资本时，研究重点主要集中于信任、社会参与、社会联结和规范等。

（1）Flap 的社会资本测量

Flap 认为，应从以下三方面来测量社会资本：第一，当行动者有需要时，其所处社会网络中有意愿或有义务为其提供帮助的网络成员的数量；第二，这些网络成员提供帮助的意愿的强度；第三，这些网络成员所能提供帮助的能力，即他们所拥有的资源的多少（Flap & De Graaf，1986）。Flap 的社会资本测量可以用以下公式来表示（王卫东，2006）：

$$C_{Flap} = \sum_{i=1}^{N} C_i R_i \tag{3-1}$$

公式（3-1）中，C_{Flap} 是网络中的社会资本总量，C_i 是网络中的第 i 个个体所拥有的资源，R_i 是网络中第 i 个个体与网络主体的关系强度，N 是该个体中心网络的规模（即网络成员的数量）。

Flap 的社会资本测量具有一定的通用性，无论是个体层次还是集体层次的社会资本（即嵌入在个体网络或整体网络中的社会网络资本），都可以采取这种测量方式。但是，该测量方式需要对网络的信息进行全面掌握，这在具体实施中会比较困难。

（2）Burt 的社会资本测量

Burt 从纯粹结构性的角度讨论嵌入在个人社会网络中的社会资本，主要关注网络成员在网络中相对位置的重要性，提出从个人在其所处的社会网络中的位置来定义社会资本。个人在一个社会网络中越是处于桥的位置，即所拥有的"结构洞"越多，则他从这个社会网络中获取的社会资本也越多（Burt，1992；2017）。这一测量方式强调个体在社会网络中的位置，个体越是处于网络中桥的位置，其受社会网络约束（Network Constraint）的程度也就越小，因此，Burt 的社会资本测量思想可以用公式（3-2）来表示（Burt，1997），该公式为 Burt 所提出的结构洞测量指标之一，即网络约束：

$$NetC_i = \sum_j \left(p_{ij} + \sum_q p_{iq} p_{qj} \right)^2, q \neq i,j \tag{3-2}$$

公式（3-2）中，p_{ij} 表示个体 i 与个体 j 之间存在直接联系的占比，$\sum_q p_{iq} p_{qj}$ 表示个体 i 与个体 j 之间存在间接联系的占比，$NetC_i$ 即个体 i 的约束指数，约束指数越高，则表示个体 i 与某一个体的直接和间接联系程度越高，其掌握的社会资本也就越少。

（3）Bourdieu 和 Coleman 的社会资本测量

Bourdieu 和 Coleman 是从集体层次上讨论社会资本的。他们认为，一个社会网络的边界越封闭，其内部关系越紧密，就越有利于社会网络资本的维持和社会网络的再生产。社会网络边界的封闭度可以用以下公式来测量：

$$C_{BC} = 1 - \frac{c_{internal}}{c_{total}} \qquad (3-3)$$

公式（3-3）中，C_{BC} 表示网络边界的封闭度指标（Boundary Closure Index），$c_{internal}$ 表示社群内部的关系数量，c_{total} 表示社群内外部的关系总量，边界的封闭度越高，这个指标的值就越接近于1。

（4）林南的社会资本测量

Lin 和 Dumin（1986）提出用定位法测量社会资本，包括以下三个角度：达高性，即通过社会关系获取的最高水平的资源；异质性，即通过社会关系，可触及的不同资源；广泛性，即可触及资源的数量。

达高性是指个体通过社会关系可以在等级结构中触及的最顶端位置的资源。个体与结构中的其他位置相联系，个体能够触及的最高位置代表着个体最高可触及的社会资源。位置以其所拥有的价值资源为特征，通常反映了结构中和社区中的相对地位、阶级或权威。根据社会资本理论（Lin，1982；2001），在一个分层的社会结构中，个体越接近于社会金字塔顶端的社会成员，其控制和摄取社会资源的能力越强。因此，个体通过可触及的社会资源也有很大可能间接地获取自己需要的资源。

异质性：反映个体通过跨越结构等级位置的社会关系可触及的资源的纵向幅度，代表着通过个体关系最高和最低可触及的资源幅度。资源异质性标准不是那么明显，但很重要。例如，教小学生算数不需要请大学教授，直接请一名专业的小学教师即可。

广泛性：反映个体通过社会关系触及的位置及其嵌入性资源的多样性。对经济、政治和社会地位进行实际测量，会因社会或社区的不同而不同。因此，确定一个给定社会的有地方意义的社会资本的测量方法是一个经验任务，只要这些有局部意义的测量可以得到确定和检验，那么提出的命题就可以成立。

（5）边燕杰的社会资本测量

边燕杰在研究个体层面的社会资本时，提出了社会资本的构成框架，他主要强调以下三个问题：①怎样的网络特征产生社会资本，为什么？②为什么个体的阶层地位和职业活动是影响社会资本的因素？③个体的社会资本如何影响其社会经济回报？

根据对中国城市社会的观察，边燕杰（2004）提出从社会关系网络的规模、关系网络的顶端、关系网络的位差和关系网络的构成四个方面来测量社会资本。

第一是社会关系网络的规模（以下简称"网络规模"）。网络规模是指个体关系网络所涉及人数的多少。与小网络相比，大网络的关系更多，信息和人情桥梁也更多，个体占有社会资本优势；网络规模越大，其中蕴涵的资源就越多。

第二是关系网络的顶端（以下简称"网顶"）。网顶是指在社会关系网络中地位最高、身份和资源最多的那个人的状况。每个社会关系网络的顶端所能达到的高度是不同的，网顶越高，这个关系网络中蕴涵的资源也就越多。网顶高说明网络内拥有权力大、地位高、财富多的关系人，蕴含着高质量的社会资本。

第三是关系网络的位差（以下简称"网差"）。网差是指关系网络顶端与底部之间差异的大小。社会关系网络的网顶是不同的，同时网底（关系网络所能到达的底部）也是不同的。网络成员从事不同的职业、处于不同的职位，资源相异，所蕴含的资源具有互补性。两个网络在其他方面相同的情况下，网差大的网络要比网差小的网络蕴含的资源更丰富，原因是网差大的网络能够克服网络资源的同质性。

第四是关系网络的构成（以下简称"网络构成"）。一个个体的网络构成合理，表明该个体与资源丰富的社会阶层有关系纽带。

边燕杰对网络规模、网顶、网差和网络构成四个方面的操作化测量，既强调了社会资本即社会网络资源的观点，也突出了网络关系和网络结构的观点。

二　关系

一般而言，说行动者之间存在"关系"的时候，常常代表具体的联络内容或者现实中发生的实质性的关系。"关系"有以下表现：①行动者之间的关系种类多样，包括朋友关系、上下级关系、国际贸易关系、城市之间的距离关系等；②研究者还可能关注行动者之间的"多元关系"，例如，两个学生之间可能同时存在同学关系、友谊关系、恋爱关系等。多元关系网络研究，是当今社会网络分析中最具潜力的前沿领域。社会网络研究者利用多维量表（MDS）、矩阵代数（Matrix Algebra）、聚类分析（Cluster Analysis）等方法研究多元关系网络数据。也有许多研究者利用概率论、数理统计技术以及计算机技术研究网络变量的统计性质，构建多种网络模型。不同研究者的研究重点不同，关注的"关系"也不同。如果研究整体网络，即研究整体网络内全部行动者之间的关系，那么研究者需要分析具有整体意义的关系的各种特征，如互惠性、关系的传递性等。如果研究个体网络，即个体网络成员之间的关系总数，不包括各个成员与"自我"之间的关系，则需要分析关系的密度、同质性等指标。

1. 个体中心网络

（1）个体中心网络的关系结构

个体中心网络的关系结构，理论上有三种完全不同的情形：第一种是"虚无组合"，含义是两个人接触但没有实质的联系；第二种是"单向组合"，例如在爱情关系里的单相思就属于这种单向组合；第三种是"双向组合"，通常假定在个体中心网络中的"他我组合"是双向的。

（2）个体中心网络的多重性

在测量个体中心网络之前，要考虑到个体中心网络的多重性，包括以下5个方面：①网络当中的"他我"究竟都是谁？是亲属还是非亲属，是上司还是下属？不同角色使得个体中心网络的网络特征不同；②在角色相同的前提下，网络内容也可能不同，即在网络中的行动不同，例如借钱、聊天、共同采购等；③关系强度，即这种关系到底有多强？④关系中有一些资源的流动，这些流动的资源是什么？是有形资源还是无形资源？⑤关系的动态过程或者发展史如何？这一动态过程的测定对于关系的判定是很重要的。此外，通过何种方式得到真实的关系资料，这也是网络关系研究至关重要的一点。

（3）个体中心网络的边界

测量个体中心网络还需要考虑网络的边界。个体中心网络是否有边界？如果有边界的话，这个边界是怎么测量的？目前对这一问题主要有两种看法：一种是肯定的回答，认为个体中心网络是有边界的，如果只测量直接关系的话，在个体中心网络中就是自我和他我的关系；另一种是否定的回答，认为个体中心网络是无边界的，认为关系具有传导性，这时个体中心网络的边界是不存在的。

2. 关系强度的概念及作用

在社会生活中，关系是影响个体行为倾向甚至行为决策的一种十分重要的属性，关系甚至被认为是中国人的核心资产，有了关系就可能得到工作机会、教育机会、经济援助等，个体与他人之间关系连接的强度很大程度上决定了个体是否愿意为之付诸行动。关系强度的概念最初起源于"弱连接"理论，该理论提出强关系和弱关系两个概念。弱关系命题认为，在劳动力市场中，弱关系能向求助者提供异质性的职位信息，让求助者更容易找到工作；强关系命题认为，弱关系命题强调了信息的传播，忽略了人情在信息运用中发挥的重要影响（邱泽奇和乔天宇，2018）。

（1）Granovetter 的关系强度

Granovetter 从社会网络分析的视角探讨了人际关系的强度，根据一般性的判断将其定义为："关系强度是时间的总量、情感强度、亲密度（互相信任），以及相互服务的一种组合（可能是线性的），这也是关系所具有的特征"（Granovetter，1973）。Granovetter 认为关系强度有以下 4 个要素：交往频率、情感强度、紧密程度和互惠程度（很有可能是线性）的组合，并且这 4 个要素之间是相互独立的。关系强度概念的前提是行动者之间必须发生一定的互动，其中隐含的是行动者要采取行动，只有在这一过程中关系所具有的特征才有意义。

Granovetter 还指出"强关系将形成高密度网络，弱关系将形成低密度网络"。他分别解释了强关系和弱关系，在他看来强关系就是"行动者有一群亲密的朋友，他们中的大多数都彼此相互联系，这是一个紧密联系的社会结构"。他还指出，熟人关系中的每个个体可能有自己的亲密朋友，行动者可以通过熟人认识熟人的亲密朋友，因此行动者与熟人之间的弱关系不仅是熟人关系，还是行动者成为亲密朋友的桥梁。

同时，Granovetter 认为"弱关系比强关系更容易将不同小群体的成员联系起来，强关系往往集中在特定群体中"。从这一角度来看，不同小群体的成员联系起来形成的弱关系会促进不同信息的流通和传递，特定群体中的强关系则会提升凝聚力。

（2）林南的关系强度

林南（2005）在 Granovetter 关于关系强度的经验研究的基础上，注意到关系强度与社会资源之间的互动影响，并运用"感受强度（如关系的亲密度）或角色类型（如亲属、朋友和熟人）"作为衡量关系强度的标准。在对纽约州北部三连城都市地区的小世界研究中，林南提出了强关系强度和弱关系强度两个命题。

强关系强度命题是"关系越强，获取的社会资本越可能对表达性行动的成功有正向的影响"，这是建立在情感、信任与共享资源和生活方式相似基础上的强关系。表达性行动强调的就是维持和强化既有的资源，在这样的强关系中，行动者彼此共享和交换资源的可能性也更大。在林南看来，"关系对表达性与工具性行动都是有效的"。弱关系强度命题认为，"关系越弱，行动者在工具性行动中越可能获取好的社会资本"。"弱关系强度观点的意义在于，它指出了弱关系因为其微弱的关系，促进了两个群体之间的信息流动"，并认为高阶层的关系人通常是经由弱关系进行联系的。在林南看来，弱关系以情感强度小、亲密度低和交往频率低为特征，在两个不同群体中行动者的关系几乎处于"无交集"的状态。因此，林南（2005）将"社会桥"（Social Bridge）概念（社会网络中分别处于不同群体的两个个体行动者之间的联系）引入，使得不同群体的联系成为可能，"桥"对于行动者获取嵌入在两个群体中的资源有着重要的作用（郭福，2021）。

（3）边燕杰的关系强度

边燕杰分析了中国和新加坡在工作流动中关系强度的有效性，他认为强弱关系更侧重于社会属性，他试图用"熟、亲、信"三个维度来勾画中国人关系网络的结构特征（Bian & Ang, 1997；边燕杰，2010）。在他的经验研究中，直接将家人和亲属等关系界定为了强关系（Bian, 1997），认为通过熟悉、亲密、信任反映的关系强度是交换关系发生的基础，通过关系这一纽带，行动者之间交换物质和情感的目的才能得以实现。他认为："关系在字义上指'联系'或'关联'，但它的本质是促进人们之间恩惠交换的一组个人之间的联系"（Bian & Ang, 1997）。他具体分析了关系强度所具有的一些特征，认为"人际关系的一个基本特征是熟悉或亲密，任何两个人要发展关系，都必须了解对方，并且彼此分享。也就是说，关系是在强而非弱的人之间发展的。要注意，关系不仅是一种关系，更是一种纽带，双方通过这种纽带交换有价值的物质或情感。关系的另一个特征是信任，信任是长期互动的结果，是未来交换关系的基础，这种关系是信任必要的组成部分"。同时他还强调："基于信任和义务的强关系也是'非认可行为'（非法的、社会不认可的交换或交易或正式制度中不能充分利用或有效利用的协调机制）的一种社会基础"。

　　边燕杰还指出,"也许关系最重要的特征是互惠的义务,基本义务是家庭和亲属的义务。从传统上来说,物质和道德义务定义了家庭中不同角色(父亲、儿子等)之间的关系"(Bian & Ang, 1997)。行动者之间的责任义务存在于家庭和亲属关系中,从这个意义上来说,相互的义务约束了个体行动者之间的关系。这种义务从亲属关系扩大到了非亲属关系上,这也间接地表明,亲属关系与非亲属关系都可能是强关系,人情资源往往嵌入于强关系之中。但是,从"距离"的角度来看,亲属关系并不一定都是强关系,非亲属关系也不一定是弱关系。换句话说,尽管亲属关系往往有着"沾亲带故"的标签,但实质上并没有熟悉、亲密、信任以及互惠义务等关系特征;而非亲属关系有时具备这些特征,所以也可以表征为一种强关系,同时边燕杰还将关系等同于面子和情感依附,认为强关系往往带来人情资源,弱关系往往带来信息资源。因此,如果关系呈现一种演变的趋势,那么"规定"的亲属关系可能与建立的非亲属关系因"心理距离"的差异而发生变化(郭福,2021)。

第二节　网络指标及含义

　　个体(Ego)与直接相连的成员(Alters)之间的互动所构成的网络被称为个体中心网络。其中,个体(Ego)表示为"自我"的含义,强调个人为研究主体。他我(Alters)与平常意义上的他人有所区别,表示与个体直接相连的成员,强调对他人的控制。在个体中心网络中,个体所表示的自我与他我相互联系,并通过以接触(Contact)、交流(Communication)和互动(Interaction)为代表的直接联系得以表现。

　　通过观察以每个个体为中心延伸出的网络情况,可以探究网络中个体之间的联系特征;通过分析个体所处的网络结构,可以尝试进一步探究其对行动的影响,这种方法适用于研究总体较大或研究范围不易确定的情况。采用个体中心网络分析方法的研究通常基于与焦点行动者相关的关系集合,并以特定的行动者为研究对象,研究内容包括个体中心网络的大小、差异性和属性是否同质等,研究的重点则包括个体中心网络规模(Size of Ego Network)、个体中心网络点对数(Number of Ordered Pairs)、个体中心网络关系总数(Number of Directed Ties)、个体中心网络密度(Density)、个体中心网络弱成分数目(Number of Weak Components)以及网顶、网差和异质性等指标。

一　个体中心网络规模

在某节点的个体中心网络中，成员数量即个体中心网络的规模，指的是在不包含该节点本身时，与该节点直接相连的其他网络节点的数量。实质上，节点的度值即个体中心网络的规模。以科研合作网络为例，利用个体中心网络视角来对科研合作网络的规模进行计算时，可以通过相关研究人员回忆项目中合作关系的人数，测出科研合作网络规模的大小。以学习讨论网络为例，通过询问被调查者共同学习讨论的成员，可以得出班级范围内每个学生所代表的个体学习讨论网络的规模。如果考虑连接关系的方向，一般用以下公式来计算个体中心网络的规模：

$$N = k_{in} + k_{out} - k_{common} \tag{3-4}$$

公式（3-4）中，k_{in} 表示个体的入度，即直接与该节点连接的节点的数目；k_{out} 表示个体的出度，即该节点直接连接的节点数目；k_{common} 表示与该节点双向连接的节点数，以避免重复计算。为了便于对不同个体的网络规模进行测量，研究引入了"度"的概念，通过节点的"度数"来衡量节点在中心网络中的地位，度数的大小用与节点直接相连的节点数目来表示。当节点的度数越高，节点在网络中的位置越重要，所拥有的社会资源（社会资本）也就越丰厚。在"度"的测量过程中，我们将被调查者视为独立节点，以被调查者的人际关系建立个体中心网络，进而将不同被调查者的网络规模纳入同一测量体系，实现横向或纵向的比较。

显然，个体中心网络节点的度的大小受到提名法规定的限制，如果要求仅列出 5 个成员，度值就不可能超过 5；而传统定位法获得的网络数据不适用度值计算。

二　个体中心网络节点对数

在个体中心网络中，网络成员之间所有可能存在的关系总和被视为个体中心网络节点对数。同时，个体中心网络节点对数也可以被称为网络中可能存在的关系总数，对应于全连接个体中心网络。如果用 N 来表示个体中心网络中的成员总数，那么个体中心网络节点对数则为网络规模与网络规模减 1

的乘积的一半，如公式（3-5）所示：

$$Pairs = \frac{N(N-1)}{2} \tag{3-5}$$

将个体中心网络节点对数与个体中心网络密度结合起来，更有利于理解个体网络中的指标含义以及各指标之间的关系。

三　个体中心网络关系总数

将网络中节点与节点之间的连线视为关系，关系总数即网络中节点连线的数目之和（不包括自我的联系）。在计算关系总数时，需要注意有向关系网络与无向关系网络之间的区别。考虑到网络中节点可能与自身之外的任何节点相连，那么一个包含有 N 个节点的有向网络中的最大关系数目为 $N(N-1)$；而在无向网络中，两个节点之间的连线（如节点 A 与节点 B 之间的连线与 B 节点到 A 节点之间的连线）为同一条，一个包含 N 个节点的无向网络中的最大关系数目为 $N(N-1)/2$。

四　个体中心网络密度

与网络规模一样，密度也是个体中心网络测量体系中的重要指标。个体中心网络密度指个体中心网络中焦点节点（Ego）之外的各网络成员（Alters）之间联系的紧密程度。研究者通常用"实际存在的关系总数"在"理论上可能存在的最多的关系总数"中的占比来测量网络密度。无向网络、有向网络的网络密度计算分别如公式（3-6）、公式（3-7）所示。其中，$Ties$ 表示各成员在网络中的实际联系数量，$Pairs$ 表示网络中可能存在的联系数量，两者的比率即为密度；m 和 N 分别表示网络中联系的数量和网络成员的数量。

$$Ego_{-Density-undirected} = \frac{Ties}{Pairs} = \frac{2m}{N(N-1)} \tag{3-6}$$

$$Ego_{-Density-directed} = \frac{Ties}{Pairs} = \frac{m}{N(N-1)} \tag{3-7}$$

如图 3-1 所示，在一个班级中，某同学的个体中心网络成员总数 $N=10$，其中实际存在的联系总数为 13 （即图 3-1 中的实线总数），理论上可能存在的最多关系数量为 45，由此可以计算出该同学个体中心网络的密度为 13/45＝28.9%。

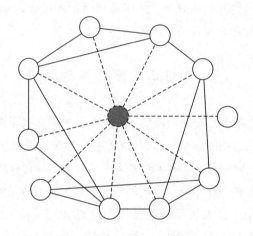

图 3-1　某同学个体中心网络

五　个体中心网络弱成分

在个体中心网络中，最大的连通部分被称为成分。在本小节中，主要讨论个体中心网络中较小的成分所形成的小团体（即弱成分）的概念及其测度。例如，有一个 5 节点的网络，如图 3-2（a）所示，节点 E 位于网络中心，节点 E 与节点 A、B、C 和 D 均有路径相连。同时，节点 A 和节点 B 相连，节点 C 和节点 D 相连。那么在以节点 E 为中心构成的网络中存在两个弱成分。若在此基础上增加节点 A 和节点 C 的连接，如图 3-2（b）所示，则个体中心网络中仅存在一个弱成分。

在获取个体中心网络的弱成分数目后，将其除以个体网络成员总数，可以得到弱成分占网络成员总数的比重，如以下公式所示：

$$P_w = \frac{N_w}{N} \tag{3-8}$$

公式（3-8）中，P_w 和 N_w 分别表示"弱成分数目占网络成员总数的比重"和"个体中心网络弱成分数量"，N 为个体中心网络的规模（即网络成员数）。

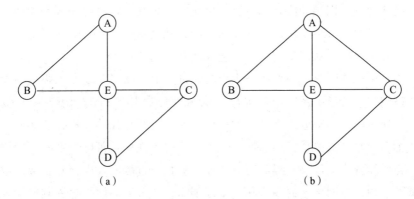

图 3-2 个体中心网络弱成分

在上例中，连接节点 A 和节点 C 之前，$P_w = 2/4$；连接之后，网络中仅存在 1 个弱成分，故 $P_w = 1/4$。

六 个体中心网络的网顶、网差和异质性

除了上述个体中心网络概念之外，网顶、网差和异质性对理解个体中心网络也有着很大的帮助。例如，网络规模为网络成员的数量，代表着网络中社会资源的存量；而在个体中心网络中，资源等级体系的最高权威、最大能力者所代表的资源被称为网顶。网顶越高，关系网络中的资源越丰富。同时，在关系网络中，最丰富和最贫乏资源之间的差值或关系中资源的范围被称为网差。网差越大，关系网络中的资源异质性越高。与网顶、网差等概念相似，关系网络中资源的多样性被称为网络广泛性，代表着资源在类型上的丰富程度。另外，从个体属性来看，网络中的各个成员之间也存在差异，成员类型之间的相异程度被称为关系网络的异质性。网络的异质性越高，提供的异质性联系越多，为行动者提供的可交换资源就越丰富。

第三节 个体中心网络的应用

一 个体中心网络与经济社会发展

边燕杰（2004）通过调查中国五城市的"春节拜年网络"，从网络规

模、网络构成、网顶和网差四方面研究城市居民社会资本的来源和作用，发现城市居民的社会网络构成存在显著差异，社会网络和社会资本优势能为个体带来收入回报，从而提高自我社会经济地位的评估。

Uzzi 在对美国纽约制衣企业绩效的研究中，发现关系嵌入强度与企业绩效呈倒 "U" 形关系，由此提出 "嵌入性悖论"（Uzzi，1997）。Uzzi 发现，任何一个工厂都嵌入在工厂网络中，网络关系存在非人格化、即时性关系，更多的是私人的、长期的嵌入性关系。嵌入性关系可以帮助减少投资费用，合作投资降低风险，提高企业绩效。但是，过度嵌入也会对企业绩效产生负面影响，当网络中的一个核心工厂倒闭，整个工厂网络会受到影响。在经济转型时期，部分企业的失败可能在很大程度上是由于网络嵌入太深、资源投入过多而失去灵活性，因此，企业只有在市场交易关系和长期稳定连接中取得平衡，才能获得成功。

Cummings 和 Cross（2003）基于 182 个工作团队的实证研究发现，团队领导者占据的结构洞越多，团队绩效越差，其原因在于团队领导者拥有绝对的信息优势以及控制优势，团队其他成员的工作积极性会严重下降，进而不利于团队绩效的提升。Mehra 等（2006）对金融服务机构的 28 个销售团队进行深入的调查研究，发现团队领导者越占据友谊网络的中心位置，越能促进团队绩效的提升，其原因在于领导者与团队其他成员之间保持畅通、密集的情感交流，团队的积极性会有很大提升。

在社会网络与劳动力市场的研究中，Granovetter（1973）提出 "弱关系"，认为弱关系可能是信息桥梁，个体的弱关系越多，可获取的信息越多，并以此来解释劳动力市场上信息不对称的问题。Granovetter（1974）在波士顿郊区访问了 300 名职业工人和专业技术人员，详细了解了他们的就业经历，发现有 57% 考虑换工作的人是通过亲属、相识或朋友获得工作信息的，其中，通过相识获得信息的人都找到了好工作。强关系网络中成员关系密切，交流频率高，信息共享程度提高，信息冗余的可能性增加；在弱关系网络中，成员交流机会较少，信息桥的存在使信息冗余程度降低，因而对求职者更有意义。

李树苗等（2007）从强弱关系构成、网络规模和职业趋同性等方面研究了社会网络对农民工职业阶层和收入的影响，其中，根据网络成员强关系和弱关系的占比，将网络成员关系构成分为 "强主导"、"强弱相等" 和 "弱主导" 三类。研究发现，流动后农民工社会网络结构仍然具有高趋同性，对其职业阶层有影响的关系构成仍然是以弱关系为主导的，求职关系网络的规模和构成对农民工职业阶层的提升和收入的提高有正向影响，对求职关系网络成员的职业阶层趋同性则有负向影响。

王文彬和赵延东（2012）从网络规模、网络构成、网顶和网差等方面分析了自雇者的社会网络及效用，发现自雇者在中国市场化进程中扮演着重要角色。与受雇者相比，自雇者的网络规模高于受雇群体，显示出更广泛的社会交往，而从网顶和网差来看，自雇者在社会交往中所涉及的社会阶层与社会资源较低或较少，且自雇者会更多地依赖餐饮网络。自雇者生意联系网络中的网络规模、网络构成、网差和网络资源都对其经营绩效产生积极影响。

二　个体中心网络与政治参与

冯仕政（2007）采用2003年全国综合社会调查数据分析个体在遭受环境危害后选择抗争或沉默的影响因素。研究发现，城镇居民在遭遇环境危害后所采取的抗争行动主要有以下特征：体制内行为和个体行动围绕特定时间而发生。在此基础上，以差序格局为理论基础，讨论当城镇居民遭受环境危害而选择抗争或沉默时，个体的社会关系网络是如何发挥作用的。

孙秀林（2010）采用2009年社会网络与职业经历问卷调查数据，分析社会网络对城市移民政治参与效果的影响。采用社会活动参与网络、讨论网络和拜年网络三种不同方式对居民政治参与进行网络测量，选择"参加投票选举区人大代表"作为指标。研究结果表明，拜年网络的规模对城市居民的政治参与具有负向效果；讨论网络的规模只对城市流动人口具有正向作用。

互联网的快速发展拓宽了个体政治参与的方式和手段，为社会网络的分析提供了新视角。黄少华（2018）采用天津、长沙、西安和兰州4个城市居民的调查数据，分析在线关系网络规模对政治参与的影响，该研究从网络政治信息获取、政治意见交流表达和网络政治行动三个方面测量网络政治参与；用网络交往对象的数量来测量在线关系网络规模，用通过互联网结识的朋友数量来测量在线弱关系网络规模。研究发现，个体在线关系网络规模对网络政治参与的三个方面均有显著的正向影响，但在线弱关系网络规模越大，参与网络政治信息获取和网络政治行动的可能性越小。

三 个体中心网络与科学合作、知识传播

个体中心网络分析方法在科学合作与知识传播方面有广泛的应用，研究成果颇丰。

郭永正（2008）从个体中心网络角度，对中国、印度国际科学合作网络进行比较，选取 SCI-E 数据库中文献，检索作者地址栏中含有中国、印度两国的文献数据，对中国、印度个体网络密度、点度中心性等指标进行比较。研究发现，中国国际科学合作个体网络的密度大于印度个体网络；亚、欧、美洲对中国、印度国际科学合作的重要性基本相同，大洋洲在中国国际科学合作个体网络中的重要性大于印度，非洲在中国个体网络中的作用小于其在印度个体网络中作用。这反映出中国的国际科学合作更为集中，更加注重合作者间深度合作。

赵延东和周婵（2011）利用对我国科研人员的大规模社会调查数据，从网络规模、网络密度、网络趋同性和网络异质性等网络指标出发，对科研人员的合作网络进行了全面的描述和分析。总体来看，我国科研人员的合作网络平均规模远低于美国科研人员的个体合作网络平均规模（Welch & Melkers, 2006）；合作网络平均密度较高，合作网络成员之间的熟悉程度较高，联系也更加紧密。在网络构成方面，我国科研人员合作网络明显表现出以同事关系和师生关系为主的特征；我国科研人员的合作网络成员在性别和年龄上的异质性较低，并且在选择合作对象时更倾向于选择与自己年龄相仿、职称级别相当的人进行合作。

徐汉青等（2018）通过构建领域知识网络并提取领域核心知识个体中心网络，利用网络分析方法，从关联关系频度、个体中心网络密度和个体中心网络层级演化等方面对其进行分析。选取 CNKI 中期刊资源检索相关主题文献，沿时间序列构建领域知识网络。研究发现，在个体网络关联频次方面，个体中心网络内部知识间关联关系的关联频次不高；在个体中心网络密度方面，不考虑核心节点时，邻居节点的关联关系更稀疏，且随着网络规模的扩大，密度不断下降。研究结果表明，领域核心知识个体中心网络中关联频次存在显著差异，高频次关联关系主要存在于核心节点之间；随着领域核心知识网络的发展，个体中心网络的密度降低。由此可见，领域内新知识的出现大多基于原有核心知识，而非知识群。

余梦珑和余红（2022）运用社会网络分析方法，对信息传播的行动者角色进行分析，其研究以"新冠疫苗"议题为研究对象，选取新浪微博用户数据，在既有理论基础上将议题中角色类型划分为：报道者角色、引导者角色、解释者角色和裁判者角色。通过计算个体中心网络半径和网络密度发现，一方面，角色距离影响传播过程中不同行动者间的互动半径，不同行动角色的连接半径不同，报道者和引导者的连接半径主要是同领域的专业媒体，解释者的互动半径增加，而裁判者的互动半径减小；另一方面，个体中心网络的密度反映了行动者间关系的紧密程度和信息流动的频率，关系越紧密，信息流通频率越高，合作效率也随之提高。同时，解释者网络密度较高，裁判者网络密度较低，这说明在科学传播过程中，解释者通常面向大众对科学知识进行解读，而裁判者在发表评论时需具有一定的独立性。

第四节 常用软件操作①

下面以 .xlsx 文件存储的矩阵数据为例，介绍应用 UCINET 测度个体中心网络指标。首先，打开 UCINET 软件，依次点击 Data→Import→Import Excelfile→Matrices，导入矩阵数据，以"休闲"关系为例，选择"休闲"数据并设置相关参数后即可运行，运行成功后将返回日志文件和网络文件，图 3-3 展示了 UCINET 导入 EXCEL 格式矩阵数据的界面。

其次，依次点击"Network→Ego Networks→Egonet basic measures"，在弹出窗口中选择导入的"休闲"数据，设置参数后点击"OK"运行，图 3-4 展示了 UCINET 选择网络的界面。

最后，得出的结果如图 3-5 所示。

下面对 UCINET 输出的个体网络指标的部分结果做简要的说明。

Size 表示的是个体中心网络规模，即个体中心网络中网络成员数量的多少，这个网络规模不包括"自我（Ego）"。以第一个个体（Ego）为例，他

---

① 在社会网络分析中，个体中心网络有两种理解：第一种是通过随机抽样获得样本，询问每个被访者的关系人情况，可获得每个被访者的网络规模、网顶、网差和关系构成，这些数据的计算与传统统计分析并无差异，无须采用网络软件来计算。第二种是首先通过小范围整群抽样获得整体网络数据，这样也可以得到以每个节点为中心的个体网络，这些个体网络的各个指标不同于第一种个体网络的网顶、网差和关系构成，但可以用 UCINET 软件来计算。本小节演示的是第二种个体网络指标的计算过程。

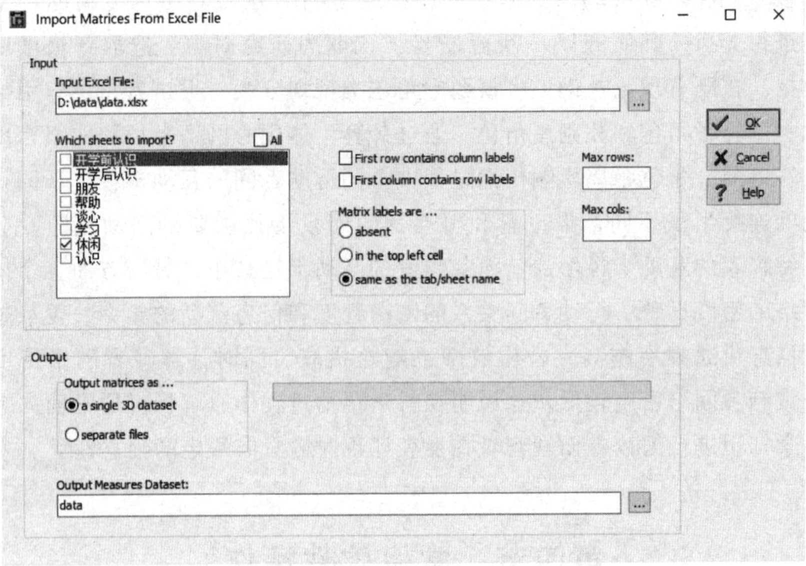

图 3-3　UCINET 导入 EXCEL 格式矩阵数据的界面

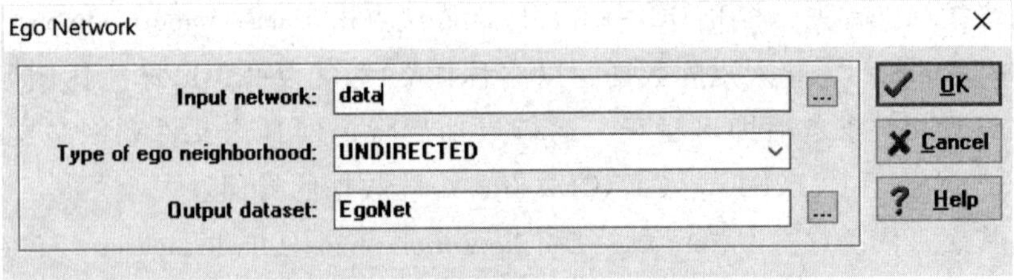

图 3-4　UCINET 选择网络的界面

在"休闲"网络中的规模是 0，说明网络中没有人与他共同度过休闲时光，即没有形成网络。

Ties 表示的是"个体网络成员之间的关系总数"，即连接节点与节点之间的线的数目，不包括各个成员与'自我'之间的关系。可以看出，在第三个个体的"休闲"网络中，关系总数为 2。

Pairs 表示个体中心网络节点对数，指的是个体网络中各个成员之间在理论上"所有可能存在的关系总和"，该值等于网络规模数×（网络规模数-1），在"休闲"网络中，对于第三个个体来说，节点对数是 3×（3-1），即为 6。

EGO NETWORKS

Input dataset:　　　　　　　　data (C:\Users\ usr\Documents\UCINET data\data)

Density Measures

	1 Size	2 Ties	3 Pairs	4 Densit	5 AvgRec	6 Diamet	7 nWeakC	8 pWeakC	9 2StepR	10 2StepP	11 ReachE	12 Broker	13 nBroke	14 nClose	15 EgoBet	16 nEgoBe
1	0	0	0	0	0		0		0	0	0	0		0	0	0
2	2	0	2	0	0		2	100	4	16.67	100	1	1	0	0	0
3	3	2	6	33.33	0.33		2	66.67	11	45.83	84.62	2	0.67	2	2	33.33
4	1	0	0		0	0	1	100	7	29.17	100	0		0	0	
5	2	2	2	100	1	1	1	50	2	8.33	50	0	0	2	0	0
6	3	6	6	100	1	1	1	33.33	8	33.33	53.33	0	0	6	0	0
7	1	0	0		0	0	1	100	4	16.67	100	0		0	0	
8	1	0	0		0	0	1	100	10	41.67	100	0		0	0	
9	6	18	30	60	0.71		1	16.67	13	54.17	29.55	6	0.4	18	0	0
10	8	20	56	35.71	0.4		1	12.5	15	62.5	29.41	18	0.64	20	11.67	20.83
11	5	7	20	35	0.4		2	40	15	62.5	62.5	6.5	0.65	7	5	25
12	6	18	30	60	0.71		1	16.67	13	54.17	29.55	6	0.4	18	0	0
13	10	23	90	25.56	0.35		2	20	16	66.67	29.09	33.5	0.74	23	10.17	11.3
14	2	2	2	100	1	1	1	50	2	8.33	50	0	0	2	0	0
15	7	19	42	45.24	0.52		2	28.57	13	54.17	30.95	11.5	0.55	19	11.67	27.78
16	2	2	2	100	1	1	1	50	2	8.33	50	0	0	2	0	0
17	1	0	0		0	0	1	100	5	20.83	100	0		0	0	
18	8	22	56	39.29	0.39		2	25	14	58.33	29.17	17	0.61	22	27	48.21
19	3	2	6	33.33	0.33		2	66.67	13	54.17	76.47	2	0.67	2	2	66.67
20	1	0	0		0	0	1	100	2	8.33	100	0		0	0	
21	4	6	12	50	0.5		2	50	8	33.33	53.33	3	0.5	6	3	25
22	5	17	20	85	0.93	2	1	20	12	50	31.58	1.5	0.15	17	0	0
23	0	0	0	0	0	0	0	0	0	0	0	0		0	0	
24	3	4	6	66.67	0.67		1	33.33	11	45.83	44	1	0.33	4	0	0
25	6	9	30	30	0.37		2	33.33	16	66.67	48.48	10.5	0.7	9	11.5	38.33

1. Size. Size of ego network.
2. Ties. Number of directed ties.
3. Pairs. Number of ordered pairs.
4. Density. Ties divided by Pairs.
5. AvgRecipDist. Average of the reciprocal of geodesic distances between alters.
6. Diameter. Longest distance in egonet. Missing if disconnected.
7. nWeakComp. Number of weak components.

图3-5　UCINET 输出个体网络指标计算结果

Density 表示个体中心网络密度，指的是"实际存在的关系总数"除以"理论上可能存在的最多关系总数"，即 Ties 的值除以 Pairs 的值得到的百分比。在这个"休闲"网络中，第三个个体的网络密度为 2/6，即 33.33%。

nWeakComp 表示的是个体中心网络中弱成分的数目，可以看出，第五个个体的中心网络弱成分数目为 1。

思考与练习

1. 简述网顶、网差、异质性、网络密度等个体网络指标的含义。

2. 简述利用社会网络测量社会资本的不同方法。

3. 简述 Bourdieu、Coleman 和 Putnam 社会资本概念的异同。

4. 简述社会资本中国化的代表性理论，并讨论社会资本中国化的方向。

5. 简述具有代表性的强弱关系命题。

6. 简述整体网络与个体中心网络的特点，并分别举出整体网络与个体中心网络的实例。

7. 利用 UCINET 软件进行个体中心网络指标分析。

第四章　整体网络指标

与个体中心网络不同，整体网络关注的是有界群体内所有成员之间互动关系的结构特征。中心性（Centrality）是社会网络分析中的重点内容之一，这正好响应了"权力"之于社会学研究的重要意义。个人或组织在其所在社会网络中处于怎样的中心地位，拥有怎样的权力，是社会网络分析者最早探讨的内容之一。在社会网络分析中，网络分析者从"关系"角度出发，定量地界定网络中各种权力的大小，包括各种中心性、中心势、各种社会权力的具体的形式化定义。其中，度中心性[①]（Degree Centrality）、居中中心性[②]（Betweenness Centrality）和接近中心性（Closeness Centrality）一起构成微观层次上分析权力的核心指标；与之相对应的点度中心势（Degree Centralization）、居中中心势（Betweenness Centralization）和接近中心势（Closeness Centralization）则一起构成了宏观层次上分析社会网络整体的中心性指标。除了中心性与中心势指标之外，本章还将介绍密度、关联性、凝聚度和聚类系数等指标，以及二方关系与三方关系的概念与测量，并在章节最后介绍相应的 UCINET 软件操作方法。

第一节　度中心性

个人或组织在其所在的社会网络中的重要程度是社会网络研究非常关心的内容之一。微观层次的指标用于描述在一个社会网络中节点的特征。

[①] 也常被称作点度中心性、度值、点度、度。
[②] 也常被称作介数、中间中心性、居间中心性。

Bavelas（1950）最先对中心性进行了定义，而后又拓展出大量更为细化的中心性概念。

在社会学研究中，中心性的提出最早源于对"权力"的界定和测度。"权力"是社会学中一个非常重要的概念，一个人之所以拥有权力，是因为他/她与他人之间存在关联，可以影响他人。在一个群体中，我们如何去界定某个人权力的大小？社会网络学者从"关系"的角度出发，用"中心性"来定量研究权力。中心性是我们认识社会网络中行动者位置及其与他人关系的重要概念，具有广泛的应用性。有关中心性的观点最初体现在社会计量学里的一个重要概念（"明星"）中。所谓"明星"指的是那个在群体中最受关注的中心人物。Bavelas（1950）最先对中心性的形式特征进行了开创性研究，得出了"行动者越是处于网络的中心位置，其影响力越大"的著名论断。此后，有关中心性的研究越来越多。

中心性是个体层面最重要的概念。在社会网络分析体系中，中心性这个概念往往和权力这个词紧密结合在一起，权力一词在社会学中有很多的界定，很多都是结合社会网络给出的。指标体系处于网络计量层次，其中的概念界定应该具有一定普适性，而不能局限于某一个或某一类网络。度中心性即图论中度的概念，描述的是一个节点在它的局部环境中是如何被联络的。对于有向图来说，度有出度和入度两种，分别代表该节点链出和链入的边数。无向图的度数则被理解为一个节点在网络中所处局部的活跃程度。一般而言，有向图的入度代表一个节点的受欢迎程度（Popularity），有向图的出度代表一个节点的外向程度（Gregariousness）。

在社会网络中，核心节点是处在一系列联系的"核心"位置的节点，该节点与其他节点有众多的联系。因此，对中心性最直接的测量就是社会网络中各节点的度（Degree），即与一个节点直接相连的其他节点的数目，在社会网络分析中也称之为度中心性（Degree Centrality）。

对于有向网络，按照 Freeman 方法，出度和入度也分别被称为出度中心性和入度中心性，计算公式为：

$$k_i^{out} = \sum_j a_{ij}$$
$$k_i^{in} = \sum_j a_{ji}$$

(4-1)

公式（4-1）中，k_i^{in} 表示节点 i 的入度，即直接指向节点 i 的节点数，也被称为"内中心性"；k_i^{out} 表示节点 i 的出度，即被节点 i 指向的其他节点的总数，也被称为"外中心性"。对于无向网络，节点 i 的入度值和出度值相等，即内中心性和外中心性相同，记为 $k_i = \sum_j a_{ij}$。可以发现，对于 0-1 无向网络：①网络节点度的和是关系总数的两倍；②网络中度为奇数的节点一定有偶数个；③网络中出度之和等于入度之和。

通过对网络节点度进行研究，在一定程度上可以揭示网络中资源的占有情况。一般认为，节点的度越大，该节点所代表的个体就越居于网络的中心，占有的资源越多。个体所嵌入的社会网络不仅会影响其特定身份、健康和职业是否成功等，而且会直接影响个体社会资本的获得，因为社会资本是内嵌在社会网络中的资源。

节点度值的大小和网络规模有关，一个规模为 N 的无向网络，其节点 i 度中心性的取值范围为 $[0, N-1]$。需要注意的是，在不同社会网络间比较度中心性时，只有网络规模相同才有可比性，因为某个节点的度数依赖于整个网络的规模。换言之，在网络规模存在差异的情况下进行局部度中心性的计算是没有意义的，因为它反映的仅仅是局部的情况，而没有考虑到整个网络的结构，并且这样测量出来的结果会产生误解。例如，两个网络分别有 100 个节点和 30 个节点，那么两个网络中度数为 20 的节点的核心程度明显不一样，前者的核心程度远远低于后者。由于图本身的密度之间存在差别，为了比较属于不同图的节点的度中心性，度中心性可以区分为绝对度中心性和相对度中心性。绝对度中心性是测量节点所关联的边的绝对数量，相对度中心性则是测量节点绝对度值与该图中最大点度的比值。

为了在一定程度上消除网络规模对度值的影响，定义相对度中心性为：

$$k_i' = \frac{k_i}{N-1} \tag{4-2}$$

公式（4-2）中，k_i 为绝对度中心性，N 为网络规模。虽然相对度中心性可以在一定程度上消除规模效应，但在实际应用中，仅使用相对度中心性仍可能会产生"误解"。例如，比较来自企业 P 中的员工 i 和来自企业 Q 中的员工 j。P 的企业规模较小，共 101 名员工；Q 的企业规模较大，共有 10001 名员工。恰好员工 i 和员工 j 在各自企业中都有 100 名朋友，那么 i 的相对度中心性为 $k_i' = \frac{100}{100} = 1$，$j$ 的相对度中心性为 $k_i' = \frac{100}{10000} = 0.01$，二者的差距非常大；但从社会资本的角度来看，员工 i 和员工 j 之间的差异可能并没有那么大。虽然员工 j 在其所处的场域（企业 Q）中具有更多的潜在社会关系（社会资源），但在社会系统中，由于 150 定律[①]的存在，员工 j 实际上很难达到相对度中心性的最大值 1。

在一个社会网络中，如果一个行动者与很多其他行动者之间存在直接联系，则度中心性越高，那么该行动者就越居于中心位置，在该网络中就拥有较大的"权力"。但是，度中心性仅考虑直接相连的节点数量，而不考虑间接相连的节点数量，因此度中心性也被称为"局部中心性"。局部中心性的测量不会找到全局网络的"核心点"，局部中心性高并不代表此节点为整个网络的中心，因为它在位置上很可能会出现在整个网络的某个小局部。在这个局部中，有很多节点与此节点直接相连，所以局部中心性表达了各个节点在多大程度上与其局部环境中的其他节点联系在一起。

第二节 距离与平均路径长度

在介绍距离之前，此处引入四个相关概念用于描述节点之间的联系：①线路（Walk）指节点构成的一个序列，除了首尾节点，其他节点之间都依次有边连接；②迹（Trail）指没有重复边的线路，所有的迹都是线路，但不是所有的线路都是迹；③路径（Path）指没有重复边，也没有重复节点的线路，所有的路径都是迹，但反之并不成立；④测地线（Geodesic）指一个节点到另一个节点的最短线路（也称为最短路径），该线路的长度即这两点之间的距离（Distance），也就是一个节点到另一个节点所需的最小连接数（最少需要多少条边才能将这两个节点联系起来），图中所有节点对中最长的测地线的长度称为图的直径。

假设有一个包含 5 个节点的社会网络，如图 4-1（a）所示，分别以节点 1 和节点 3 为首尾构建多个节点序列：1-2-5-4-3、1-4-1-3、1-2-4-1-3、1-3。线路要求除了首尾节点之外，其他节点之间应依次有边连接，由于节点 2 和节点 5 之间没有边，因此序列 1-2-5-4-3 不是一条线路，其余序列均为线路。迹是没有重复边的线路，序列 1-4-1-3 中重复了节点 1 和节点 4

---

① 150 定律也称为邓巴数字，是指人类能够拥有的稳定社交数量在 150 人左右。

之间的边，因此不是一条迹，剩余两条序列是迹。路径进一步要求没有重复节点，序列 1-2-4-1-3 中节点 1 重复，因此不是路径，序列 1-3 是一条路径。此外，序列 1-3 也是最短的路径，因此节点 1 和节点 3 之间的距离为 1。

　　判断是否为迹时，可采用长度为 2 的窗口对节点序列进行检测，如果出现窗口内的两个节点重复，即不满足迹的要求。上述例子中 1-4-1-3 就出现了 1-4 和 4-1 的两组节点对重复；判断是否为路径时，可采用长度为 1 的窗口对节点序列进行检测，如果出现窗口内的节点重复，即不满足路径的要求，上述例子中序列 1-2-4-1-3 就出现了两次节点 1。

　　以上四个概念是依次包含的关系，线路最为宽泛，测地线最为严格。在社会网络分析中，针对"距离"这一概念讨论得最多。平均路径长度是整体网络分析中衡量网络宏观特征的最重要指标之一，它衡量的是网络中的平均距离，即网络中所有节点对之间最短路径长度的平均值。具体计算步骤是将所有节点对之间的最短路径长度相加，然后除以节点对数目，无向网络中

$\bar{D} = \dfrac{\sum d_{ij}}{N(N-1)/2}$，其中 $\bar{D}$ 表示平均路径长度，d_{ij} 表示节点 i 和节点 j 之间的最短路径长度，N 表示节点数目。

　　可以用平均路径长度来描述这个网络的全局特征。在图 4-1（a）所示的网络中，节点 1→节点 2 的距离为 1，节点 1→节点 3 的距离为 1，节点 1→节点 4 的距离为 1，节点 1→节点 5 的距离为 2，以此类推，可计算出网络的平均路径长度为 1.5。如果我们添加一条连接，比如连接节点 3 和节点 5，那么网络就变成了如图 4-1（b）所示的结构。此时，平均路径长度变为 1.4。

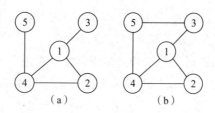

图 4-1　网络距离示意

　　平均路径长度反映了网络中节点之间的平均距离，同时也体现了网络的连通性和结构特征。在一个具有较小平均路径长度的网络中，节点之间的相

对距离较近，信息传递速度较快，具有较强的连通性和高效性。相反，在一个具有较大平均路径长度的网络中，节点之间的相对距离较远，信息传递速度较慢，具有较弱的连通性。在社会网络分析中，可以用平均路径长度来评估信息传播的效率和速度，以及节点之间的关联程度和紧密程度。

第三节　居中中心性

居中中心性（Betweenness Centrality）作为社会网络结构分析的核心指标之一，用以测量个体对资源控制的程度。若行动者处于许多节点对的最短路径上，可认为其处于网络中重要的地位，比他人拥有更大的权力或更多的资源，因为它具有较强的控制其他个体之间交往的能力。正如 Freeman（1977）指出，"处于这种位置的人可以通过控制或者曲解信息的传递而影响群体"。因此，若一个节点处于许多其他两个节点间的测地线上，便可以判断它具有较强的居中中心性，所以对于居中中心性的测量可以利用"居中性比例"（Betweenness Proportion）来实现，定义点 y 相对于某一对节点 x 和 z 的"居中性比例"是指经过节点 y 并且连接节点 x 和 z 这两个节点的测地线数目占二者之间总测地线数的比例。而节点 y 的居中中心性便可通过加总节点 y 相对于网络中其他任意两个节点的"居中性比例"得到。具体来说，如果我们计算节点 i 的居中中心性 [记为 $C_{B(i)}$]，只需把节点 i 相应于网络中其他任意两个节点间的"居中性比例"加总便可，计算公式如下：

$$C_{B(i)} = \sum_{i \neq j \neq k} \frac{g_{jk}(i)}{g_{jk}} \tag{4-3}$$

公式（4-3）中，$g_{jk}(i)$ 为节点 j 和节点 k 之间经过节点 i 的测地线的数目，g_{jk} 是节点 j 和节点 k 之间测地线的数目。

居中中心性指的是网络中某节点位于其他任意两个节点的测地线上的可能性的大小，它通过计算节点的"居中性比例"之和来测量处于该节点的行动者对资源信息的控制程度。如果一个行动者处于许多交往网络的路径上，他具有的控制其他两个人之间交往的能力便越强，这种行动者往往在整体网络中发挥着重要的"桥梁""桥接"的作用，故对资源、信息等具有较强的掌控能力，拥有较大的权力。同时，居中中心性也很好地描述了一个网络中节点可能需要承载的流量，一个节点的居中中心性越大，流经它的流量越多，意味着它更容易堵塞，成为网络的瓶颈。所以，无论是识别网络中的关键节点，还是有效地预防堵塞，居中中心性都是非常关键的指标，也是目前最常用于识别网络中心节点的重要指标。

在同一个网络中，可以通过比较节点间的居中中心性指标，来衡量不同节点在网络中对资源控制能力的差异，帮助我们识别网络中的重要节点。但是，对于不同网络规模、网络类型，居中中心性失去了作用，此时需借助相对居中中心性。公式（4-3）计算的结果为绝对居中中心性。与度中心性类似，为了消除网络规模的效应，定义相对居中中心性为 $C'_{B(i)} = \dfrac{C_{B(i)}}{N^2 - 3N + 2}$，其中 $N^2 - 3N + 2$ 描述的是星型网络①中核心节点的绝对居中中心性。相对居中中心性的值从 0 到 1 反映节点对资源和信息的控制能力逐渐增强，若其值为 0，说明该节点位于网络结构边缘，对其他节点间的信息、资源传递没有任何的控制能力；若其值为 1，则说明该节点位于星型网络结构的中心，网络中任意两个节点间的信息、资源流动都要经由该节点，它对网络的信息、资源有绝对的控制能力，对其他节点上的行动者具有很强的控制能力，拥有很大的权力。在利用居中中心性指标进行网络分析时，也要与该社会网络本身的类型和特点相结合。总之，居中中心性能帮我们识别网络中那些扮演"桥梁""纽带"角色的行动者。

一个比较有意思的应用实例是由陈悦等（2013）撰写并发表在《自然辩证法研究》上的文章《科学计量学视角下的石墨烯发现之争》。他们针对佐治亚理工学院物理系的 Heer、哥伦比亚大学的 Kim 在石墨烯材料研究上的学术贡献是否达到了与英国曼彻斯特大学物理学家 Geim 与 Novoselov 共同分享 2010 年诺贝尔物理学奖的争议进行了研究，作者通过科学计量学的方法，根据"代表重大科学发现的文献在共被引网络中，除了具有高被引的特征外，还具有另一个重要的特征：这些文献往往处于网络中的结构洞位置，即具有较高的居中中心性"的特征，考察了石墨烯发现前后文献链条上的关键节点文献，对有关问题进行了回答。研究结果表明，Geim 和 Novoselov 在2004 年发现石墨烯的文献，以及发现石墨烯中的电子是具有无质量的狄拉克费米子两个成果既有很高的被引频次，也有很高的网络居中中心性值。因此，他们获得诺贝尔奖理所应当。同时，Heer 于 2006 年发表的一篇文献处

---

①　星型网络是指所有的节点都与某一节点（即核心节点）直接相连，除此之外再无其他连接。

于链条之上，表明他在石墨烯发现之后对其性质的研究做出了实质性的贡献。Kim 则有两篇文献位于石墨烯发现前后的链条上，尤其是对石墨烯中存在肉眼可见的量子霍尔效应这一独特性质的发现，引发了大量相关研究。因此，Geim 认为，Kim 也应当共同获奖是相当有理由的。在这个研究中，作者很好地利用了科学论文的"网络"特征，并借助于居中中心性的特征，有效地克服了单纯依赖点度中心性的不足，创造性地、富有说服力地分析了这场争议并给出了判断。

第四节　接近中心性

接近中心性（Closeness Centrality）与度中心性、居中中心性之间存在较大不同，度中心性刻画的是局部的中心指数，衡量的是网络中行动者与他人联系的多少，没有考虑到行动者能否控制他人，而居中中心性测量的是一个行动者"控制"他人行动的能力。然而，有时还要研究网络中的行动者不受他人"控制"的能力，这种能力则用接近中心性来描述。

节点的接近中心性也称为整体中心性，反映行动者不受他人控制的程度，由 Bavelas（1950）等学者最先提出，Sabidussi（1966）对其进行了概念化表达，具体计算采用节点与其他节点的距离和的倒数，反映该节点在整体网络中所处的中心位置，用以下公式表示：

$$C_{c(i)} = \frac{1}{\sum_{j=1}^{N} d_{ij}} \qquad (4-4)$$

公式（4-4）中，d_{ij} 表示节点 i 与节点 j 之间的距离。与度中心性和居中中心性类似，为消除网络规模效应，通过与星型网络中的核心节点（其绝对接近中心性为 $\frac{1}{N-1}$）进行对比，将节点 i 的相对接近中心性记为 $C'_{c(i)} = \frac{N-1}{\sum_{j=1}^{N} d_{ij}}$。在计算接近中心性时，关注的是捷径（即测地线），而不是直接关系。接近中心性的数值越大，表明该点越是处于所在网络的中心位置，越不易受其他行动者控制。当行动者越是与其他人接近，则越是在信息传播中不依赖他人，因此称此人有较高的中心性。因为一个非核心位置的成员必须

"通过他人才能传递信息"，所以如果一个节点与网络中其他各节点之间的距离都很短，则该节点是整体中心点，其在信息资源、权力、声望等方面的影响力也最强。

对比度中心性、居中中心性和接近中心性这三种最常见的中心性指标，可以发现度中心性是局部测量，居中中心性和接近中心性是全局测量；也就是说，计算度中心性时只需要知道每个节点的局部连接情况即可，不需要知道网络的全局拓扑结构；而计算居中中心性和接近中心性时则必须知道网络的全局拓扑结构。在计算相对中心性的时候，三种中心性本质上都是在和理论上的最大值进行对比，可以表示为相对值等于绝对值除以理论上的最大值，这种最大值出现的网络可以理解为一种基准网络。三种相对中心性的区别在于，度中心性和接近中心性的基准网络不唯一，以星型网络为基础的一系列网络都可作为基准网络。也就是说，在星型网络的基础上任意增加新的边，并不会对理论最大值造成影响；而居中中心性对应的基准网络是唯一的，其理论最大值只会出现在星型网络中。

在选择中心性测量指标时，Freeman（1977）认为，选择什么指标依赖于研究问题的背景。如果关注交往活动，可采用以度数为基础的测度；如果研究对交往或者对信息的控制，可采用居中中心性；如果研究信息传递的独立性和有效性，可采用接近中心性。

在社会网络分析中，中心性指标被广泛应用。国内学者付允等（2008）等指出，中心性指标能够反映出作者在合作网络中的核心性及中心地位，接近中心性越高的作者具有越高的学术地位和越大的影响力。梁潇（2008）研究发现，信息加权的中心性可以用来寻找信息流动中的活跃分子以及衡量各主体在整个网络中的地位。邱均平等（2008）将中心性指标作为判断图林博客核心的标准，认为中心性可以反映博客的重要程度，中心性高的博客可以看作博客圈中的核心且在圈子中有比较高的地位。此外，苏娜和张志强（2009）根据社会网络分析的中心性指标对数字图书馆领域的研究趋势进行分析和预测，结果表明社会网络分析指标与其他方法相结合可以很好地识别学科领域的研究趋势。郑曦和孙建军（2009）构建了链接分析领域的作者合作网络，通过中心性分析可以找到在研究团队中起着重要信息枢纽作用的关键节点。

第五节　流中心性

流中心性（Flow Centrality）能够按照节点在网络流中起到的作用来衡量节点的重要性。与节点度中心性和居中中心性对最短路径的要求不同，流中心性只强调节点的参与程度，而不要求一定是最短路径。因此，这只是居中中心性方法的一种推广，并把节点对其他非最短策略下的参与也计算在内。与居中中心性概念相似，流中心性表示经过节点的流量与点对总流量之间的比值。

设网络具有 N 个节点，则节点 i 的流中心性计算公式为：

$$C_{F(i)} = \sum_{i \neq j \neq k} [f(j,k,G) - f(j,k,G \backslash i)] \qquad (4-5)$$

公式（4-5）中，$f(j, k, G)$ 表示为节点 j 与节点 k 之间在网络 G 中的最大流，或者说是在 0-1 网络 G 中节点对 (j, k) 之间的所有路径数，不包含回路，$f(j, k, G \backslash i)$ 则表示去掉节点 i 后，节点 j 与节点 k 之间在网络 G 中的最大流。

在一个社会网络里，存在资源和信息流，并且资源和信息流往往是决定一个人社会地位的重要因素。一个节点（或由多个节点组成的小组）所获得的信息总量越大，这个节点（或由多个节点组成的小组）就越重要。值得注意的是，一个节点获得的信息总量不仅仅依赖于它邻近的节点，还依赖于那些与这些节点有同样相邻节点的节点。如果一个节点与它相邻的节点能获得越多信息，那么，与这个节点有相同的相邻节点的节点也能获得越多的信息，这个节点就会越重要，或者说越处于这个网络的中心位置。

如图 4-2 所示，使用度中心性来计算，得出的结果是节点 1、2、3、4、5 同等重要；而使用流中心性来计算，发现节点 2、3、4、5 同等重要，但它们不如节点 1 重要，这才是符合实际情况的。

随着人们对网络的认识不断深入，需要从不同角度对网络节点进行评估，如社会人际关系网络中最有话语权的人不能单从网络朋友的数量来确定，交通网络更侧重于节点的实际处理能力而不是单纯的连接数，这都对网络的节点评估提出了新的要求。而流中心性的判断方法并不能很好地满足这些要求，它在网络应用方面仍存在一些问题。

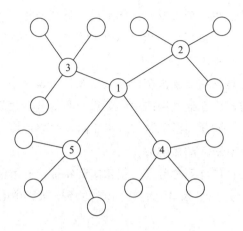

图 4-2　度中心性与流中心性的比较

第一，现存的任何一种中心性测度都是从某一特定的角度提出来的，目前还没有一种被普遍接受的中心性测度定义可以适用于一个非常广泛的范围。与居中中心性相比，流中心性的适用范围更广一些，但和其他任何一种中心性测量方法一样，都具有局限性。比如流中心性只适用于已知全局性完全信息的情况，如果是非全局性的情况并且信息是不完全的，用这种方法测出来的中心性结果可能不是很准确。

第二，流中心性判断方法与实际网络需求不完全匹配。实验分析表明，流中心性判断方法对网络模型和实际网络的节点评估结果之间存在明显差异，实际网络节点对网络结构特征信息并不是完全已知，从节点自身的连接到整个网络分布对决策者而言都不一定是完全清晰的，此外，实际网络中节点和边的动态变化，也影响着网络中心性判断。

第三，流中心性判断方法仍然存在明显的不确定性，尤其是节点之间的差异性和造成节点间差异的原因仍不明确。为了更加合理地找到中心节点，应将不同的方法结合起来进行使用。

第六节　特征向量中心性

在社会网络分析中，特征向量中心性（Eigenvector Centrality）是衡量节点重要性程度的指标，它考虑了节点的邻接节点对节点本身的贡献，认为与重要节点相连的节点也十分重要。具体来说，特征向量中心性考虑了与一个节点直接相连的节点的重要性，以及这些相邻节点所连接的节点的重要性，可以被视为"朋友的朋友"的影响力。

特征向量中心性常用于新浪微博和微信等社交媒体平台中，来衡量个人的影响力和影响范围。在这些网络中，节点与其他节点之间的联系通常是通过"关注""好友"等方式建立的，而特征向量中心性可以帮助我们了解哪些节点在网络中具有最大的影响力。

特征向量中心性的计算通常需要使用矩阵特征值分解的方法，这种方法可以通过求解一个方程组来计算每个节点的特征向量中心性值，计算公式如下：

$$x_i = \frac{1}{\lambda} \sum_{j=1}^{N} a_{ij} x_j \tag{4-6}$$

公式（4-6）中，x_i 表示节点 i 的特征向量中心性，a_{ij} 表示节点 i 和节点 j 之间是否有连边，λ 是一个常数，用于确保计算结果的正确性和稳定性。特征向量中心性的计算可以通过迭代求解，直到收敛为止。具体来说，计算特征向量中心性的步骤如下：①构建网络的邻接矩阵；②对邻接矩阵进行特征值分解，得到特征值 λ 和对应的特征向量；③根据特征值和特征向量计算每个节点的特征向量中心性。

特征向量中心性的计算需要对邻接矩阵进行归一化处理，以防止网络规模的大小对结果产生影响。此外，在计算特征向量中心性时，需要注意网络中是否存在闭环，因为这可能会导致计算过程中存在不稳定性。总而言之，特征向量中心性认为一个节点的重要性既取决于其邻接节点的数量，即该节点的度，也取决于每个邻接节点的重要性。这种方法为网络中的所有节点分配表示重要性的相对分数，一个节点与高分节点的连接会使得它获得比与低分节点的连接更高的分数，也即要想提高某一个节点的分数，可以通过连接更多的节点，或与更高分数的节点连接两种途径来实现。

第七节　中心势

中心性研究是评估网络中核心行动者的重要手段，如节点中心性是网络节点的结构特征，在网络分析中常被用来检测网络节点取得资源、控制资源的可能性。中心势（Centralization）则是中心性全局化之后的指标，刻画了图中边的整体分布状况。一个简单而容易想到的中心势的指标是衡量度的离散分布情况，使用方差、标准差等常用离散指标，但实际上由于边是二元数据，这里的"分散"情况不仅存在于度的差异，而且存在于所连其他节点的差异，而且由于衡量节点的中心性的指标有许多种，中心势的衡量也有相应的多样化计量方法。指标的应用应符合使用场景，具有针对性，之后在理论上明确指标的基本算法，最后根据实际应用对算法进行修正。

总之，网络中心性分析主要是从"关系"的角度出发，定量地计算各种中心性和中心势指数。中心性反映一个节点在网络中居于核心地位的程度，刻画的是单个行动者在网络中所处位置的核心性，因此一个网络中有多少个节点就有多少个个体中心性。中心势反映的则是整体网络所具有的中心性趋势，刻画的是整个网络中各个节点中心性的差异性程度，因此一个网络只有一个中心势。

一　度中心势

社会网络中的节点可以是社会研究中的任何单位，如个人、群体、组织和社区等，节点的特征指的是这些单位本身的特征。节点之间的连接表示节点之间的某种关系，如个体之间的评价关系、物质资本的传递和非物质资源的转换关系、隶属关系、权力关系等。度中心性是最常用来衡量网络中关键节点的指标，这样的节点，在社会学意义上就是最有地位的节点，在组织中则是最有权力的节点。同时，拥有高中心性的节点，也是占据重要地位的节点。中心势考察的则是一个网络的中心性趋势，描述的不是行动者的相对重要性，而是整个网络的总体凝聚力或整合度。类似的概念还有密度，图的密度刻画了图的凝聚力水平，而图的中心势则描述了这种凝聚力在多大程度上是围绕某个或者某些中心而组织起来的，其核心问题是寻找图中最核心节点，也就是寻找可能的中心。一种策略是寻找所谓的"结构中心"，即将各个节点的中心度依次排列，从高中心性向低中心性过渡时如果存在一定的数值断裂，则可以确定找到图中核心部分。另一种策略是寻找图的"绝对中心"，类似圆的圆心，是图中的单个节点。"绝对中心"并不一定存在，寻找的方法之一是建立距离矩阵，将每一列的最大值定义为该列对应节点的"离心度"。具有最低离心度的节点就是所要寻找的绝对中心（绝对点），因此不一定存在。

　　节点的度中心势是以度中心性为基础的测量,反映的是网络整体中心性,是整体网络中每个个体度中心性的一种"方差"。中心势是衡量网络中边的分布状况(集中还是分散)的指标。一个中心势比较强的网络通常被称为中心化(Centralized)网络,中心化网络有较多的边分布在一个或一些节点周围,而一个去中心化的网络中,每个节点拥有的边的情况差不多。

　　中心势用来具体描述模型的整体中心性趋势,它反映了模型中不同节点的度中心性的差异。当差异很大时,如星型网络中,核心节点的度中心性很大,而其他节点的度中心性都是 1,则称该模型具有较大的中心势;而在一个完备图模型中,所有的度中心性都相等,看不出该模型的中心性趋势,此时该模型的中心势为 0。

　　计算度中心势(Degree Centralization)时,首先计算图中实际出现的最大度中心性与任何其他节点的度中心性之差,其次对这些差值进行加总,最后用该加总值除以其在理论上的最大值(对应星型网络,最大值为 $N^2 - 3N + 2$),具体为:

$$C_D = \frac{\sum_{i=1}^{N}(k_{max} - k_i)}{\max\left[\sum_{i=1}^{N}(k_{max} - k_i)\right]} = \frac{\sum_{i=1}^{N}(k_{max} - k_i)}{N^2 - 3N + 2} \tag{4-7}$$

　　公式(4-7)中,k_{max} 代表网络中的最大度值,k_i 表示节点 i 的度值,N 为网络规模。

二　居中中心势

　　Freeman 对居中性的研究是围绕"局部依赖性"(Local Dependency)这个概念进行的。如果连接一个节点与其他一些节点时经过某节点,则称前一节点依赖于后一节点。居中性正是测量一个节点在多大程度上位于网络中其他节点的"中间",继而推断某个人在多大程度上能控制他人。Burt(1992)根据"结构洞"(Structural Holds)概念对此进行了进一步描述。当两个节点以距离 2(而不是 1)相连的时候,二者之间就存在一个结构洞,结构洞的存在使得第三者扮演经纪人或者中间人的角色。其实,Burt 是从另一个角度定义了居中中心性的概念,同时,也给了我们另一种计算"居中性比例"的方法,继而提供了计算居中中心性乃至居中中心势的方法启示。我们可以依据网络的距离矩阵，计算节点的居中性比例，最终得到该节点的居中中心性或该网络的居中中心势（Betweenness Centralization）。

居中中心势是在居中中心性的基础上发展而来的，和其他任何一项中心势与中心性指标的关系一样，它突破了中心性分析的微观层次，能够衡量社会网络作为一个整体的中心性情况。居中中心势旨在测度整体网络的内聚性是在多大程度上围绕某些特定的点组织起来的，是社会网络分析中一项重要的宏观层次上的分析指标。居中中心势可以用网络节点中居中中心性最大值减去其他各点居中中心性的差值之和，再除以这种差值之和在理论上的最大值（即网络结构为星型网络时的差值）得到，具体的计算公式为：

$$C_B = \frac{\sum_{i=1}^{N} \left[C_{B_{max}} - C_{B(i)} \right]}{N^3 - 4N^2 + 5N - 2} \tag{4-8}$$

公式（4-8）中，$C_{B_{max}}$ 是网络中最大的居中中心性的值，$C_{B(i)}$ 是节点 i 的居中中心性，N 为网络规模。

居中中心势可用来分析整体网络中资源、权力分布的差异，或者整体网络受制于个别极富权力、资源的行动者的程度大小。居中中心势的取值范围也是从 0 到 1，指标值越大反映网络中权力分布越集中，或者说网络中信息、资源的传递更加依赖于少数节点或行动者。若值为 0，说明该网络中所有节点的居中中心性相同，权力分布最均衡，没有任何一个节点在信息传递上有优势；若值为 1，说明该网络为星型网络，权力集中于网络中心节点，整个网络的信息传递都有赖于中心节点，它对该网络有绝对的控制力。

很多学者借助于居中中心性、居中中心势指标来分析网络中的信息传递情况。例如有学者以新浪微博为例，结合微博用户之间的"关注"与"被关注"信息传播的网络拓扑关系，据此形成"关注矩阵"以及一个社会网络关系有向图，通过计算该网络的居中中心性来判断微博用户的权力大小，通过计算居中中心势来推断整体网络中节点间的联系需要依赖别的节点作为桥节点的程度（夏雨禾，2010；王晓光，2010）。也有学者利用中心性研究如何改善团体凝聚力，结合某高校某班级个体既往过程中的情感"输入"与"输出"的支持关系，通过计算不同节点的居中中心性，分析不同性别、不同地域的同学在班级个体交往中对信息的流动或者传播的控制作用是否有差异，进而发挥这个"中介人"的积极作用，提高班级凝聚力。汪维富和钟志贤（2010）以科学网的博客社区作为研究样本，以博主好友链接为研究内容，以社会网络分析为方法，揭示了该博客社区的信息交流与人际互动特征。研究发现，该网络的居中中心势指标得分很低，反映了该样本网络资源被个别行动者控制、垄断的可能性很小，各好友链接几乎都呈现出分散性、分布式特征，博主间交流以分散性为主，这有助于降低对单个博客知识分享的依赖性。这些应用都抓住了居中中心性、居中中心势的本质和特征，分析了现实社交网络中资源、权力的分布情况。

三　接近中心势

网络接近中心势描述了网络中最高接近中心性的节点与其他节点之间的差异程度，其计算以节点接近中心性为基础。接近中心性反映一个节点不受其他节点控制的能力，即"自力更生"寻求途径到达目标节点的能力；接近中心势则能够衡量整体网络中个体不受他人控制的程度的差异。这种差异值越大，接近中心趋势就越大；反之，就越小。接近中心势计算公式如下：

$$C_c = \frac{\sum_{i=1}^{N} \left[C_{C_{max}} - C_{C(i)} \right]}{(N-2)(N-1)}(2N-3) \tag{4-9}$$

公式（4-9）中，$C_{C_{max}}$ 是网络中最大的接近中心性值，$C_{C(i)}$ 是节点 i 的接近中心性，N 为网络规模。

与度中心性类似，星型网络的接近中心势指数为 1，完备网络、环形网络的接近中心势指数为 0。接近中心势越接近于 0，说明整个网络中存在核心成员的概率越小；接近中心势越接近于 1，说明网络中权力分布差异越大，可能存在位于整个网络的中心的核心节点。

第八节　密度

密度是社会网络分析中的一个重要指标，可以从关系总量上表示网络成员的关系密集程度。密度指标计算的是网络中已有边数和所有可能边数之间的比值。因此，密度指标越高，网络中的节点之间的连接就越紧密，整个网络的连通性就越强。

密度指标主要依赖于社会网络拓扑图的内含度以及图中各节点的度数总

和。图的内含度指的是图中关联节点数目总和，即总节点数减去孤立节点数量，由于孤立节点对图的密度没有贡献，因此图的内含度越高，其密度就越大。而有的关联节点与较多的节点相连，有的连边较少，因此图中各节点的度数越大，网络的密度也就越大。密度指标的计算结合了上述两个参数，一个节点可以与除其自身之外的任意节点相连，一个具有 N 个节点的无向网络图最多可以有 $N(N-1)$ 条边。因此，网络的密度定义为图中实际拥有的连边数量与其最大可能连边数之比：

$$\frac{m}{N(N-1)} \tag{4-10}$$

公式（4-10）中，m 为网络中实际存在的连边数。例如，一个由 5 个节点构成的无向网络中，如果网络中只有 1 条边相连，那么密度指标就为 1/10＝0.1，网络的连通性非常低，节点之间的信息传递和互动也会受到很大的限制；如果有 4 条边相连，那么这个网络的密度指标就为 4/10＝0.4，这意味着，对于这个网络中的所有潜在边，已经有 40% 实际存在。与只有 1 条边的情况相比，节点之间的信息传递和互动也就更加频繁和高效。

若网络为有向网络，其邻接矩阵不再对称，最大可能连边数变为原来的两倍，其密度表达式为 $m/N(N-1)$。在社会网络分析中，密度指标是一个很重要的参考指标，可以帮助研究者更好地理解网络结构和节点之间的联系，从而进行更深层次的社会网络分析。

第九节　关联与聚类

一　关联性测度

在一个网络中，如果任意两个节点之间都可以建立直接或间接的联系，则称该图为关联图，也可以叫作成分。然而网络中可能存在某些无法连接的节点对，使得整个图不能构成一个成分，此时网络的关联性可以用关联度指标来测度。社会网络中的关联度是指网络中节点之间存在连边或联系的程度，即个体相互联络的程度。关联度可以被视为网络的"连接强度"，关联度的高低直接影响到节点之间的信息传递和互动程度。无向网络的关联度测度公式如下：

$$C_N = 1 - \left[\frac{N_s}{N(N-1)} \right] \tag{4-11}$$

公式（4-11）中，N_s 表示该网络中不可达的点对数目，N 为网络规模。在实际操作过程中，关联度的计算需要用到可达矩阵。那么，如何计算 5 个节点的网络的关联度呢（见图 4-3）？

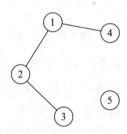

图 4-3　5 个节点的网络

首先，需要构建出该网络结构的可达距离矩阵。可达距离矩阵表示了网络中任意两个节点之间的最短路径长度，也就是从一个节点到另一个节点所需经过的最少边数。图 4-3 中网络的可达距离矩阵如下：

$$D = \begin{bmatrix} 0 & 1 & 2 & 1 & 0 \\ 1 & 0 & 1 & 2 & 0 \\ 2 & 1 & 0 & 3 & 0 \\ 1 & 2 & 3 & 0 & 0 \\ 0 & 0 & 0 & 0 & 0 \end{bmatrix}$$

由于无向网络的距离矩阵是对称阵，所以仅观察上半阵即可。可达距离矩阵对角线上方 0 的数量也即 N_s 的取值，从矩阵 D 中可以看出，该网络的 $N_s = 4$，$N = 5$，因此，其关联度 $C_N = 0.6$。研究网络中节点之间的关联性，可以获得节点之间的互动模式、信息传递路径以及网络中的影响力中心等重要信息。

二　凝聚度测度

在社会网络分析中，凝聚度是衡量群体内部连接强度的指标，它描述了网络中的节点之间的紧密程度，反映了节点之间的互动强度。凝聚度高意味着节点之间的联系更加紧密，整个网络更加稠密，凝聚力更高。

　　网络要想具有高的凝聚度，各节点之间首先需要具有可达性，即任意两个节点之间应存在路径。若整个网络中任意两个节点之间都有较多的路径，那么该网络的凝聚度也就较高。凝聚度的计算需要考虑群组内部的连通性和群组与外部的隔离性，比如对两个规模和密度都相同的联通图（任意两个节点可达）来说，如果很多条连边都要经过一个节点的话，则该网络是不稳健的，一旦将该节点撤离网络，此网络就会分崩离析，说明其具有较小的凝聚度。因此，网络的凝聚度与网络中独立路径的数目正相关。独立路径指的是除了起点和终点一样外，其他途经的点都不一样的路径。例如，一个班级如果所有同学都只和班长有联系，只从班长处获取班级信息，平时彼此之间不联系，那么这个班级的凝聚力就较低。例如，图4-4中的两个网络，虽网络密度相同，但右图的网络凝聚度更高，节点5撤离后不会使得该网络分崩离析。

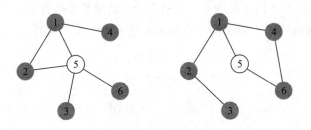

图4-4　密度相同而凝聚度不同的两个网络

　　凝聚度越高的群体，其成员之间的关系越平等，因为不会存在资源控制。凝聚度指标的应用非常广泛，具有较高的理论和现实意义。例如，在社交网络中，凝聚度可以用来衡量个体之间的关系强度；在生物学中，凝聚度可以用来研究蛋白质分子之间的相互作用；在城市规划中，凝聚度可以用来评估社区内部的交通流量等。

三　聚类系数

　　聚类系数（Clustering Coefficient）也叫集聚系数或聚集系数，反映整体网络中子网络结构的存在和特性，更大的聚类系数说明网络低层次的互动更为频繁。例如在社交网络中，它表示某人朋友之间相互认识的程度。

聚类系数有不同的定义，彼此之间有差异，比较常用的一种定义是：在有向网络中，对于一个节点 i，其直接相连的节点集合为 V_i，V_i 中边的数量为 m_i，记 V_i 的节点数量为 $N_i = |V_i|$，节点 i 的聚类系数的计算公式如下：

$$c_i = \frac{m_i}{N_i(N_i - 1)} \tag{4-12}$$

若为无向网络，则 $c_i = \dfrac{2m_i}{N_i(N_i - 1)}$。对于规模为 N 的网络，其平均聚类系数的计算公式如下：

$$C = \frac{1}{N}\sum_{i=1}^{N} c_i \tag{4-13}$$

平均聚类系数是从整体上衡量朋友的朋友也是朋友的可能性，反映成员间关系的稳健性，聚类系数越大，说明网络成员整体关系越不易受到某个个体的影响。

对于如图 4-5 所示的网络，节点 1 和 2 的聚类系数为 2/3，节点 3、4 和 5 的聚类系数都为 1；网络的平均聚类系数为 13/15。

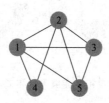

图 4-5　用于聚类系数计算的网络

第十节　二方关系与三方关系

社会网络研究的是行动者及其之间的关系。二方关系（Dyad，即二方组）是社会网络统计分析的基本单位，关注的是两个行动者之间的关系；与二方组紧密相关的是三方组（Triad）。三方组即三人关系，由三对二方关系结合而成。网络分析者认为，三人结构是社会结构的基础，社会关系所负载的社会网络结构可以从"三人组"中分析出来。

一　二方组与二方关系

二方组是由两个行动者及其间的可能关系构成的。对于有 N 个节点的网络，如果其关系网络是无向的，则存在 $N(N-1)/2$ 个无序二方组；如果其关系网络是有向的，则存在 $N(N-1)$ 个有序二方组。无向关系二方组只有两种状态，即行动者之间有联系或无联系（见图 4-6）。

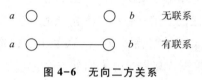

图 4-6　无向二方关系

二方关系（Dyad）是由两个行动者所构成的关系，是社会网络最简单或最基本的形式。林聚任（2009）认为，二方关系是网络中两个节点和它们之间直接的连线关系。在无向网络中，二方关系有两种类型，即两节点间是否存在关系；在有向网络中，双方关系有四种类型，分为虚无关系、$a \rightarrow b$、$b \leftarrow a$ 以及 a 和 b 相互关联。刘军（2004）指出，研究二方关系是研究两个个体之间的关系，有向二方关系有三种类型：虚无关系、单向关系和互惠关系（见图 4-7）。单向关系和互惠关系的数目占所有可能的二方关系总数的比重反映了网络成员间单向交流和双向互动的状况。占比越高，表明网络成员间的联系越多；虚无关系则相反，该种关系占所有可能的二方关系总数的比重越高，说明网络成员间的联系和互动就越少。互惠性（Reciprocity）指的是网络中成员之间的联结是对称的，即如果 $i \rightarrow j$ 存在，则 $j \rightarrow i$ 也存在。互惠性测度的是整体网络中存在的二方关系中互惠关系占网络中实际存在的单向二方关系数目的比重。

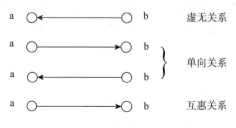

图 4-7　有向二方关系

互惠性能够从整体上反映网络成员间的集中程度，值越大说明网络成员关系越集中，否则关系就越分散；互惠性与密度的不同在于，互惠性是互惠关系占实际的二方关系的比重；而密度则是二方关系占所有可能二方关系的比重。

二　三方组与三方关系

三方组分析同样是基于子图的，即子图包含三个节点。三方组是由三个节点（行动者）及其之间可能存在的关系构成的点生子图，三方关系中任意两个个体之间的关系都是二方关系，即三方关系由二方关系组成。如图 4-8 所示，无向三方关系可根据连接数量分为四种类型。

图 4-8　无向三方关系

有向三方关系共 64 种，可归纳为如图 4-9 所示的 16 种同构类（刘军，2004；Wasserman & Faust，1994）。图 4-9 中，每一种同构类都是由 3 个数字或 3 个数字和 1 个字母组成的标记（Holland & Leinhardt，1970），第一个数字代表三方组中互惠对（双向关系）的数量，第二个数字代表三方组中不对称关系（单向关系）的数量，第三个数字代表三方组中虚无对（无关系）的数量，第四个字母用来区分相似三方组，其中字母 T 表示传递关系（Transitivity），C 表示循环关系（Cycle），D 表示向下的关系（Down），U 表示向上的关系（Up）。例如，030T 表示具有单向传递关系的三方组，030C 表示具有单向循环关系的三方组。分析三方组同构类，是把整体网络还原为 16 种统计量，从而简化对整体网络结构的分析（刘军，2004）。三人组中互动的二方关系越多，表明网络成员在该群体中的认同感和归属感越强，他们的观念越容易在该群体中传播或越容易被他人影响。

传递性（Transitivity）反映的是社会网络中三个行动者之间的关系。例如，A 与 B 有联系，B 与 C 有联系，那么 A 通过 B 与 C 也有了联系，这就是一种传递性关系。用一般形式来表示就是，如果有 $i \xrightarrow{R} j$ 和 $j \xrightarrow{R} k$ 存在，

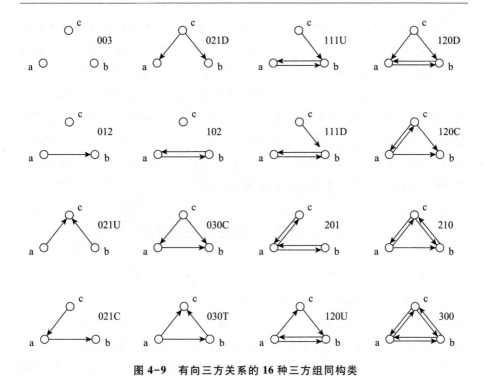

图 4-9　有向三方关系的 16 种三方组同构类

那么有 $i \xrightarrow{R} k$，即关系 R 是传递性的。如图 4-10 所示，A 到 B 存在有向连接，B 到 C 存在有向连接，那么认为 A 到 C 也存在有向连接。

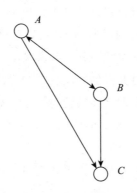

图 4-10　传递性

在此基础上，有学者引入了平衡（Balance）的概念，来考察网络是不是高度结构化的，结构化程度可以部分地通过包含互惠性和传递性两方面特征的平衡概念来体现。如果一个网络具有较高的互惠性，那么其中两个成员之间的联结往往是对称的，即如果 A 喜欢 B，则 B 也喜欢 A。如果一个网络具有较高的传递性，那么其中三个成员之间的联结往往是完全的，即如果 A 喜欢 B，A 也喜欢 C，则 B 和 C 也会相互喜欢。具有低互惠性的网络可能是层级型的，即网络中有一些被许多人当作朋友的"明星"人物，但这些"明星"人物并不把对方视为自己的朋友，因而缺乏互惠性。与传递性高的网络相比，传递性低的网络会更少表现出小集团网络的特点。

三　二方关系与三方关系比较

已有学者探讨了如何区别三方关系与二方关系。三方关系往往会抑制个人利益、削弱个人权利，并有缓和冲突的作用。在一个三方关系中，单个个体在任何事件上使自己获益的提议，都可能被另外两个成员联合起来以多数票加以否决。另外，在二方关系中，任何一个个体都可通过扬言退出并中断关系来威胁另一方；与之对比，在三方关系中，这种威胁就没有这么大的威慑力，因为总会有两个个体留下来而使这种关系得以继续。三方关系中任意两方之间的矛盾，可以通过第三方的介入而得到缓和与修复。

通过比较国内外学者的相关研究，发现在二方或者三方关系组成的网络中，对网络结构的研究还较少。有学者用个体层次数据来考察特定类型的二方关系在组织生活中的运行方式，其基本思想是，一对朋友，如果有共同的朋友（相对于没有共同朋友的情形），会发现自己的态度和行为更易受到约束。例如，当张三和李四在组织中的一些决策上存在分歧，并且发展到相互排斥的地步时，如果他们有共同的朋友从中调解，他们受伤的情感就更容易得到恢复；同时，张三和李四之间的任何不和，都会伤害两人各自与共同朋友的关系。这一研究说明，考察个体间二方关系发生的网络情境是十分必要的。

另外，需要注意三方关系与二方关系之间存在着很大的不同。在三方关系中，可能发生结盟、调停及其他一系列的社会过程。三方关系一直被认为是非正式网络的基本成分，但是在组织网络研究中长期被忽略。因而在社会网络研究中，既需要区分二方关系和三方关系，避免两者之间的混淆造成对研究结论的影响，也要重视对这两种基本关系进行结合。

四　符号网络中的三方关系

一个带有正负关系的网络称为符号网络，可以表示为 $G = (V, L)$，其中，$v_i \in V$ 代表节点的集合，$l_{ij} \in L \rightarrow \{+1, -1\}$ 代表节点之间边的集合，$l_{ij} = +1$ 表示节点 i 和 j 之间以正边相连，$l_{ij} = -1$ 则表示节点 i 和 j 之间以负边相连（Doreian & Mrvar, 2009）。这种具有符号特征的社会网络往往具有一定的敌我关系，节点之间以正边相连代表两者处于友好关系，反之则处于敌对关系。在符号网络中，Heider（1946）首次提出了结构平衡理论并用三方关系定理阐释了不平衡关系的演化过程。随后，Cartwright 和 Harary（1956）对 Heider 的理论进行了改进，并利用图论对结构平衡进行了解释。Davis（1967）提出了弱结构平衡的概念，Easley 和 Kleinberg（2010）则提出了可以应用于非全连接网络的结构平衡理论。以上理论都阐释了依据边如何构成平衡的网络结构，并由此引申出了一系列算法来引导边向着平衡状态动态演化。

在大多数情况下，个体倾向于与具有相同属性的个体建立正向关系，与具有不同属性的个体拉开距离。这一现象称之为"同质性准则"，而符合"同质性准则"的属性对网络结构的构成发挥着基础性的作用（Rogers & Bhowmik, 1970; Kandel, 1978; Kossinets & Watts, 2009; McPherson et al., 2001）。例如，士兵对国家的忠诚度在军队组织中起到了关键作用，这种忠诚度使得战友之间建立了正向关系，也使其与敌人之间建立了负向关系。基于此，将节点属性纳入结构平衡有助于更好地分析真实网络。一个二分类的节点属性可以用"+1"和"−1"来表示（如"+1"表示某种政见，"−1"表示相反的政见）。将该类节点属性引入符号网络，从而形成带有节点属性的全符号网络 $G = (\overline{V}, L)$，其中 $\overline{V} \rightarrow \{+1, -1\}$，$L \rightarrow \{+1, -1\}$ 分别表示点和边的符号的集合。一般符号网络（不带有节点属性）是全符号网络（带有节点属性）的一个特例，当 $v_i \in \overline{V} \rightarrow +1$ 或 $v_i \in \overline{V} \rightarrow -1$ 时，全符号网络便转化成为一般符号网络。

Heider（1946）第一次利用三方关系理论对结构平衡进行定义：当一个网络的所有三角形只含有偶数条负边时，该网络是平衡的。图 4-11 列出了符号网络中可能出现的三角形，其中，图 4-11（a）和图 4-11（b）的三角形是平衡的，它们含有 0 条或 2 条负边，同时它们符合 "朋友的朋友是朋友"
以及 "敌人的敌人是朋友" 的常理；图 4-11（c）和图 4-11（d）的三角形
是不平衡的，它们有奇数条负边。

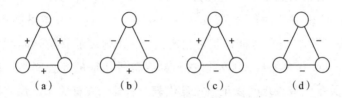

图 4-11　符号网络中可能出现的三角形

　　为了将 Heider 的结构平衡理论延伸到全符号网络中，Du 等（2016）定
义了结构平衡的新形式。在现实中，"同质性准则" 普遍存在于各个关系类
型之中（McPherson et al.，2001），考虑到带有相同属性的两节点更容易形
成互惠关系，故以 "同质性准则" 作为标准，因此，当两节点达到平衡状
态时，具有相同属性的两节点由正边相连，具有不同属性的两节点由负边相
连。例如，如果两人的政见相同，他们很容易达成共识，此时他们由正边相
连；如果两人的政见不同，他们就容易产生矛盾，此时他们由负边相连。本
节讨论的节点属性为二分类，由 "+1" 和 "-1" 来表示，同时将 "同质性
准则" 纳入结构平衡的三方关系理论，因此全符号网络的结构平衡定义为：
一个全符号网络是平衡的，当且仅当该网络中的所有三角形符合公式（4-
14），其中 s_i、s_j、$s_k \in \{-1, 1\}$ 分别表示节点 i、j、k 的符号，l_{ij}、l_{ik}、$l_{jk} \in$
$\{-1, 1\}$ 分别表示 i 和 j、i 和 k 以及 j 和 k 的边的符号。

$$|l_{ij} - s_i s_j| + |l_{ik} - s_i s_k| + |l_{jk} - s_j s_k| = 0 \qquad (4-14)$$

　　与 Heider 的平衡理论相比，符合公式（4-14）的只有四类三方关系
（见图 4-12）。

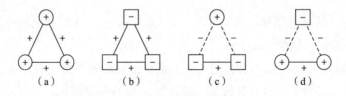

图 4-12　全符号网络中的平衡三方关系

第十一节 常用软件操作

本小节利用 UCINET 软件对课堂调查所得的学习讨论网络的接近中心性指标进行测算，以期发现学习讨论网络所具备的特征。通过对编号为 1~25 号的 25 名听课学生平时在学习方面进行探讨交流的情况进行调查，得到学习讨论网络数据。为了方便起见，将学生之间存在学习讨论的关系用一个邻接矩阵表示。在这个方阵中，"1"表示存在学习讨论关系，"0"则表示不存在学习讨论关系。我们称这个矩阵为"学习讨论矩阵"（见表 4-1）。

表 4-1 学习讨论矩阵

编号	1	2	3	4	5	6	7	8	9	10	11	12	13	14	15	16	17	18	19	20	21	22	23	24	25
1	0	0	0	0	0	0	0	0	0	0	0	0	0	0	0	0	0	0	0	0	0	0	0	0	0
2	0	0	1	0	0	0	0	1	0	0	0	0	0	0	0	0	0	0	0	0	0	0	0	0	0
3	0	1	0	0	0	0	0	0	0	0	0	0	0	0	0	0	1	1	0	0	0	0	0	0	0
4	0	0	0	0	0	0	0	0	0	0	0	0	0	0	0	1	0	0	0	0	0	0	0	0	0
5	0	0	0	0	0	1	0	0	0	0	0	1	0	1	0	0	0	0	0	1	0	0	0	0	0
6	0	0	0	0	1	0	0	0	0	0	0	0	0	0	0	0	0	0	0	0	1	0	0	0	0
7	0	1	0	0	0	0	1	0	1	0	0	0	0	0	0	0	0	0	0	0	1	0	0	0	0
8	0	0	0	0	0	0	0	0	0	0	0	0	0	0	0	0	0	0	0	0	0	0	0	0	0
9	0	0	0	0	0	0	0	0	0	1	0	1	0	1	0	1	0	0	0	0	0	1	0	0	0
10	0	0	0	0	0	0	0	0	1	0	0	1	1	0	1	0	0	1	0	0	1	0	0	1	0
11	0	0	0	0	0	0	0	0	0	0	0	0	0	0	0	0	0	0	0	0	0	0	0	0	1
12	0	0	0	0	0	0	0	0	1	1	0	0	0	1	0	1	0	1	0	0	0	0	0	0	0
13	0	0	0	0	0	0	0	0	0	1	1	1	0	1	0	0	1	0	0	0	0	1	0	1	1
14	0	1	1	0	0	0	0	0	0	0	0	0	1	0	1	0	0	0	0	0	0	0	0	0	0
15	0	0	0	0	0	0	0	0	0	0	0	0	0	0	0	0	0	0	0	0	0	1	0	1	0
16	0	0	0	0	0	0	0	0	0	0	0	0	0	0	0	0	0	0	0	0	0	0	0	0	0
17	0	0	0	0	0	0	0	0	0	0	0	0	0	0	0	0	0	0	0	0	0	0	0	0	0
18	0	1	0	0	0	0	0	0	0	0	0	0	0	0	0	0	0	0	0	0	0	0	0	0	0
19	0	0	1	0	0	0	0	0	0	0	0	0	0	0	0	0	0	0	1	0	0	0	0	0	1

续表

编号	1	2	3	4	5	6	7	8	9	10	11	12	13	14	15	16	17	18	19	20	21	22	23	24	25
20	0	0	0	0	0	0	0	0	0	0	0	0	0	0	0	0	0	0	0	0	0	0	0	0	0
21	0	0	0	0	0	1	1	0	0	0	0	1	0	0	0	0	0	0	0	0	0	0	0	0	1
22	0	0	0	0	0	0	0	0	0	0	0	0	0	0	0	0	0	1	0	0	0	0	0	0	0
23	0	0	0	0	0	0	0	0	0	0	0	0	0	0	0	0	0	0	0	0	0	0	0	0	0
24	0	0	0	0	0	0	0	0	0	0	0	0	0	0	0	0	0	0	0	0	0	0	0	0	0
25	0	0	0	0	0	1	0	0	0	0	0	1	0	0	0	0	0	1	0	1	0	0	0	0	0

　　UCINET 软件的画图功能将学习讨论网络关系可视化（见图 4-13）。由于学习讨论矩阵是非对称矩阵，所以本次调查所构成的社会网络关系图为有向图。在这个有向关系图中，每一个节点代表一个学生，他们之间的连线表示存在"讨论学习"的关系。

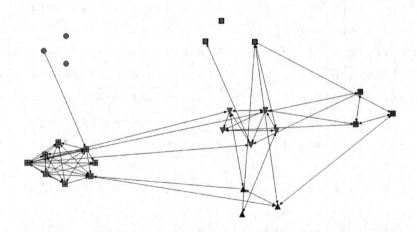

图 4-13　学习讨论网络关系可视化

　　UCINET 软件可以计算网络密度，依次点击 Network→Whole network & cohesion→Density→Density Overall 即可实现（见图 4-14）。结果如图 4-15 所示，班级 25 名学生学习讨论整体网络的密度为 0.125，说明该班级学习讨论并不紧密。在整体网络中，距离表示个体之间的关系疏远程度（距离越大，关系越疏远），根据图 4-16 所示的操作路径，计算结果如图 4-17 所示，该班级的学习讨论网络的平均距离为 3.027。

　　运用 UCINET 软件，依次点击 Network→Centrality→Closenessmeasures，

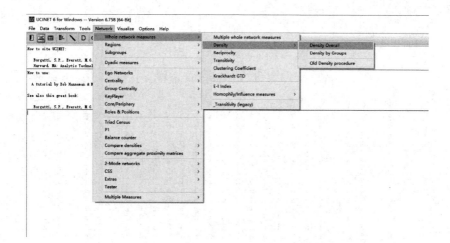

图 4-14　UCINET 软件整体网络密度操作路径

	1	1	1	4
	Density	No.of Ties	Std Dev	Avg De gree
1 data	0.125	75	0.331	3

图 4-15　学习讨论网络密度计算结果

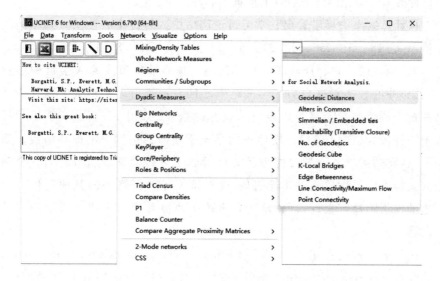

图 4-16　UCINET 软件整体网络计算距离操作路径

```
Average: :3.027
Std Dev: :1.575
```

```
学习  1  2  3  4  5  6  7  8  9 10 11 12 13 14 15 16 17 18 19 20 21 22 23 24 25
     -- -- -- -- -- -- -- -- -- -- -- -- -- -- -- -- -- -- -- -- -- -- -- -- --
 1    0
 2    0  1     3  2  1  2  4  4  3  4  3  4  4  4  4  2  2        2  3     4  3
 3    1  0     4  3  2  3  5  5  3  5  4  5  5  5  4  1  1        3  2     5  2
 4    4  3  0  5  4  4  3  2  3  5  5  2  6  1  6  4  2  4  2     4  2     2  3
 5    2  2     0  4  2  3  5  5  2  5  4  1  5  1  3  3  3        1  4     5  2
 6    3  3     1  0  2  1  0  1  3  2  3  2  6  1  6  4  3        1  5     5  2
 7    1  2     2  1  0  1  3  2  3  2  5  2  3  3  3  2  1  2     3  2     2  2
 8    2  3     3  2  1  0  2  2  1  2  1  4  2  4  2  2  3        3  1     2  2
 9    3  2     4  3  3  2  0  1  2  1  1  5  1  5  3  1  3        3  1     2  2
10    3  2     3  2  3  1  0  1  0  2  1  1  5  1  5  3  1  3     3  1     6  1
11    4  3     3  2  3  4  6  6  0  6  5  4  6  4  1  3  2        2  4     6  1
12    3  2     4  3  2  1  2  1  2  0  1  5  1  5  3  1  3        3  1     2  2
13    2  1     1  1  1  1  1  1  0  4  1  4  2  1  2  1           2  1     1  1
14    1  1     1  2  2  3  5  5  3  5  4  0  5  2  4  2  2        2  3     5  3
15    3  2     4  3  3  2  5  5  1  5  0  5  3  1  1              3  1     1  2
16    2  2     1  2  3  4  6  6  3  6  5  1  6  0  4  3  3        2  4     1  3
17                                                0
18    2  1     5  4  3  4  6  6  4  6  5  6  6  6  5  0  2        4  1     6  3
19    2  1     3  2  3  4  6  6  2  6  5  4  6  4  3  1  0        2  2     6  1
20                                                         0
21    2  3     2  1  1  2  4  4  3  4  3  4  3  2  3  2          0  4     4  1
22    3  2     6  5  4  5  7  7  5  7  6  7  7  7  6  1  3        5  0     7  4
23                                                                  0
24                                                                     0
25    3  2     2  1  2  3  5  5  1  5  4  3  5  3  2  2  1        1  3     5  0
```

图 4-17   班级学习讨论网络距离计算结果

可以计算学习讨论网络各节点的接近中心性。

从计算结果中可以看出，学习讨论网络中入接近中心性从大到小的节点依次是 18、3、25、11、21、6、22、7、2、19、8、17、5、13、24、15、9、12、10、14、16、20、4、23、1。越靠前的节点的入接近中心性（入接近中心性表示整合力，出接近中心性表示辐射力）越大，越处于网络的核心位置，越不易受人控制，独立性越强。其中，编号 18 学生的接近中心性最大，为 0.312，显然该同学属于学习讨论网络的核心节点，表明他/她在知识储备、学习能力等方面得到了多数同学的认可。当一个学生的入接近中心性较高时，说明他/她与这个社会网络中的其他任何一个学生的网络距离都很近，他/她就会比较多地被其他学生请教与学习有关的问题。

接下来，依次点击 Network → Centrality → Freeman Betweennessmeasures，计算学习讨论网络的居中中心性和居中中心势，结果分别如图 4-19 和 4-20 所示。

可以看出，该班级的学习讨论网络中编号为 13 号、7 号、8 号和 25 号

	1 OutClose	2 InClose	3 OutValClo	4 InValClo	5 OutRecipClo	6 InRecipClo
1	0.125	0.125	0.000	0.000	0.000	0.000
2	0.264	0.276	0.601	0.625	0.340	0.382
3	0.240	0.304	0.548	0.673	0.333	0.444
4	0.258	0.125	0.589	0.000	0.321	0.000
5	0.264	0.240	0.601	0.548	0.389	0.333
6	0.247	0.279	0.565	0.631	0.328	0.411
7	0.304	0.276	0.673	0.625	0.424	0.382
8	0.316	0.258	0.690	0.589	0.437	0.342
9	0.300	0.209	0.667	0.458	0.465	0.318
10	0.304	0.205	0.673	0.446	0.485	0.291
11	0.224	0.286	0.506	0.643	0.297	0.422
12	0.300	0.209	0.667	0.458	0.465	0.318
13	0.353	0.238	0.738	0.542	0.590	0.370
14	0.261	0.205	0.595	0.446	0.368	0.259
15	0.300	0.211	0.667	0.464	0.465	0.339
16	0.231	0.203	0.524	0.440	0.310	0.239
17	0.125	0.250	0.000	0.571	0.000	0.303
18	0.205	0.312	0.446	0.685	0.268	0.517
19	0.238	0.273	0.542	0.619	0.345	0.358
20	0.125	0.125	0.000	0.000	0.000	0.000
21	0.282	0.279	0.637	0.631	0.403	0.411
22	0.176	0.276	0.333	0.625	0.207	0.439
23	0.125	0.125	0.000	0.000	0.000	0.000
24	0.125	0.218	0.000	0.488	0.000	0.318
25	0.267	0.296	0.607	0.661	0.392	0.434

图 4-18　学习讨论网络各节点接近中心性计算结果

的同学的居中中心性较高，说明其他同学对他们的依赖程度较高，他们在班级中发挥着很重要的中介、纽带作用。因此，他们在整个学习讨论网络中的权力也比较大，能够在较大程度上支配班级的社会交往、控制班级的凝聚度。而编号为 4 号、17 号、16 号、20 号、22 号、23 号、24 号、1 号的同学的居中中心性为 0，说明他们处于学习讨论网络的边缘，不能对其他任何两个同学的交往产生影响。同时，该网络的标准化居中中心势为 0.1833，值较小，说明这些同学之间的学习讨论呈现较小的分散性，整体网络学习讨论资源被个别同学控制、垄断的可能性较小。

依次点击 Network→Centrality→Degree，计算学习讨论网络的点度中心性和点度中心势，结果分别如图 4-21 和图 4-22 所示。

以上结果中各个节点的中心性表示的是在学习讨论中的一种关系强度。例如，3 号同学的入度为 4，出度为 3，表示该同学与该网络中的 3 位同学进行学习讨论，而有 4 位同学与 3 号同学进行学习讨论。由于学习交流涉及的人员一般需要水平相当的同学或水平较低的同学去向水平较高的同学请教，这种关系不会大规模的存在，所以每位同学的度数都不太大。此外，整个网

	1 Betweenness	2
13	129.667	23.490
7	109.833	19.897
8	88.833	16.093
25	82.833	15.006
3	64.333	11.655
21	59.667	10.809
5	50.833	9.209
2	50.500	9.149
6	48.000	8.696
18	42.667	7.729
19	27.333	4.952
15	20.667	3.744
11	20.000	3.623
14	15.833	2.868
10	0.667	0.121
12	0.667	0.121
9	0.667	0.121
4	0.000	0.000
17	0.000	0.000
16	0.000	0.000
20	0.000	0.000
22	0.000	0.000
23	0.000	0.000
24	0.000	0.000
1	0.000	0.000

图 4-19　学习讨论网络各节点居中中心性计算结果

DESCRIPTIVE STATISTICS FOR EACH MEASURE

		1 Betweenness	2 nBetweenness
1	Mean	32.520	5.891
2	Std Dev	37.934	6.872
3	Sum	813.000	147.283
4	Variance	1438.985	47.226
5	SSQ	62413.391	2048.328
6	MCSSQ	35974.633	1180.642
7	Euc Norm	249.827	45.258
8	Minimum	0.000	0.000
9	Maximum	129.667	23.490
10	N of Obs	25.000	25.000

Network Centralization Index = 18.33%

图 4-20　学习讨论网络居中中心势的计算结果

络的出度中心势为 0.3038，入度中心势为 0.2170。星型网络的点度中心势为 1，中心势越接近 1，说明网络的越具有集中趋势。从以上数据来看，该学习讨论网络的中心势偏低，说明整个学习讨论网络节点的点度中心性差异很小。

Degree Measures

	1 Outdeg	2 Indeg	3 nOutdeg	4 nIndeg
1	0.000	0.000	0.000	0.000
2	2.000	3.000	0.083	0.125
3	3.000	4.000	0.125	0.167
4	1.000	0.000	0.042	0.000
5	4.000	3.000	0.167	0.125
6	2.000	4.000	0.083	0.167
7	4.000	3.000	0.167	0.125
8	3.000	2.000	0.125	0.083
9	6.000	4.000	0.250	0.167
10	7.000	3.000	0.292	0.125
11	2.000	4.000	0.083	0.167
12	6.000	4.000	0.250	0.167
13	10.000	5.000	0.417	0.208
14	3.000	2.000	0.125	0.083
15	6.000	5.000	0.250	0.208
16	2.000	1.000	0.083	0.042
17	0.000	1.000	0.000	0.042
18	2.000	8.000	0.083	0.333
19	3.000	2.000	0.125	0.083
20	0.000	0.000	0.000	0.000
21	4.000	4.000	0.167	0.167
22	1.000	6.000	0.042	0.250
23	0.000	0.000	0.000	0.000
24	0.000	3.000	0.000	0.125
25	4.000	4.000	0.167	0.167

图 4-21 学习讨论网络各节点点度中心性计算结果

	1 Out-Centralization	2 In-Centralization
1 学习	0.3038	0.2170

图 4-22 学习讨论网络点度中心势计算结果

思考与练习

1. 简述点度中心性、居中中心性、接近中心性、流中心性的概念及计算方法。

2. 总结用于整体网络分析的相关指标，阐述其社会含义。

3. 简述权力指数的内涵及计算方法。

4. 简述整体网络的凝聚度和密度测度之间有哪些相似之处和不同之处？其侧重点分别是什么？

5. 利用 UCINET 软件进行中心性指标分析。

6. 查阅 UCINET 操作指南，练习计算密度和聚类系数的操作。

第五章　网络位置和社会角色

许多描述网络结构性质的方法都关注社会地位和社会角色这两个概念。在社会网络研究中，分析社会地位和社会角色被转化为分析多重关系网络中行动者结构的相似性和关系模式。本章将介绍社会网络位置和社会角色的理论背景，概述网络位置和社会角色分析，并介绍网络的对等性和块模型。

第一节　位置与角色

社会网络的拓扑结构刻画的是节点以及节点之间的关系，虽然绘制社会网络图形时可以不刻意考虑节点的位置，但这并不代表节点在网络中的"位置"不重要，通过分析"位置"可以得到关于社会行为和社会结构的具有推广意义的结论。另外，在考察行动者的时候，不能把他们看成彼此独立的个体，而应该看成属于某些类型的个体，对相似的行动者进行归类，并解释是什么因素使他们不同于其他类型的行动者。在社会学理论中，可以用"类型"范畴来描述社会成员所扮演的各种"社会角色"或所处的各种"社会位置"。

由于位置的概念是基于行动者子集之间关系相似性而提出的，处于相同位置的个体之间并不必然有直接或者间接的关系。例如，对于"妻子"这一社会角色来说，可以将其看成一系列模式化的互动，即一系列与某些其他社会类型的个体中的一个或者多个成员（"丈夫"、"孩子"或者其他类型的人）之间的互动。这个类型中的每个成员（"丈夫""妻子""孩子"）也只能通过与其他类型成员之间的关系模式来界定；也就是说，家庭角色和亲属角色具有内在的关联性。

　　社会学范畴中的"角色"，指的是个人在特定的社会和群体中，与其社会地位或身份相联系并按规范采取的行为，因而是一系列与其社会位置相关联的由社会规定的属性和期待。在社会学意义上，"角色"之所以重要，是因为它展示了个体的行动如何受到社会影响以及如何遵循特定的规则模式。

　　在社会网络分析中，社会角色指的是"网络角色"，社会位置指的是"网络位置"。在网络分析中，谈论角色以及位置更多是为了把握行动者之间的关系模式的相似性，而不是判断行动者的个人属性及其类别和个体变量。"网络位置"指的是一系列嵌入相同关系网络的个体行动者，是一系列在社会活动、社会关系或者互动中相似的行动者。"网络角色"指的是把各个社会位置联系在一起的关系组合，是存在于行动者之间或者各个位置之间的关系模式。因此，"角色"是根据一系列关系以及关系之间的联系来定义的，网络角色分析关注的是关系之间的联系。另外，由于角色的定义并不仅仅由两个位置之间的关系来确定，还要考虑整个网络中全部行动者和各个位置之间的各种关系，所以社会角色依赖于社会位置。

　　社会网络分析者认为，社会结构中的各个"块"（子网络）也是"社会位置"；这些社会位置是通过行动者之间的关系模式来定义的，而不是行动者自身的属性。

第二节　网络中的对等性

　　"对等性"是网络位置和社会角色的基础。总的来说，在社会网络研究中，"对等性"有三种不同的类型：结构对等性、自同构对等性和规则对等性。这三种类型的抽象程度是不同的，结构对等性最具体，规则对等性最抽象，自同构对等性的抽象程度居中。

一　结构对等性

　　研究"角色"或"位置"时可能提出这样的问题：假设有由一组个体和一系列关系组成的网络结构，那些具有同样位置的个体在他们的关系模式中是否相似？两个个体具有相似的关系模式是否表示这两个个体都有特定的社会角色或社会地位？这里的相似性则被称为"结构对等"。

结构对等性指的是两个行动者在多大程度上具有相同的关系模式，即二者与所有其他行动者之间的关系在多大程度上相同。结构对等性关注两个行动者之间的"互换性"或者"对等性"，可以通过对那些在网络中拥有近似位置的行动者进行操作化测量。在大多数社会结构中，完全的结构对等性是很少见的。

从一个含有 n 个二元关系的集合（x_1, x_2, $\cdots$, x_r, $\cdots$, x_n）开始，将行动者 i 和 j 在关系 x_r 上存在联系表示为 $i \xrightarrow{x_r} j$。将结构对等性定义为：对于所有的行动者 $k = 1$, 2, $\cdots$, $m(k \neq i, j)$ 和所有的关系 $r = 1$, 2, $\cdots$, n，当且仅当有 j 到 k 的联系时才有行动者 i 到 k 的联系，同时，当且仅当有 k 到 j 的联系时才有 k 到 i 的联系，那么行动者 i 和 j 是结构对等的。更正式的定义为：如果对于所有的行动者 $k = 1$, 2, $\cdots$, $m(k \neq i, j)$ 和所有关系 $r = 1$, 2, $\cdots$, n，当且仅当 $j \xrightarrow{x_r} k$ 时，才有 $i \xrightarrow{x_r} k$，并且当且仅当 $k \xrightarrow{x_r} j$ 时，才有 $k \xrightarrow{x_r} i$，则行动者 i 和 j 是结构对等的。

图 5-1 展示了一个由 A 到 I 的 9 个行动者组成的结构对等的关系网络，图中有 7 组不同类型的节点结构对等，分别为 {A}、{B}、{C}、{D}、{E, F}、{G}、{H, I}。首先，没有一个行动者和行动者 A 有完全相同的关系，所以行动者 A 是单独的一种类型。对于行动者 B、C 和 D 也是如此，每个行动者都与其他行动者有一个唯一的集合关系，所以他们组成三个类型，每个类型都由一个成员构成。其次，行动者 E 和 F 都有单一关系，该关系连接到行动者 B。对于所有的行动者 $k = A$, B, $\cdots$, $I(k \neq E, F)$ 和所有关系 $r = 1$, 2, $\cdots$, n，当且仅当 $E \xrightarrow{x_r} k$ 时，有 $F \xrightarrow{x_r} k$；同时当且仅当 $k \xrightarrow{x_r} E$ 时有 $k \xrightarrow{x_r} F$。因此，行动者 E 和 F 与其他行动者有完全相同的关系模式，这两个节点在结构上是对等的。行动者 G 单独属于一个类型，因为他与图中其他节点的关系是唯一的。最后，对于所有的行动者 $k = A$, B, $\cdots$, $I(k \neq H, I)$ 和所有关系 $r = 1$, 2, $\cdots$, n，当且仅当 $H \xrightarrow{x_r} k$ 时，有 $I \xrightarrow{x_r} k$；另外，当且仅当 $k \xrightarrow{x_r} H$ 时，有 $k \xrightarrow{x_r} I$。因此，行动者 H 和 I 是结构对等的。

图 5-1 中的结构对等反映了现实世界的一系列场景。例如，两名工作人员为同一个上级工作且是同层级中同一个组中的同事，从结构的观点来看，他们在这一网络中占据相同的位置，有完全相同的关系，因而是结构对等的。

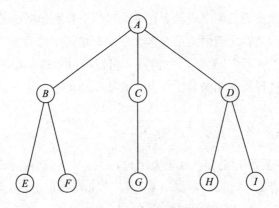

图 5-1　结构对等

图 5-2 展示了一个 10 个节点的有向信息网络，直观地呈现了哪些节点与其他节点对等。其中，行动者 2、5 和 7 似乎在结构上是对等的，因为他们彼此间有互惠关系，且几乎与其他每个行动者都有关系。但是，仅通过图来辨别对等性具有较大的困难且不准确。如果使用网络矩阵，可以更精确地评估结构对等性。

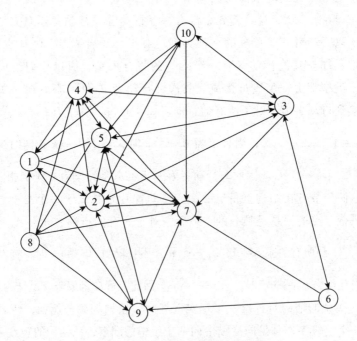

图 5-2　10 个节点的有向信息网络

　　图 5-2 有向信息网络的邻接矩阵如表 5-1 所示。如果两个行动者与其他行动者有相同的关系模式，他们被认为在结构上是对等的。这意味着一个行动者的行和列元素与另一个行动者的行和列元素相同。如果矩阵是对称的，只需要关注行（或列），考察该行（列）元素是否一致。但是，由于网络矩阵是有向的，所以应同时考察发出关系和接收关系的对等性。

表 5-1　有向信息网络的邻接矩阵

行动者	1	2	3	4	5	6	7	8	9	10
1	—	1	0	0	1	0	1	0	1	0
2	1	—	1	1	1	0	1	1	1	0
3	0	1	—	1	1	1	1	0	0	1
4	1	1	0	—	1	0	1	0	0	0
5	1	1	1	1	—	0	1	0	1	1
6	0	0	1	0	0	—	1	0	1	0
7	0	1	0	1	1	0	—	0	0	0
8	1	1	0	0	1	0	0	—	1	0
9	0	1	0	0	0	0	1	0	—	0
10	1	1	1	0	1	0	1	1	1	—

　　为了更好地观察结构对等性，对表 5-1 所示的有向信息网络的邻接矩阵做进一步拓展。首先将原矩阵中的所有行转置于对应列形成一个新的矩阵，然后将原矩阵接续在新矩阵下面，形成一个 20×10 矩阵（见表 5-2）。这时，矩阵的每一列（20 行）都对应原矩阵的行（前 10 行）和原矩阵的列（后 10 行）。通过对比表 5-2 中每两列的异同来判断两个行动者的是否结构对等。可以看到，去除节点本身之后，行动者 2、5 和 7 所在列并不完全一致，因此他们的结构并不对等。这个结果与从图 5-2 中所观察的对等性结果是不同的。

表 5-2　信息网络联系行和列的邻接矩阵

1	2	3	4	5	6	7	8	9	10
—	1	0	1	1	0	0	1	0	1
1	—	1	1	1	0	1	1	1	1

续表

1	2	3	4	5	6	7	8	9	10
0	1	—	0	1	1	0	0	0	1
0	1	1	—	1	0	1	1	0	0
1	1	1	1	—	0	1	1	1	0
0	0	1	0	0	—	0	0	0	0
1	1	1	1	1	1	—	1	1	1
0	1	0	0	1	0	0	—	0	0
1	1	0	0	1	1	0	1	—	0
0	1	0	1	0	0	0	0	0	—
—	1	0	0	1	0	1	0	1	0
1	—	1	1	1	0	1	1	1	1
0	1	—	1	1	1	1	0	0	1
1	1	0	—	1	0	1	0	0	0
1	1	1	1	—	0	1	1	1	1
0	1	0	0	0	—	1	0	0	0
0	1	0	1	1	0	—	0	0	0
1	1	0	1	1	0	1	—	1	0
0	1	0	0	1	0	1	0	—	0
1	1	1	0	1	0	1	1	1	—

　　从方法论的角度来说，结构对等性在本质上是测度每一对行动者彼此间联系模式的相似性。如果连接节点的模式一样，那么行动者在结构层面上就是对等的；连接模式的相似性越高，结构对等性就越强。结构对等性的定义本身较为严格，在真实数据中，完全的结构对等较为少见，因此研究者常常对结构对等的程度更感兴趣。有几种方法可以测度行动者关系中结构对等的程度，如 CONCOR、Tabu Search（禁忌搜索）等。

　　采用 CONCOR 方法判断结构对等性的步骤如下。首先，计算每对行动者之间的相关系数，进而形成一个行动者之间的相关系数矩阵。其次，提取这一相关系数矩阵的每一行，并计算该行与其他行的相关系数，这一过程的目的是探讨行动者 i 的相似性向量与行动者 j 的相似性向量在多大程度上相似。根据这些相关系数，CONCOR 将矩阵数据分成两个块。再次，在每个块内（有两个以上的行动者）重复上述过程，直到所有行动者被分开（或得到需要的结果）。最后，形成分块结构相似性的二元分支树。随着启发式算法的兴起，Tabu Search 方法也被用于探测结构对等性。Tabu Search 与 CON-COR 的原理相似，也是将最相似的行动者分组到一个块中。使用 Tabu Search 方法时，如果将某些行动者放置在一个块中，可以产生最小块内方差，那么这些行动者就构成结构对等或结构相似的集合。

结构对等性是最严格的社会网络对等性模式，如果对此定义稍做放松，就可以得到另外两种对等性，即自同构对等性和规则对等性。

二　自同构对等性

假设 A 餐馆有 1 名经理（A_1）和 9 名员工 $\{A_2, A_3, \cdots, A_{10}\}$，该餐馆的经理 $\{A_1\}$ 对餐馆老板 $\{O\}$ 负责，该老板同时还开办了 B 餐馆；B 餐馆也有 1 名经理 $\{B_1\}$ 和 9 名员工 $\{B_2, B_3, \cdots, B_{10}\}$，两家餐馆的员工网络关系如图 5-3 所示。如果老板决定将两家餐馆的经理对调，网络就会混乱；但如果老板将经理和员工一同对调，所有网络关系则保持不变。从某种意义上来说，尽管每个人是不可替代的，但一家餐馆的员工与另一家餐馆的员工是对等的。

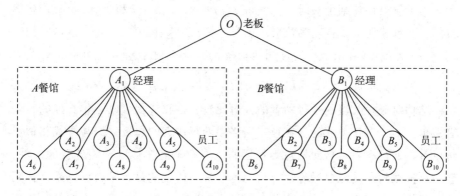

图 5-3　两家餐馆的员工网络关系

从上述例子中可以看出，如果以一种方式置换一个网络，即交换两个节点不会影响图中所有行动者之间的距离，那么这两个节点所代表的行动者是自同构对等的。如果要评估两个行动者是不是自同构对等的，首先设想在网络中交换他们的位置，然后通过改变其他行动者，确定是否可以创建一个图，其中所有行动者之间的距离与原始图中的距离相同。

自同构对等性关注两类行动者之间的"对等性"，它意味着图中的子结构之间可以相互替代。若从一个图的节点到另一个图的节点存在一对一的映射，使得邻接性保持不变，则这两个图是同构的。形式上，对于图 G 和图 G'，如果存在 G 中的 N 个节点到 G' 中的 N' 个节点的一对一映射，以至于 G 中邻接关系被映射到 G' 中邻接关系，那么图 $G(N, L)$ 和图 $G'(N', L')$ 是同构的。如果定义图 G 中节点 i 的映射为图 G' 中的 $\tau(i)$，若 $<i, j> \in L$，当且仅当 $<\tau(i), \tau(j)> \in L'$ 时，则图 G 和图 G' 是同构的。两个图同构本质上就是存在一个图到另一个图的映射，如图 5-3 中的 A 餐馆和 B 餐馆。

对于单个图而言，自同构的定义略有不同。如果映射 τ 是从图中的节点回到其自身（而不是从一个图映射另一个图），则这种映射就是自同构。在形式上，自同构是从图 G 中 N 个节点到其自身另外 N 个节点的一对一映射 τ，当 $<i, j> \in L$ 时，当且仅当 $<\tau(i), \tau(j)> \in L$。就某个关系 x 而言，自同构就是从节点集 N 到 N 的一对一映射，即存在 $i \xrightarrow{x} j$，当且仅当 $\tau(i) \xrightarrow{x} \tau(j)$。

通过自同构概念，可以定义自同构对等性。当且仅当一个行动者到另一个行动者之间存在自同构映射 τ 时，两个行动者是自同构对等的。在形式上，当且仅当存在某个映射 τ，使得 $\tau(i) = j$ 时，节点 i 和节点 j 是自同构等价的，而且映射 τ 是自同构映射。由于 $i \equiv j$ 意味着 $\tau(i) = j$（τ 是自同构映射），如果节点 i 和节点 j 是自同构对等的，那么对于所有的节点 k 和关系 x_r，$i \xrightarrow{x_r} k$ 意味着 $j \xrightarrow{x_r} \tau(k)$，同时 $k \xrightarrow{x_r} i$ 意味着 $\tau(k) \xrightarrow{x_r} j$。

结构对等性关注的是行动者的成对比较，是在寻找可以互相交换的行动者；事实上，真正关注的是在特定网络中的行动者的位置，努力寻找相似或可以替代的行动者。自同构对等性摆脱了对行动者个体的网络位置的关注，转向更抽象的角度考察对等性。自同构对等性研究的是，是否可以重新排列整个网络，在不同的节点上放置不同的行动者，而保持网络的关系结构不变。自同构对等性并不像结构对等性那样严格地定义相似性，因此任何结构对等的网络也一定是自同构对等的，但并非所有的自同构对等性都是结构对等的。

进一步地，当图的结构更加复杂时，假设以图 5-1 为例描述一家连锁快餐店，行动者 A 是老板，行动者 B、C、D 是三个不同分店的经理；行动者

E 和 F 是第一家分店的员工，G 是第二家分店的唯一员工，H 和 I 是第三家分店的员工。

尽管行动者 B 和行动者 D 在结构上并不对等（他们确实有相同的老板，但不是相同的员工），但在其他意义上，他们似乎是"对等的"。经理 B 和 D 都对同一个老板负责，每个经理各自管理 2 名员工。这两位经理是对等的，因为如果交换两个经理，相应地也同时交换 4 名员工，那么图中所有行动者之间的距离都是完全相同的。也就是说，对于节点 B 和节点 D，存在节点 B、E、F 和节点 D、H、I 之间的一对一映射。如果定义节点 k 的映射为 $\tau(k)$，对于所有的行动者 $k = A, B, \cdots, I(k \neq B, D)$ 和所有关系 $r = 1, 2, \cdots, n$；$B \xrightarrow{x_r} k$ 意味着 $D \xrightarrow{x_r} \tau(k)$，同时 $k \xrightarrow{x_r} B$ 意味着 $\tau(k) \xrightarrow{x_r} D$。因此，在事实上，行动者 B 和 D 形成了一个"自同构"对等。

在图 5-1 中，有 5 组自同构对等的节点集合：$\{A\}$、$\{B、D\}$、$\{C\}$、$\{E、F、H、I\}$ 和 $\{G\}$。如果这些集合被交换，并且也相应交换其他集合的成员，那么每个集合的成员将保持与所有其他行动者相同的距离。

自同构对等的思想是，行动者集可以通过嵌入具有相同连接模式的局部结构（"并行"结构）来对等。大规模的社会行动者总体（如汉堡包连锁店）可以展示这种大量的"结构性复制"，虽然每个行动者的面孔是不同的，但是结构是相同的。餐馆的例子说明了自同构概念的主要用途。不是说什么人可以被交换而不改变图中所描述的社会关系（结构对等），而是说比较宽松的自同构对等性概念将注意力集中在可替换为关于其他子图的行动者的集合。许多看起来非常大且复杂的结构实际上可能是由多个相同的子结构组成的，这些子结构可以彼此替代。

对于自同构对等性的计算和识别，可以用数值算法搜索满足自同构对等性定义的行动者类别。原始图的节点是可交换的，且产生的新图中所有行动者之间的距离与原始图可以进行比较。当新图和原始图节点间的距离相等时，图是同构的，而所做的"交换"可以识别同构子图。

"所有置换"方法可以通过比较每一种可能的节点交换来寻找同构图。Tabu Search 方法具有相同原理，可以更快地以最大化自同构对等性的方式将节点排序为所定义的分块数，但是这种方法不能保证选择的分块数（对等的集合数目）是"正确的"，或者所识别的自同构是"精确的"。对于较大的数据集，可以考虑两个子结构近似对等的思想，而基于启发式的优化算法虽然无法找到解析解，但也能较好地识别自同构对等性。

三　规则对等性

规则对等性是三种对等性定义中限制最小的一种，但对于社会问题研究来说，它可能是最重要的，这是因为用规则对等性识别和描述规则对等集的方法，与常见的"社会角色"概念相吻合。"社会角色"概念是社会学理论化的核心概念。描述社会地位的大多数方法都是从关系的角度来定义的。在马克思的理论中，只要有工人就有资本家存在，反之亦然。这两个"角色"是由他们之间的关系（即资本家从工人的劳动力中剥削剩余价值）来定义的。丈夫和妻子，男人和女人，少数人和大多数人，以及大多数其他角色都是用关系定义的。

规则对等性的概念可以表述为：如果两个行动者和对等的另一类行动者有相似的关系，那么这两个行动者就是规则对等的。也就是说，规则对等性的集合是由与其他规则对等集的成员有相似关系的行动者组成的。这一概念并不是指与特定的其他行动者的关系，也不是指这一关系在类似的子图中存在；如果行动者与其他行动者集的任何成员有相似的关系，他们通常是规则对等的。

如果行动者 i 和行动者 j 是规则对等的，并且行动者 i 与某个行动者 k 存在联系，则行动者 j 必定与某个行动者 l 存在同样类型的联系，并且行动者 k 和行动者 l 必定也是规则对等的。在形式上，如果行动者 i 和行动者 j 是规则对等的，即 $i \overset{RE}{\equiv} j$，则对所有的关系，$r = 1, 2, \cdots, n$，并且所有的行动者 $k = A, B, \cdots, I$，如果 $i \overset{x_r}{\longrightarrow} k$，则存在某个行动者 l，使得 $j \overset{x_r}{\longrightarrow} l$，并且 $k \overset{RE}{\equiv} l$；如果 $k \overset{x_r}{\longrightarrow} i$，则存在某个行动者 l，使得 $l \overset{x_r}{\longrightarrow} j$，并且 $k \overset{RE}{\equiv} l$。同时，可以用 $\beta_{(RE)k}$ 表示规则等价的行动者子集。

规则对等的概念可通过以下例子来理解。假如 A 是 B 的女儿，C 是 D 的女儿，那么 A 和 C 构成一个规则对等的集合，因为每个人与其他组的成员有相同关系；B 和 D 形成了一个集合，因为每个人都与其他集合的成员有相同关系。在规则对等性中，不关心哪个女儿与哪个母亲相对应，因为规则对等性识别的是两个集合（标签为"母亲"和"女儿"），每个集合都是由其与另一个集合之间的关系来定义的。母亲之所以是母亲，是因为她们有女儿；女儿之所以是女儿，是因为她们有母亲。

在社会角色中，两个母亲是"对等的"，因为每个母亲都与丈夫、孩子和姻亲有一定的关联模式。这两个母亲（通常）与同一个丈夫或同一个孩子或姻亲没有关系；也就是说，她们在结构上并不对等。因为不同的母亲可能有不同的丈夫、孩子和姻亲，所以她们不是自同构对等的。但她们是相似的，因为她们与另一组行动者的某个成员或多个成员有着相同的关系（这些行动者本身被认为是对等的，因为她们与另一组"母亲"的成员有相似的关系）。

规则对等集描述了所有社会制度的基本构成要素——社会角色。与其他个别行动者相比，规则对等的行动者不一定落在相同的网络位置或地点；相反，他们与其他行动者集的一些成员有着同样类型的关系。

总体而言，结构对等性强调完全相同的关系模式，自同构对等性强调位置的可交换性，规则对等性强调角色或功能的相似性。在图 5-1 中有三个规则对等的集合。第一个集合由行动者 A 组成；第二个集合由行动者 B、C 和 D 组成，第三个集合由剩下的 5 个行动者 E、F、G、H 和 I 组成。

最容易看到的集合是图 5-1 底部的 5 个行动者（E、F、G、H 和 I）。这些行动者彼此之间是规则对等的，因为他们与第一类中的任何行动者（即行动者 A）都没有关系，并且每个都与第二类中的一个行动者有关系（B 或 C 或 D）。然后，5 个行动者中每个行动者都与其他类中的行动者有相同的关系模式。以行动者 E 和 F 为例，对所有的关系 x_r，$r = 1$，2，$\cdots$，n，及对所有的行动者 $k = A$，B，$\cdots$，I，如果 $E \xrightarrow{x_r} k$，则存在某个行动者 l，使得 $F \xrightarrow{x_r} l$，并且 $k \stackrel{RE}{\equiv} l$。

行动者 B、C、D 组成一个集合，因为他们每个人都与第一类中的成员（行动者 A）有关系；他们每个人都与第三类中的一名成员有关系。虽然行动者 B 和 D 各自与第三类中的两个成员有关系，而行动者 C 仅与第三类中的一个成员有关系，但这并不重要，毕竟他与第三类中的某些成员有关系。

行动者 A 本身是一个类，因为至少与第二类中的一个成员有关系，并且与第三类中的任何一个成员都没有关系。

规则对等性的概念及分析方法很重要，因为它提供了一种从网络关系模式中识别"角色"的路径，用行动者的关系模式来定位和定义角色性质；不是单纯依靠行动者的属性来定义社会角色和理解社会角色是如何产生互动模式的，而是通过识别网络关系模式中的规律来识别社会角色的。

在规则对等性分析中，要注意明显的角色与行动者对角色的看法和命名之间的区别与联系。哪些行动者给他人贴上角色标签，以及这些行动者对他们的期望（与角色相关的期望或规范）也可能有模式。而且，实际的互动模式也可能是从这些角色和规范中发展而来的结果。

与结构对等性和自同构对等性不同的是，在一个图中，有很多算法可用来研究规则对等性。但是，所有的算法都建立在邻点搜索算法的基础上。

邻点搜索算法首先将每个行动者按其特征分为源点、中介点、终点或者孤立点，然后考察每一类分组中的每个行动者的邻点类型。如果邻点类型都是相同的，对此类行动者的分析就结束，从而转到分析下一组行动者；如果行动者具有不同的邻点构成，就可以把此类行动者再分组，并重复这个过程。原则上，可以分析一个行动者所有长度的路径，但是在实际操作中，一般不超过三步。

规则对等性弥补了结构对等性在描述"角色"概念上的不足。尽管拥有相同角色的人不一定具有结构对等性，但规则对等性可以更好地反映这一点。在三种对等性定义中，规则对等性是限制最少的，但对微观社会学理论而言却是最重要的。规则对等性所描述的社会角色或社会类型是建构社会结构的基础。

第三节　块模型

White 等（1976）提出将"块模型"用于社会角色的描述性代数分析，他们指出可以根据角色之间的互动来揭示社会结构。此后，大量研究开始从方法论角度研究块模型（Breigeret al. , 1975; Arabie & Boorman, 1982; Baker, 1986），并把块模型和其他数据分析方法相比较，讨论了构建块模型的各种方法（Schwartz, 1977; Ennis, 1982; Panning, 1982）。还有很多研究将块模型及相关方法应用于社会科学的实际问题中，包括社区精英（Breiger, 1979），科学团体（Anderson & Jay, 1985），世界经济系统（Snyder & Kick, 1979; Nemeth & Smith, 1985），组织间网络和小群体结构（White & Breiger, 1975; Arabie, 1984）。

一　块模型的定义

块模型的定义包括：①把一个网络之中的各个行动者按照一定标准分成几

个离散子集，称这些子集为"位置"，也可称之为"聚类""块"（Wasserman & Faust，1994）；②考察每个位置之间是否存在关系。根据这种定义可知，一个"块"就是邻接矩阵的一个部分，即整个群体中的子群体。

用符号语言描述，块模型是把一个网络中的行动者分成不同位置 B_1，B_2，…，B_M，并且存在一个对应法则 φ，把行动者分到各个位置，即如果行动者 i 处于位置 B_k，则 $\varphi(i) = B_k$。同时，用 b_{klr} 表征位置 B_k 和 B_l 在关系上是否存在联系（下标 r 代表关系的意思），若存在联系，则 $b_{klr} = 1$，否则 $b_{klr} = 0$。

此外，也可以根据像矩阵 $B = \{b_{klr}\}$ 对块模型进行定义。B 是一个 $M \times M \times R$ 的矩阵，其中元素 b_{klr} 的含义与上述相同，矩阵 B 也是一个块模型；初始矩阵用常见的 $g \times g \times R$ 多元关系社群矩阵表示。可见，B 是初始矩阵的简化矩阵。它包含两个成分：对应法则 φ（对各个行动者的位置进行指派）和矩阵 B（给出各位置之间的关系）。每个行动者被指派且只指派到一个位置。

矩阵 B 中的各个分区叫作"块"（Block），每个"块"对应的是初始矩阵的一个子矩阵。如果某块元素均为 1，称之为 1 块；如果某块元素均为 0，称之为 0 块。

仍然考虑如图 5-1 所示的等级秩序图，通过规则对等性分析，可以得到此网络中行动者的 3 个分组，分别为 $\{A\}$、$\{B, C, D\}$、$\{E, F, G, H, I\}$，这一结果满足以下条件：3 个分组中的每个行动者与其他分组中的行动者具有相同的联系模式。

下面对此矩阵进行分块并显示分块矩阵的像矩阵。在这里，使用特殊的规则来确定 0 块和 1 块。如果一个块的元素都是 0，它就是一个 0 块；如果一个组中的每个行动者与另一个组中的所有行动者有关系，那么这两个组就合并为 1 块。使用此规则得到分块矩阵的像矩阵如表 5-3 所示。

表 5-3　有向关系网络规则对等类分块矩阵的像矩阵

行动者分组	A	B, C, D	E, F, G, H, I
A	—	1	0
B, C, D	0	—	1
E, F, G, H, I	0	0	—

总之，一个块模型就是对一元关系或者多元关系网络的一种简化表示，它代表的是该网络的总体结构。每个位置上的各个行动者都具有结构对等性。因此，块模型是在位置层次上的研究，而不是在个体层次上的研究

（Burt，1976；Wasserman & Faust，1994）。

块模型分析的第一步是将行动者分配到不同的位置，例如 CONCOR、对等性度量的层次聚类等。但是，将行动者分配到不同的位置只是建立块模型的第一步，还必须确定位置之间和位置内部是否存在联系。

二　块模型的构建

从行动者划入位置 B 开始，并且将关系矩阵的行和列重新排序，以保证分配到相同位置的行动者在重新排序后的矩阵中占据相邻的行和列。在重排过的矩阵中，所有的元素 x_{ij} 是网络中行动者之间联系的观测值，并且所有位置间和位置内的联系也将被包含在关系矩阵的子矩阵中。如果每个位置中的行动者完全对等，那么位置之间和位置内部的子矩阵，其元素全为 0 或全为 1。但是在实际网络中，行动者很少是完全对等的，所以在排序后的关系矩阵中，位置之间和位置内部的子矩阵将既包括 1 又包括 0。因此，决定块模型中的块是 1 块或 0 块并不明确。构建块模型需要一个规则，且此规则决定着块模型中位置之间联系的 0 和 1 的分配。

在块模型中，B 中的每个 $M \times M \times R$ 中的元素是在一个层次关系中每行的地位到每列的地位的联系的假定值。$b_{klr}(\in B)$ 表示在关系 r 上地位 β_k 到 β_l 的联系的假定值。如果此块是 1 块，则 $b_{klr} = 1$；如果此块是 0 块，则 $b_{klr} = 0$。在 B 的每个块中，联系的存在与否取决于不同地位间的行动者联系的观测值。也就是说，b_{klr} 取决于 x_{ijr} 的值，其中 $i \in \beta_k$，$j \in \beta_l$。同时，令 g_k 表示地位 β_k 中行动者的数量，g_l 表示地位 β_l 中行动者的数量。对于不同的 β_k 和 β_l，从地位 β_k 的成员到地位 β_l 的成员将有 $g_k \times g_l$ 个联系；对于相同地位内成员间的联系，在地位 β_k 中的行动者将有 $g_k \times (g_k - 1)$ 个联系。值得注意的是，在块模型中，从一个地位到它自己的联系是有意义的，并且在理论上通常很重要，而关系矩阵中行动者的自反联系或对角线元素通常是没有意义的。

定义 1 块和 0 块的最基本准则是基于块中联系的密度。在块 b_{klr} 中，联系的密度用 Δ_{klr} 表示，并定义为存在的联系的占比（对二元关系而言）[①]。

---

①　块中的密度定义与整个网络的密度定义相同，均表示实际存在的关系数与可能关系存在的关系数之比。

对于 $k \neq l$ ，这一占比如下：

$$\Delta_{klr} = \frac{\sum_{i \in \beta_k} \sum_{j \in \beta_l} x_{ijr}}{g_k g_l} \quad\quad (5-1)$$

在一个地位（如块 b_{kkr} ）中的联系密度如下：

$$\Delta_{kkr} = \frac{\sum_{i \in \beta_k} \sum_{j \in \beta_k} x_{ijr}}{g_k(g_k - 1)} \quad\quad (5-2)$$

其中，$i \neq j$ 。

下面通过举例来说明上述块密度的计算。考虑一个结构简单的二元关系网络，在该网络中共有 6 个行动者 A、B、C、D、E、F，行动者之间的二元关系网络如图 5-4 所示。

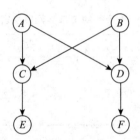

图 5-4　6 个行动者二元关系网络

该网络的邻接矩阵如表 5-4 所示。

表 5-4　6 个行动者网络邻接矩阵

行动者	A	B	C	D	E	F
A	0	0	1	1	0	0
B	0	0	1	1	0	0
C	0	0	0	0	1	0
D	0	0	0	0	0	1
E	0	0	0	0	0	0
F	0	0	0	0	0	0

通过结构对等性分析，不难发现，此网络中的各行动者的地位分组为

$\{A，B\}$、$\{C，D\}$、$\{E，F\}$，分别记为地位 β_1、β_2、β_3，其中各地位中行动者数量分别为 2、2、2。

接下来，根据公式（5-1）与公式（5-2）计算得到各地位之间联系的密度，对于不同的地位，如 β_1 到 β_2，其对应的块密度为：Δ_{12r} $\dfrac{1+1+1+1}{2 \times 2} = 1$。类似地，结合邻接矩阵，计算 β_2 到 β_1、β_1 到 β_3、β_3 到 β_1、β_2 到 β_3 以及 β_3 到 β_1 对应的块的密度分别为 $\Delta_{21r} = 0$、$\Delta_{13r} = 0$、$\Delta_{31r} = 0$、$\Delta_{23r} = 0.5$、$\Delta_{32r} = 0$；对于相同分组的地位，如 β_1 到 β_1，对应的块的密度为 $\Delta_{11r} = \dfrac{0+0}{2 \times (2-1)} = 0$。类似地，计算 β_2 到 β_2、β_3 到 β_3 对应的块的密度为 $\Delta_{22r} = 0$、$\Delta_{33r} = 0$。

通过上述计算，得到该二元关系网络各地位之间的密度表（见表5-5）。

表5-5　6个行动者二元网络块密度表

地位	β_1	β_2	β_3
β_1	0	1	0
β_2	0	0	0.5
β_3	0	0	0

以下是块模型中关于 0 块和 1 块的更为形式化的准则。

（1）完全匹配（胖匹配）

在行动者完全结构对等的情况下，将出现完全匹配块模型，如公式（5-3）所示。这是一种理想的情形，排序后矩阵的子矩阵元素是 0 或 1。完全匹配块模型的准则是，在给定的关系上，当从所有行的地位行动者到所有列的地位行动者都有联系时，两个地位之间的联系才等于 1；当从所有行的地位行动者到所有列的地位行动者都没有联系时，两个地位之间的联系才等于 0。

$$b_{klr} = \begin{cases} 0 & \text{如果} x_{ijr} = 0, \text{对于所有的 } i \in \beta_k, j \in \beta_l \\ 1 & \text{如果} x_{ijr} = 1, \text{对于所有的 } i \in \beta_k, j \in \beta_l \end{cases} \tag{5-3}$$

只有当所有地位中的所有行动者都结构对等时，才满足该准则。作为理想的状态，完全匹配准则为评估块模型的拟合度提供了基准。

下面同样通过例子来说明完全匹配准则在构建块模型中的应用。考虑一个结构简单的二元关系网络，共有 4 个行动者 A、B、C、D，行动者之间的关系网络如图5-5所示。通过结构对等性分析，可以发现此网络中各行动者的地位分组是 $\{A\}$、$\{B，C\}$、$\{D\}$，分别记为地位 β_1'、β_2'、β_3'，各地位中的行动者数量分别为1、2、1。该网络符合上文提到的完全匹配准则对于网络地位的要求，即三个地位分组中的所有行动者都是结构对等的。

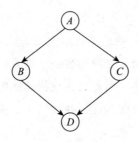

图5-5　块模型的4个行动者关系网络

在该网络中，地位 β_1' 中所有行动者 $\{A\}$ 与地位 β_2' 中所有行动者 $\{B，C\}$ 均有联系，根据完全匹配准则可以得到 β_1' 到 β_2' 之间的联系等于1；反之，作为地位 β_2' 的所有行动者 $\{B，C\}$ 到地位 β_1' 的所有行动者 $\{A\}$ 之间均无联系，所以 β_2' 到 β_1' 之间的联系等于0。以此类推，可以得到该网络在完全匹配准则下4个行动者关系网络分块矩阵的像矩阵如表5-6所示。

表5-6　完全匹配准则下4个行动者关系网络分块矩阵的像矩阵

地位	β_1'	β_2'	β_3'
β_1'	0	1	0
β_2'	0	0	1
β_3'	0	0	0

（2）0块准则（瘦匹配）

在指定关系方面，当每行地位的行动者到每列地位的行动者之间都没有联系时，两个地位的联系是0，否则两个地位的联系是1。

0块作为结构上的重要现象应当引起注意，原因是1块可能没有全部被1填满，那些不包括任何联系的块代表一种重要的结构模式。实质上，如果期望维持一个联系，那么在子矩阵中只要观测到元素"1"，就会被当作块模型的一个重要联系。例如，记录某年国家之间的军事干涉事件，这些稀少的干涉事件表明国家之间乃至国家所处不同地位之间的重要的政治联系。当关系稀少或者关系矩阵密度较小时，采用 0 块准则是合理的。0 块只包括 0，1 块既包括 0 也包括 1 的事实产生了瘦匹配，这样的 1 块是"瘦"的，而不是"胖"的。

现实中，完美的 0 块非常少。当给定关系上的联系是常见的，并且这个关系矩阵是稠密的，0 块就不可能出现了。事实上，对于某些关系，0 块是没有意义的。例如，行动者维系"曾经见过面"这样的关系并不需要付出多大的努力，因此两个行动者之间出现一个联系，但这并不能说明他们所处的两个地位间存在重要联系。因此，在选择瘦匹配准则时，既要考虑联系是否存在，也要考虑联系的密度。在有些情形下，关注稠密块要比关注稀疏块更有意义。

下面依旧借助图 5-5 所示的网络来说明 0 块准则在构建块模型中的应用。在该网络中，地位 β_1' 的所有行动者 $\{A\}$ 到地位 β_3' 的所有行动者 $\{D\}$ 之间均无联系，因此根据 0 块准则，可知 β_1' 到 β_3' 之间的联系等于 0，同时与之类似的还有 β_2' 到 β_1'、β_3' 到 β_1' 和 β_3' 到 β_2'，以及对角线上的联系，它们对应的块的联系都为 0。除了这些块，剩下的所有块对应的联系值都为 1，因此在 0 块准则下，该网络在完全匹配准则下的块模型像矩阵如表 5-7 所示。

表 5-7　0 块准则下 4 个行动者关系网络块模型像矩阵

地位	β_1'	β_2'	β_3'
β_1'	0	1	0
β_2'	0	0	1
β_3'	0	0	0

（3）1 块准则

这一准则集中在 1 块而不是 0 块，要求所有行的地位行动者到列的地位行动者之间的可能的联系都必须是存在的，即子矩阵元素全是 1，这样才能定义为 1 块，否则为 0 块，如公式（5-4）所示。1 块准则很少见，只有在关系稠密而不稀疏的时候才合适。

$$b_{klr} = \begin{cases} 1 & \text{如果对于所有的 } i \in \beta_k, j \in \beta_l, x_{ijr} = 1 \\ 0 & \text{其他} \end{cases} \tag{5-4}$$

下面同样借助图 5-5 所示的网络来说明 1 块准则在构建块模型中的应用。1 块准则对于 1 块的定义与 0 块准则对于 0 块的定义是对应的。在图 5-5 所示网络的地位分组中，地位 β'_1 中的所有行动者 $\{A\}$ 到地位 β'_2 中的所有行动者 $\{B, C\}$ 之间都存在关系，按照 1 块准则，β'_1 到 β'_2 之间的联系等于 1，与之相似的还有 β'_2 到 β'_3 之间的联系。因此根据 1 块准则，该网络在完全匹配准则下的块模型像矩阵如表 5-8 所示。

表 5-8　1 块准则下 4 个行动者关系网络块模型像矩阵

地位	β'_1	β'_2	β'_3
β'_1	0	1	0
β'_2	0	0	1
β'_3	0	0	0

（4）密度准则

社会网络数据很少包括完全结构对等的行动者，因此，基于部分结构对等的块模型不可能全部由完美的 0 块或 1 块组成。由于种种原因，只能期望 1 块中也包含一些 0，0 块中也包含一些 1。因此，需要定义一个临界密度值 α。当块密度 Δ_{klr} 大于等于 α 时，这个块被定义为 1 块；当块密度小于 α 时，这个块被定义为 0 块，如公式（5-5）所示：

$$b_{klr} = \begin{cases} 0 & \text{如果} \Delta_{klr} < \alpha \\ 1 & \text{如果} \Delta_{klr} \geq \alpha \end{cases} \tag{5-5}$$

选择临界密度值 α 的标准取决于所分析网络的关系密度。普遍使用的临界密度值有两个：一是网络的总体（全）密度；二是各个块密度不同时，在这些块密度之间进行选择。

定义 1 块和 0 块的准则取决于关系矩阵中子矩阵的联系密度。0 块准则、密度准则和 1 块准则可以看成定义块模型中的 1 块时临界密度值连续体中的不同点。这三个准则都设置一个叫作 $\alpha_{(1)}$ 的值，当关系矩阵的子矩阵的密度大于或等于 $\alpha_{(1)}$ 时，在块模型中被指定成 1 块。0 块准则用不严格的值来定义 1 块，任何密度大于 0 的块即 1 块。因此 1 块定义强调 $\alpha_{(1)} = \varepsilon$（一个任意小的正数）。当 $\Delta_{klr} \geq \varepsilon$ 时，则 $b_{klr} = 1$。α 密度准则比 0 块密度准则严格，因为它是根据关系的密度选取临界值的，$\alpha_{(1)r} = \Delta_r$，Δ_r 代表关系 r 的密度。所以对于 α 准则，当 $\Delta_{klr} \geq \Delta_r$ 时，$b_{klr} = 1$。1 块准则是最严格的，这时 $\alpha_{(1)} = 1$。

因此，当 $\Delta_{klr} = 1$ 时，$b_{klr} = 1$。

对于密度准则，下面借助图 5-4 所示的网络进行说明（该网络的地位分组为 β_1、β_2、β_3），该网络的分块密度已知（见表 5-5），因此只需要定义一个临界密度值 $\alpha_{(1)}$，便可以进行块模型的构建。该网络结构较为简单，块密度为 0、1 和 0.5，不妨设置密度临界值 $\alpha_{(1)}$ = 0.5，则所有块密度 $\Delta_{klr} \geq 0.5$ 的块（Δ_{12r} 和 Δ_{23r}）对应关系的联系值为 1；块密度 $\Delta_{klr} < 0.5$ 的块对应关系的联系值为 0。因此根据密度准则，可得该网络的块模型像矩阵如表 5-9 所示。

表 5-9　密度准则下 4 个行动者关系网络块模型像矩阵

（临界密度为 0.5）

地位	β_1	β_2	β_3
β_1	0	1	0
β_2	0	0	1
β_3	0	0	0

若将临界密度 $\alpha_{(1)}$ 设置为 0.7，则该网络对应的块模型像矩阵会发生变化（见表 5-10）。

表 5-10　密度准则下 4 个行动者关系网络块模型像矩阵

（临界密度为 0.7）

地位	β_1	β_2	β_3
β_1	0	1	0
β_2	0	0	0
β_3	0	0	0

第四节　常用软件操作

在本节中，主要介绍如何运用 UCINET 软件中的 CONCOR 方法对网络数据进行结构对等性分析，以及如何借助 UCINET 中的 REGE 程序对网络数据进行规则对等性分析。

本节采用某班级 25 位学生的有向认识关系网络数据，0 表示两位学生之间不认识，1 表示两位学生之间认识（见图 5-6）。

认识	1	2	3	4	5	6	7	8	9	10	11	12	13	14	15	16	17	18	19	20	21	22	23	24	25
1																									
2			1			1	1		1		1			1			1	1	1	1	1			1	1
3		1				1	1		1	1	1	1		1	1		1	1	1		1			1	1
4			1			1									1		1				1				
5						1								1		1					1				
6					1		1				1			1			1				1				1
7		1	1			1		1		1	1	1	1								1				1
8						1	1				1		1								1				1
9										1		1	1		1			1			1				1
10									1			1	1		1			1			1	1		1	1
11						1	1	1					1				1				1				1
12							1		1	1			1		1			1			1	1			1
13									1	1		1			1			1				1			
14		1	1		1	1							1			1	1			1	1				
15		1	1	1					1	1	1	1	1					1	1		1	1		1	
16					1	1								1				1	1		1				1
17																									
18		1	1			1	1		1	1		1	1		1		1		1		1	1			1
19			1	1					1	1	1				1	1		1		1	1			1	1
20																									
21						1	1			1	1				1										1
22									1	1		1	1		1			1						1	
23																									
24		1	1							1			1		1		1	1	1	1	1				
25			1			1	1			1	1		1		1		1		1		1			1	

图 5-6　25 位学生认识关系网络数据

一　基于结构对等性的 CONCOR 分区

图 5-7 展示了 CONCOR 方法的选择路径。打开 UCINET，依次点击 Network→Roles & Positions→Structural→Concor→Standard。图 5-8 展示了 CONCOR 方法的操作界面。

接下来，在 Input dataset 中选择需要进行 CONCOR 分析的网络数据集路径。Input dataset 下方为一系列参数和设置，可以根据分析需求更改设置，一般情况下选择默认设置即可。选择好数据之后点击“OK”，UCINET 会对网络关系数据进行 CONCOR 运算。

图 5-9 展示了对认识关系网络数据进行分块的初始相关系数矩阵。

图 5-10 展示了分块结果，可以看出认识关系矩阵中的行动者被分成了 8 个组。分别为（1，23）、（16，2，20，5，14）、（21，6，17）、（7，25，8，11）、（3，19）、（24，4）、（9，18，12）、（10，22，15，13）。在相同分组内

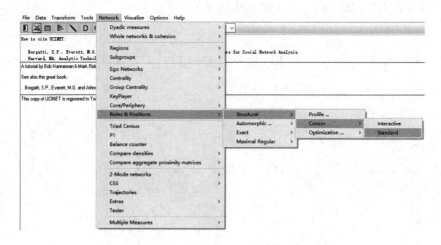

图 5-7　CONCOR 方法的选择路径

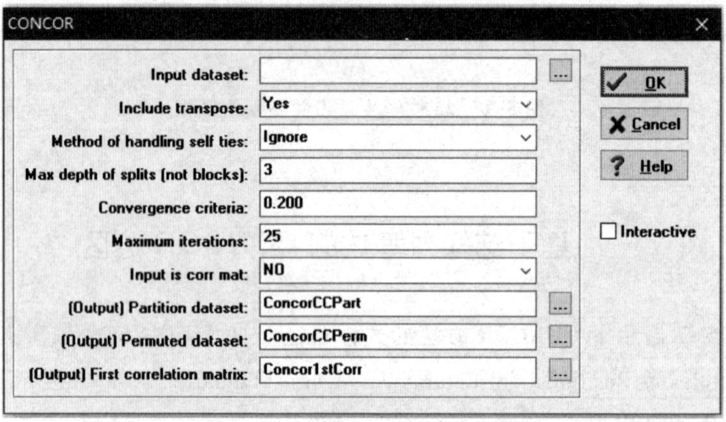

图 5-8　CONCOR 方法的操作界面

的学生具有相似的结构对等性，他们在该关系网络中的位置相同。

　　图 5-11 展示了认识关系网络分块之后的密度矩阵，从整个矩阵中可以看出，各个组（位置）的行动者集合自身以及之间的关系紧密程度。根据最终生成的分块矩阵，结合一定的划分准则，便可以画出像矩阵，生成块模型。通过块模型，能够更好地分析不同行动者集合所处的网络位置及其在网络中所扮演的角色。

Initial Correlation Matrix

	1	2	3	4	5	6	7	8	9	10	11	12	13	14	15	16	17	18	19	20	21	22	23	24	25
1	1.00	0.00	0.00	0.00	0.00	0.00	0.00	0.00	0.00	0.00	0.00	0.00	0.00	0.00	0.00	0.00	0.00	0.00	0.00	0.00	0.00	0.00	1.00	0.00	0.00
2	0.00	1.00	0.71	0.26	0.14	0.27	0.07	0.31	0.01	0.12	0.20	0.18	-0.04	0.16	0.05	0.31	0.10	0.23	0.45	0.15	0.09	0.00	0.00	0.24	0.18
3	0.00	0.71	1.00	0.39	0.04	0.27	0.17	0.21	0.23	0.26	0.23	0.18	0.14	-0.07	0.26	0.29	0.23	0.35	0.44	0.30	0.30	0.17	0.00	0.36	0.22
4	0.00	0.26	0.39	1.00	0.16	-0.05	0.01	0.12	0.20	0.10	0.33	0.05	-0.09	0.25	0.07	0.22	-0.18	0.39	0.22	0.08	0.13	0.02	0.00	0.43	0.28
5	0.00	0.14	0.04	0.16	1.00	0.31	0.01	0.12	-0.18	-0.27	0.07	-0.20	-0.22	0.59	-0.34	0.58	0.10	-0.10	0.01	0.08	0.13	-0.25	0.00	-0.20	0.04
6	0.00	0.27	0.27	-0.05	0.31	1.00	0.35	0.40	-0.15	-0.15	0.47	-0.09	-0.13	0.26	-0.29	0.28	0.45	-0.21	0.01	0.05	0.53	-0.40	0.00	-0.18	0.35
7	0.00	0.07	0.17	0.01	0.01	0.35	1.00	0.51	0.22	0.11	0.57	0.04	0.03	0.21	0.15	-0.12	0.25	0.14	0.10	-0.10	0.35	0.00	0.00	0.09	0.53
8	0.00	0.31	0.21	0.12	0.12	0.40	0.51	1.00	0.03	0.04	0.59	0.24	-0.07	0.07	-0.16	0.18	-0.08	0.08	-0.04	-0.14	0.30	-0.14	0.00	-0.11	0.42
9	0.00	0.01	0.23	0.20	-0.18	-0.15	0.22	0.03	1.00	0.69	0.14	0.75	0.41	-0.09	0.47	0.06	-0.02	0.66	0.30	0.10	0.23	0.70	0.00	0.48	0.23
10	0.00	0.12	0.26	0.10	-0.27	-0.15	0.11	0.04	0.69	1.00	0.16	0.74	0.59	-0.32	0.66	-0.06	-0.01	0.49	0.29	0.03	0.17	0.63	0.00	0.26	0.17
11	0.00	0.20	0.23	0.33	0.07	0.47	0.57	0.59	0.14	0.16	1.00	0.10	-0.15	0.21	-0.17	0.06	0.17	0.12	0.01	0.10	0.41	-0.23	0.00	0.20	0.50
12	0.00	0.18	0.18	0.05	-0.20	-0.09	0.04	0.24	0.75	0.74	0.10	1.00	0.56	-0.21	0.42	-0.08	-0.15	0.60	0.18	-0.24	0.18	0.65	0.00	0.25	0.18
13	0.00	-0.04	0.14	-0.09	-0.22	-0.13	0.03	-0.07	0.41	0.59	-0.15	0.56	1.00	-0.48	0.37	-0.21	0.17	0.27	0.05	0.07	0.32	0.61	0.00	0.10	0.05
14	0.00	0.16	-0.07	0.25	0.59	0.26	0.21	0.07	-0.09	-0.32	0.21	-0.21	-0.48	1.00	-0.25	0.25	0.09	0.13	0.12	0.03	-0.05	-0.29	0.00	0.28	0.16
15	0.00	0.05	0.26	0.07	-0.34	-0.29	0.15	-0.16	0.47	0.66	-0.17	0.42	0.37	-0.25	1.00	-0.15	0.01	0.48	0.32	-0.03	0.00	0.53	0.00	0.42	0.17
16	0.00	0.31	0.29	0.22	0.58	0.28	-0.12	0.18	0.06	-0.06	0.06	-0.08	-0.21	0.25	-0.15	1.00	-0.13	0.03	0.01	0.21	0.05	-0.19	0.00	0.03	-0.05
17	0.00	0.10	0.23	-0.18	0.10	0.45	0.25	-0.08	-0.02	-0.01	0.17	-0.15	0.17	0.09	0.01	-0.13	1.00	-0.13	0.14	0.43	0.47	-0.17	0.00	0.03	0.11
18	0.00	0.23	0.35	0.39	-0.10	-0.21	0.14	0.08	0.66	0.49	0.12	0.60	0.27	0.13	0.48	0.03	-0.13	1.00	0.23	0.13	0.17	0.42	0.00	0.52	0.35
19	0.00	0.45	0.44	0.22	0.01	0.01	0.10	-0.04	0.30	0.29	0.01	0.18	0.05	0.12	0.32	0.01	0.14	0.23	1.00	0.15	0.18	0.21	0.00	0.43	0.17
20	0.00	0.15	0.30	0.08	0.08	0.05	-0.10	-0.14	0.10	0.03	0.10	-0.24	0.07	0.03	-0.03	0.21	0.43	0.13	0.15	1.00	0.30	-0.18	0.00	0.18	-0.01
21	0.00	0.09	0.30	0.13	0.13	0.53	0.35	0.30	0.23	0.17	0.41	0.18	0.32	-0.05	0.00	0.05	0.47	0.17	0.18	0.30	1.00	-0.03	0.00	0.00	0.56
22	0.00	0.00	0.17	0.02	-0.25	-0.40	0.00	-0.14	0.70	0.63	-0.23	0.65	0.61	-0.29	0.53	-0.19	-0.17	0.42	0.21	-0.18	-0.03	1.00	0.00	0.23	0.07
23	1.00	0.00	0.00	0.00	0.00	0.00	0.00	0.00	0.00	0.00	0.00	0.00	0.00	0.00	0.00	0.00	0.00	0.00	0.00	0.00	0.00	0.00	1.00	0.00	0.00
24	0.00	0.24	0.36	0.43	-0.20	-0.18	0.09	-0.11	0.48	0.26	0.20	0.25	0.10	0.28	0.42	0.03	0.03	0.52	0.43	0.18	0.00	0.23	0.00	1.00	0.27
25	0.00	0.18	0.22	0.28	0.04	0.35	0.53	0.42	0.23	0.17	0.50	0.18	0.05	0.16	0.17	-0.05	0.11	0.35	0.17	-0.01	0.56	0.07	0.00	0.27	1.00

图 5-9　认识关系网络的初始相关系数矩阵

Relation 认识
Blocked Matrix

	1	23	16	2	20	5	14	21	6	17	7	25	8	11	3	19	24	4	9	18	12	10	22	15	13
1																									
23																									
16						1	1	1	1			1				1				1					
2					1		1	1	1	1	1	1		1	1	1	1		1	1					
20																									
5			1				1	1	1																
14			1	1	1	1		1	1	1					1										1
21									1		1	1		1								1		1	
6						1	1	1		1	1	1		1											
17																									
7				1				1	1			1	1	1	1						1	1			1
25								1	1	1	1			1	1	1	1					1		1	1
8								1	1		1	1		1											1
11								1	1	1	1	1	1												1
3				1			1	1	1	1	1	1		1		1	1		1	1	1	1		1	
19			1		1			1				1		1	1		1	1	1	1		1		1	
24				1	1			1		1					1	1				1		1		1	1
4								1	1	1					1									1	
9								1				1								1	1	1		1	1
18				1				1	1	1	1	1			1	1			1		1	1	1	1	1
12								1			1	1							1	1		1	1	1	1
10								1				1					1		1	1	1		1	1	1
22																	1		1	1	1	1		1	1
15				1				1						1	1	1	1	1	1	1	1	1	1		1
13																			1	1	1	1	1	1	

图 5-10　CONCOR 分块结果

图 5-12 展示了 CONCOR 分块结果聚类图，借助聚类图可以清晰地看出认识网络中各个位置的结构对等程度，以及各位置上的行动者（学生）集合。

```
Density Matrix
         1     2     3     4     5     6     7     8
       ----- ----- ----- ----- ----- ----- ----- -----
  1    0.000 0.000 0.000 0.000 0.000 0.000 0.000 0.000
  2    0.000 0.500 0.667 0.200 0.400 0.100 0.200 0.050
  3    0.000 0.133 0.500 0.500 0.000 0.000 0.000 0.167
  4    0.000 0.050 0.833 0.917 0.375 0.125 0.083 0.438
  5    0.000 0.400 0.667 0.625 1.000 0.750 0.833 0.500
  6    0.000 0.200 0.833 0.000 0.750 0.000 0.167 0.500
  7    0.000 0.067 0.556 0.417 0.333 0.000 1.000 0.917
  8    0.000 0.050 0.167 0.125 0.250 0.500 1.000 1.000
```

图 5-11　认识关系网络分块之后的密度矩阵

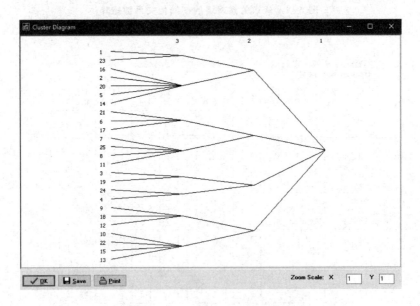

图 5-12　CONCOR 分块结果聚类图

二　基于自同构对等性的禁忌搜索优化

　　自同构对等性是通过考察图的所有可能置换方法来识别，确保置换后的图和原始图有相同的关系结构。但对于较大的图，直接搜索所有对等性是不切实际的，而且完全对等的行动者可能很少。禁忌搜索优化方法从随机分配网络节点到块中开始，通过计算每个块内每行和每列元素的平方和，以及这些平方和的方差来构建拟合劣度的度量；然后将不同块的方差进行求和来计算拟合劣度。同时，继续搜索不同块的行动者分配，以最小化拟合劣度统计量。

图 5-13 展示了禁忌搜索方法的选择路径。打开 UCINET，依次点击 Net-work→Roles & Positions→Exact→Optimization，之后会出现如图 5-14 所示的操作界面。

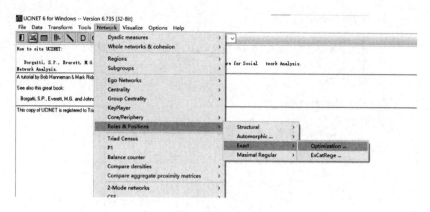

图 5-13　禁忌搜索优化方法的选择路径

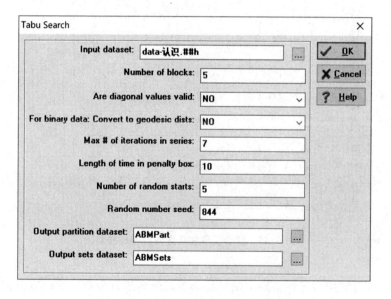

图 5-14　禁忌搜索优化方法的操作界面

究竟把网络矩阵分成多少块，没有"正确"的答案。有以下两种方法：一种是把所有的行动者组合成一个块；另一种是把每个行动者分到各自的块。在两者之间，应遵循因子分析中"散点"图逻辑来选择有意义的块数。图 5-15 展示了禁忌搜索优化方法的输出结果。

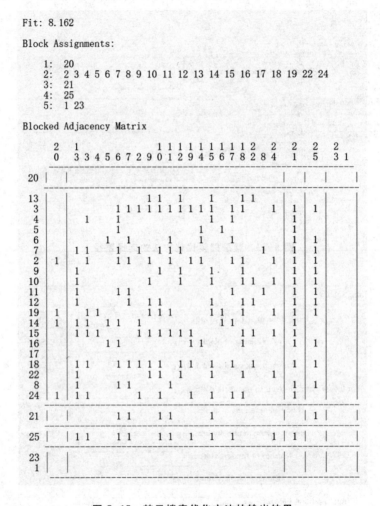

图 5-15　禁忌搜索优化方法的输出结果

　　因为自同构对等性实际上是对行动者的距离进行分析，所以它倾向于识别具有相似入度和出度模式的行动者分组。这相当于将结构对等性（强调与完全相同的其他行动者的关系）拓展到一个更笼统、更模糊的层面，即如果两个行动者有相似的嵌入性，那么他们就是对等的。自同构对等性的分析重点是从个体的位置转移到在整个图结构中位置的角色。

三　规则对等性的 REGE 方法

图 5-16 为规则对等性 REGE 方法的选择路径。打开 UCINET，依次点击 Network→Roles & Positions→Maximal Regular→REGE，之后会出现如图 5-17 所示的操作界面。

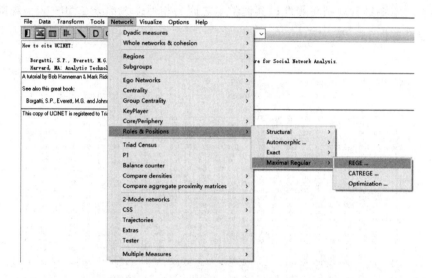

图 5-16　REGE 方法的选择路径

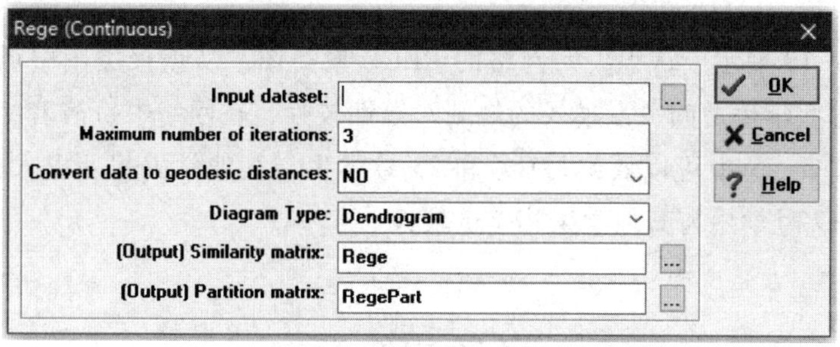

图 5-17　REGE 分析的操作界面

在 Input dataset 中选择需要分析的关系数据集路径。Input dataset 下面是一些参数和设置，一般选择默认即可。选择好数据之后点击 "OK"，UCI-

NET 会开始对网络数据进行 REGE 分析，输出结果如图 5-18 和图 5-19 所示。

图 5-18 展示了认识关系网络的 REGR 相似性矩阵，矩阵中的元素为行动者（学生）之间的相似度取值，该值在 0~100，数值越大表明规则对等性越高。从 REGR 相似性矩阵可以看出，认识关系网络中大部分学生之间的相似度为 98~100，这部分学生之间具有高度的规则对等性。相似性为 0 的学生之间不具有规则对等性；其他学生之间的相似度大部分在 50~80，规则对等性较低。

REGE similarities (3 iterations)

	1	2	3	4	5	6	7	8	9	10	11	12	13	14	15	16	17	18	19	20	21	22	23	24	25
1	100	0	0	0	0	0	0	0	0	0	0	0	0	0	0	0	0	0	0	0	0	0	100	0	0
2	0	100	100	100	98	100	99	99	99	99	100	99	98	100	99	99	54	100	100	43	99	98	0	100	100
3	0	100	100	100	99	100	100	99	100	100	100	100	99	100	100	99	55	100	100	46	99	99	0	100	100
4	0	100	100	100	98	100	99	99	99	99	100	99	99	100	99	99	69	100	100	55	99	99	0	100	100
5	0	98	99	98	100	99	100	100	100	100	99	100	100	98	100	100	75	99	99	64	100	100	0	98	99
6	0	100	100	100	99	100	100	99	99	100	100	99	99	100	100	99	75	100	100	69	99	99	0	100	100
7	0	99	100	99	100	100	100	100	100	100	99	100	100	99	100	100	64	100	99	56	100	100	0	99	100
8	0	99	99	99	100	99	100	100	100	100	99	100	100	98	100	100	65	99	99	50	100	100	0	98	99
9	0	99	100	99	100	99	100	100	100	100	99	100	100	99	100	100	72	100	99	65	100	100	0	99	100
10	0	99	100	99	100	100	100	100	100	100	100	100	100	99	100	100	70	100	99	64	100	100	0	99	100
11	0	100	100	100	99	100	99	99	99	100	100	99	99	100	100	99	72	100	100	65	99	99	0	100	100
12	0	99	100	99	100	99	100	100	100	100	99	100	100	99	100	100	65	100	99	57	100	100	0	99	100
13	0	98	99	99	100	99	100	100	100	100	99	100	100	98	100	100	78	99	99	73	100	100	0	98	99
14	0	100	100	100	98	100	99	98	99	99	100	99	98	100	99	98	61	100	100	50	99	98	0	100	100
15	0	99	100	99	100	100	100	100	100	100	100	100	100	99	100	100	62	100	100	55	100	100	0	99	100
16	0	99	99	99	100	99	100	100	100	100	99	100	100	98	100	100	63	99	99	50	100	100	0	99	99
17	0	54	55	69	75	75	64	65	72	70	72	65	78	61	62	63	100	59	57	100	82	67	0	61	67
18	0	100	100	100	99	100	100	99	100	100	100	100	99	100	100	99	59	100	100	52	99	99	0	100	100
19	0	100	100	100	99	100	99	99	99	99	100	99	99	100	100	99	57	100	100	48	99	99	0	100	100
20	0	43	46	55	64	69	56	50	65	64	65	57	73	50	55	50	100	52	48	100	78	56	0	52	61
21	0	99	99	99	100	99	100	100	100	100	99	100	100	99	100	100	82	99	99	78	100	100	0	99	99
22	0	98	99	99	100	99	100	100	100	100	99	100	100	98	100	100	67	99	99	56	100	100	0	98	99
23	100	0	0	0	0	0	0	0	0	0	0	0	0	0	0	0	0	0	0	0	0	0	100	0	0
24	0	100	100	100	98	100	99	98	99	99	100	99	98	100	99	99	61	100	100	52	99	98	0	100	100
25	0	100	100	100	99	100	100	99	100	100	100	100	99	100	100	99	67	100	100	61	99	99	0	100	100

图 5-18　认识关系网络的 REGE 相似性矩阵

图 5-19 展示了认识关系网络的 REGE 聚类图。从该聚类图中可以直观地看出哪些学生之间关系模式的规则对等性较强，在网络中扮演着相近的角色。从图 5-19 中可以看出，1 号和 23 号学生与其他学生相差极大；同时，20 号和 17 号学生与其他学生相差也较大。

思考与练习

1. 如何理解对等性？
2. 结构对等性、自同构对等性和规则对等性之间有何异同？

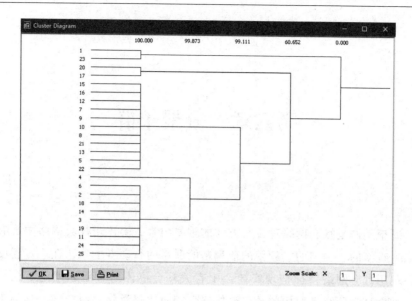

图 5-19　认识关系网络的 REGE 聚类图

3. 构建块模型时需要注意什么？

4. 收集一个社会网络数据，使用 UCINET 软件针对不同对等性进行分析，并比较输出结果之间的不同之处。

第六章　凝聚子群

凝聚子群是社会网络理论与方法的重要内容，聚焦于社会网络中具有稳定的、直接的、强烈的、频繁的或稠密的联系的行动者子集，在一定程度上试图利用社会网络特征把现实社会中有关社会群体的直觉和理论观念结构化。社会科学研究者使用的社会群体概念相对比较泛化，而社会群体的不同互动特性与子群的不同凝聚状态相关，因此，学习凝聚子群多种定义及其测度有助于多角度了解和把握社会群体的各种特征。本章将基于互惠性、可达性、度，以及子群内外关系介绍不同类型的凝聚子群。

第一节　凝聚子群定义

凝聚子群研究本质上是一种社会结构研究。对社会结构的研究存在质化（Qualitative）结构观和量化（Quantitative）结构观两种思路。可以说，在社会网络理论与方法出现以前，大多数社会结构研究都属于质化结构观。社会网络研究者则坚持"网络结构"范式，利用量化方法研究和刻画社会结构。刻画一个群体的社会结构，就要对群体这个概念进行操作化处理。对多数社会网络而言，社会结构是在社会行动者之间实存的或者潜在的关系模式（Wellman，1988；Berkowitz，2013）。因此，结构研究者发展了一系列方法，用于分析社会网络的整体结构是如何由小群体结构组成的。

社会网络视角下的群体一般是指在既定目标和规范约束下，彼此互动、协同的一群社会行动者。这个定义体现了群体的关键特点，即它的所有成员之间必须有互动，群体要有自己的目标，有群体规范和群体意识，还要有群体的分工。高度的凝聚力可以促进群体目标的达成，促进成员遵守群体的规范，增强成员的自信心，也影响到群体的工作效率。另外，群体定义中的社会行动者不限于个人，也可以是家庭、组织、社区、城市，甚至国家。

许多学者认为，在社会学、社会心理学研究中，特别是在对有关社会现象（如社会团结、从众心理、精神健康、心理疾病等）的解释中，社会凝聚力（Social Cohesion）都扮演着重要角色。例如，Friedkin（2004）认为，在社会学理论研究中，可以利用网络凝聚性（Network Cohesion）作为解释变量，特别是在研究群体的各个成员如何达成共识的时候，利用网络凝聚性作为解释变量更具有说服力。按照这种思想，可以预计在那些相互之间存在频繁接触的个体当中，同质性较强；在那些相互之间交往比较少的个体之中，异质性较强。Collins 和 Clark（2003）也强调凝聚性在社会网络分析中的重要性，他们认为个体与网络的关系越紧密，就越受到网络中各种标准的影响。紧密关联的群体构成了派系，在这种具有高度凝聚力的群体中，个体的信念常常是一致的。

社会网络分析的任务之一是对"社会群体"概念进行形式化处理，用网络中行动者子集合的一些特征来刻画社会群体。"子群"的形式化概念是通过子群体中成员的总体凝聚性来界定的，这种凝聚性建立在成员之间的某些特定关系的基础上。在社会网络研究中，没有明确的"凝聚子群"定义。大体上来说，"凝聚子群是满足如下条件的一个行动者子集合，即在此集合中的行动者之间具有相对较强的、直接的、紧密的、经常的或者积极的关系"（Wasserman，1994）。正是可以从多个角度理解和分析"较强的、直接的、紧密的、经常的或者积极的"等特征，因此，凝聚子群的概念和定义也有多种。总体而言，可以从以下四个方面或角度考察凝聚子群：①关系的互惠性；②子群成员之间的接近性或者可达性；③子群内部成员之间关系的频次（节点的度）；④子群内部成员之间的关系强度或频次相对于内、外部成员之间的关系的强度或频次。

具体来说，在关系的互惠性基础上考察凝聚子群，可以把网络中各个成员之间关系的相互性作为切入点，也就是说，考察任何一对成员是否相互"选择"，是否互为邻接点（直接相连）；建立在成员之间的可达性基础上的凝聚子群的关注点是子群各个成员之间是否可达，但是不要求都邻接；建立在成员之间关系的频次基础上的凝聚子群分析主要关注子群内部成员之间的关系频次；建立在"相对强度或频次"基础上的凝聚子群概念，则关注子群中的成员相对于网络中其他行动者来说是否更为紧密，是否具有相对较高的凝聚力。

这几类凝聚子群概念的侧重点不同，与之对应的分析方法所关注的社会网络指标也不同。另外，同一个凝聚子群概念在不同性质网络中的含义也不同，例如"派系"这个概念在"无向关系网络"和"多值关系网"中的含义就有所不同。

第二节　基于互惠性的凝聚子群

建立在互惠性基础上的凝聚子群主要是派系（Cliques）。派系是最基本的凝聚子群概念。最初，社会网络学者主要针对小群体中具有积极意义的关系进行凝聚子群分析，这种分析的最新发展是找出可以"分派"的子群。对于二元有向关系网络而言，"派系"常常是指这样的一个子群体，其成员之间的关系都是互惠的，并且不能向其中加入任何一个成员，否则将改变派系的性质。

一　无向网络中的派系

在一个网络中，"派系"是至少包含三个节点的最大完备子图（Maximal Complete Sub-graph）。这里需要强调三点：首先，派系的成员至少包含三个节点，之所以如此要求，主要是为了明确一个互惠对（Mutual Dyad）不构成派系；其次，派系是"完备"的，其中任何两个节点之间都是直接相连的，都是邻接的；最后，派系是"最大"的，不存在任何与派系中所有节点都有关联的其他节点，否则将改变其"完备性"。

对于无向网络而言，若含有 n 个节点的子图边数恰好等于 $n(n-1)/2$，则称该子图为无向完备子图。一个派系就是图中的一个节点子集（Sub-Set），其中，任何一对节点都由一条边直接连接，构成一个无向完备子图，并且该派系不被其他任何派系所包含。如图 6-1 所示，网络中一个 3 节点派系包含三条边，一个 4 节点派系包含 6 条边，5 节点派系有 10 条边，以此类推。在图 6-2 所示的网络中，节点集 {1，2，3} 构成一个派系，而节点集 {4，5，6，7} 不构成派系，因为该集合并非构成了完备的图形结构。

派系具有以下性质：①派系的密度为 1；②在一个包含 n 个节点的派系

中，任何一个成员都与其他 $n-1$ 个成员直接相连；③派系中任何两点之间的距离都是 1；④派系中的所有三方组关系都具有传递性。派系的这些特性决定了派系具有特定的结构。例如，一个网络中如果存在 3 个节点、4 个节点或 5 个节点的派系，那么它们的结构一定与图 6-1 一致。

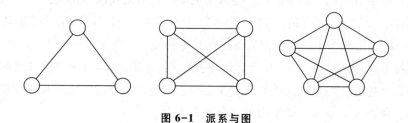

图 6-1 派系与图

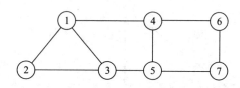

图 6-2 派系与非派系

如果一个网络可以分为几个部分，每个部分内部节点之间存在关联，但是各个部分之间没有关联，就把这些部分称为成分（Component）。一个网络中的孤立点也是成分，有几个孤立点，就至少有几个成分。网络中成分之间不存在关联，这一要求过于严格，在现实生活中存在的可能性不大。派系的概念要比成分概念更严格。一个成分中的所有节点之间不要求都是邻接的，如图 6-3 中的点集 {1，2，3，4}；而一个派系中的节点必须都邻接，如图 6-3 中的点集 {5，6，7}。一个成分是最大的关联图（所有的节点都通过特定路径相连），而一个派系是最大的完全关联图（所有节点都必须是相互邻接的）。

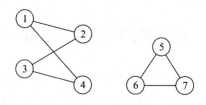

图 6-3 成分与派系

二 有向网络中的派系

在有向网络中，根据派系的定义，只有"互惠"关系才能构成派系。因此，分析有向图中的派系，一定针对的是行动者之间的互惠关系，且这种要求往往是比较严格的。对于有向图，若含有 n 个节点的子图边数为 $n(n-1)$，则称该子图为有向完备子图，即构成一个派系。

图6-4中节点集 {3，4，5，6} 构成一个派系。节点1和节点2之间的关系是互惠的，但是节点1和节点3之间、节点3和节点2之间只存在单向关系，所以这3个节点就不构成一个派系。

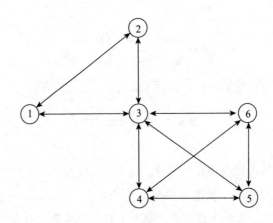

图6-4 有向网络中的派系

有向网络中派系概念显然比无向网络更为严格。因此，有向网络中的派系被称为强派系（Strong Cliques），而无向网络中的派系被称为弱派系（Weak Cliques）。例如，图6-4中由节点集 {3，4，5，6} 构成的派系为强派系，图6-2中由节点集 {1，2，3} 构成的派系为弱派系。

三 赋权网络中的派系

在现实生活中，个体之间的关系不是简单的0-1测度，而是更复杂的赋权测度。例如，人们往往把朋友关系分为几类，包括"密友""好友""一般朋友""一面之交的朋友"等；又如，在研究国际贸易时，贸易额不是"1"

和 "0" 这样的二值数据，而是连续取值的。在一个赋权网络中，研究凝聚子群的目的是找到其中的一些相互联系比较紧密并且具有凝聚力的小群体。

既然网络关系无法用 0-1 表示，那么赋权网络的派系概念就不是只有一类，而是有多类。具体地说，在一个赋权网络中，一个在 C 层次上的派系指的是该网络中存在任何一对节点之间的关系强度都不小于 C 的子图，并且在该子图外的任何节点到该子图内节点的关系强度都小于 C。C 可以有不同的取值，因此 C 层次上的派系也可以有多种。需要注意的是，如图 6-5 所示的赋权网络中存在 C_1 和 C_2 派系，并且 $C_1 > C_2$。显然，C_1 层次派系将包含在 C_2 层次派系之中，即 C_1 层次派系是 C_2 层次派系的真子集。在如图 6-5 所示的赋权网络中，节点集 {2，3，4，5} 构成 2 层次上的派系，节点集 {3，4，5} 构成 3 层次上的派系，其中 {3，4，5} 是 {2，3，4，5} 的真子集。

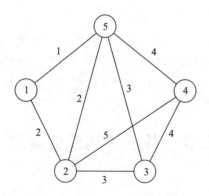

图 6-5 赋权网络的 C 层次派系

一般而言，规模较小的赋权网络比较容易找到派系，而规模较大的赋权网络的派系分析一般比较困难。这时研究者可以通过电脑编程进行分析。在 UCINET 软件中，不能直接进行赋权网络的派系分析，一般先根据设定的 C 值对赋权网络进行二值化处理，如果关系的权值大于或等于 C，关系取值为 1，即相应的边保留；否则关系取值为 0，去掉相应的边。这样可以利用 UCINET 软件对得到的相应 0-1 网络进行派系分析。

四 对派系的进一步说明

如果研究网络中关系紧密的小群体，派系无疑是最常采用的凝聚子群概念。但是，派系概念在使用中需要注意以下问题。

一方面，派系概念太严格。派系是完备子图，因此派系中只要去掉任意一条边，该子图就不再是派系。虽然在实践中该子图的关系直觉上依旧是较强的、直接的、紧密的、经常的或者积极的，但对于有向图中的一个子图而言，只有当它的成员之间都是互惠关系时，该群体才能成为一个派系；在赋权网络中，只有成员之间的关系取值都不小于 C 时，才能成为 C 层次的派系。显然，由于定义过于严格，现实生活中规模比较大的互动群体，往往不能作为派系对其进行分析。由于现实社会网络一般都比较稀疏，因此从网络中析取的派系的规模一般都比较小，并且有很多重叠。

另一方面，派系的成员之间在结构上没有任何区别。既然派系是最大的完备子图，那么派系中的所有成员在结构意义上是无差别的，即每个节点在派系这一子网络中的社会网络指标都相同，这样就导致通过结构来讨论相关社会问题会比较困难。

由于派系概念太严格，放松对派系概念的严格限制，就可以得到其他凝聚子群概念。第一种放松方式是采用"可达性""路径距离""直径"等概念来界定凝聚子群；第二种放松方式是采用"点的度数"来界定凝聚子群。

第三节　基于可达性的凝聚子群

一　n-派系

在现实生活中，行动者之间的关系未必是直接的，也可以是间接的，即可达。例如，传播谣言、通过关系找工作的社会过程往往需要第三者参与，而这些行动者之间的关系往往不像派系那样紧密。因此，联系不紧密的小群体也可以被称为"凝聚子群"。基于可达性（Reachability）的两个凝聚子群概念分别是 n-派系（n-cliques）和 n-宗派（n-clan）。

1. 无向网络中的 n-派系

对于无向图 G（0-1 网络），n-派系是图 G 中满足以下条件的子图：子图中任意两个节点在图 G 中的测地线距离不超过 n。一般认为，n-派系概念比较接近于日常生活中人们对派系的理解。一个 1-派系实际上就是最大完备子图，也就是上述的"派系"。一个 2-派系则是这样的一个子群：其成员间或者直接相连（距离为 1），或者通过一个共同邻点间接相连（距离为 2）。$n=2$ 常常是一个比较好的临界值，在实际分析中，n 的大小要由研究者自己决定；n 越大，对子群内成员限制的标准就越松散。如图 6-6 所示，3-派系比 2-派系更松散。n 可能取的最大值就是网络的直径，在实际 n-派系分析中，n 的取值要远远小于最大值。

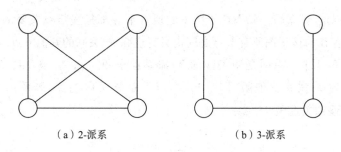

（a）2-派系　　　　　　　　（b）3-派系

图 6-6　基于可达的无向网络中的派系

2. 有向网络中的 n-派系

在一个有向网络中，节点 i 到节点 j 的一条"路径"指的是从节点 i 出发指向节点 j。"路径"的长度是节点 i 和节点 j 之间边的条数（方向相同，节点和边不同，即在路径上节点和边都不能重复）。节点 i 到节点 j 的一条"半路径"（Semipath）指的是从节点 i 出发指向节点 j 的、由各不相同的点和边构成的序列。有向网络中的路径要考虑到关系的方向，而"半路径"不考虑方向；半路径的长度也是节点 i 和节点 j 之间的边的数目。

对于节点 i 和节点 j 来说，连接二者之间的长度为 n 的路径可能有以下四种关联性：①n-弱关联性（Weakly n-connected），如果它们之间通过一条长度不超过 n 的半路径连接；②单向 n-关联性（Unilaterally n-connected），如果它们之间存在一条从节点 i 指向节点 j，并且长度不超过 n 的路径，或者存在一条从节点 j 指向节点 i，并且长度不超过 n 的路径；③n-强关联性（Strong n-connected），如果它们之间存在一条从节点 i 指向节点 j，长度不超过 n 的路径，并且存在一条从节点 j 指向节点 i，长度不超过 n 的路径，从节点 i 指向的路径中包含的点和边可能不同于从节点 j 指向的路径中的点和边；④n-递归关联性（Recursvbely n-connected），如果它们是 n-强关联的，并且从节点 i 指向节点 j 的路径与从节点 j 指向节点 i 的路径包含相同的点和边，只是方向相反。

这四种关联性依次递进，越来越严格。与上述四种关联性相对应，有向关

系网络中的 n-派系也有以下四类：①弱关联的 n-派系，如果该子图中的所有节点都是 n-弱关联的，并且在总图中不存在与该子图所有节点之间具有 n-弱关联关系的其他节点；②单向关联的 n-派系，如果该子图中的所有节点都是单向 n-关联的，并且总图中不存在与该子图所有节点之间具有单向 n-关联的其他节点；③强关联的 n-派系，如果该子图中的所有节点都是 n-强关联的，并且在总图中不存在与该子图所有节点之间具有单向 n-强关联的其他节点；④递归关联的 n-派系，如果该子图中的所有节点都是递归 n-关联的，并且在总图中不存在与该子图所有节点之间也具有递归 n-关联的其他节点。

在图 6-7 中，总图是弱关联的 2-派系；子图 $\{1, 2, 3, 4, 5, 7\}$ 是单向关联的 2-派系；子图 $\{1, 3, 4, 7\}$ 是强关联的 2-派系；子图 $\{1, 3, 4\}$ 是递归关联的 1-派系。

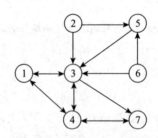

图 6-7　有向网络中的 n-派系

3. 赋权网络中的 n-派系

在一个赋权网络中，确定 n-派系的基础是了解子群成员之间的各条边所赋予的权重值。在上一节中，已经介绍了赋权关系网络中的 C 层次派系的含义。与之类似，在一个赋权关系网络中，如果两个节点之间存在一条 C 层次途径，就说这两个节点在 C 层次上是可达的。那么，C 层次的 n-派系就是这种子群：其中所有节点之间的测地线（最短路径）上的所有边的取值都不小于 C。因此，在多值图中，一个 C 层次的 n-派系就包含了所有相互之间通过长度不超过 n 的途径在 C 层次上可达的成员，或者说其中的每对成员之间的途径都在 C 层次派系之内，也就是说，所有节点之间测地线上的所有边的取值都不小于 C。在如图 6-5 所示的赋权网络中，节点集 $\{2, 3, 4, 5\}$ 在 3 层次上成为 2-派系，而节点集 $\{3, 4, 5\}$ 构成 3 层次上的 1-派系，节点 2 无法与节点集 $\{3, 4, 5\}$ 构成 3 层次上的 1-派系，因为节点 2 与节点 5 之间的权重小于 3。

　　赋权网络中的 n-派系实际上是通过将赋权网络依据一定的条件转化为 0-1 网络而实现的，通常要满足两个条件：①存在一个权重阈值将边二值化，即此处的参数 C；②忽略权重差异，只关注权重是否达到阈值而不关注其绝对大小。

　　4. 对 n-派系的评价

　　虽然 n-派系在派系概念上进行了放松，提高了在实际应用中的可操作性，但是仍然存在两方面的不足。一方面，当 n 大于 2 的时候，很难给出 n-派系的社会学解释。距离为 2 的关系可以直接解释为那些有共同邻居的人之间的关系，该邻居可以起到中间人的作用；然而，距离大于 2 则表明需要经过较多的中间人才能形成 n-派系，直观上不能很好地满足凝聚子群内关系紧密的要求。另一方面，作为子图 n-派系的直径可能大于 n。如图 6-8 所示，图 6-8（b）是图 6-8（a）的一个 2-派系，但是图 6-8（b）网络的直径为 3，导致对这个 2-派系的直观感觉是"不紧密"。

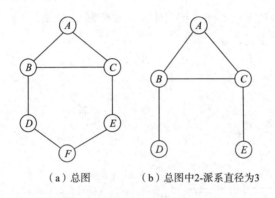

（a）总图　　　　　（b）总图中2-派系直径为3

图 6-8　子图 n-派系的直径大于 n

二　n-宗派

　　莫坎（Mokken，1979）提出的 n-宗派（n-clan）概念，是对 n-派系的进一步完善。所谓 n-宗派是图 G 中满足以下条件的子图：子图中任意两个节点在该子图中的测地线距离都不超过 n。n-宗派与 n-派系都是子图，二者之间的最主要区别在于对"距离"的理解上。n-派系定义中的距离指的是两个节点在"总图"或原图中的距离，而 n-宗派定义中的距离指的是两个节点在"子图"中的距离。应该说，n-宗派概念比 n-派系概念更严格一些；或者说，任何 n-宗派都是 n-派系，反之不成立。图 6-8 展示了 n-派系与 n-宗派之间的区别，图 6-8（a）为原图，图 6-8（b）为提取其部分节点形成的子图。在原图中，子图中任意两个节点之间的测地线距离均不超过 2（即子图中任意两点在原图中的距离），而在子图中，由于缺少节点 F，节点 D 和节点 E 之间的测地线为 $D—B—C—E$，测地线距离为 3。因此，图 6-8（b）是 3-宗派，同时也是 2-派系，自然也是 3-派系。

第四节 基于度的凝聚子群

如果去掉网络中的一个或几个节点，该网络的结构不会受到太大的影响，则称该网络是稳健的（Robust）；反之则是不稳健的，即具有"脆弱性"（Vulnerability）。如图 6-9（a）所示的网络，去掉节点 3，网络的结构会发生很大变化，而对于图 6-9（b）而言，去掉网络中任意一个节点，对网络结构产生的影响相对较小。

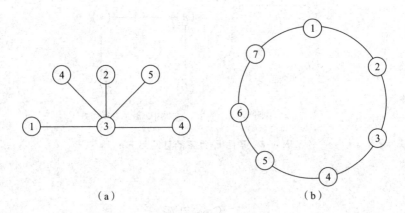

（a）　　　　　　　　　（b）

图 6-9 网络的稳健性

删除节点对网络结构的影响，一方面，与节点在该网络中所处的结构位置有关；另一方面，可以看到删除节点后，就是去掉了和该节点直接相连的边，会将该节点的度变为 0。由于 n-派系通常是不稳健的，因此又提出了以点度为基础的凝聚子群概念：k-丛（k-plex）和 k-核（k-core）。

一　k-丛

对于 0-1 无向网络，Seidman 和 Foster（1978）提出了 k-丛概念。一个 k-丛是满足下列条件的一个子图，在该子图中，每个节点都至少与除了 k 个节点之外的其他节点直接相连。换言之，如果一个子图的规模为 n，那么只有当该子图中的任何节点的度数都不小于（n-k）时，才称之为 k-丛。根据定义，当 k=1 时，1-丛中每个节点都与子图中其他 n-1 个节点相连，此时，因为 1-丛是一个最大的完备子图，所以 1-丛也是一个派系。当 k=2 时，每个节点都至少与子图中其他 n-2 个节点相连；当 k=3 时，每个节点都至少与其他 n-3 个节点相连。图 6-10 展示了 n-宗派和 k-丛之间的关系。

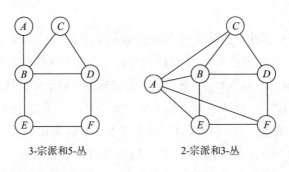

3-宗派和5-丛　　　　　　　2-宗派和3-丛

图 6-10　n-宗派和 k-丛之间的关系

对于同一规模的子图而言，k 值越大，k-丛中每个节点允许缺失的边的数量就越多，内聚力就越小；k 值越小，k-丛中每个节点允许缺失的边的数量就越少，内聚力就越大。

二　k-核

与 k-丛概念相对的是 k-核概念。如果一个子图中的全部节点都至少与该子图中的 k 个其他节点直接相连，则称这样的子图为 k-核，即所有节点的度都大于或等于 k。如图 6-11（a）所示，灰色节点和白色节点都包含 1 个 3-核。如果在图 6-11（a）的基础上加入几条边，其结果如图 6-11（b）所示，整个网络就变成了一个 4-核。一个 2-核不可能拥有那些度小于 2 的节点，同理，一个 3-核，从定义上来说，那些度为 2 或者更小的节点被去掉了，以此类推。和 k-丛不同，k-核要求任意节点至少与子图内至少 k 个节点相连，而 k-丛则要求各个节点都至少与除了 k 个节点之外的其他节点相连。

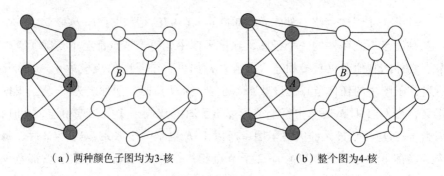

（a）两种颜色子图均为3-核　　　　　　　　　（b）整个图为4-核

图 6-11　k-核

k-核是一个网络中内聚力相对较高的一个子图。一个 k-核的子图可以被分为拥有 $k+1$ 核和没有 $k+1$ 核的两部分。没有 $k+1$ 核的部分被称为 k-遗留（k-remainder）。如图 6-12 所示，一个规模为 6 的子图，所有 6 个节点都和其他节点有联系（即所有节点的度值均大于 0）。因此，当 k 从 0 增加到 1 时，没有消失节点。当 $k+1=1$ 时，所有节点都被包含在 1-核中；当 $k+1=2$ 时，节点 A 和节点 F 被排除出 2-核，因为这两个节点只与一个其他节点相连，因此，这两个节点是 1-核中的遗留节点；当 $k+1=3$ 时，2-核中的所有节点同样在 3-核中，2-核没有新的遗留节点；当 $k+1=4$ 时，节点 D 和节点 E 度值小于 4，不能构成 4 核，而节点 B 和 C 虽然度值达到 4，但并不能形成一个 4 核的凝聚子群，因此，3-核中的所有节点成为遗留节点。表 6-1 展示了不同 k-核下的遗留节点情况。

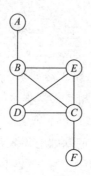

图 6-12　规模为 6 的 k-核网络

表 6-1　不同 k-核下的遗留节点情况

k	遗留节点数	遗留节点占比
0	0	0
1	2	1/3
2	0	0
3	4	1

第五节　基于子群内外关系的凝聚子群

Alba（1973）指出，研究凝聚子群至少需要关注两个方面：一方面是子群内部的关系，另一方面是比较子群内部成员之间的关系强度相对于子群内、外成员之间的关系强度。子群内部的关系与子群之间的关系被称为凝聚子群的"核心-边缘"维度，网络中的子群与其他子群之间的关系，即子群之间的边缘联系，也是本节要讨论的基于子群内外关系的凝聚子群。

一　成分和块

在一个网络中，如果去掉某个节点，整个网络结构就变成两个以上互不关联的成分，那么该节点被称为切点（Cutpoint），各个独立的成分被称为"块"（Blocks）。如图 6-13 所示，节点 2、节点 5、节点 7、节点 8 是 4 个切点。

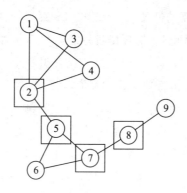

图 6-13　网络中的切点

成分这一概念要求子图之间没有联系而子图内部连通，在一定程度上忽视了子图内部节点间的具体联系。网络中一个孤立点是一个成分，一个连通的整体网络也可以被当作一个成分。显然，这两种特殊的成分在研究中并不被关注。块是成分这一概念在凝聚子群分析中的推广。切点在网络中占据重要的位置，它所代表的行动者一般是重要的，往往扮演着"掮客"或"桥"的角色，起到"中介"的作用。在实际分析中，通常做法是去掉切点，将网络分成不同的块。除了孤立节点之外，一般块内节点的连通性较强，或者块的密度较大，可以帮助研究者发现网络结构和功能分区的重要特征。例如，在一个学生社交网络中，可能存在一些由有着共同爱好的学生组成的块，这些学生在块内交流更频繁，而与块外的学生联系较少；通过分析这些块，可以更好地理解学生之间的社交关系，以及爱好等因素对学生社交网络的影响。

二　LS 集合

LS 集合是一个通过比较子群成员间联系数量和群内成员与外部成员的联系数量来界定凝聚子群的定义。在一个网络中，如果存在满足以下条件的一个节点子集 S，则称该节点子集为 LS 集合：如果该节点子集内的每个真子集合中，存在到该真子集合在 S 中的补集关系都多于该真子集合到 S 外的关系。用数学语言表示，假设存在一个图 G，它所对应的节点集为 N，G 中存在一个子图 G_s，其对应的节点集为 N_s。假设 N_s 中存在一个真子集 S_s（$S_s \subset N_s$），如果任何一个真子集 S_s 的节点到 $N_s - S_s$ 中节点的关系都多于 $N - N_s$ 中节点的关系的话，那么 N_s 就是一个 LS 集合。

LS 集合有一些重要的性质。一方面，LS 集合中所有子集内部的关系数量都多于外部关系，因此 LS 集合相对稳健。另一方面，任意两个 LS 集合要么没有任何共同成员，要么一个 LS 集合包含另一个 LS 集合，即 LS 集合之间不会存在交叉，只会相互独立或相互嵌套。

如图 6-14 所示，以集合 {1，2，3，4} 为例，表 6-2 是其对应的判别列表。集合 {1，2，3，4} 共包含 14 个真子集，每一个真子集内节点到集合内补集节点的关系数量都多于其到集合 {1，2，3，4} 以外节点关系的数量，即到集合 {5，6，7，8，9，10，11，12} 内的节点关系数量。因此，集合 {1，2，3，4} 是一个 LS 集合；而对于集合 {5，6，7，8}，

其真子集 {6，7，8} 内部节点到其补集节点 {5} 的关系数量等于到节点集外的关系数量；真子集 {5，6，8} 与其补集节点 {7} 的情况亦是如此（见表6-3）。因此，集合 {5，6，7，8} 不满足 LS 集合的概念，不是 LS 集合。可以看出，分析 LS 集合是比较麻烦的，尤其是针对节点数量较多的网络，计算复杂度极高。如果要分析一个节点数量为 N 的网络是否为 LS 集合，需要计算其 2^N-2 个非空真子集是否满足条件。例如，一个包含 100 个节点的集合的真子集数量达 $2^{100}-2$ 个，计算量非常大。

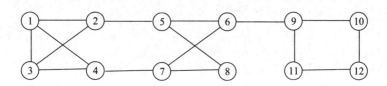

图 6-14　LS 集合

表 6-2　集合 {1，2，3，4} 对应的判别列表

真子集 S_s	N_s-S_s	S_s 到补集的关系数	S_s 到点集外的关系数
{1}	{2，3，4}	3	0
{2}	{1，3，4}	2	1
{3}	{1，2，4}	3	0
{4}	{1，2，3}	2	1
{1，2}	{3，4}	3	1
{1，3}	{2，4}	4	0
{1，4}	{2，3}	3	1
{2，3}	{1，4}	3	1
{2，4}	{1，3}	4	2
{3，4}	{1，2}	3	1
{1，2，3}	{4}	2	1
{1，2，4}	{3}	3	2
{1，3，4}	{2}	2	1
{2，3，4}	{1}	3	2

表 6-3 集合 {5, 6, 7, 8} 对应的判别列表

真子集 S_s	$N_s - S_s$	S_s 到补集的关系数	S_s 到点集外的关系数
{5}	{6, 7, 8}	2	1
{6}	{5, 7, 8}	3	1
{7}	{5, 6, 8}	2	1
{8}	{5, 6, 7}	3	0
{5, 6}	{7, 8}	3	2
{5, 7}	{6, 8}	4	2
{5, 8}	{6, 7}	3	1
{6, 7}	{5, 8}	3	1
{6, 8}	{5, 7}	4	1
{7, 8}	{5, 6}	3	1
{5, 6, 7}	{8}	2	3
{5, 6, 8}	{7}	2	2
{5, 7, 8}	{6}	3	2
{6, 7, 8}	{5}	2	2

三 λ 集合

一个凝聚子群应该是相对稳定的，一般不会因为从中去掉几条边就被分为不同的成分，根据这一思想，学者们对 LS 集合概念进行了拓展，把连通性（Connectivity）引入凝聚子群概念。当某些边从图中删除后，一对节点仍可通过某些路径相连的程度，可以通过节点对的边连通性来测量。一对节点 i 和 j 的边连通性记为 $\lambda(i, j)$，它等于使这两个节点之间不存在任何路径，必须从图中去掉的边的最小数目。$\lambda(i, j)$ 值越大，节点 i 和节点 j 之间的联系越稳健；反之越脆弱。在图 6-15 中，节点 1 和节点 3 之间有多条路径，但是只需要去掉节点 1 和节点 2 之间的连边，节点 1 和节点 3 便不再相连，因此 $\lambda(1, 3) = 1$；而对于节点 2 和节点 3，则需要最少去除 2 条边（如节点 2 与节点 3 的连边以及节点 2 与节点 4 的连边）后才能使节点 2 与节点 3 不再相连，即 $\lambda(2, 3) = 2$。

利用连通性定义 λ 集合（Lambda 集合），其逻辑与 LS 集合类似，考虑节点集 V_s 和子图 G_s 中的节点对。如果对于所有 V_s 中的任意节点对 i 和 j，即 i、$j \in V_s$；并且对于 $k \in V - V_s$（即 k 是 V_s 补集中的节点），有 $\lambda(i, j) >$

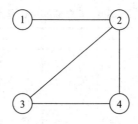

图 6-15　边连通性

$\lambda(i, k)$，那么 V_s 就是一个 λ 集合。

λ 集合表明，网络中的一个节点子集 V_s 自身内部的任何一对节点的边关联度，都大于任何一个由来自 V_s 的一个节点和 V_s 外部一个节点构成的节点对的边关联度。显然，λ 集合中的成员之间不一定是邻接的，因为在该集合中，各个节点之间的路径长度是不加限制的。图 6-16 展示了一个网络的 λ 集合，同一圈内的节点属于同一 λ 集合。表 6-4 展示了与图 6-16 对应的边连通性矩阵，可以看出，节点子集 $\{1, 2, 3, 4\}$ 中的任意两个节点之间的边连通性均大于等于 2，而任意一个节点与子集之外的其他节点的边连通性均小于 2，子集内任意节点对的边连通性均大于其中一个节点与子集外节点的边连通性，因此子集 $\{1, 2, 3, 4\}$ 是一个 λ 集合。如果在其中加入任意一个其他节点，例如节点 5，由于 λ（1，5）<λ（5，6），则集合 $\{1, 2, 3, 4, 5\}$ 不是 λ 集合。

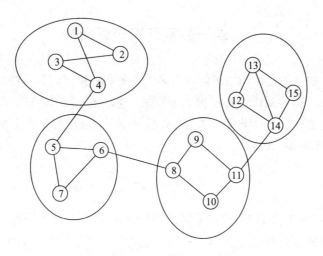

图 6-16　一个网络的 λ 集合

表 6-4　与图 6-16 对应的边连通性矩阵

节点	1	2	3	4	5	6	7	8	9	10	11	12	13	14	15
1	0	2	2	2	1	1	1	1	1	1	1	1	1	1	1
2	2	0	2	2	1	1	1	1	1	1	1	1	1	1	1
3	2	2	0	2	1	1	1	1	1	1	1	1	1	1	1
4	2	2	2	0	1	1	1	1	1	1	1	1	1	1	1
5	1	1	1	1	0	2	2	1	1	1	1	1	1	1	1
6	1	1	1	1	2	0	2	1	1	1	1	1	1	1	1
7	1	1	1	1	2	2	0	1	1	1	1	1	1	1	1
8	1	1	1	1	1	1	1	0	2	2	2	1	1	1	1
9	1	1	1	1	1	1	1	2	0	2	2	1	1	1	1
10	1	1	1	1	1	1	1	2	2	0	2	1	1	1	1
11	1	1	1	1	1	1	1	2	2	2	0	1	1	1	1
12	1	1	1	1	1	1	1	1	1	1	1	0	2	2	2
13	1	1	1	1	1	1	1	1	1	1	1	2	0	3	2
14	1	1	1	1	1	1	1	1	1	1	1	2	2	0	2
15	1	1	1	1	1	1	1	1	1	1	1	2	2	2	0

第六节　分派指数

一　单一关系网络分派指数

在现实中，一个组织中可能存在多个小的利益团体，其对应的整体网络就可能存在不同的凝聚子群，因此测度其子群（派系）分割情况是否严重就显得非常必要，$E-I$ 指数（External-Internal Index）就是一个重要的测度指标（Krackhardt，1988），计算公式为：

$$E-I\ \text{Index} = \frac{EL-IL}{EL+IL} \tag{6-1}$$

公式（6-1）中，EL 代表子群之间的关系数；IL 代表子群内部的关系数，该指数的取值范围为 [-1，+1]。当 $EL=0$ 时，$E-I$ 指数为-1，表明网络完全割裂为不同的子群（成分），且子群之间彼此没有联系；显然，$E-I$ 指数值越接近于-1，表明子群之间的关系越少，关系越趋向于发生在子群之内，意味着派系林立程度越大。当 $IL=0$ 时，$E\text{-}I$ 指数值为1，表明网络完全没有出现"分割"现象，即所有的子群都只有外部联系，内部没有边存在；当 $E\text{-}I$ 指数值接近于1时，表明关系趋向于发生在子群之外，意味着派系林立的程度越小。当 $E\text{-}I$ 指数值接近于0时，表明子群内外关系数量差不多，子群内外关系越趋向平衡。

需要注意的是，$E\text{-}I$ 指数只是计算网络子群分割情况的一个指标，不是指导网络子群划分的指标。只有通过分析，明确网络可以被分为不同的子群时，才能计算 $E\text{-}I$ 指数值。显然，不同的子群分割方式，对应的 $E\text{-}I$ 指数值可能不同。因此，在具体分析中，当 $E\text{-}I$ 指数值为1或者-1时，要格外注意，因为对应的现象在现实生活中并不常见。组织中的个体会以各种方式产生直接或者间接的联系，对应的小团体之间不可能完全割裂不产生联系，因此 $E\text{-}I$ 指数很少等于-1。$E\text{-}I$ 指数值等于-1对应一种特殊情况，即将整个网络视为一个子群，此时 $EL=0$，对于所有网络均成立。$E\text{-}I$ 指数值等于1对应另一种特殊情况，即将网络的每个节点均视为子群，单个节点不存在内部关系，因此 $IL=0$。

在罗家德（2010）的《社会网分析讲义》中，用子群密度与整个群密度之比来表示 $E\text{-}I$ 指数，公式为：

$$E\text{-}I\,指数 = \frac{子群密度}{整个群密度} \tag{6-2}$$

罗家德用这一指标衡量一个大的网络中小团体现象是否严重。他认为，一种糟糕的情况是大团体很散漫，而核心小团体有高度内聚力；另一种糟糕的情况是大团体中有许多内聚力很高的小团体，小团体之间相互斗争。根据这个定义，$E\text{-}I$ 指数值的取值范围不再是 $[-1,1]$，而是 $[0,1]$；$E\text{-}I$ 指数值越大，表明小团体现象越严重。需要注意的是，网络密度与网络规模（即节点数目）紧密相关，在分析时应该考虑小团体的规模。

二　多重关系网络分派指数

单一网络用 $E\text{-}I$ 指数计算分派系数。如果一个网络中存在多种关系，或个体存在多重属性时，用分派指数（Segregation Index）来测量分派情况。根据相关研究者的观点，如果群体成员的某种属性（如性别、性格、贫富等）没有明显的影响力，那么就这种属性而言，关系是随机分布的，因而网络中不会出现严重的分派现象。依据这一思想，可以用理论上期望出现的群体之间的关系数和实际出现的群体之间的关系数的差异来界定分派指数，其计算公式为：

$$Seg = \frac{E(X) - X}{E(X)} \tag{6-3}$$

公式（6-3）中，$E(X)$ 代表群体之间期望出现的关系数，X 代表群体之间实际出现的关系数。要测量分派指数，首先要计算网络中群体之间实际出现的关系数，然后计算群体之间期望出现的关系数。在此之前，需要建立属性与关系的混合矩阵，据此计算不同属性群体之间的交流频次，最后计算分派指数。

以下举例说明分派指数计算过程。考察一个高中班级某兴趣小组中 15 名同学的朋友网络在性别（6 名男生，9 名女生）和性格（内向 6 人，外向 9 人）上的分派情况（见图 6-17）。

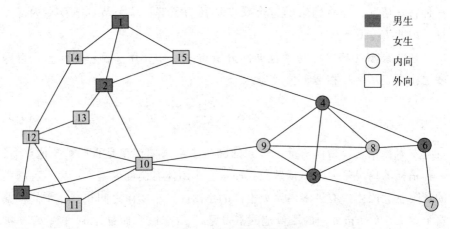

图 6-17　15 名同学的朋友网络

将朋友网络 0-1 矩阵用 A 表示、性别 0-1 矩阵用 S 表示、性格 0-1 矩阵用 P 表示，三个矩阵分别如表 6-5、表 6-6、表 6-7 所示。

表 6-5　15 名同学朋友网络 0-1 矩阵（A）

朋友	1	2	3	4	5	6	7	8	9	10	11	12	13	14	15
1	0	1	0	0	0	0	0	0	0	0	0	0	0	1	1

续表

朋友	1	2	3	4	5	6	7	8	9	10	11	12	13	14	15
2	1	0	0	0	0	0	0	0	0	0	1	0	1	0	1
3	0	0	0	0	0	0	0	0	0	1	1	1	0	0	0
4	0	0	0	0	1	1	0	1	1	0	0	0	0	0	1
5	0	0	0	1	0	0	1	1	1	1	0	0	0	0	0
6	0	0	0	1	0	0	1	0	0	0	0	0	0	0	0
7	0	0	0	0	1	1	0	0	0	0	0	0	0	0	0
8	0	0	0	1	1	1	0	0	0	0	0	0	0	0	0
9	0	0	0	1	1	0	0	0	1	0	1	0	0	0	0
10	0	1	1	0	0	0	0	0	0	0	1	1	0	0	0
11	0	0	1	0	0	0	0	0	0	1	0	1	0	0	0
12	0	0	0	0	0	0	0	0	0	1	1	0	1	0	0
13	0	1	0	0	0	0	0	0	0	0	0	1	0	0	0
14	1	0	0	0	0	0	0	0	0	0	0	0	0	0	1
15	1	1	0	1	0	0	0	0	0	0	0	0	0	0	0

表 6-6　15 名同学性别 0-1 矩阵（S）

性别	1	2	3	4	5	6	7	8	9	10	11	12	13	14	15
男	1	1	1	1	1	1	0	0	0	0	0	0	0	0	0
女	0	0	0	0	0	0	1	1	1	1	1	1	1	1	1

表 6-7　15 名同学性格 0-1 矩阵（P）

性格	1	2	3	4	5	6	7	8	9	10	11	12	13	14	15
内向	0	0	0	1	1	1	1	1	1	0	0	0	0	0	0
外向	1	1	1	0	0	0	0	0	0	1	1	1	1	1	1

接下来计算混合矩阵（M），它等于关系矩阵左乘一个属性矩阵，同时右乘这个属性矩阵的转置。用公式表示为 $M=SAS'$，$M=PAP'$[①]。计算可得性别、性格与朋友关系的混合矩阵如表 6-8 所示。

---

① 在 UCINET 软件中，M 矩阵计算可分两步进行。以第一个公式为例：第一步依次点击 Tools→Matrix Algebra，即可出现对话框；第二步输入 $N=\text{prod}$（S，A），即可得到 SA，点击回车后输入 $M=\text{prod}$（N，S'），即可算出 M，这是一个 2×2 的方阵。

表 6-8　混合矩阵（*M*）

性别与关系混合矩阵			性格与关系混合矩阵		
性别	男	女	性格	内向	外向
男	6	17	内向	20	3
女	17	16	外向	3	30

采用期望值=行边缘和×列边缘和/总和值进行计算，其结果如表 6-9 和表 6-10 所示。

表 6-9　性别观测值与期望值矩阵

性别	男	女	行边缘和
男	6（9.45）	17（13.55）	23
女	17（13.55）	16（19.45）	33
列边缘和	23	33	56

注：括号外数字为观测值，括号内数字为期望值。

表 6-10　性格观测值与期望值矩阵

性格	内向	外向	行边缘和
内向	20（9.45）	3（13.55）	23
外向	3（13.55）	30（19.45）	33
列边缘和	23	33	56

注：括号外数字为观测值，括号内数字为期望值。

根据公式（6-3）计算可得，$Seg_{性别}$ = ［（13.55+13.55）－（17+17）］/（13.55+13.55）= -0.25，$Seg_{性格}$ = ［（13.55+13.55）－（3+3）］/（13.55+13.55）= 0.78。结果表明，不同性别同学之间的朋友关系没有表现出较大的隔离现象，但在不同性格之间存在较大的隔离现象。

第七节　常见软件操作

一　派系、*n*-派系与 *n*-宗派

在分析派系构成时，打开 UCINET 软件，依次点击 Network→Subgroups→

Cliques，选择数据后，即可计算派系划分结果，得到派系数量以及每个派系包含哪些成员等。计算 n-派系时，依次点击 Network → Subgroups → N-Cliques；计算 n-宗派时，依次点击 Network→Subgroups→N-Clan。

下面以朋友网络为例进行演示。图 6-18 展示了派系操作界面，在第一行选中要分析的数据，在第二行中确定派系的最小规模，其他选项选择默认即可。图 6-19 展示了派系计算结果，其中图 6-19（a）为派系划分结果，可以看出朋友网络中共有 11 个派系，且部分节点存在重叠；图 6-19（b）为层次聚类结果，上方的刻度给出了级别，对应重叠的数量。在 UCINET 软件中，不能直接分析赋权网络中的派系，但是可以通过间接计算得出结果。首先，对数据分别根据不同的临界值进行二值化处理，得到多种二值数据矩阵；其次，分别对这些矩阵进行派系分析，即可得到赋权网络分派结果；最后，要注意 n-派系和 n-宗派的操作与派系类似，但在计算前必须填入 n 的值。

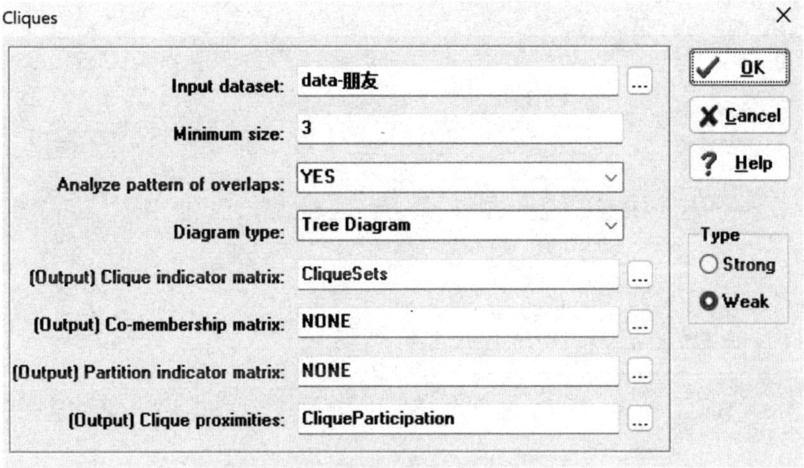

图 6-18　派系操作界面

二　k-丛与 k-核

继续使用朋友网络演示 k-丛和 k-核在 UCINET 中的操作过程。首先计算 k-丛，在导入数据后，依次点击 Network→Subgroups→K-Plexes，会出现

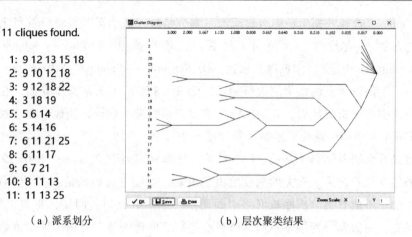

11 cliques found.

　1: 9 12 13 15 18
　2: 9 10 12 18
　3: 9 12 18 22
　4: 3 18 19
　5: 5 6 14
　6: 5 14 16
　7: 6 11 21 25
　8: 6 11 17
　9: 6 7 21
10: 8 11 13
11: 11 13 25

（a）派系划分　　　　　　　　　（b）层次聚类结果

图 6-19　派系计算结果

如图 6-20 所示的 k-丛操作界面，设置 k 值与最小的小团体节点数。为了得到合理的计算结果，在这个过程中可能需要多试几次。

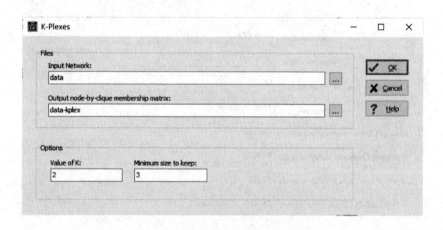

图 6-20　k-丛操作界面

选择 $k=2$，最小的小团体节点数为 3，计算结果如图 6-21 所示，共得到 50 个小团体，表明设定条件太过宽松。如果设定 $k=1$，最小的小团体节点数为 3 会获得 3 个小团体，则表明设定太过严格。设定 $k=3$，最小的小团体节点数为 5，结果如图 6-22 所示，共得到 13 个小团体。

然后计算 k-核，在 UCINET 软件中依次点击 Network → Regions →

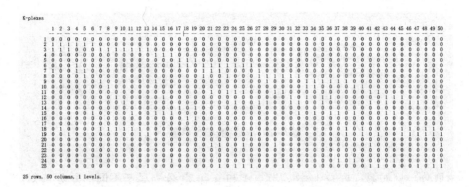

图 6-21　$k=2$，最小的小团体节点数为 3 的 k-丛计算结果

```
K-plexes
              1  2  3  4  5  6  7  8  9 10 11 12 13
           -- -- -- -- -- -- -- -- -- -- -- -- --
        1   0  0  0  0  0  0  0  0  0  0  0  0  0
        2   0  0  0  0  0  0  0  0  0  0  0  0  0
        3   1  1  1  1  1  0  0  0  0  0  0  0  0
        4   0  0  0  0  0  0  0  0  0  0  0  0  0
        5   0  0  0  0  0  0  0  0  0  0  0  0  0
        6   0  0  0  0  0  1  1  1  0  0  0  0  0
        7   0  0  0  0  0  1  1  1  0  0  0  1  0
        8   0  0  0  0  0  1  0  1  0  1  1  1  1
        9   1  1  1  0  0  0  0  0  0  0  0  0  0
       10   1  0  0  0  0  0  0  0  0  0  0  0  0
       11   0  0  0  0  0  1  1  1  0  1  1  1  0
       12   0  1  0  0  0  0  0  0  0  0  0  0  0
       13   0  0  0  1  0  0  0  0  1  1  0  0  0
       14   0  0  0  0  0  0  0  0  0  0  0  0  0
       15   0  0  0  1  0  0  0  0  1  1  0  1  0
       16   0  0  0  0  0  0  0  0  0  0  0  0  0
       17   0  0  0  0  0  0  0  0  0  0  0  0  0
       18   1  1  1  1  0  0  0  0  0  0  0  0  0
       19   1  1  1  1  1  0  0  0  0  0  0  0  0
       20   0  0  0  0  0  0  0  0  0  0  0  0  0
       21   0  0  0  0  0  0  0  0  1  1  1  1  1
       22   0  0  0  0  0  0  0  0  0  0  0  0  0
       23   0  0  0  0  0  0  0  0  0  0  0  0  0
       24   0  0  0  0  0  0  0  0  0  0  0  0  0
       25   0  0  0  0  0  0  1  1  0  1  1  1  1

25 rows, 13 columns, 1 levels.
```

图 6-22　$k=3$，最小的小团体节点数为 5 的 k-丛计算结果

K-Cores，运行并得出结果。在工具栏进入 k-核操作界面，并导入数据，k-核的操作界面如图 6-23 所示。

图 6-24 展示了 k-核的输出结果。图 6-24（a）是 k-核的划分结果，第一行数字是标号，第二行则是不同的 k 值，下方矩阵的值则表明了节点对应

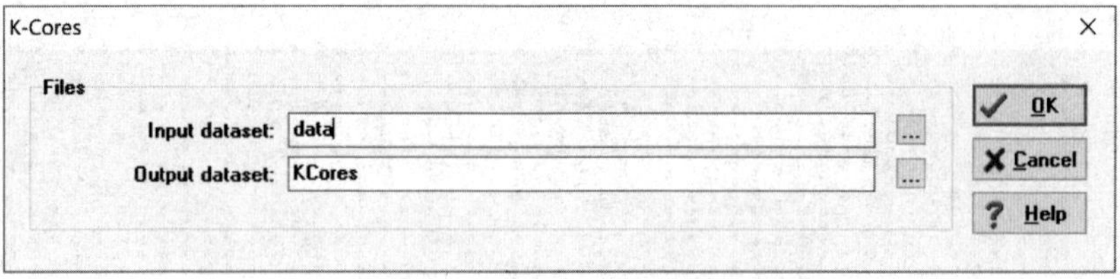

图 6-23　*k*-核的操作界面

的划分。例如第一列是 1-核，节点 1 和节点 23 分别属于不同的划分（对应的值分别为 1 和 3，这两个节点为孤立点），其他所有节点属于同一划分（对应的值均为 2），对应共同属于一个 1-核。图 6-24（b）是节点所属的最大 *k*-核的值，节点 2 对应的核值为 3，表明节点 2 所属的最大 *k*-核是 3-核。

K-core partitions

	1	2	3	4
	1	2	3	4
1	1	1	1	1
2	2	2	2	2
3	2	2	2	3
4	2	3	3	4
5	2	2	4	5
6	2	2	2	6
7	2	2	2	7
8	2	2	2	8
9	2	2	2	9
10	2	2	2	10
11	2	2	2	11
12	2	2	2	9
13	2	2	2	9
14	2	2	5	12
15	2	2	2	9
16	2	2	6	13
17	2	2	7	14
18	2	2	2	9
19	2	2	2	15
20	2	2	8	16
21	2	2	2	17
22	2	2	2	18
23	3	4	9	19
24	2	2	2	20
25	2	2	2	21

25 rows, 4 columns, 1 levels.

1	0
2	3
3	3
4	1
5	2
6	3
7	3
8	3
9	4
10	3
11	3
12	4
13	4
14	2
15	4
16	2
17	2
18	4
19	3
20	2
21	3
22	3
23	0
24	3
25	3

（a）*k*-核划分　　　　（b）*k*-核值

图 6-24　*k*-核的输出结果

三　λ集合

在 UCINET 中依次点击 Network→Subgroups→Lambda Set，图 6-25 展示了 λ 集操作界面。以朋友网络为例，图 6-26 展示了 λ 集计算结果，上方是不同 λ 值下的集合划分，第一列给出了不同的 λ 值，这些数字分别代表不同的"最小边连通性"，与不同的最小边连通性存在不同的 λ 集合的分配情况相对应。可以看出，λ=7 时，λ 集合中只有 13 和 18 两个节点；输出结果中还给出任何两个节点之间的最大流量（即连通性）。

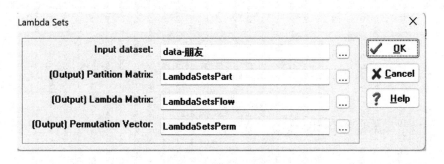

图 6-25　λ 集操作界面

四　分派指数

下面仍然以朋友网络为例演示 E-I 指数的计算过程。图 6-27 展示了 E-I 指数操作界面。其中，第一行选中所要分析的网络数据，第二行为事先准备好的节点划分向量数据，这里使用社群探测算法对朋友网络进行了社群划分，将节点划分为不同社群，社群内联系紧密而社群间连接稀疏，"col 1"为节点社群划分向量名称，这里的意思是数据表中的第一列数据，数据为节点所属的社群编号，其余参数设置选择默认即可。

E-I 指数计算结果如图 6-28 所示。在前两行中，第一列给出了子群体内部关系频次和子群内节点与子群外节点间关系频次，第二列给出了这些频次在总关系值中的占比，第三列给出了在子群体规模已知的情况下可能出现的最大关系值，最后一列的标题为"密度"，表示观察到的关系数

```
HIERARCHICAL LAMBDA SET PARTITIONS

          2   1 1 2       1 1 2 2     1 2 1       1 1 1 1 2
Lambda   1 3 4 6 7 0 3 5 8 4 9 2 4 2 7 0 1 5 6 9 1 2 3 8 5
         ----------------------------------------------------
   7     . . . . . . . . . . . . . . . . . . . . . X X X .
   6     . . . . . . . . . . . . . . . X X X X X X X X X X .
   5     . . . . . . . . . . . . . . . X X X X X X X X X X X
   4     . . . . . . . . . . X X X X X X X X X X X X X X X X
   3     . . . . . . X X X X X X X X X X X X X X X X X X X X
   2     . . X X X X X X X X X X X X X X X X X X X X X X X X
   1     . X X X X X X X X X X X X X X X X X X X X X X X X X
   0     X X X X X X X X X X X X X X X X X X X X X X X X X X
```

Maximum Flow Between Pairs of Nodes

	1	23	4	16	17	20	3	5	8	14	19	22	24	2	7	10	21	15	6	9	11	12	13	18	25
1	25	0	0	0	0	0	0	0	0	0	0	0	0	0	0	0	0	0	0	0	0	0	0	0	0
23	0	25	0	0	0	0	0	0	0	0	0	0	0	0	0	0	0	0	0	0	0	0	0	0	0
4	0	0	25	1	1	1	1	1	1	1	1	1	1	1	1	1	1	1	1	1	1	1	1	1	1
16	0	0	1	25	2	2	2	2	2	2	2	2	2	2	2	2	2	2	2	2	2	2	2	2	2
17	0	0	1	2	25	2	2	2	2	2	2	2	2	2	2	2	2	2	2	2	2	2	2	2	2
20	0	0	1	2	2	25	2	2	2	2	2	2	2	2	2	2	2	2	2	2	2	2	2	2	2
3	0	0	1	2	2	2	25	3	3	3	3	3	3	3	3	3	3	3	3	3	3	3	3	3	3
5	0	0	1	2	2	2	3	25	3	3	3	3	3	3	3	3	3	3	3	3	3	3	3	3	3
8	0	0	1	2	2	2	3	3	25	3	3	3	3	3	3	3	3	3	3	3	3	3	3	3	3
14	0	0	1	2	2	2	3	3	3	25	3	3	3	3	3	3	3	3	3	3	3	3	3	3	3
19	0	0	1	2	2	2	3	3	3	3	25	3	3	3	3	3	3	3	3	3	3	3	3	3	3
22	0	0	1	2	2	2	3	3	3	3	3	25	3	3	3	3	3	3	3	3	3	3	3	3	3
24	0	0	1	2	2	2	3	3	3	3	3	3	25	3	3	3	3	3	3	3	3	3	3	3	3
2	0	0	1	2	2	2	3	3	3	3	3	3	3	25	4	4	4	4	4	4	4	4	4	4	4
7	0	0	1	2	2	2	3	3	3	3	3	3	3	4	25	4	4	4	4	4	4	4	4	4	4
10	0	0	1	2	2	2	3	3	3	3	3	3	3	4	4	25	4	4	4	4	4	4	4	4	4
21	0	0	1	2	2	2	3	3	3	3	3	3	3	4	4	4	25	4	4	4	4	4	4	4	4
15	0	0	1	2	2	2	3	3	3	3	3	3	3	4	4	4	4	25	5	5	5	5	5	5	5
6	0	0	1	2	2	2	3	3	3	3	3	3	3	4	4	4	4	5	25	6	6	6	6	6	5
9	0	0	1	2	2	2	3	3	3	3	3	3	3	4	4	4	4	5	6	25	6	6	6	6	5
11	0	0	1	2	2	2	3	3	3	3	3	3	3	4	4	4	4	5	6	6	25	6	6	6	5
12	0	0	1	2	2	2	3	3	3	3	3	3	3	4	4	4	4	5	6	6	6	25	6	6	5
13	0	0	1	2	2	2	3	3	3	3	3	3	3	4	4	4	4	5	6	6	6	6	25	7	5
18	0	0	1	2	2	2	3	3	3	3	3	3	3	4	4	4	4	5	6	6	6	6	7	25	5
25	0	0	1	2	2	2	3	3	3	3	3	3	3	4	4	4	4	5	5	5	5	5	5	5	25

图 6-26 λ 集计算结果

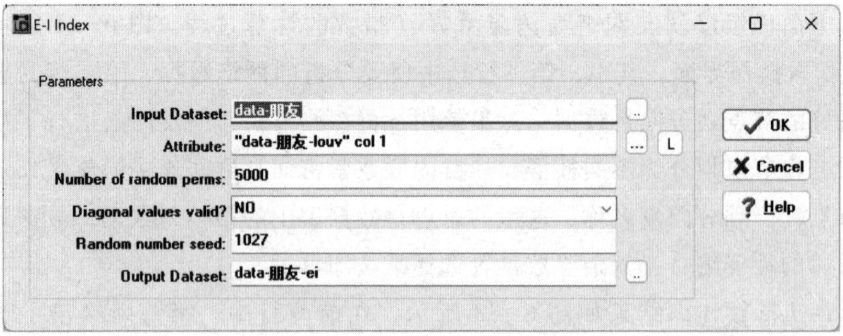

图 6-27 *E-I* 指数操作界面

E-I Index

Parameters

Input Dataset: data-朋友

Attribute: "data-朋友-louv" col 1   L

Number of random perms: 5000

Diagonal values valid? NO

Random number seed: 1027

Output Dataset: data-朋友-ei

✓ OK   ✗ Cancel   ? Help

占可能的最大关系数的比重。朋友网络的 $E\text{-}I$ 指数为 -0.458，并且通过了显著性检验，说明该网络中有明显的分派现象。

```
Whole Network Results

                 1       2        3         4
               Freq     Pct   Possibl   Density

  1  Internal  70.000  0.729  112.000   0.625
  2  External  26.000  0.271  488.000   0.053
  3  E-I      -44.000 -0.458  376.000   0.627


Max possible external ties: 488.000
Max possible internal ties: 112.000

E-I Index: -0.458
Expected value for E-I index is: 0.627

Max possible E-I given density & group sizes: 1.000
Min possible E-I given density & group sizes: -1.000

Re-scaled E-I index: -0.458


Permutation Test
Number of iterations = 5000

                 1       2        3       4        5        6        7
               Obs     Min      Avg     Max      SD  P >= 0b  P <= 0b

  1  Internal  0.729   0.042   0.186   0.458   0.053   0.000    1.000
  2  External  0.271   0.542   0.814   0.958   0.053   1.000    0.000
  3  E-I      -0.458   0.083   0.629   0.917   0.106   1.000    0.000


E-I Index is significant (p < 0.05)
```

图 6-28　 $E\text{-}I$ 指数计算结果

思考与练习

1. 什么是凝聚子群？凝聚子群有哪些类型？

2. n-派系思想有哪些局限性？

3. 简述 k-丛和 k-核概念。

4. 什么是 $E\text{-}I$ 指数？ $E\text{-}I$ 指数和中心性指标有哪些相似和不同之处？

5. 请更改图 6-5 中的任意一条连边，并寻找网络中的 LS 集合。

第七章　核心-边缘结构

与随机网络不同，现实社会网络中或多或少存在一定的"核心-边缘"结构。由于不同国家在经济、政治地位上存在不平等，世界体系呈现"核心-半边缘-边缘"结构（Wallerstein，1974）。这是学术界较早对"核心-边缘"结构的定性认识。随着社会网络理论与方法的不断发展，"核心-边缘"结构的定量分析在很多研究领域（如国家精英、集体行动、科学期刊引文、连锁董事等）得到了应用。本章主要介绍"核心-边缘"结构的概念及类型、离散的和连续的核心-边缘模型及 UCINET 软件的操作。

第一节　核心-边缘结构概念及类型

核心-边缘结构是常见的网络节点不对等模式，既存在于人际关系网络中，也存在于各种组织或空间关系网络中。通常而言，社会网络核心-边缘结构没有统一的定义，只是根据节点间关系的疏密程度按照特定的标准将节点划分为核心组和边缘组。核心组中大部分节点之间关系紧密；而边缘组中只有部分节点与核心节点相连，关系相对稀疏。

对于核心-边缘结构，存在三种情形。第一种情形，当一个群体或网络不能细分为排他性的凝聚子群或派别时，此时不存在核心-边缘结构。换言之，网络中只有一个群体，所有个体都或多或少地属于这个群体。第二种情形，可以将网络中所有节点划分为核心组和边缘组。如果用块模型对其进行分析，输出矩阵会分成两块，其中数字为 1 的块称为"1 块"，代表网络的核心，而数字为 0 的块称为"0 块"，代表网络的边缘。第三种情形，基于欧氏空间中节点的物理中心和边缘来进行划分，网络核心节点包含那些不仅彼此接近而且与网络中所有节点都接近的节点，而边缘节点只与中心相对接近，与其他节点的距离较远。

如何衡量一个网络有无核心-边缘结构，以及核心-边缘结构中"核心"与"边缘"的关联程度是社会网络研究所考虑的话题。在分析核心-边缘结构时，最重要的问题是如何界定"核心"。此外，还需要考虑边缘成员之间、核心与边缘之间是否存在关联等问题。依据数据的类型，可以将核心-边缘结构划分为两类：离散的核心-边缘结构和连续的核心-边缘结构。如果网络数据是品质型数据（定类数据和定序数据），可以分析离散的核心-边缘结构；如果数据是数值型数据（定距数据和定比数据），可以分析连续的核心-边缘结构。

第二节　离散的核心-边缘模型

离散的核心-边缘模型包括两种类型：核心-边缘关联模型和核心-边缘关系缺失模型。核心-边缘关联模型又可细分为三种类型：核心-边缘全关联模型，核心-边缘局部关联模型和核心-边缘无关联模型。具体而言，如果网络中每一核心节点与边缘节点之间都存在连接，则称这种模型为核心-边缘全关联模型；如果核心节点与边缘节点之间不存在任何连接，则称之为核心-边缘无关联模型；而介于两者之间的，即部分核心节点与边缘节点之间存在连接，则称之为核心-边缘局部关联模型。三种核心-边缘关联模型的区别在于核心节点与边缘节点之间连接数量的不同。

如果将核心节点与边缘节点之间的连接看作缺失的，则称之为核心-边缘关联缺失模型。

一　核心-边缘关联模型

1. 核心-边缘全关联模型

从直观层面来理解，核心-边缘全关联模型由两组节点组成：一组节点之间紧密相连，可以看作一个凝聚子群（核心）；另一组节点之间没有连接，但是这组节点与核心组的所有节点都存在连接。图7-1展示了一个核心-边缘全关联网络，表7-1展示了与图7-1（a）核心-边缘网络对应的邻接矩阵。为了强调核心节点之间存在连接、核心节点与部分边缘节点之间也存在连接、边缘节点之间不存在连接，对矩阵进行了分块处理。从上述分析中可以看出，核心节点（节点1、节点2、节点3、节点4）之间两两相连，形成了一个派系，每个边缘节点都与部分核心节点存在连接，而边缘节点之间不存在连接，可以将这种模型称为核心-边缘全关联模型。

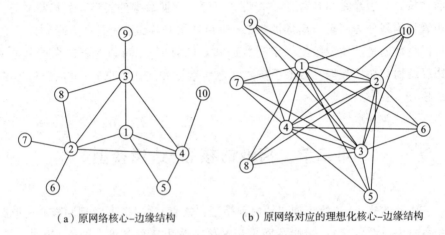

（a）原网络核心-边缘结构　　　　　（b）原网络对应的理想化核心-边缘结构

图7-1　核心—边缘全关联网络

表7-2展示了与表7-1核心-边缘全关联网络对应邻接矩阵的理想化版本，图7-1（b）展示了对应的网络。这种理想的结构模式可以看作是Freeman（1979）的星型网络的推广。在星型网络中，一个核心节点与其他节点直接连接，其他节点之间不存在连接（见图7-2）。为了把星型网络推广到核心-边缘全关联模型之中，只需要在星型网络中将核心节点复制几次，使这些复制的核心节点之间两两相连，并且使复制的核心节点与边缘节点之间进行连接，这样就可以得到如图7-3所示的核心-边缘全关联结构网络。

表7-1　与图7-1（a）核心-边缘网络对应的邻接矩阵

节点	1	2	3	4	5	6	7	8	9	10
1		1	1	1	1	0	0	0	0	0
2	1		1	1	0	1	1	1	0	0
3	1	1		1	0	0	0	1	1	0
4	1	1	1		1	0	0	0	0	1
5	1	0	0	1		0	0	0	0	0

续表

节点	1	2	3	4	5	6	7	8	9	10
6	0	1	0	0	0		0	0	0	0
7	0	1	0	0	0	0		0	0	0
8	0	1	1	0	0	0	0		0	0
9	0	0	1	0	0	0	0	0		0
10	0	0	0	1	0	0	0	0	0	

表 7-2 与图 7-1（b）对应的理想化核心-边缘结构邻接矩阵

节点	1	2	3	4	5	6	7	8	9	10
1		1	1	1	1	1	1	1	1	1
2	1		1	1	1	1	1	1	1	1
3	1	1		1	1	1	1	1	1	1
4	1	1	1		1	1	1	1	1	1
5	1	1	1	1		0	0	0	0	0
6	1	1	1	1	0		0	0	0	0
7	1	1	1	1	0	0		0	0	0
8	1	1	1	1	0	0	0		0	0
9	1	1	1	1	0	0	0	0		0
10	1	1	1	1	0	0	0	0	0	

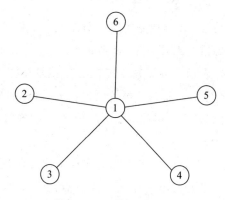

图 7-2 6人星型网络图

实际上，理想化的核心-边缘关系模式在现实中很难观察到。通常情况

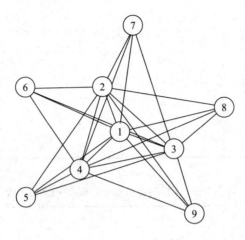

图 7-3 推广的星型网络（核心-边缘全关联结构网络）

下，经验数据只是与理想模型接近，具体表现为：核心节点之间紧密连接，但是未能形成一个派系；边缘节点之间存在少量连接，边缘节点也不必然与所有核心节点之间都存在连接。这样就产生了一个问题，即现实数据与理想模型之间在多大程度上接近？为了解决这个问题，需要一定的指标来度量。公式（7-1）和公式（7-2）提供了一个简单的度量方法：

$$\rho = \sum_{i,j} a_{ij} \delta_{ij} \tag{7-1}$$

$$\delta_{ij} = \begin{cases} 1 & \text{如果} c_i = \text{核心或} c_j = \text{核心} \\ 0 & \text{其他} \end{cases} \tag{7-2}$$

公式（7-1）中，a_{ij} 表示观测网络中节点之间是否存在联系，如果节点 i 和节点 j 之间存在关系，则 $a_{ij}=1$，否则 $a_{ij}=0$。c_i 表示节点 i 所隶属的类型（核心或者边缘），δ_{ij} 表示一种关系在理想情况（即理想模型）下是否存在。如果各个值有固定的分布，那么，当且仅当由 a_{ij} 组成的矩阵 A 和由 δ_{ij} 组成的 Δ 矩阵（称为模式矩阵①）相等时，ρ 的值才会达到最大值，此时观测网络就具有核心-边缘结构。

公式（7-1）实质上是应用于矩阵的非标准化皮尔逊相关系数。对于无向的、非自反网络（即关系是无方向的，节点的关系不指向自身的图）而言，ρ 的值实际上是矩阵上半部分的值（不包含对角线）的皮尔逊相关系数。

---

① 与理想模型对应的矩阵称为模式矩阵。

对于有向网络而言，ρ 的值也包含矩阵下半部分的值；而对于自反网络而言，ρ 的值还要包括对角线上的值。

如果理想模型与观测数据之间的相关系数较大，表明与观测数据对应的网络具有核心-边缘结构。然而，在分析之前有一个前提假定，即存在一个分区，使得每个节点都可以分到核心组，或者分到边缘组。接下来，分别考虑先验给定分区和从数据本身构造分区两种情形。

第一种情形：依据一些标准先验地将节点划分为核心块和边缘块，使用公式（7-1）作为是否存在核心边缘结构的统计检验依据。图 7-4 展示了 25 名同学之间的认识网络，从中可以发现，在开学前认识网络中，节点 9、节点 10、节点 12、节点 13、节点 15、节点 18 联系紧密，假设这些学生在开学后各自去认识新的同学，形成的认识网络可能会是以这 6 名同学为核心，以其他 19 名同学为边缘的核心-边缘结构。为了验证这一假设，需要构建一个 25 个节点的理想网络矩阵（第 1 行到第 6 行的元素都是 1，第 1 列到第 6 列的元素也是 1，其余元素全是 0），命名为 ideal_network。观测网络是调查获得的开学后同学认识网络，命名为 observe_network。然后，使用 QAP 方法计算理想网络与观测网络之间的相关性（具体操作见本书第八章），计算结果如图 7-5 所示，两个网络矩阵之间的相关系数为 0.084，显著性水平为 0.191，大于 0.05。由此可以得出结论：开学后同学认识网络与核心-边缘全关联模型之间关系微弱，先验的假设"开学后同学认识网络是由开学前 6 名同学为核心、19 名同学为边缘形成的核心边缘结构"在统计学意义上不成立。需要说明的是，这个先验的假设没有得到验证，并不等于该同学认识网络不存在核心-边缘结构，只不过需要别的假设而已。

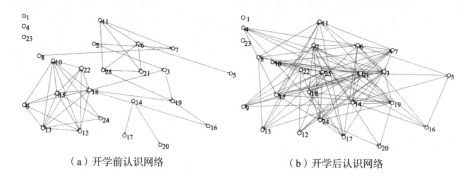

（a）开学前认识网络　　　　　　　（b）开学后认识网络

图 7-4　25 名同学之间的认识网络

这种检验假设的过程也适用于本章其他的核心-边缘模型。

		1 Obs Value	2 Significance	3 Average	4 Std Dev	5 Minimum	6 Maximum	7 Prop >= Obs	8 Prop <= Obs	9 N Obs
1	Pearson Correlation	0.084	0.191	-0.000	0.094	-0.337	0.251	0.191	0.810	5000

图 7-5　开学前同学认识关系理想网络与开学后观测网络相关性检验

第二种情形：以上述方法为基础，构建一个检测核心-边缘结构的算法，而不需要先验划分。使用组合优化技术，如模拟退火（Kirkpatrick et al.，1983）、禁忌搜索（Glover，1989）或遗传算法（Goldberg & Holland，1988）等对网络进行划分，使观测数据与由该划分产生的模式矩阵之间的相关性最大。UCINET 也提供了相应的命令，可以依次点击 Network→Core/Periphery→Categorical 来实现。图 7-6 展示了 25 名同学认识网络核心-边缘结构的计算结果，相关系数为 0.3011，说明认识网络中有一定的核心-边缘结构，但是还远不能达到理想的状态。

```
Core/Periphery fit (correlation) = 0.3011
Core/Periphery Class Memberships:

      Core:  2 3 6 10 13 15 18 21 25
 Periphery:  1 4 5 7 8 9 11 12 14 16 17 19 20 22 23 24

     1     1   2 2 1 1         1   1 1 1 1 1 2   2 2 2   |
     3 2 3 0 6 5 1 8 5   5 8 4 1 7 4 6 7 2 9 0 9 2 3 4 1
    ------------------------------------------------------
13 |       1       1 1 |                 1     1 1       |
 2 |     1   1 1 1 1   |       1 1 1   1   1 1 1     1   |
 3 |   1   1 1 1 1 1 1 |       1 1 1   1 1 1   1     1   |
10 | 1         1 1 1 1 |                 1     1 1   1   |
 6 |           1 1     | 1     1 1 1   1                 |
25 | 1   1 1 1   1   1 |       1 1     1   1         1   |
21 |       1 1 1     1 |       1 1                       |
18 | 1 1 1 1 1 1 1   1 |         1     1 1 1   1 1       |
15 | 1 1 1 1     1 1   |     1 1         1 1   1 1   1   |
   -------------------------------------------------------
 5 |         1   1     |           1 1                   |
 8 | 1       1 1 1     |       1 1                       |
 4 |     1   1   1   1 |               1                 |
11 | 1       1 1 1     |   1     1     1                 |
 7 | 1 1 1 1 1 1 1     |   1   1         1               |
14 | 1 1 1   1   1     | 1           1 1     1           |
16 |         1 1 1 1   | 1         1       1             |
17 |                   |                                 |
12 | 1     1   1 1 1 1 |         1             1 1       |
19 |     1 1   1 1 1 1 |     1 1     1       1 1     1   |
20 |                   |                                 |
 9 | 1     1   1 1 1 1 |                 1               |
22 | 1     1       1 1 |                 1     1     1   |
23 |                   |                                 |
24 | 1 1 1 1     1 1 1 |               1   1 1           |
 1 |                   |                                 |
    -------------------------------------------------------
```

图 7-6　25 名同学认识网络核心-边缘关联模型的计算结果

2. 核心-边缘无关联模型

除了表 7-2 的模式矩阵之外，图 7-1（a）还存在另一种理想网络的模式矩阵。这个理想网络有一个核心，其中的节点紧密相连，在核心之外有一群完全不与任何节点相连的孤立节点，这个网络似乎也符合核心-边缘结构（White et al.，1976）。与该理想网络对应的模式矩阵如表 7-3 所示，这种模型被称为核心-边缘无关联模型。

表 7-3　与图 7-1（a）对应的另一种模式矩阵

节点	1	2	3	4	5	6	7	8	9	10
1		1	1	1	0	0	0	0	0	0
2	1		1	1	0	0	0	0	0	0
3	1	1		1	0	0	0	0	0	0
4	1	1	1		0	0	0	0	0	0
5	0	0	0	0		0	0	0	0	0
6	0	0	0	0	0		0	0	0	0
7	0	0	0	0	0	0		0	0	0
8	0	0	0	0	0	0	0		0	0
9	0	0	0	0	0	0	0	0		0
10	0	0	0	0	0	0	0	0	0	

现实网络观测数据在多大程度上接近这种核心-边缘模型，仍然需要利用相关系数对其进行度量。但是，需要对核心-边缘全关联模型的模式矩阵（Δ）进行相应的修改，如公式（7-3）所示。注意，公式（7-2）中的"或"在公式（7-3）中被改为了"且"。

$$\delta_{ij} = \begin{cases} 1 & \text{如果} c_i = \text{核心且} c_j = \text{核心} \\ 0 & \text{其他} \end{cases} \tag{7-3}$$

公式（7-3）对应的核心-边缘网络结构与常识相悖，因为一般认为边缘群体与核心群体之间或多或少存在一定的关系；而在这种理想模型中，所有的边缘群体成员都是孤立者，他们与核心群体之间不存在任何关系。

在研究中，如果根据某种理论或经验，认为网络数据可能表现为与核心-边缘无关联的结构，就可以尝试进行这种分析。当然，即使没有理论依据，也可以进行这种分析，从而发展相关理论。

3. 核心-边缘部分关联模型

还有一类理想模型介于上述两类模型之间。也就是说，从核心到边缘的关系密度与从边缘到核心的关系密度是介于 0（边缘到边缘的关系密度）和 1（核心到核心的关系密度）之间的。换言之，第三种类型的核心-边缘模型是核心成员与边缘成员之间存在局部关联的模型。

表 7-4 展示了设定 9 次理想模型中核心到边缘的密度值以及相应计算出的理想模型与现实观测数据之间的相关系数。如果有理论依据，可以事先设定理想模型中核心到边缘之间的关系密度，然后检验理想模型与现实数据之间的相关性。

表 7-4　理想模型中核心到边缘密度值及理想模型与现实数据之间的相关系数

理想模型中核心到边缘的密度值	0.1	0.2	0.3	0.4	0.5	0.6	0.7	0.8	0.9
理想模型与现实数据之间的相关系数	0.437	0.428	0.484	0.478	0.491	0.500	0.499	0.497	0.494

从表 7-4 中可以看出，当把理想模型中核心到边缘的密度值设定为 0.6 时，理想模型与现实数据之间的相关系数达到最大。另外，当密度值为 0.6、0.7、0.8、0.9 时，对应的相关系数差异较小。在这种情况下，无法判断现实数据表现出怎样的核心-边缘结构，或哪种模型更好，只能说密度值设定为 0.6 时模型拟合程度更高一些。

这里的关键问题是，根据什么理论来设定密度值，设定多大的值是合理的？对于这个问题，没有标准答案。事实上，往往没有理论依据，这种模型研究在一定意义上来说是在试错。

二　核心-边缘关联缺失模型

在分析核心-边缘结构时，如何设定核心到边缘的密度和边缘到核心的密度通常没有什么理论依据，完全是研究者的偏好。

为了弥补这个缺陷，更好的做法是将矩阵中除了核心区域和边缘区域之外的非对角线区域视为缺失值，使得算法只追求核心区密度最大和边缘区密度最小，而不考虑这些区域之间以及非对角线区域的联系密度，这就是核心-边缘关联缺失模型，其形式化表达如公式（7-4）所示，其中"."表示缺失值。

$$\delta_{ij}=\begin{cases}1 & 如果 c_i = 核心且 c_j = 核心\\ 0 & 如果 c_i = 核心且 c_j = 边缘\\ . & 其他\end{cases} \tag{7-4}$$

图 7-7 展示了将核心-边缘关联缺失模型应用于 25 名同学认识网络的结果。可以看出，相关系数为 0.5525，与核心-边缘全关联模型的相关系数（0.3011）相比有所提高，核心节点从 9 个增加到 11 个。

```
Core/Periphery fit (correlation) = 0.5525

Core/Periphery Class Memberships:

      Core:  2 3 6 7 10 13 15 18 19 21 25
 Periphery:  1 4 5 8 9 11 12 14 16 17 20 22 23 24

       1     1     2 2 1 1 1       1 1   1 1 1 2   2 2 2
       3 2 3 0 6 7 1 5 8 9 5   5 8 1 4 4 7 2 6 0 9 2 3 4 1
      -----------------------------------------------------
  13 |       1         1   1 |             1     1 1       |
   2 |     1   1 1 1 1 1 1   |     1 1   1     1 1     1   |
   3 |   1   1 1 1 1 1 1 1 1 |     1 1   1 1     1     1   |
  10 | 1           1 1 1   1 |             1     1 1   1   |
   6 |           1 1 1       | 1   1 1   1                 |
   7 | 1 1 1 1 1   1 1       |   1 1       1               |
  21 |       1 1 1   1     1 |     1                       |
  25 | 1   1 1 1 1 1     1 1 |     1     1             1   |
  18 | 1 1 1 1 1 1 1 1   1 1 |           1 1     1 1       |
  19 |     1 1     1 1 1   1 |     1   1     1 1 1     1   |
  15 | 1 1 1 1     1   1 1   |     1   1   1     1 1   1   |
      -----------------------------------------------------
   5 |         1   1         |       1       1             |
   8 | 1       1 1 1 1       |     1                       |
  11 | 1       1 1 1 1       |   1       1                 |
  14 | 1 1 1   1   1         | 1         1   1 1           |
   4 |     1   1   1       1 |           1                 |
  17 |                       |                             |
  12 | 1     1   1 1 1 1   1 |                   1 1       |
  16 |         1   1 1 1 1   | 1     1                     |
  20 |                       |                             |
   9 | 1     1     1 1 1   1 |             1               |
  22 | 1     1         1   1 |             1     1     1   |
  23 |                       |                             |
  24 | 1 1 1 1     1   1 1 1 |           1     1           |
   1 |                       |                             |
      -----------------------------------------------------
```

图 7-7　25 名同学认识网络核心-边缘关联缺失模型计算结果

由于在核心-边缘关联缺失模型中没有对核心-边缘块和边缘-核心块的密度施加任何约束，因此该模型既可以分析对称矩阵的核心-边缘结构，也可以分析非对称矩阵的核心-边缘结构。此外，也可以利用离散核心-边缘模型分析赋值矩阵数据。在这种情况下，需要分析“二元理想网络矩阵”与“观测赋值网络矩阵”之间的相关性，等同于对核心-核心关系的均值与边缘-边缘关系的均值之间的差异进行 t 检验，或者在方差未知情况下，对两个小样本均值差进行检验。当块间均值差大于块内均值差时，就可以认为赋值网络中存在核心-边缘结构。

在分析离散的核心-边缘结构时，具体应该采用哪种模型，或哪种模型更好一些，没有统一的答案。总体而言，更推荐核心-边缘关联缺失模型，原因是该模型可以提高拟合度。事实上，这些模型都有其现实性，分析时需要结合具体的网络数据加以考虑，也需要结合研究者的经验和相关理论进行权衡。

第三节　连续的核心-边缘模型

离散的核心-边缘模型的基础是对矩阵进行分区，这种方法的缺陷是仅仅将节点简单地分为核心和边缘两类；但是在一些场景中，核心和边缘的边界并不清晰，存在一些模棱两可的节点。为了弥补离散的核心-边缘模型的缺陷，Borgatti 和 Everett（2000）提出了包含核心、半边缘和边缘三类分区的模型，即连续模型。在连续模型中，每个节点被赋予一个核心度。如果假设网络数据由代表关系强度的连续值组成，简单的方法是继续使用相关性来评估拟合度。连续的核心-边缘模型的模式矩阵定义如下：

$$\delta_{ij} = c_i c_j \qquad\qquad (7-5)$$

公式（7-5）中，c 是非负向量，表示节点的核心度。因此，模式矩阵中核心度都高的节点对有很大的 δ 值，一个节点核心度高而另一个节点核心度不高的节点对有中等的 δ 值，两个核心度都是边缘的节点对有很低的 δ 值。这种特点也可以表述为：两个节点之间的关系强度是这两个节点与核心的接近性程度，或每个节点的合群程度的函数。需要指出的是，当 c 只能取 0 或 1 时，模型就成为核心-边缘关联缺失模型，即离散的核心-边缘关联缺失模型是连续的核心-边缘模型的一个特例。

如果将核心度的概念放在离散模型中，那么进行离散模型的拟合实际上相当于在已知每个节点的核心度要么是 0，要么是 1 的情况下确定节点的核心度到底是 0 还是 1，判断标准是使观测数据矩阵和模式矩阵之间的相关系数达到最大。连续模型的拟合实质上和离散模型相同，只是没有了核心度只能是 0 或 1 的限制。另外，离散模型中的假设检验和拟合同样可以应用在连续模型中。

公式（7-5）适用于连续型的网络数据，但它是否应当适用于二分网络数据并不十分明确。核心度通常是连续的，如果网络数据是二分的，那么衡量模型拟合程度的相关系数就无法达到最大值。这样，虽然核心度算法没有出现问题，但给模型的拟合度评估带来了困难。例如，相关系数为 0.4，在正常情况下可能较小，但在最大可能值为 0.5 时则不然。不幸的是，如果没有一个理论来说明所研究的网络关系是如何产生的，通常就不可能计算出最大值。建立模型的一种方法是给模式矩阵设定一个阈值，例如：

$$\delta_{ij} = \begin{cases} 1 & \text{如果} c_i c_j > \text{阈值} \\ 0 & \text{其他} \end{cases} \tag{7-6}$$

另外，当模式矩阵中两个节点的核心度乘积大于阈值时，这两个节点之间就存在某种关系，赋值为 1；否则，当两个节点的核心度乘积小于或等于该阈值时，这两个节点之间就不存在这种关系，赋值为 0。阈值设定不同，得到的模式矩阵中的元素也不相同。

同时，需要注意"核心度"与"中心度"的关系。按照 Borgatti 和 Everett（2000）的观点，核心度一定是中心度的一种，反之不成立。理由是，中心度高的节点不一定具有高的核心度，如中心度高的节点之间可能没有关系，因而其核心度可能较低；反之，核心度高的节点，其中心度也一定较高。

第四节　常用软件操作

本节主要介绍如何通过 UCINET 软件对 1-模网络[①]数据进行核心-边缘结构分析，采用的数据是某大学一个班级中的 25 名同学在开学之前的认识关系网络，此网络为 1-模 0-1 网络。其中，关系数值为 1，代表对应的两名同学在开学前认识；关系数值为 0，代表对应的两名同学开学前不认识。图7-8 展示了该网络数据的邻接矩阵。

图7-9 展示了核心-边缘分析的操作方法。首先，打开 UCINET 软件，

[①] 1-模网络是指网络中只有一种类型的节点，不同节点间不存在包含或隶属关系。

开学	1	2	3	4	5	6	7	8	9	10	11	12	13	14	15	16	17	18	19	20	21	22	23	24	25
1																									
2		1		1																					
3	1																1	1							
4																									
5																									
6				1																1		1			
7	1																								
8				1																					
9								1		1	1		1												
10									1		1	1						1	1						
11		1	1															1		1					
12								1		1				1			1								
13								1	1				1				1								
14															1			1							
15								1		1			1					1							
16																1	1								
17																									
18	1							1		1			1	1			1		1						
19												1									1				
20																									
21				1										1							1				
22													1												
23																									
24									1			1		1											
25				1													1		1						

图 7-8　25 名同学开学前认识关系网络的邻接矩阵

依次点击 Network→Core/Periphery，之后出现的三个选项中，Categorical 和

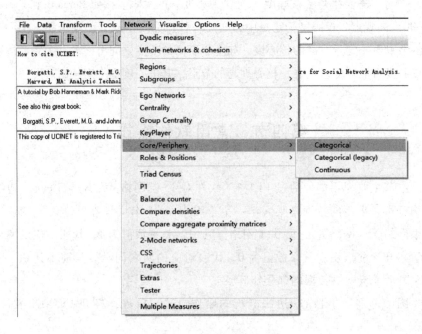

图 7-9　核心-边缘分析的操作方法

Categorical（legacy）① 表示离散数据，Continuous 表示连续数据。由于开学前认识关系网络数据是离散的，所以选择 Categorical。打开后会出现如图 7-10 所示的操作界面。

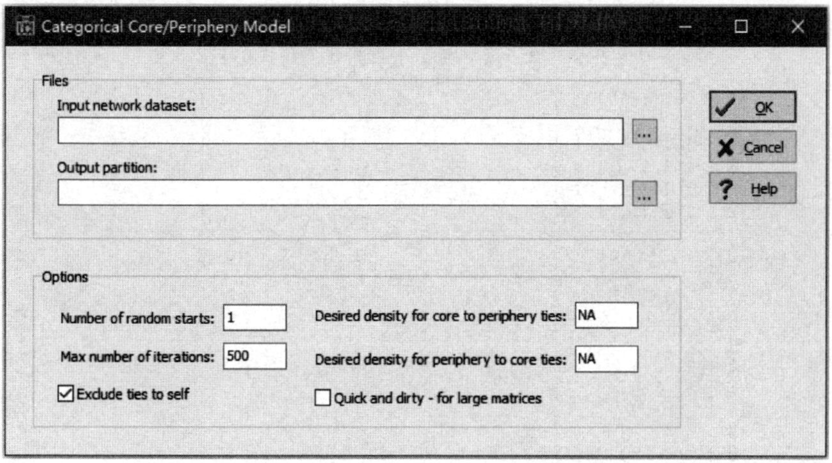

图 7-10　核心-边缘的操作界面

接下来，在 Files 下的 Input network dataset 中选择需要分析的 1-模网络数据的路径。Output partition 为分区结果的保存路径，不加选择即认可默认保存路径。下方 Options 中的一些参数设置，一般选择默认即可。点击 OK，UCINET 会开始对 1-模网络数据的核心-边缘结构进行计算。

图 7-11 展示了 25 名同学认识网络核心-边缘结构的计算结果。可以看出，在开学前认识网络中，25 名同学被分为核心部分与边缘部分，核心部分包括 6 名同学（节点 9、节点 10、节点 12、节点 13、节点 15、节点 18），他们在开学前就已经认识；边缘部分包括其余的 19 名同学，他们在开学前不认识彼此。

从图 7-4（a）中可以看到，似乎节点 22 和节点 24 也是核心组中的节点，但从图 7-11 中看到，节点 22 和节点 24 位于边缘组。这种状况表明，从网络图中观察核心-边缘结构可能会发生误判，应以计算结果为准。

---

① Categorical（legacy）中的 legacy 表示旧的、过时的技术，可能与新的系统或软件不兼容。

```
Core/Periphery fit (correlation) = 0.6963

Core/Periphery Class Memberships:

        Core:  9 10 12 13 15 18
   Periphery:  1 2 3 4 5 6 7 8 11 14 16 17 19 20 21 22 23 24 25


        1 1 1   1           1   1   1 1   1 2 2 2 2 2 2
        3 5 0 8 9 2     2 5 7 8 4 1 1 4 3 6 7 6 9 0 1 2 3 4 5
       ---------------------------------------------------
   13  | 1 1 1 1                                 1        |
   15  | 1   1 1 1 1                             1        |
   10  | 1 1   1 1                               1   1    |
   18  | 1 1 1   1 1             1       1       1        |
    9  | 1 1 1 1   1                                      |
   12  | 1 1 1 1 1                               1        |
       |-------------------------------------------------|
    2  |               1       1                          |
    5  |                                                  |
    7  |           1   1                                  |
    8  |               1                                  |
    4  |                                                  |
   11  |               1             1     1         1    |
    1  |                                                  |
   14  |                           1     1               |
    3  |       1       1               1                 |
   16  |       1                       1                 |
   17  |                                                 |
    6  |             1     1                 1       1    |
   19  |                             1               1   |
   20  |                                                 |
   21  |               1                 1           1   |
   22  |   1   1                                          |
   23  |                                                 |
   24  | 1 1 1                                           |
   25  |               1               1 1 1             |
       ---------------------------------------------------
```

图 7-11　25 名同学认识网络核心-边缘结构的计算结果

思考与练习

1. 请使用离散的核心-边缘结构计算同学认识网络的核心度。

2. 请根据核心-边缘结构计算结果分析同学认识网络结构。

3. 核心-边缘结构和块模型有哪些联系？

4. 离散的核心-边缘结构与连续的核心-边缘结构之间有何异同，在实际应用中如何选择？

5. 对于连续的核心-边缘模型，其核心度和中心性有何联系？

第八章 社会网络经典统计模型

社会网络分析，尤其是整体网络分析，有大量的指标可以刻画社会网络的结构特征，借以分析网络结构背后的社会经济含义。除了指标分析之外，也有网络统计模型可以分析网络间的相关关系，以及一个网络对多个其他网络的回归（类似于属性变量间的多元线性回归），这类模型区别于传统回归分析的关键在于前者采用二次指派程序。另一类重要模型是指数随机图模型，这类模型主要从网络自组织、行动者属性和外生情境因素等方面分析社会网络的成因，研究整体网络是如何从局部互动中涌现出来的。本章主要介绍二次指派程序的基本思想、网络相关分析与网络回归分析，以及指数随机图模型的定义、理论和基本原理等内容。

第一节 二次指派程序的基本思想及网络相关分析

二次指派程序（Quadratic Assignment Procedure，QAP）是一种对两个或多个方阵的相似性进行比较的方法，能够通过比较不同方阵，得出矩阵之间的相关系数，并对相关系数的显著性进行非参数检验。

一 二次指派程序产生过程及思想

在 QAP 方法产生之前，计算网络之间的相关性存在两个方面的问题。一方面是数据格式问题。社会网络有多种表现形式，如邻接矩阵、图、邻接列表等，这些形式不是统计分析常用的数据格式，网络相关运算要求数据可以被表示成向量形式。另一方面是虚假相关问题。假定一个特定的人群，根据朋友、同事、帮助、讨论等内容构成不同的关系网络，这些网络一定是某个最基本网络的子网，从这个意义上来说，这些网络之间具有一定相关性。

QAP 方法的提出经历了一个发展历程。Mantel（1967）提出了一种可以用来分析二元数据的方法，并认为可以用这种方法分析非线性问题和多变量问题。之后，Baker 和 Hubert（1981）提出了一种基于重新指派来计算显著性的方法，这种方法是一种非参数检验，通过对数据进行重新排列获得某些统计量的分布，并使用这种分布检验原始数据统计量的显著性。Krackhardt（1988）在 Baker 等人方法的基础上，提出了计算网络相关系数的 QAP 方法：首先计算向量化的邻接矩阵的相关系数；其次对一个邻接矩阵进行随机重排，并重新计算新的相关系数，不断重复这样的步骤若干次（如 1000 次）就可以得到一个相关系数的分布；最后以这个分布为基础检验最初的相关系数的显著性。在此方法提出后，Krackhardt（1988）又通过一系列的模拟工作，证明了无论是计算两个网络之间的相关性还是计算一个网络对多个网络的回归系数，QAP 方法都比 OLS 方法具有更好的稳健性。

QAP 方法一般分为三步。第一步是将邻接矩阵看成一个长向量（不包含对角线元素），并计算向量之间的相关系数。第二步是对网络进行随机重排，即对网络的邻接矩阵同时进行行交换和相应列交换，这样做的目的是在保持网络结构不变的同时改变若干个节点的排序、重新计算新的相关系数并记录、不断进行重排和计算直到达到要求次数。第三步是利用记录的若干次（如 1000 次）相关系数得到一个相关系数的分布，根据第一步中得到的相关系数在这个分布中的位置来决定该相关系数的显著性。一般来说，如果处于两端 5%（以 0.05 作为显著性水平）的范围内，那么就认为该相关系数是显著的。

二　网络相关分析

在传统统计分析中，两个变量之间相关是指一个变量的值与另一个变量的值有连带关系，即一个变量的值发生变化（或取值不同），另一个变量的值也会发生相应的变化（取值也不同）。两个变量的相关程度用相关系数来表示，不同测量层次①的变量间相关系数的计算公式是不同的。计

① 在社会统计学中，测量层次分为定类、定序、定距和定比测量。

算定序及以上层次的两个变量间相关系数时，不仅要考虑相关的强弱，而且要考虑相关的方向（正相关或负相关）。如果两个变量都是连续变量（定距或定比变量）时，则用皮尔森相关系数测量相关性，公式为：

$$r = \frac{n\sum XY - (\sum X)(\sum Y)}{\sqrt{n(\sum X^2) - (\sum X)^2}\sqrt{n(\sum Y^2) - (\sum Y)^2}} \tag{8-1}$$

根据 QAP 方法，两个网络相关是指两个网络对应的长向量之间相关。在计算两个网络的相关系数时，需要对其中任意一个网络进行重排，而另一网络保持不变。网络相关系数通常是通过计算两个长向量的皮尔森相关系数而得到的，尽管这种计算没有严格遵循两个变量必须是连续变量的要求。在图 8-1 中，朋友网络和帮助网络有部分重合，可以将这两个网络看作长向量，计算得到相关系数为 0.717，说明寻求帮助关系和朋友关系正向相关。

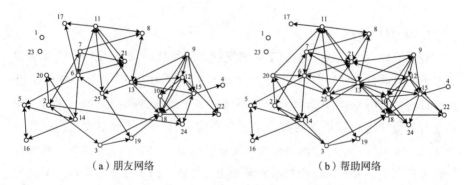

(a) 朋友网络　　　　　　　(b) 帮助网络

图 8-1　朋友网络和帮助网络

朋友网络保持不变，随机将帮助网络邻接矩阵对应的行和列进行交换、根据两个网络长向量计算新的相关系数，重复 5000 次，会得到如图 8-2 所示的相关系数分布。显然，在随机重排后，相关系数分布中的值远小于观测网络数据的相关系数的值，表明朋友网络和帮助网络之间的正向关系在统计意义上是显著的。

QAP 方法实质是控制一个网络结构不变，通过变动另外一个网络中特定节点的标签检验引起的两个网络结构上差异变化的显著性。

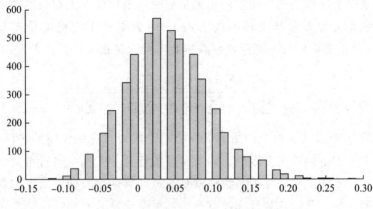

图 8-2　随机重排后相关系数分布

三　网络回归分析

1. MRQAP 分析

有了 QAP 方法之后，类似于传统统计多元线性回归（OLS），同样可以对多个网络进行多元回归 QAP 分析（以下简称"MRQAP"①）。MRQAP 分析的目的是采用 QAP 方法研究一个矩阵对多个矩阵的回归关系，并对判定系数的显著性进行评价。例如，在某个特定人群中形成的朋友、同事、帮助、讨论等网络，以讨论网络作为因变量，以朋友网络、同事网络、帮助网络作为自变量，来分析讨论关系如何受朋友关系、同事关系和帮助关系的影响。运用 MRQAP 分析时分两步进行：第一步，针对自变量矩阵和因变量矩阵对应的长向量元素进行常规的多元回归分析；第二步，对因变量矩阵的各行和各列进行随机置换，然后重新进行回归，保存所有的回归系数值以及判定系数值。重复这个步骤若干次（UCINET 软件可设置次数），以便估计统计量的标准误。对于每个回归系数，该程序将计算出在全部随机置换的次数中，产生的系数大于或等于第一步计算时得到系数的随机置换所占的比重；同时，也给出每个系数对应的 p 值，用以判断回归系数的显著性。

---

① MRQAP 中的 M 和 R 分别是 Mutiple 和 Regression 的首字母缩写，代表多元回归的意思；也就是一个网络作为因变量，其他多个网络作为自变量；回归系数估计方法采用二次指派程序（QAP）。

为便于理解，以传统多元线性回归模型为参照，公式如下：

$$Y = a + b_1 X_1 + b_2 X_2 + \cdots + b_k X_k \qquad (8-2)$$

可以借助公式（8-2）对 MRQAP 做进一步说明。按照 QAP 的思路，网络回归本质上是多个长向量之间的回归，那么可以将公式（8-2）中的 Y 看作因变量网络，因为将其看作长向量 MRQAP 与 OLS 回归没有什么区别。同理，可以将 X_1，X_2，$\cdots$，X_k 看作自变量网络，a 为截距项，b_1，b_2，$\cdots$，b_k 为回归系数。对于网络回归结果的敏感性问题，Dekker 等（2007）提出了新的算法（Double Semi-Partialing，DSP）。DSP 算法要求对数据进行处理后再进行回归，而不是直接使用原始数据进行回归。DSP 算法能够有效解决不同网络自变量不满足独立性假设等问题，成为目前网络回归时主要采用的方法。

2. LRQAP 分析

对于 0-1 网络，采用 QAP 方法也可以进行回归分析，由于该方法类似于传统的 Logistic 回归，因此该方法被命名为 LRQAP[①]。同样可以参照传统 Logistic 回归公式来理解：

$$\ln\left(\frac{P}{1-P}\right) = a + b_1 X_1 + b_2 X_2 + \cdots + b_k X_k \qquad (8-3)$$

在公式（8-3）中，右边字母的含义与公式（8-2）相同，左边的字母 P 表示因变量网络中关系发生与不发生的概率之比。通过 LRQAP 方法，可以得到自变量变化时因变量为某一状态的概率的变化。UCINET 软件中也具备该功能，且从 2016 年开始有研究采用 LRQAP 方法对网络数据进行回归分析，但目前对该方法的合理性研究较少，该方法分为两步。第一步，执行标准的 Logistic 回归。第二步，随机排列因变量网络的行和列（同时）并重新计算回归，保存 r^2 和所有系数的结果值；重复此步骤到规定次数，以估计变量的标准误差。本方法主要研究的是分类关系变量的发生概率，这与 Logistic 回归的常规用法一致。由于大量网络是 0-1 网络，LRQAP 方法适用于对这类网络的预测。

---

① LRQAP 中的 L 表示 Logistic，R 表示 Regression。

第二节 指数随机图模型

一 指数随机图模型的定义

指数随机图模型（Exponential Random Graph Model，ERGM）是研究网络结构的统计模型，可以推断网络关系是如何被模式化的。换句话说，ERGM 是以关系为基础的模型，能够解释社会网络关系是如何出现以及为什么会出现的；该模型关注的是如何通过大量可观测的网络结构来理解现实社会网络的形成特点和结构特征。因此，研究者可以获得对网络视角下的社会系统基本过程的洞察力。

大量社会网络分析是通过各种概括性度量（Summary Measures）来表示一个网络（图 G）。研究者对网络的一些基本结构达成共识，例如边、互惠关系、三方关系等，并将其称为网络构型（Network Configurations），这些构型是网络中基础的、典型的、合理的子图；而构型的概括性度量 z（G），如图 G 中的边数、互惠关系数、中心性度量、三方组谱系（Triad Census）等，被称为网络统计量。用数学术语表述，ERGM 就是根据这些统计量赋予图出现（形成）的概率，公式为：

$$P_\theta(G) = ce^{\theta_1 z_1(G) + \theta_2 z_2(G) + \cdots + \theta_p z_p(G)}$$

$$(8-4)$$

一个给定网络关系发生的概率是通过网络统计量［公式（8-4）中的 z 统计量］的加权求和来给出的，就如同在回归公式中一样，通过指数（其中 c 是归一化常数）中的参数（θ）表示出来。网络统计量是网络构型（Network Configurations）计数，或相应构型数量的函数。总之，网络出现的概率取决于存在多少这样的构型，且各个参数会体现每种构型的重要性。

通常做法是，选择一组具有理论意义的构型来设定一个 ERGM，然后把这个特定的模型应用于可观测的社会网络，参数就会被估计出来。这样允许对数据中的构型（关系模式）进行推断，进而对构型所代表的重要社会过程进行推断。因此，ERGM 是对社会网络的形成特点和结构特征进行实证研究的方法。

需要注意的是，ERGM 不是一个模型，而是一类模型。应用 ERGM 时必须根据数据对模型进行设定（如同选择变量纳入回归模型一样）。模型设定本质上就是选择构型，这些构型与网络结构相关。

二 指数随机图模型理论

指数随机图模型（ERGM）的基本理论假设包括以下几点（Dean et al.，2016）：①社会网络是局部关系互动涌现[①]出来的；②网络关系不仅是自组织的，即关系之间存在依赖，而且还受到行动者属性和其他外生因素的影响；③网络内的局部模式[②]反映了正在进行的结构过程；④网络中多个局部过程可以同时进行[③]；⑤社会网络是结构化的，但每种局部模式是否一定产生特定网络却是随机的[④]。

显而易见，ERGM 并不是理论无涉的，而是蕴含着丰富的理论元素。ERGM 把社会关系的形成看作是局部建构的，其理论涉及局部过程（例如互惠性、传递性、趋同性）。关于多元过程的问题，Monge 和 Contractor（2003）认为，网络研究应该是多理论面向的，应该同时考虑多个理论视角。事实上，ERGM 就是这样的例证。

在 ERGM 的建模过程中，一个明确和特别重要的特征是网络关系是彼此依赖的，即存在网络自组织。因此，一个关系的出现可能会影响其他关系的出现。当然，在一个社会网络中定义个体是相互依存的，这一点很好理解。White 等（1976）在一篇开创性的社会网络文章中指出，传统研究在社会互动理论与方法论视角之间的分歧：一方面，主张理论应该关注互动；另一方面，在经验研究中，却回归到按类别把个体进行聚合。因此，在分析现实问题时，把个体看作没有互动关系的"分析单位"是不够的，应该更现实地把他们看成"社会关系中的行动者"（Abbott，1997）。ERGM 假设网络关系

---

① 涌现（Emergence）通常有两层意思：一是指人或事物大量出现；二是指从低层次向高层次过渡时产生的宏观变化。在描述网络时，采用第二层意思。

② 这里的局部模式是指互惠关系、三方组等网络构型，从整体网络的全局来看，这种模式体现了群体的结构化过程，也就是说，局部静态指标隐含着整体动态过程。

③ 从传统统计学来看，一个社会经济现象可以同时受多种因素的影响。同理，从社会网络分析角度来看，一个社会网络的形成或涌现也可以同时受到多个局部过程的影响，如互惠关系等。

④ 社会网络揭示的是关系结构，所以社会网络是结构化的。由于局部模式产生或形成网络是个概率问题，因此是随机的，这也体现了指数随机图模型中"随机图"的含义，指数则反映了模型的函数形式，与传统 Logistic 回归模型形式一致。

之间存在相互依赖，并将网络特定关系结构（构型）解释为网络形成的重要模式，这在网络理论与实证结合方面是一个重要突破。

虽然 ERGM 有特定的假设，但研究者在运用这种模型时也有相当大的选择自由，因为 ERGM 不是一个模型而是一类模型，可以依据所研究社会网络的结构特征，确定不同类型的构型，进而选择不同的模型。所以，使用 ERGM 模型最重要的挑战是如何依据一个特定理论（或多个理论）将不同的构型纳入模型的社会网络变量。具体地，在阐明网络构型时，无论是以孤立形式还是以组合形式，都反映的是相关理论概念。ERGM 是一个适合检验一系列网络理论的相对开放的框架，检验什么理论取决于研究者的兴趣。一旦研究者把社会理论转换成以关系、定量形式表述的假设，ERGM 就提供了一个可以用来进行统计检验假设的分析框架。

第三节　指数随机图模型的基本原理

一　网络关系变量

对于无向图，一个 n 节点集表示为 $N = \{1, 2, \cdots, n\}$，$i \in N$ 表示"节点 i 属于集合 N"。令 J 是集合 N 所有可能的关系集，$J = \{(i, j): i, j \in N, i \neq j\}$。这个集合不包括节点对 (i, i)，因为不允许出现自连接关系。J 集合中元素个数是 $\binom{n}{2} = \dfrac{n(n-1)}{2}$。对于一个随机模型，出现的关系集 E 是 J 集合的随机子集。如果 $(i, j) \in E$，那么节点 i 和节点 j 之间的边就出现了。对于任意元素 $(i, j) \in J$，一个随机变量 X_{ij} 可以这样定义：如果 $(i, j) \in E$，则 $X_{ij} = 1$；如果 $(i, j) \notin E$，则 $X_{ij} = 0$。有向图的描述与此类似，只是在细节上略有差异，如 J 集合中元素个数为 $n(n-1)$。

这些随机变量 X_{ij} 被称作"关系变量"。关系变量可以用随机邻接矩阵 $X = [X_{ij}]$ 来表示，其中矩阵第 i 行和第 j 列的元素对应于从节点 i 到节点 j 的关系，所有可能的邻接矩阵空间用 X 表示。随机邻接矩阵 X 的一个实现用 $x = (x_{ij})$ 来表示，一个实现是随机邻接矩阵的一个特例。这里，一个实现指的是一个 0-1 矩阵而不是变量。任何可观测网络都是一个实现。

图 8-3 展示了 4 节点网络变量及其实现。其中，图 8-3（a）展示了构

成 4 节点随机图的 6 个关系变量的集合，例如，节点 2 和节点 3 中间的虚线表示关系变量 X_{23}。图 8-3（b）展示了随机图的一个实现，其中节点 2 和节点 3 之间的关系是存在的，用实线表示，但节点 2 和节点 4 之间的关系是缺失的，相应的关系变量的实现分别是 $x_{23}=1$ 和 $x_{24}=0$。

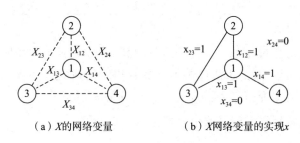

（a）X的网络变量　　　　（b）X网络变量的实现x

图 8-3　4 节点网络变量及其实现

ERGM 关注的焦点是对网络关系形成的过程建模。任何两个个体之间存在的关系，可以用行动者属性变量和网络中其他成员间的关系模式来解释。换句话说，关系出现的概率不仅仅是共享关系的行动者的个体特征的函数，也是网络中其他网络关系存在与否的函数。关系变量之间可能的依赖性是构建网络随机模型时的主要困难。

二　从广义线性模型角度理解指数随机图模型

虽然 ERGM 和广义线性模型（Generalized Linear Models，GLM）有些相似，特别是标准对数线性模型和 Logistic 回归，但是 ERGM 不能（除非是在精确性要求不高的情况下）简化为 Logistic 回归模型。然而，由于 GLM 和 ERGM 的一些基本概念是相同的，因此，可以使用 Logistic 回归中熟悉的术语来阐释这些概念。这样做有助于理解 ERGM 为何不同于 Logistic 回归，即观测值之间的依赖性假设如何发生作用。尽管 Logistic 假设观测值之间是独立的，如图 8-3 所示，但是 ERGM 不是假设观测值之间独立，而是假设观测值之间相互依赖。

假设把观测到的关系解释为协变量或预测变量的函数。例如，关系变量 X_{ij} 的协变量与两个行动者 i 和 j 的个体特征有关，比如行动者 i 和 j 之间的年龄差等。对于 p 个协变量，其二元关系协变量可表示为 $w_{ij,1}$，$w_{ij,2}$，…，$w_{ij,p}$。

对于 GLM，试图寻找 w 的一个函数 η 以及未知参数 θ_1，θ_2，…，θ_p 来实现 $E(X_{ij}) = \eta(w, \theta)$，即 $X_{ij} = 1$ 的概率。对于二分类响应变量 X_{ij}，Logistic 回归估计的未知参数 θ_1，θ_2，…，θ_p（Logistic 回归系数）的 θ 集，可以预测关系出现的概率，Logistic 回归函数为：

$$\Pr(X_{ij} = 1 \mid \theta) = \eta(w, \theta) = \frac{\exp\{\theta_1 w_{ij,1} + \theta_2 w_{ij,2} + \cdots + \theta_p w_{ij,p}\}}{1 + \exp\{\theta_1 w_{ij,1} + \theta_2 w_{ij,2} + \cdots + \theta_p w_{ij,p}\}} \qquad (8-5)$$

如果一个协变量（如 $w_{ij,2}$）表示行动者 i 和 j 是否具有相同的性别，那么相应参数 θ_2 的一个正的估计值表示具有相同性别的行动者之间存在关系的概率更高。依据 logit 或 log-odds，即 $\Pr(X_{ij} = 1 \mid \theta) / \Pr(X_{ij} = 0 \mid \theta)$ 的自然对数，通常更容易解释这个模型：

$$\text{logit}\Pr(X_{ij} = 1 \mid \theta) = \text{logit}\frac{\Pr(X_{ij} = 1 \mid \theta)}{\Pr(X_{ij} = 0 \mid \theta)} = \theta_1 w_{ij,1} + \theta_2 w_{ij,2} + \cdots + \theta_p w_{ij,p} \qquad (8-6)$$

熟悉线性函数和 Logistic 回归的人都熟悉公式（8-6）右边的表达式。参数（θ）度量了与其对应的预测值（w）对关系概率的相对重要性。正值表示关系出现概率增加的效应，负值表示关系出现概率减小的效应。

两对行动者 (i, j) 和 (h, m) 在 log-odds 中的差异，即仅仅在行动者 i 和 j 性别相同（$w_{ij,2} = 1$），且行动者 h 和 m 性别不同（$w_{hm,2} = 0$）方面有区别的协变量时，有以下公式：

$$\frac{\text{logit}\Pr(X_{ij} = 1 \mid \theta)}{\text{logit}\Pr(X_{hm} = 0 \mid \theta)} = \theta_1(w_{ij,1} - w_{hm,1}) + \theta_2(w_{ij,2} - w_{hm,2}) + \cdots + \theta_p(w_{ij,p} - w_{hm,p}) = \theta_2$$

$$(8-7)$$

性别相同的比率是概率比。θ_2 值越大，在其他条件相同的情况下，与不同性别组相比，相同性别组关系出现的概率就越大。这可以看作是在其他条件相同的情况下，从不同性别状态到相同性别状态的关系变化。

对于 ERGM，除了在 Logistic 回归中使用到的外生协变量（如 w 变量）之外，在线性预测变量中还引入了"网络构型"的数量作为协变量。对于这些构型相应参数的解释，与外生协变量参数的解释类似。例如，对应于三角形数的一个正参数，意味着一条关系闭合 2-路径比其不闭合 2-路径更可能发生。在三角形的实例中，关系是否闭合 2-路径取决于三角形另外两条关系是否存在（见图 8-4）。

ERGM 区别于 Logistic 回归的第二个方面，是必须以图的其余部分为条

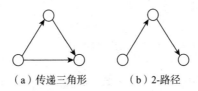

（a）传递三角形　　　　（b）2-路径

图 8-4　三角形与 2-路径

件为每个关系建立模型，即在预测关系 X_{ij} 时，必须考虑可能存在的其他关系。换句话说，ERGM 预测 X_{ij} 的概率，是以网络中可观测的所有其他关系为条件的（记作 X_{-ij}），条件概率写作 $\Pr(X_{ij}=1 \mid X_{-ij}=x_{-ij}, \theta)$。在不考虑二元关系协变量（先前提到的 w 变量）的情况下，仅仅专注于将构型数作为预测变量，那么条件 logit 变为：

$$\text{logit}\ \frac{\Pr(X_{ij}=1 \mid X_{-ij}=x_{-ij}, \theta)}{\Pr(X_{ij}=0 \mid X_{-ij}=x_{-ij}, \theta)} = \theta_1 \delta^+_{ij,1}(x) + \theta_2 \delta^+_{ij,2}(x) + \cdots + \theta_p \delta^+_{ij,p}(x) \qquad (8\text{-}8)$$

函数 $\delta^+_{ij,k}(x)$（$k=1, 2, \cdots, p$）被称为第 k 个构型的"变化统计量"。这些统计量不是单纯地计算图中的构型数（如三角形数量），而是计算构型数从图 $X_{-ij}=x_{-ij}$ 且 $X_{ij}=0$ 到图 $X_{-ij}=x_{-ij}$ 且 $X_{ij}=1$ 的变化量。例如，如果一个协变量是边的数量，那么增加边（i, j）到 $X_{-ij}=x_{-ij}$ 将会导致边的数量增加 1，即 $\delta^+_{ij,\ edge}(x)=1$。当 $x_{ik}=x_{kj}=1$ 时，增加边（i, j）到 $X_{-ij}=x_{-ij}$ 将会导致三角的数量（至少）增加 1，因为这将产生一个新的三角形（$x_{ij}=x_{ik}=x_{kj}=1$）。如果对应三角形数量的参数为正，那么表示三角形数量的增加对关系 $X_{ij}=1$ 的概率有正向的贡献。

需要注意的是，为了计算 $\delta^+_{ij,k}(x)$ 及其条件 logit，需要知道图的其余部分 $X_{-ij}=x_{-ij}$，这是关系相互依赖假设的直接结果，即关系出现的概率取决于网络中其他关系是否存在。本节提到的概率（或概率分布）可以被条件性地解释，即 ERGM 描述了在给定其他条件的情况下，一对行动者有多大可能增加或减少一条关系。这些概率是通过增加或减少提到的这条关系所产生的构型变化的加权贡献来计算的。

为什么预测变量是构型的变化统计量而不是构型的原始数量？公式（8-8）给出了关系 X_{ij} 发生对关系 X_{ij} 不发生的 log-odds 的表达式。在这种情况下，预测变量是从 $x_{ij}=0$ 的图到 $x_{ij}=1$ 的图的变化。

把模型作为所有关系变量的概率来表达的一个等价形式，即联合形式，其中预测变量是构型数，公式为：

$$\Pr(X = x \mid \theta) \equiv P_\theta(x) = \frac{1}{\kappa(\theta)} \exp\{\theta_1 z_1(x) + \theta_2 z_2(x) + \cdots + \theta_p z_p(x)\} \quad (8-9)$$

公式（8-9）是 ERGM 的一般形式。函数 $z_k(x)$（$k = 1, 2, \cdots, p$）是图 x 中的构型数，因此，$z_k(x)$ 相应的变化统计量是 $\delta_{ij,k}^+(x) = z_k(\Delta_{ij}^+ x) - z_k(\Delta_{ij}^- x)$，其中 $\Delta_{ij}^+ x$（$\Delta_{ij}^- x$）表示 x_{ij} 被约束等于 1（0）的矩阵 x。参数衡量各自构型的相对重要性，标准化项 $\kappa(\theta) = \sum_{y \in X} \exp\{\theta_1 z_1(y) + \theta_2 z_2(y) + \cdots + \theta_p z_p(y)\}$ 确保概率质量函数 $P_\theta(x)$ 在所有图上加总之和为 1。

公式（8-9）描述了所有具有 n 个节点的图的概率分布。假设模型中只有一个构型，即边的数量。那么边有一个参数 θ_1 和一个统计量 $z_1(x)$，后者可简单地表示为图 x 中边的数量 L。因此，对于任何一个具有 n 个节点的图 x，具有给定边参数 θ_1 的公式（8-9）将基于边的数量分配一个概率给图 x，然后依据这个概率分布把图看作一个随机图，由于具有公式（8-9）的形式，因此被称为"指数（族）随机图分布"。可以将公式（8-9）的含义理解为：基于特定的局部网络构型构成的图分布，结合对应的参数值构建了整体的图结构。

因为 ERGM 提供了 x 上的图分布，所以这个模型也暗含着一个统计量的分布，给通过考察各种暗含的统计量的分布来研究模型的多种性质提供了方便。这些隐含分布的期望值为 $E_{x \mid \theta}\{z(x)\} = \sum_{x \in X} z(x) P_\theta(x)$。

当然，这种描述是相当抽象的。为了获得一个特定模型，首先需要决定哪些构型是相关的。下面将介绍一些关系变量之间的依赖假设。

三　四种依赖形式

1. 伯努利假设

最简单的依赖形式用伯努利图（Bernoulli Graph）来表示，其中关系变量被假设为独立的。如果关系变量是独立且同分布的伯努利变量，那么，伯努利图被称为"同质的"。伯努利依赖假设定义了伯努利图，其中图的（对数）概率与边数的加权求和成比例。这种假设虽然不切实际，但可以作为比较的基准。

假设随机变量 X 服从伯努利分布，即 0-1 分布，则有：

$$P(X = k) = \begin{cases} P & k = 1 \\ 1 - P & k = 0 \end{cases} \tag{8-10}$$

2. 二元–独立假设

对于有向图，直观形式是考虑从行动者 i 到行动者 j 的关系依赖与从行动者 j 到行动者 i 的关系（见图 8-5）。因此，这个模型不再是针对网络关系的模型，而是针对网络中关系对的模型，这种成对的关系被称作"二元关系"。

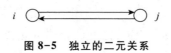

图 8-5　独立的二元关系

3. 马尔可夫依赖假设

Frank 和 Strauss（1986）提出了马尔可夫（Markov）依赖假设，这个假设超越了二元关系。两个关系变量被假设为独立的，除非它们共享同一个节点。根据马尔可夫依赖假设，把图的边看作连接的节点和把图的节点看作连接的边是一回事（同一张图的不同视角）。因为节点 i 连接可能的边 (i, j) 和 (i, h)，所以在图的其余部分不变的条件下，对应于 (i, j) 和 (i, h) 的关系变量是依赖的。

例如，张三是否与李四交谈也许取决于张三是否与王五交谈，因为两条关系都与张三有关。此外，李四与王五交谈的概率也许会受到李四和王五是否都与张三交谈的影响；在马尔可夫假设下，李四和王五之间的可能关系条件依赖于张三和李四的关系，以及张三和王五的关系，此时需要注意三角关系（见图 8-6）。

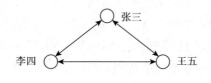

图 8-6　马尔可夫依赖假设

4. 实现–依赖模型

在某些情况下，两个关系变量 X_{ij} 和 X_{hm} 在给定其他网络关系变量的情况下，可以是条件依赖的，即使它们不共享一个节点。这是"部分条件独立假设"，是条件独立概念的推广，指的是给定第三个变量，两个变量统计独立的情况（Dawid, 1979）。在两个变量部分条件独立的情况下，当且仅当第三个关系变量处于特定状态时两个变量是统计独立的。

社会圈依赖假设就是部分条件独立假设的一个例子[1]。不共享同一个节点的两个关系变量 X_{ij} 和 X_{hm} 是条件依赖的，如果行动者 i 和 h 之间存在关系且行动者 j 和 m 之间存在关系；在这种情况下，如果观察到两个关系变量（$x_{ij} x_{hm} = 1$），那么，社会圈依赖关系就构建出来了（见图 8-7）。当行动者 i 和 h 一起工作，且行动者 j 和 m 一起工作时，这种依赖关系刻画的就是典型的合作关系。那么，行动者 i 和 j 之间的合作可能会影响行动者 h 和 m 之间的合作。

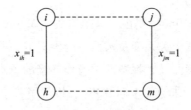

图 8-7　社会圈依赖关系

四　不同类型的模型设定

依赖假设限制了模型中网络关系变量之间构型的类型。目前，知道特定的依赖假设暗含着关系的条件概率会受到某些网络构型的影响就足够了。换言之，基于依赖的性质，如果关系具备这样的构型特点，关系更可能（或更不可能）出现。观测图中的构型数量就成为模型的统计量，这样就考虑了 Logistic 回归中无法纳入的依赖性。不同的模型设定包含了不同的统计量的组合。下面介绍几种基于不同依赖假设的常见模型。

---

[1] 社会圈通常是指由政治、经济、文化等因素组成的关系密集的社会系统，可细分为政治圈、商界圈、文化圈、科技圈和生活圈等；而社会网络分析中的社会圈主要指网络中关系更密集的区域，社会圈可以闭合，如三角形；也可以不闭合，如出-2-星。更形式化的界定见本节社会圈模型部分。

1. 伯努利模型

最简单的 ERGM 是伯努利模型。对于同质性的伯努利模型而言，每一条可能的关系都可以被解释为一枚硬币的独立投掷，即对每条可能的关系，投掷一枚硬币，其中正面向上的概率是 p：如果这枚硬币正面向上，认为关系存在；否则，认为关系不存在。其条件概率的公式为：

$$\Pr(X_{ij} = 1 \mid X_{-ij} = x_{-ij}, \theta) = \Pr(X_{ij} = 1 \mid \theta) = \frac{e^{\theta}}{1 + e^{\theta}} \tag{8-11}$$

关系出现的概率的逻辑由 θ（边参数）来给出。根据公式（8-9），邻接矩阵的联合 ERGM 的概率质量函数为：

$$P_{\theta} = \frac{1}{\kappa(\theta)} \exp\{\theta_L L(x)\} \tag{8-12}$$

参数 θ_L 叫作"边参数"，该参数的相应统计量为边的数量 $L(x) = \sum_{i<j} x_{ij}$。与这个模型相关的只有一个网络构型，即边①。

因为上述模型只考虑关系是否存在，没有考虑关系的方向，因此是针对无向网络的建模。需要说明的是，有向网络的同质性伯努利模型遵循相同的原则，只是关系变量数值是无向图的两倍。

2. 二元关系独立模型

有向网络伯努利模型的一个明显局限是不包含互惠性关系，但互惠性在人类社会中是普遍的。伯努利模型促进了二元关系独立（或 p_1）类型的指数族分布的发展，这些分布由 Holland 和 Leinhardt（1981）以及 Fienberg 和 Wasserman（1981）提出。对于两个行动者（$i, j \in N$），伯努利模型假设 $X_{ij} = x_{ij}$，且 $X_{ji} = x_{ji}$ 的概率是两个边际概率的乘积，类似于两次独立投掷（密度不均匀）硬币。相反，二元关系独立模型允许这些变量是依赖的。尽管如此，依赖性假设是有局限的：模型假设二元关系相互独立，以至于 $X_{ij} = 1$ 的概率仅仅依赖于 x_{ji}。因此，关系变量（X_{ij}, X_{ji}）可以被看作是对节点对（i, j）的独立观察。由于依赖假设比较简单，二元关系独立模型仍然可以使用标准的多分类 Logistic 回归模型进行拟合。

二元关系独立模型最简单形式是互惠性 p^* 模型，其公式为：

---

① 在 ERGM 构型中，有"边"和"弧"的区分。规则是：在无向图中称为边，在有向图中称为"弧"，即网络图中的无向线段称作边，有向线段称作弧。

$$P_\theta(x) = \frac{1}{\kappa(\theta)}\exp\{\theta_L L(x) + \theta_M M(x)\} \tag{8-13}$$

公式（8-13）中，$L(x)$ 是弧的数量，$M(x) = \sum_{i<j} x_{ij}x_{ji}$ 是图中互惠弧的数量。公式（8-13）里有两个构型：弧和互惠弧。对每条二元关系，有 4 种可能的结果，相应概率为：

$$\Pr(X_{ij}=x_{ij}, X_{ji}=x_{ji}\mid\theta) = \begin{cases} \dfrac{1}{k_{ij}(\theta)}x_{ij}=x_{ji}=0 \\[2mm] \dfrac{1}{k_{ij}(\theta)}\exp\{\theta_L\} x_{ij}=1, x_{ji}=0 \\[2mm] \dfrac{1}{k_{ij}(\theta)}\exp\{\theta_L\} x_{ij}=0, x_{ji}=1 \\[2mm] \dfrac{1}{k_{ij}(\theta)}\exp\{2\theta_L+\theta_M\} x_{ij}=x_{ji}=1 \end{cases} \tag{8-14}$$

公式（8-14）中，$k_{ij}(\theta) = 1+2e^{\theta L}+e^{2\theta L+\theta M}$。

在最初的 p_1 类模型中，参数 θ_L 被假设为关系发送者和接收者效应的函数，能够反映一个行动者与他人建立关系和接收关系的倾向。

尽管互惠性通常并不是社会网络数据中遇到的相互依赖的唯一类型，但它是有向网络模型中必不可少的一部分。

3. 马尔可夫模型

（1）无向马尔可夫随机图模型

依据马尔可夫依赖假设所建立的模型，在公式（8-6）中的统计量是不同规模 $[2\leqslant k\leqslant(n-1)]$ k-星 $S_k(x) = \sum_{i\in N}\binom{x_{i+}}{k}$ 的数量，其中 $x_{i+} = \sum_j x_{ij}$ （图 8-8 和图 8-9 分别对应 2-星构型和 3-星构型）以及三角形 $T(x) = \sum_{i<j<k} x_{ij}x_{jk}x_{ki}$ （见图 8-9）的数量。马尔可夫依赖假设说明，如果两个关系变量共享一个节点，那么它们就是条件依赖的。这一点意味着，任何构型必须具有所有关系彼此之间共享节点的关系。进一步发现，这种情况发生的唯一方式是存在边构型，且构型中的所有关系都共享一个节点（即规模为多少的星就有多少条关系），或者存在具有三个节点的三条关系（三角形）。

这样，完整的马尔可夫模型就变为：

$$\Pr(X=x) = \frac{1}{\kappa}\exp[\theta_L L(x) + \theta_{S_2}S_2(x) + \theta_{S_3}S_3(x) + \cdots + \theta_{S_{n-1}}S_{n-1}(x) + \theta_T T(x)]$$

$$\tag{8-15}$$

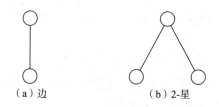

（a）边　　　　　　　（b）2-星

图 8-8　2-星模型中的构型

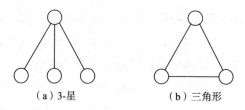

（a）3-星　　　　　　（b）三角形

图 8-9　具有三条边的构型

嵌入在完整马尔可夫模型中的子模型可以通过设置一些参数为 0 来获得。由于高阶构型包含了低阶构型，因此，统计量是嵌套的。一个 3-星包含 3 个 2-星。同样，一个三角形包含三条边。高阶构型代表涉及低阶构型的统计互动，这样就可以做一些推断，如在给定图中边数的情况下推断 2-星构型的关联性，或在给定 2-星的情况下推断三角形的重要性。

将公式（8-15）中不同的统计量设置为 0 会得到不同的模型设定。以下对简单的马尔可夫模型进行详细讨论。

最简单的马尔可夫模型是 2-星模型，将其中高阶星和三角形参数设置为 0，可得：$\theta_{S_3} = \theta_{S_4} = \cdots = \theta_{S_{n-1}} = \theta_T = 0$。那么，该模型中的构型就简化为边和 2-星，其公式为：

$$\Pr(X = x) = \frac{1}{\kappa}\exp\left[\theta_L L(x) + \theta_{S_2} S_2(x)\right] \tag{8-16}$$

2-星统计量可以依据度分布等价地写成 $S_2(x) = \sum_{i<j}\sum_{k\neq i,\,j} x_{ik}x_{kj} = \sum_{j\geq 2}\binom{j}{2}d_j(x)$，其中 d_j 代表度为 j 的节点数量。对于给定的边数，正的 2-星参数会增加具有更多 2-星的图的概率。对于给定的边数，得到更多 2-星的最简单方式是有一些度值大的节点，从而导致偏度分布。度方差 $S =$

$\dfrac{1}{n}\sum_{i=1}^{n}(x_{i+}-\bar{x})^2$ 用于测度中心势（Snijders，1981），展开这个式子，第一

项是以节点 i 为中心的 2-星的求和，即 $x_{i+}^2=\sum_{j,\ h}x_{ij}x_{ih}$ 。因此，拟合 2-星模型就是对每个节点关系的平均数（边参数）和每个节点关系数的方差（2-星参数），即度分布的均值和方差进行建模。

正的三角形参数表示网络闭合或聚类。例如，在朋友网络中，朋友倾向于通过其他朋友来认识朋友，即朋友的朋友是朋友。因为 2-星构型是三角形的一个子图，一个低阶交互项，所以，每当在模型中引入三角形参数时也希望引入 2-星参数。这是因为，如果没有 2-星参数，就无法区分出现更多三角形的趋势是由于 2-星的累积还是由于闭合的效应。

三方组模型可以通过引入 3-星参数来拓展（见图 8-9）。边、2-星参数和 3-星参数分别是针对度分布的均值，标准差和偏度来建模。依据参数解释，正的 2-星和负的 3-星参数通过高度节点显示了一些中心势，但中心势具有上限（通过负 3-星参数来显示）。换句话说，正的 2-星参数显示有多元关系的倾向，但是负 3-星参数显示存在一个临界点，超越这个临界点的额外关系不是人们所希望的（我们不可能与所有人做朋友）。

（2）交替星参数

为了避免从低密度图到高密度图的急剧变化，造成参数估计的不准确，需要抑制高阶星效应，为此引入新的参数："交替星参数"或"几何加权度参数"。交替星统计量是对所有星数量进行加权求和（符号交替出现）。

当模型拟合数据时，在三方组模型中，密度、2-星参数、3-星参数的组合常常会产生具有交替符号的参数（如包含高阶星模型那样）。星参数之所以出现交替符号是基于这样的事实：k-星数量是嵌入的，每个 k-星包含 $\dbinom{k}{j}$ 个 j-星 $(j\leqslant k)$。高阶星是模型中的高阶统计交互项，高阶交互效应项的符号变化在标准广义线性模型方法中是常见的。

依据度分布 $\theta_{d(j)}=\sum_{k\geqslant j}\dbinom{j}{k}\theta_{S(k)}$ 对星参数重新参数化，其中和分别是度为 j 的节点参数和 k-星参数。这样会产生过多的自由参数有待估计。为限制参数的个数，限制 $\theta_{d_j}=\theta_{d_{j-1}}\mathrm{e}^{-\alpha}$ （$\alpha>0$），以几何方式递减形式降低度值大的节点的权重贡献。α 是一个平滑常数，其值要么由研究人员选定，要么作为

参数有待估计。做一点小的修正，$\theta_{d_j} = \theta_{d_{j-1}} e^{-\alpha}$ 就等于星参数上的常数 $\theta_{S(k)} = -\dfrac{\theta_{S(k-1)}}{\lambda}$，其中 $\lambda = \dfrac{e^{\alpha}}{e^{\alpha} - 1}$。将 λ 看作固定常数，这个约束暗含着，有一个交替星参数 θ_S，具有以下统计量：

$$z_s(x;\lambda) = S_2(x) - \frac{S_3(x)}{\lambda} + \cdots + (-1)^k \frac{S_k(x)}{\lambda^{k-2}} + \cdots + (-1)^{n-1} \frac{S_{n-1}(x)}{\lambda^{n-3}} \quad (8\text{-}17)$$

由于 2 阶和 3 阶星的特殊性质，以及与度方差和偏度的关系，除了交替星效应之外，模型有时包含 2 阶和 3 阶星。同时，除了交替星统计量之外，边参数 θ_L 几乎总是被推荐纳入模型。在对 1 星的处理中，交替星统计量不同于几何加权度（GWD）统计量（Snijders et al.，2006）。

对交替星参数 θ_S 的一般解释如下。当 $\lambda > 1$ 时，正参数值显示基于高度节点的中心势，λ 值控制了中心势的数量。因此，更大的 λ 值可以帮助对更高偏度分布的图进行建模。然而，当 θ_S 值为负时，情况相反，以至于度分布在不同节点间相对更平等。尽管 λ 也可以考虑作为一个自由参数有待估计（Hunter & Handcock，2006；Snijders et al.，2006），但在实证分析中通常取 $\lambda = 2$ 是合理的值（Robins & Morris，2007）。

（3）有向马尔可夫模型

与无向图相比，有向图有更多的构型，以至于在一个模型中构型太多而无法纳入所有构型。在有向图马尔可夫模型中，常用的星构型是入-2-星，2-路径和出-2-星，分别由 $IS_2(x) = \sum_i \binom{x_{+i}}{2}$，$P_2(x) = \sum_i \sum_{j,\ h,\ j \neq h} x_{ji} x_{ih}$，和 $OS_2(x) = \sum_i \binom{x_{i+}}{2}$ 表示（见图 8-10）。这些是带有两条弧的 3 个节点构型（Snijders，2002）。有向图中存在两个度分布：入-2-星参数控制入度的变化，出-2-星参数控制出度的变化。因此，从原则上来说，入-2-星和出-2-星参数是对图的聚敛性（Popularity）和扩张性（Activity）的异质性建模；2-路径参数控制了入度和出度之间的相互关系。

有向图的完整马尔可夫模型对全部的三方组谱系进行了参数化（Holland & Leinhardt，1970），这样会有过多的构型需要估计。但是，如果把三角形参数限制为任意两个节点之间仅有一条弧的三个节点组成的三方组，那么构型对应于 3-环和传递三方组（见图 8-11）。传递三方组由一个 2-路径、

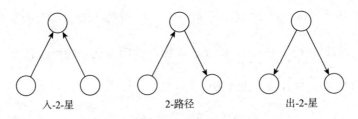

图 8-10　3 个节点上的有向星构型

一个入-2-星和一个出-2-星组成；3-环由不同的 2-路径组成。当模型中包含传递三方组和 3-环参数时，这些低阶效应应该被控制。此外，有向马尔可夫模型应当包含二元依赖有向图模型中常见的弧和互惠参数，以及为了控制度分布的 2 星和 3 星参数。

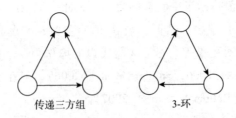

图 8-11　每对节点间仅有一条关系的三节点构型

　　传递性和循环性（3-环）构型代表不同形式的网络闭合。从局部分层来看，传递性和循环性是有差异的。例如，当网络关系代表命令流的时候，一个节点只能发送关系到其他地位较低的节点。在这种情况下，可能不存在环（无分层），但是有可能存在传递三方组（有分层）。然而，局部分层并不一定暗含全局分层。在朋友网络中，经常会看到 3-环（局部无分层）的负效应和传递三方组（局部分层）的正效应，表明朋友网络是依据局部分层而被强有力地组织起来的。同时，循环性有时也被解释为一种广义交换的形式。

　　尽管马尔可夫模型族包含了各种模型，但难以拟合真实数据。因此，在无向图模型中引入交替星参数。在有向图模型中，也类似地采用了交替入-星和出-星参数。Snijders 等（2006）建议将出度和入度交替数量表示为公式（8-18）和公式（8-19）：

$$z_{d,out}(x;\alpha) = \sum_{j=0}^{n-1} e^{-\alpha j} d_j^{out}(x) = \sum_{i=0}^{n} e^{-\alpha x_{i+}} \tag{8-18}$$

$$z_{d,in}(x;\alpha) = \sum_{j=0}^{n-1} e^{-\alpha j} d_j^{in}(x) = \sum_{i=0}^{n} e^{-\alpha x_{i+}} \qquad (8-19)$$

这两个统计量分别被称为"几何加权出度"和"几何加权入度"。同样，可以把几何递减的度统计量作为交替星统计量，分别作为几何加权出-星和几何加权入-星（Robins et al.，2009）。因为 $z_{d,out}(x;\alpha)$ 模型展示了出度分布的形状，相应的效应被称为"扩张性扩展"（Activity Spread）。类似地，把对应于 $z_{d,in}(x;\alpha)$ 的效应称为"聚敛性扩展"（Popularity Spread），指的是在这样的方式中，接收关系（积极关系）数量的差异反映了聚敛性（声望）的差异。入-星和出-星中一个大的正参数值表明网络具有高的节点度数（入度和出度，即分别根据聚敛性和扩张性而言网络具有高的中心势）。参数 α 通常被看作是交替统计量的一个平滑常数。图 8-12 展示了扩张性扩展和聚敛性扩展。

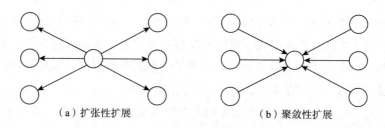

（a）扩张性扩展　　　　　　　　（b）聚敛性扩展

图 8-12　扩张性扩展和聚敛性扩展

4. 社会圈模型

为了进一步解决马尔可夫模型的拟合问题，引入社会圈依赖假设。

（1）无向网络

在无向网络中，社会圈依赖（Social Circuit Dependence）假设与马尔可夫依赖假设相结合，提出了边、不同阶的 k-星、k-三角形和 k-独立 2-路径等经典构型；尽管社会圈假设也有其他可能的构型，如不同规模的派系，但那些构型并不常用。

一个 k-三角形包含两个相连的节点，这两个节点也被共同连接到 k 个其他不同的节点，如图 8-13（a）所示；一个独立 2-路径包含两个节点，这两个节点被共同连接到 k 个其他不同的节点，如图 8-13（b）所示。其中，关系 (i,j) 被称为 k-三角形的底边，关系 (i,h_k) 和 (j,h_k) 被称为斜边。注意，这些社会圈构型与马尔可夫依赖假设是一致的，因为对 k-

三角形而言，有很多具有同一条底边的 4-环（社会圈）数量，这条底边可以用马尔可夫依赖来解释。

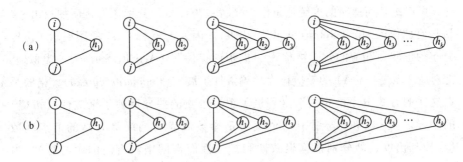

图 8-13　（a）以关系（i, j）为底边的交替三角形；

（b）以关系（i, j）为底边的独立 2-路径

　　之所以使用 k-三角形构型是由于难以对马尔可夫模型中的三角形关系进行建模。实际上，基于马尔可夫模型假设，三角形关系在整个图中是均匀分布的。然而对于许多观测网络，三角形关系集聚在多重三角形关系较密集的区域，此时，更高阶 k-三角形可以更好地建模。

　　正如 2-星和 3-星是对度分布的方差和偏度建模一样，2-三角形和 3-三角形是对整个图三角形关系分布的方差和偏度建模，具体而言，是对同时被连接到 i 和 j 的第三个节点与关系（i, j）形成三角形的分布建模，即"边共享伙伴分布"（Edgewise Shared Partner Distribution）。

　　与 k-三角形构型相比，k-独立 2-路径是更低阶构型，模型中如果同时包含这两个参数，可以对 k 共享伙伴是否促进两个节点间关系的出现做出推断，整个二元关系中的 k-独立 2-路径分布通常被称为二元关系共享伙伴分布（Dyadwise Shared Partner Distribution）。

　　一个图 x 中的 k-三角形数量是 $T_k(x) = \sum_{i<j} x_{ij} \begin{bmatrix} S_{2ij}(x) \\ k \end{bmatrix}$，其中 $S_{2ij}(x) =$ $\sum_{k \neq i, j} x_{ik} x_{kj}$ 是连接节点 i 和节点 j 的 2-路径数量（1-三角形是个例外，与马尔可夫情形类似，1-三角形数被算作是三角形的数量）。k-三角形和 k-独立 2-路径的每个不同参数都对应具有许多参数的过度决定模型。类似于交替星统计量，斯奈德斯等（Snijders et al., 2006）提出通过交替三角形统计量来合并 k-三角形的数量，公式为：

$$z_T(x;\lambda) = 3T_1(x) - \frac{T_2(x)}{\lambda} + \frac{T_3(x)}{\lambda^2} + \cdots + (-1)^{k-1}\frac{T_k(x)}{\lambda^{k-1}} + \cdots + (-1)^{n-3}\frac{T_{n-2}(x)}{\lambda^{n-3}}$$

$$(8-20)$$

公式（8-20）中，T_1 系数为 3 是因为 1-三角形被算作简单马尔可夫三角形。对交替三角形统计量所暗含的对 k-三角形的约束，意味着节点被许多间接路径所连接的边赋予不同的权重。这种效应的强度取决于衰减因子 λ 值。对于 $\lambda>1$ 的正参数值，该模型支持有高聚集区域的图；λ 值越大，更高阶 k-三角形的权值越小。对于更大的 λ 值，图的高密集区域倾向于更大。因此，交替三角形统计量代表了网络密集区域的网络闭合，那些区域的规模由 λ 值来表示（在实践中，通常将 λ 设置值为 2，并将其作为交替统计量的一个平滑参数）。在 statnet 软件中，几何加权边共享伙伴（GWESP）采用 log（λ）参数，因此，gwesp（0.693）是 $\lambda=2$ 的交替三角形统计量。几何加权二元关系共享伙伴（GWDSP）统计量（交替 2-路径）也可相似地被参数化，因此，统计量 gwdsp（0.693）对应于 $\lambda=2$。

在马尔可夫模型中，如果三角形参数为正，则三角形在图中"均匀"分布；如果交替三角形参数估计值显著，则交替三角形的存在增加了其他三角形"附着"于它的概率。然而，k-三角形概率的增加是 k 的递减函数。这一点可以解释为：如果共享许多社会伙伴的个体之间不存在社会关系，那么，共享伙伴数的增加不可能大大增加关系出现的概率。在实证环境下，会看到关系形成的多种阻碍（如相互反感或地理距离），且增加共享伙伴不会对这种状况有太大改变。

此时应注意，二阶的独立 2-路径对应于 4-环。常数 λ 对于交替三角形而言是不同的（尽管没有任何符号上的区别），但通常也设置为 2。在交替 2-路径和交替三角形之间存在依赖性，且 2-路径的参数通常为负，同时三角形参数为正。在这种情况下，行动者不可能有共享伙伴，除非他们自身被连接，这是网络闭合的特征。

（2）有向网络

在有向网络中，与马尔可夫模型类似，社会圈模型有更多的可能构型，并且同样需要采用交替入-星和交替出-星参数。

对于有向交替三角形构型，传递构型如图 8-14（a）所示。底边的节点 i 和 j 相互连接且凭借其他 k 个节点也间接通过 2-路径，较低阶的 k-2-路径如图 8-14（b）所示。与无向图类似，采用交替参数减少参数的数量。这些交替统计量分别被记为 AT-T 和 A2P-T，其中最后的 T 表示"传递"的意思。另外，对于有向网络，Statnet 软件中的 GWESP 和 GWDSP 项相当于用 log（λ）参数表示的传递性构型 AT-T 和 A2P-T。对应的参数分别被看作是"路径闭合"和"多元 2-路径"参数。

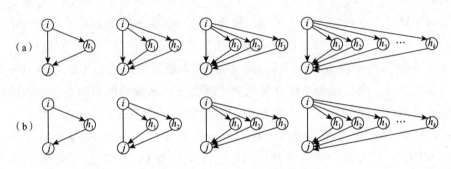

图 8-14   有向图的交替形式构型

注：（a）AT-T；（b）A2P-T。

考虑到有向 k-三角形建立在有向 1-三角形的基础之上，即传递三方关系，所以底边有其他可能的选择。在无向三角形中，三个顶点是结构等同的，以至于即使节点标签被重新安排，子图同样保持均匀。然而，在传递三方组中，三个节点位置是不同的：一个节点发出两条关系，一个节点接收并发出一条关系。在图 8-14（a）中的有向 1-三角形中，节点为 i、j 和 h_1，分别是出-2-星、入-2-星和出-2-路径的中心。不同的有向 k-三角形可以通过在合适的底边上增加出-2-星、入-2-星和 2-路径来形成。类似于图 8-14（a）的 AT-T 结构，如图 8-15 所示的有向 k-三角形被提出：①AT-U，通过在底边上增加 2-出-星；②AT-D，通过增加 2-入-星；③AT-C 形成循环模式。2-路径对于 AT-U 和 AT-D 的"控制"由图 8-16 中的交替 2-路径给出，即 A2P-U（共享扩张性）和 A2P-D（共享聚敛性）。

AT-U、AT-D、AT-C 和 AT-T 不同形式的交替三角形构型与不同形式的网络闭合有关（图 8-15 中的构型 AT-D 和 AT-U 来自经典的三方组谱系，D 和 U 分别表示"向下"和"向上"；AT-C 中的 C 表示"循环"；图 8-14 中的构型 AT-T 中的 T 表示"传递"）。当网络中存在多种独立路径时，可以将上述四种构型正的参数解释为结构洞闭合的趋势。

另外，引入三个参数也有助于控制有向图的度分布，分别是孤立节点

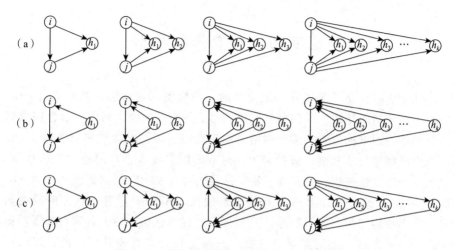

图 8-15 有向图交替形式的附加三方组构型

注：（a）AT-U；（b）AT-D；（c）AT-C。

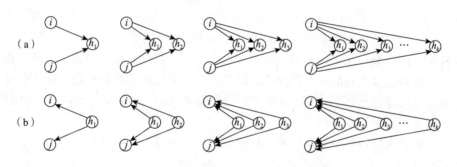

图 8-16 有向图交替形式的附加 2-路径构型

注：（a）A2P-U；（b）A2P-D。

（Isolated Nodes），即度数为零的节点参数；源（Sources），即入度为零但出度为正的节点参数；汇（Sinks），即出度为零但入度为正的节点参数。

需要注意的是，由于不同构型之间存在相互依赖，独立地解释单个构型而不考虑其他构型是不合理的。可以对参数估计值的正负或方向进行解释，但通常很难对参数估计值的大小做出解释。在实证分析时，一般使用条件 log-odds 和概率比（Odd Ratios）依据仿真所产生多个参数的同步结果对模型进行解释。

第四节   社会选择模型

社会选择模型是 ERGM 中最主要的一类模型，基本形式如公式（8-6）所示。该模型所要解决的问题是网络的形成如何受网络自组织、属性因素以及其他外生因素的影响。关于网络自组织变量，即纯结构效应（构型），在上节中已经进行了介绍。概括来说，对有向网络而言，常用的构型包括弧、互惠性、聚敛性扩展、扩张性扩展、路径闭合（AT-T）、聚敛性闭合（AT-D）、多重 2-路径（A2P-T）和共享聚敛性（A2P-D）等；对无向网络而言，常用的构型包括边、2-星、三角形等。在实证研究中，具体选择哪种构型，既要考虑理论上的需要，也要考虑模型拟合是否收敛。因此，建议在 PNet 软件提供的构型里进行选择。

一   属性效应

与传统统计变量不同，ERGM 中的属性变量和网络关系变量之间存在多种形式的依赖。在 ERGM 社会选择模型中，每个属性构型至少是一个属性和一个关系变量之间的交互作用项。因此，构型不仅涉及关系模式，而且也包括节点的颜色[①]（对应二元属性和分类属性变量），或者节点的规模（对应连续属性变量）。

包含纯结构构型和属性构型的社会选择模型的公式如下：

$$\Pr(X = x \mid Y = y) = \frac{1}{k}\exp[\theta^T z(x) + \theta a^T za(x,y)] \tag{8-21}$$

公式（8-21）中，θ 和 z 分别是内生网络效应（纯结构）参数和统计量，θ_a 和 z_a 是属性构型的参数和统计量，涉及网络（x）和属性（y）变量之间的交互作用。

对于二分类和连续属性变量来说，最重要的社会选择构型如表 8-1 和表 8-2 所示。在这两个表格中，实心圆表示属性值 $y_i = 1$ 的节点，例如，性别（二分类属性变量）赋值为 0 表示男性，赋值为 1 表示女性；那么，空心圆表示男性，实心圆表示女性。对于连续属性变量来说，属性较高的赋值用规模较大的节点来表示，例如，表 8-1 中第 1 行的构型，关系是女性节点到男

---

① 不同颜色代表节点的不同属性。

性节点，这个构型表示女性节点的网络扩张性（在表 8-1 和表 8-2 中的统计量这一列中，求和是针对所有节点 i 和 j，某些统计量要求 $i<j$，目的是避免构型的重复计算）。

表 8-1　无向网络的社会选择构型

构型	统计量	参数
二元属性		
1 ●——○	$\sum_{i<j} x_{ij}(y_i+y_j)$	基于属性的扩张性
2 ●——●	$\sum_{i<j} x_{ij}y_iy_j$	趋同性（交互效应）
连续属性		
3 ●——○	$\sum_{i<j} x_{ij}(y_i+y_j)$	基于属性的扩张性
4 ●——●	$\sum_{i<j} \|y_i-y_j\|x_{ij}$	趋同性（差异）

表 8-2　有向网络的社会选择构型

构型	统计量	参数
单一弧效应		
二元属性		
1 ●——→○	$\sum_{i,j} y_i x_{ij}$	发送者效应（基于属性的扩张性）
2 ○——→●	$\sum_{i,j} y_j x_{ij}$	接收者效应（基于属性的聚敛性）
3 ●——→●	$\sum_{i,j} x_{ij}y_iy_j$	趋同性（交互效应）
连续属性		
4 ●——→○	$\sum_{i,j} y_i x_{ij}$	发送者效应（基于属性的扩张性）
5 ○——→●	$\sum_{i,j} y_j x_{ij}$	接收者效应（基于属性的聚敛性）
6 ●——→●	$\sum_{i,j} \|y_i-y_j\|x_{ij}$	趋同性（单一弧差异）
互惠效应		
二元属性		
7 ●⇄○	$\sum_{i<j} (y_i+y_j)x_{ij}x_{ji}$	相互扩张性
8 ●⇄●	$\sum_{i<j} y_iy_j x_{ij}x_{ji}$	相互趋同性（互惠差异）

表 8-1 和表 8-2 仅仅展示了与二元关系相关的选择效应。属性与星、三方组以及其他复杂构型相联系的构型也是可以选择的，在此不做介绍。

（1）无向网络模型

对于无向网络，二元属性效应相对简单。对于二元属性变量，表 8-1 中第 1 行构型的统计量就是这个构型的数量。如果拟合结果中，该构型对应的参数为正，表明与没有属性的节点（也可称为是属性的主效应）相比，带有属性的节点倾向于拥有较高的网络扩张性，即更多的关系。第 2 行代表趋同性效应，表明女性节点倾向于彼此之间有关系。

在模型中，通常既包含扩张性构型也包含趋同性构型。两者结合起来解释就是，一种类型的节点（例如，女性）更加活跃，这些节点在彼此之间更可能形成关系。因为模型中有两个参数，控制住扩张性效应，那么显著的趋同性参数表示的是女性选择女性的独立作用。

对于分类属性变量（如组织中的不同部门），趋同性可以通过"相同类别"构型来实现，统计量为 $\sum_{i<j} x_{ij} I\{y_i = y_j\}$，其中 $I\{a\}$ 是一个虚拟变量，即当命题为真时，取值为 1（否则取值为 0）；正的参数表明存在趋同性，即在同一类别中的两个节点倾向于存在网络关系。

连续属性的对应构型是表 8-1 中的第 3 行和第 4 行。此时，趋同性统计量表明一个绝对差异效应，在此情况下，负的参数表示趋同性，即两个节点之间属性差异越小，它们之间越可能形成关系。当然，趋同性也有其他构型形式，例如采用欧氏距离（Euclidean）而不是绝对距离或交互效应。连续协变量的交互效应表明，两个行动者趋同性的值越大，他们越可能选择对方。

（2）有向网络模型

对于有向网络，允许用一条弧的方向表示多种二元关系效应。在表 8-2 中，第 4 行到第 6 行除了给出趋同性参数之外，还给出了包含扩张性和聚敛性效应在内的单一弧效应。在有向网络中，考察二元属性的趋同性至少应当包括趋同性、扩张性和聚敛性这三个参数。表 8-2 的第 8 行到第 10 行提供了连续属性对应的构型。同样，二元交互效用正的参数值表示趋同性，连续差异效应负的参数值表示趋同性。在有向网络中，有时也包括二元属性（表 8-2 的第 13 行和第 14 行）的互惠扩张性和趋同性效应。

（3）条件概率比

与 Logistic 回归类似，下面解释社会选择模型如何计算（条件）概率比。假设一个无向网络，节点具有单一二元属性，模型包含扩张性和趋同性选择效应，这两种效应来自表 8-1，此时公式（8-18）就变为：

$$\Pr(X = x \mid Y = y) = \frac{1}{k}\exp\left[\theta^T z(x) + \theta_a \sum_{i<j} x_{ij}(y_i + y_j) + \theta_b \sum_{i<j} x_{ij} y_i y_j\right] \quad (8\text{-}22)$$

公式（8-22）中，θ_a 和 θ_b 分别是扩张性和趋同性参数；公式（8-22）的条件概率等价形式为：

$$\frac{\Pr(X_{ij} = 1 \mid Y = y, X_{-ij} = x_{-ij})}{\Pr(X_{ij} = 0 \mid Y = y, X_{-ij} = x_{-ij})} = \exp\left[\theta^T \delta_{ij}^+(x) + \theta_a(y_i + y_j) + \theta_b y_i y_j\right] \quad (8\text{-}23)$$

公式（8-23）中，$\theta^T \delta_{ij}^+(x)$ 是描述条件 logit 回归时内生网络效应的变化统计量的加权求和。注意，扩张性统计量是用节点 i 和节点 j 的属性值的求和来表示的，因为在无向网络中，预测 X_{ij} 的条件概率时没必要对节点 i 或节点 j 进行单独处理。

为了便于解释，假设有两个节点 i 和 j，在固定的网络关系邻居中以至于 $\delta_{ij}^+(x)$ 在下文中是相同的，然后给这些节点分配不同的属性值。当然这纯粹是一个抽象的思想实验，但是它确实有助于解释属性效应。因此，假设关系存在于没有属性的节点之间（$y_i = y_j = 0$），那么关系出现的条件概率就简化为 $\exp\left[\theta^T \delta_{ij}^+(x)\right]$；如果关系存在于一个有属性节点和一个无属性节点之间（$y_i = 1$，$y_j = 0$），那么关系出现的条件概率就是 $\exp\left[\theta^T \delta_{ij}^+(x) + \theta_a\right]$；如果关系存在于具有属性的两个节点之间（$y_i = y_j = 1$），那么关系出现的条件概率是 $\exp\left[\theta^T \delta_{ij}^+(x) + 2\theta_a + \theta_b\right]$。在每种情况下，指数函数内的求和被称为"条件对数-概率"（Conditional Log-Odds）。

如果选择没有属性（$y_i = y_j = 0$）的两个节点的情况作为基准，那么其他两种情形之一的概率与基准情形概率的比值就被称为"概率比"。因此，两个节点中一个节点有属性情形的概率比是 $\exp(q_a)$，两个节点都有属性的概率比是 $\exp(2q_a + q_b)$。这个解释简洁明了，类似于在 Logistic 回归中对概率比的解释。对于二元关系属性模式，关系发生的概率增加了一个超过基准的概率比因素。

例如，假设研究学校的性别趋同性，女生编码为"1"，男生编码为"0"，扩张性的参数估计值是-1，趋同性估计值为 2。那么，男生和女生之间出现关系的概率比为 $e^{-1} = 0.37$，两个女生之间出现关系的概率比为 $e^{-2+2} = e^0 = 1.0$。这些概率比都是以两个男生之间的关系为基准的。因此，在所有其他情况相同的条件下，两个男生之间产生关系与两个女生之间产生关系的概率是一样的（概率比为 1），而男生和女生之间产生关系的概率只有同性别内产生关系概率的 37%。当然，"所有其他情况相同"是假设被比较的两个关系存在于一个网络关系的相同邻居中，这种情形在数据中可能不会发生；但是，概率比分析确实可以帮助理解数据中内生过程以外的属性变量效应。

假设模型包括 3 个二元属性单一弧效应，在表 8-4 上部，θ_s、θ_r 和 θ_b 分别是发送者、接收者和趋同性参数的估计值。同样，以 $y_i = y_j = 0$ 的情形为基准，那么，有属性节点发送关系到没有属性节点的概率比是 exp（q_s）；无属性节点发送关系到有属性节点的概率比是 exp（q_r）；两个有属性节点之间产生关系的概率比是 exp（$q_s + q_r + q_b$）。

对于连续属性，与 Logistic 回归相类似，要对低属性得分和高属性得分（如分别低于或者高于均值 1 个标准差）做出一个解释策略，然后选择两个低得分节点为基准，并采用概率比与其他属性模式进行比较。

二　二元关系协变量效应

在 ERGM 中，二元关系协变量构型相对比较简单。分析关注点在于二元关系协变量与可观测关系是否有联系。在表 8-3 中，提出了能够反映有向网络和无向网络中这种联系的夹带效应（Entrainment Effect）。例如，研究问题是揭示同一部门的人员是否更可能形成建议关系。此时，"同一部门"是一个二元关系协变量，连续二元关系协变量可以是两个人在同一个项目中一起工作的时间。

表 8-3　ERGM 模型二元关系协变量构型

构型	统计量	参数
无向网络 ○╌╌╌╌○	$\sum_{i,\,j} w_{ij} x_{ij}$	夹带（协变量边）
有向网络 ○╌╌╌╌▶	$\sum_{i,\,j} w_{ij} x_{ij}$	夹带（协变量弧）

如果二元关系协变量是另一个网络，关注点不只是简单的相互控制，那么通过使用双变量 ERGM 同时对两个网络建模可能会拓展这些效应。当然，二元关系协变量有时并不是另一个网络，而是涉及一个复杂的概念操作化过程（在多元网络上可能有多种三方组效应，比如 i 与 j 是朋友、j 与 k 是朋友，因

此 i 信任 k）。当二元关系协变量来自地理空间时就是这样的例子。

三　地理空间效应

人们普遍认为，两个个体之间存在网络关系可能条件性地依赖于这两个个体所处地理位置之间的物理距离。网络的空间嵌入可能比行动者之间简单的物理距离更为复杂。例如，研究人员可能会考虑许多可能的效应：闭合对特定区域是具体的，到空间中心的距离是对二元物理距离的一种替代，自然空间障碍使得只有距离最近的邻居需要被考虑等。

为了拓展 ERGM 需要考虑的个体地理布局，可以在特定的坐标系下进行定义（如纬度和经度坐标）。地理位置和社会空间之间的交互效应可以纳入ERGM。为简化问题，此处仅考虑二元关系距离。基于空间位置，可以得到网络中个体之间所有可能物理距离的连续距离变量。在这种形式中，个体的地理位置便成为成对距离的二元关系协变量，但采用此方法存在一些挑战。

首先，应该决定如何对距离进行测度。一对个体之间的距离可以采用不同的方式来计算，不同的距离测度适用于不同的情境。在测度二维物理空间距离时，通常采用欧几里得距离（Euclidean Distance）。

其次，应该将函数适当地转变为指数族形式。虽然转换指数衰减函数是非常简单的，但是把递减的幂律函数纳入 ERGM 框架，会形成弯曲指数族图模型，并且需要估计非线性参数。虽然引入更复杂依赖关系假设总是有可能导致关系概率与距离之间关系的变化，但是为了达到解释的目的，可以对所有模型作距离的对数转换（Log$d$），并把它作为 ERGM 中的一个二元关系协变量。

最后，对零距离和非常极端距离应该格外谨慎，要注意两点：第一，这些距离值可能导致模型拟合的不稳定；第二，从理论上来讲，不同的过程可能在不同度量（Scales）上起作用，地理空间效应可能在很小距离，中等距离和很长距离之间是不同的。有两种方法来处理零距离和非常极端距离：第一种方法是把零距离转化为数据集中的最小可能距离，而非常大的距离不予考虑；第二种方法是用两个虚拟变量来表示零（或接近零）距离和极端距离。

在考虑空间外生变量时，研究者应该确定空间位置之间的距离测量以及距离与关系概率相联系的距离交互作用函数。在此基础上，决定如何在ERGM 框架内用二元关系协变量来表示成对距离。

第五节　常用软件操作

一　QAP 方法

本节主要介绍 QAP 方法应用于网络相关性分析、关系矩阵交叉表分析以及多个关系之间的回归分析时的操作步骤，分析软件采用 UCINET。

1. 矩阵相关性分析

矩阵相关性分析采用的数据是某大学某班级中 25 名学生的朋友关系网络数据和帮助关系网络数据。在朋友关系网络数据中，1 表示两名学生之间是朋友关系，0 表示没有朋友关系；在帮助关系网络数据中，1 表示一名学生对另一位学生提供帮助，0 表示不提供帮助。

借助 QAP 方法，可以计算朋友关系网络和帮助关系网络之间的相关系数，并对相关性的假设进行检验，从而研究两者之间是否存在相关关系。

图 8-17 和图 8-18 分别展示了 25 名学生的朋友关系网络数据和帮助关系网络数据。

朋友	1	2	3	4	5	6	7	8	9	10	11	12	13	14	15	16	17	18	19	20	21	22	23	24	25
1																									
2		1				1												1				1			
3		1															1	1							
4													1												
5												1		1											
6				1		1		1		1								1			1			1	
7		1																1							
8				1					1		1														
9								1		1		1	1		1			1			1				
10									1									1							
11									1																1
12									1		1		1		1			1							1
13									1				1					1							
14															1						1				
15		1							1		1		1		1						1				
16				1																					
17																									
18		1																							
19		1																							1
20																									
21				1					1																
22																									
23																									
24													1												
25				1					1									1			1				

图 8-17　25 名学生的朋友关系网络数据

```
帮助  1  2  3  4  5  6  7  8  9 10 11 12 13 14 15 16 17 18 19 20 21 22 23 24 25
     -- -- -- -- -- -- -- -- -- -- -- -- -- -- -- -- -- -- -- -- -- -- -- -- --
 1
 2       1        1                                      1
 3    1                                         1  1
 4
 5                                  1     1
 6          1              1                             1           1
 7    1              1  1                                1
 8             1              1                          1
 9                      1     1  1                       1
10                                           1
11
12                   1     1  1                          1  1
13             1  1  1  1  1  1  1  1     1  1                    1  1
14    1  1                                            1
15                                           1              1
16          1
17
18                         1                 1
19       1                                   1                       1  1
20             1           1                 1                       1  1
21
22                                  1        1
23
24
25             1           1  1                       1  1
```

图 8-18　25 名学生的帮助关系网络数据

　　图 8-19 展示了 QAP 相关分析的选择路径。打开 UCINET 软件，依次点击 Tools→Testing Hypotheses→Dyadic（QAP）→QAP Correlation，会出现如图 8-20 所示的操作界面。

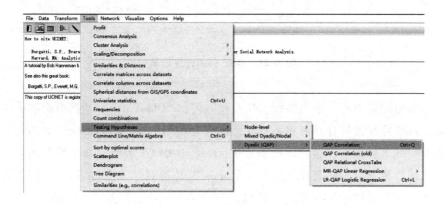

图 8-19　QAP 相关分析的选择路径

　　在 "Matrix to Correlate" 下方点击 "Browse"，找到想要分析的两个数据文件并点进对话框。"Parameters" 可以对相关参数进行设置，"Number of

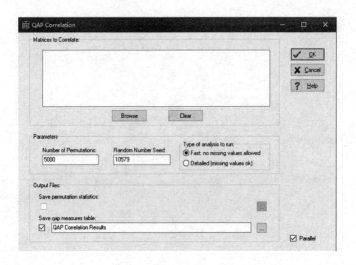

图 8-20　QAP 操作界面

Permutation"为 QAP 相关分析过程中随机置换的次数，"Random Number Seed"为随机数种子，"Output Files"为输出文件保存的相关设置。上述参数均设置为默认。

　　输入两个关系矩阵之后点击"OK"，相关计算结果如图 8-21 所示。

		1 Obs Value	2 Significance	3 Average	4 Std Dev	5 Minimum	6 Maximum	7 Prop >= 0 bs	8 Prop <= 0 bs	9 N Obs
1	Pearson Correlation	0.717	0.000	-0.001	0.047	-0.126	0.180	0.000	1	5000

图 8-21　QAP 相关计算结果

　　输出结果中有一系列指标，从左往右看："Obs Value"是指根据两个关系矩阵实际观察值计算的相关系数，该值为 0.717；"Significance"是指相关检验的显著性水平，显著性水平为 0.000（<0.05），表明朋友关系和帮助关系在统计意义上是显著相关的；"Average"是指对矩阵进行 5000 次随机置换之后计算出的相关系数的平均值；"Std Dev"是标准差；"Minimum"是指在 5000 次计算的相关系数中最小值为 -0.111；"Maximum"是指在 5000 次计算的相关系数中最大值为 0.196；"Prop ≥ 0"是指随机计算出来的相关系数大于或等于实际相关系数的概率；"Prop ≤ 0"是指随机计算出来的相关系数小于或等于实际相关系数的概率；"N Obs"是指随机置换的次数。结

果说明，25 名学生的朋友关系和帮助关系之间呈正相关关系，相关系数为 0.717，且在统计意义上是显著的。

2. 矩阵关系交叉表分析

用于矩阵关系交叉表分析的数据同样取自 25 名学生的朋友关系网络数据和帮助关系网络数据。

图 8-22 展示了 QAP 矩阵关系交叉表分析的选择路径。打开 UCINET，依次点击 Tools → Testing Hypotheses → Dyadic（QAP）→ QAP Relational Crosstabs，会出现如图 8-23 所示的操作界面。

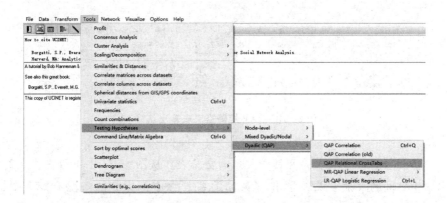

图 8-22　QAP 关系交叉表分析的选择路径

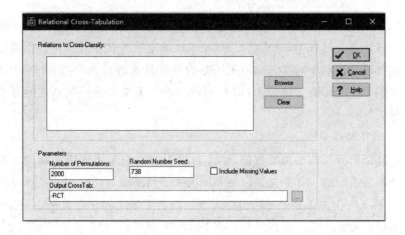

图 8-23　QAP 关系交叉表操作界面

在 "Relations to Cross-Classify" 下方的空白框右侧点击 "Browse"，找到需要分析的数据文件并打开。下方 "Parameters" 可以对相关参数进行设置，这里默认随机置换次数为 2000 次，随机数种子是 738。点击 "OK"，得到输出结果，由 Cross-Tab 和 Statistics 两部分组成（见图 8-24）。

```
Cross-Tab of data-          (rows|X-Var) * data-         (columns|Y-Var)
                     0           1
              ---------   ---------
          0    507.000      21.000
          1     16.000      56.000

With binary data, EntailXY means if X has a tie then Y has a tie.

Statistics for data-         * data-          (2000 permutations)
                         1          2          3         4         5         6          7          8
                  Obs Value  Significa    Average   Std Dev   Minimum   Maximum  Prop >= 0  Prop <= 0
       1  Chi-Square  308.492      0.001      1.422     7.094     0.008   308.492      0.001      1.000
       2  Correlation   0.717      0.001      0.002     0.049    -0.126     0.717      0.001      1.000
       3     Jaccard    0.602      0.001      0.068     0.026     0.007     0.602      0.001      1.000
       4    EntailXY    0.778      0.001      0.130     0.044     0.014     0.778      0.001      1.000
       5    EntailYX    0.727      0.001      0.122     0.041     0.013     0.727      0.001      1.000
       6    Cramers V   0.717      0.001      0.037     0.031     0.004     0.717      0.001      1.000
```

图 8-24　QAP 矩阵交叉表输出结果

Cross-Tab 是朋友关系和帮助关系的交叉表。从图 8-24 中可以看出，25 名学生之间的 "朋友关系" 和 "帮助关系" 数值都为 0 的情况有 507 个；"朋友关系" 和 "帮助关系" 数值都为 1 的情况有 56 个；"朋友关系" 数值为 0，"帮助关系" 数值为 1 的情况有 16 个；"朋友关系" 数值为 1，而 "帮助关系" 数值为 0 的情况有 56 个。

Statistics 是交叉表分析的统计量。从上到下包括 Chi-Square、Correlation 等常见统计量，还有 Jaccard 系数、Cramers V 系数等其他统计量，借助这些统计量可以分析两个网络之间的关系是否存在显著性差异。图 8-24 中各个统计量的 Significa 值（均为 0.001）显示，朋友关系和帮助关系之间存在显著差异。

3. 矩阵回归分析

矩阵回归分析所采用的数据是 25 名学生的谈心关系网络、帮助关系网络、学习关系网络、休闲关系网络和朋友关系网络数据。这些关系网络数据均为 1-模、0-1 关系矩阵，数值为 1 表示两名学生之间存在关系，数据为 0 表示不存在关系。需要注意的是，在 UCINET 中进行 QAP 多元回归分析时，分析对象（关系矩阵）必须为 1-模矩阵；如果是 2-模矩阵，必须通过 UCI-NET 将 2-模转为 1-模矩阵才能进行分析。图 8-25、图 8-26、图 8-27 分别展示了 25 名学生的谈心关系、学习关系和休闲关系网络数据。

谈心	1	2	3	4	5	6	7	8	9	10	11	12	13	14	15	16	17	18	19	20	21	22	23	24	25
1																									
2		1																							
3																									
4																									
5																1									
6																				1					
7																									
8																									
9									1				1			1									
10																									
11																1							1		
12												1													
13							1			1															
14																									
15																	1						1		
16				1																					
17																									
18																	1			1					
19																							1		
20																									
21					1																				
22																									
23																									
24																									
25										1										1					

图 8-25　25 名学生的谈心关系网络数据

学习	1	2	3	4	5	6	7	8	9	10	11	12	13	14	15	16	17	18	19	20	21	22	23	24	25
1																									
2		1			1																				
3	1																1	1							
4													1												
5					1								1		1										
6			1			1														1					
7	1			1		1														1					
8					1																				
9									1		1	1	1		1			1			1				
10								1			1	1			1			1			1	1		1	
11																									1
12										1	1		1					1			1	1			
13			1	1	1	1	1		1								1				1	1	1		
14	1	1		1																					
15			1																						
16																									
17																									
18		1																			1				
19	1																1						1		
20																									
21			1	1													1						1		
22																									
23																									
24																									
25			1			1														1					

图 8-26　25 名学生的学习关系网络数据

休闲	1	2	3	4	5	6	7	8	9	10	11	12	13	14	15	16	17	18	19	20	21	22	23	24	25
1																									
2		1																1							
3															1	1									
4														1											
5													1												
6									1									1				1			
7																									
8																									
9									1		1	1					1								
10								1			1	1		1			1				1				1
11																1		1						1	
12											1	1		1			1				1				
13								1	1	1	1	1		1			1				1			1	1
14				1												1									
15		1											1												
16				1								1													
17																									
18		1							1								1	1							
19		1																							
20																									
21						1	1			1														1	
22																									
23																									
24																									
25							1			1							1		1						

图 8-27　25 名学生的休闲关系网络数据

通过网络回归分析，可以研究谈心关系、帮助关系、学习关系、休闲关系对朋友关系的影响，并对回归模型的判定系数 R^2 进行显著性检验。图 8-28 展示了 QAP 回归分析的选择路径。打开 UCINET，依次点击 Tools→Testing Hypotheses→Dyadic（QAP）→QAP Regression→Double Dekker Semi-Partialling（MRQAP），会出现如图 8-29 所示的操作界面。

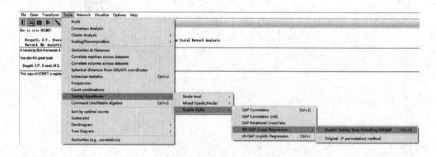

图 8-28　QAP 回归分析的选择路径

在"Dependent variable"下，点击右侧"…"找到作为因变量的关系网络（朋友关系网络）数据。在"Independent variables"下，点击右侧"…"，

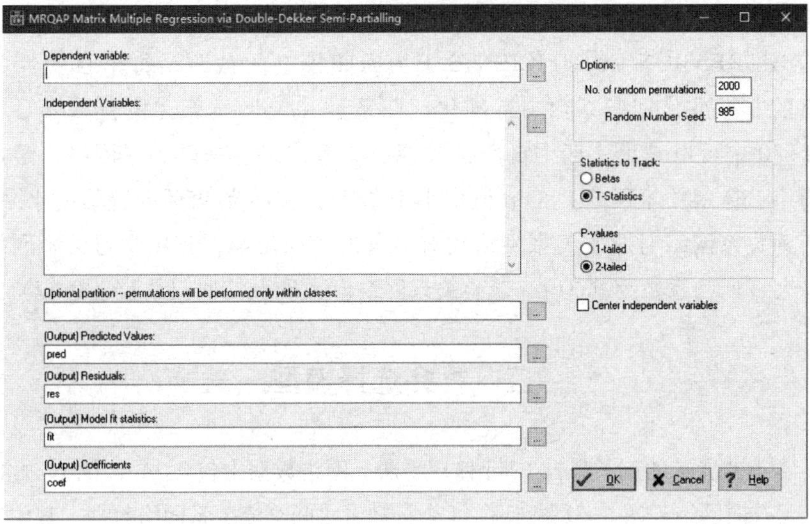

图 8-29　QAP 回归分析的操作界面

依次选择作为自变量的关系网络（谈心关系网络、帮助关系网络、学习关系网络、休闲关系网络）数据。右侧部分可以设置回归的参数和过程，下方部分是对输出结果的保存设置，均设置为默认即可。选择好变量之后，点击“OK”，输出的结果如图 8-30 所示。

P(r2) = :　　　　0.00050

MODEL FIT

	R-Square	Adj R-Sqr	Obs	Perms
Model	0.68050	0.67835	600.00000	2000.00000

REGRESSION COEFFICIENTS - predicting data-朋友

	Un-Stdized	Stdized Coef	P-value	As Large	As Small	As Extreme	Perm Avg	Std Err
data-休闲	0.27282	0.26269	0.00050	0.00050	1.00000	0.00050	0.00067	0.04356
data-学习	0.31137	0.31689	0.00050	0.00050	1.00000	0.00050	-0.00033	0.04231
data-谈心	0.16929	0.09574	0.00150	0.00150	0.99900	0.00150	-0.00122	0.04900
data-帮助	0.26949	0.27737	0.00050	0.00050	1.00000	0.00050	0.00025	0.03709
Intercept	0.01056	0.00000	0.00000	0.00000	0.00000	0.00000	0.00000	0.00000

图 8-30　QAP 矩阵回归的计算结果

输出结果由 MODEL FIT 和 REGRESSION COEFFICIENTS 两部分组成。其中，MODEL FIT 下为回归模型的拟合情况，可以看到 R^2 为 0.68050，调整之后的 R^2 为 0.67835，即自变量网络可以解释因变量网络数据 67.835%的变异；Obs 为观测数，在本例中为 600［25×（25-1）］，因为学生与自己不能算作朋友关系。

REGRESSION COEFFICIENTS 下为回归模型的截距、每个自变量关系网络的非标准化回归系数、标准化回归系数和统计显著性检验结果等。从图 8-30 中可以看出，四个自变量（谈心关系网络、帮助关系网络、学习关系网络、休闲关系网络）的 p 值均小于 0.05，表明在 95% 的置信度水平下，这四种关系网络对朋友关系网络均有显著的正向影响，其中学习关系网络影响最大（回归系数为 0.31），谈心关系网络影响最小（回归系数为 0.17）。

二 社会选择模型

本小节展示的例子来自 PNet 使用手册。网络数据中包含 14 个节点，此网络是二元有向网络。图 8-31 展示了 14 个行动者之间交流关系网络数据，其中数值为 1 代表行动者之间有交流关系，数值为 0 代表行动者之间没有交流关系。

```
     1 2 3 4 5 6 7 8 9 10 11 12 13 14
    --------------------------------
 1   0 0 0 0 0 0 0 0 0 0  0  0  0  0
 2   0 0 0 0 0 0 0 0 0 0  0  0  0  0
 3   0 0 0 0 1 0 0 0 0 0  0  1  1  0
 4   0 0 0 0 1 1 0 0 0 0  1  0  0  0
 5   0 0 0 1 0 0 0 0 0 0  0  0  0  0
 6   0 0 1 0 0 1 0 1 0 0  0  0  0  0
 7   0 0 0 0 1 0 0 0 0 0  0  0  0  0
 8   0 0 0 1 0 0 0 1 1 1  0  0  0  0
 9   0 0 0 0 0 0 0 0 0 0  0  0  0  1
10   0 0 0 0 0 0 1 1 0 1  0  0  0  0
11   0 0 0 0 0 0 0 0 0 0  0  0  0  1
12   0 0 0 0 0 0 0 1 0 0  0  0  0  0
13   0 0 0 0 0 0 1 0 0 0  0  0  0  0
14   0 0 0 0 0 1 0 0 0 1  0  0  0  0
```

图 8-31　14 个行动者之间交流关系网络数据

为了进行指数随机图社会选择模型分析，需要建立与图 8-31 数据对应的文本格式文件（见图 8-32）。

PNet 软件是分析社会选择模型的专用软件可以从 MelNet 网站（https://www.melnet.org.au/pnet/）下载。在运行 PNet 软件之前，除了具备 Windows 操作系统之外，还需要安装 Microsoft.NET Framework Version 4.0 or above 和 Java Runtime Environment（JRE）6.0 or above，在此环境下 PNet 软件才可以运行。PNet 软件包含两个组件，一个是 Java 环境下开发的 PNet. jar 文件，

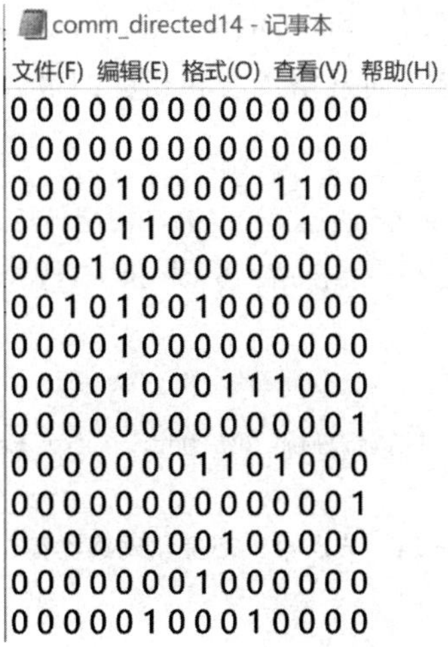

图 8-32　网络数据文本格式文件

另一个是用 C 语言编写用于模拟和估计的 pnet. dll 文件。把两个文件拷贝到同一文件夹中，双击 PNet. jar 图标，即可打开 PNet 软件界面（图 8-33）。

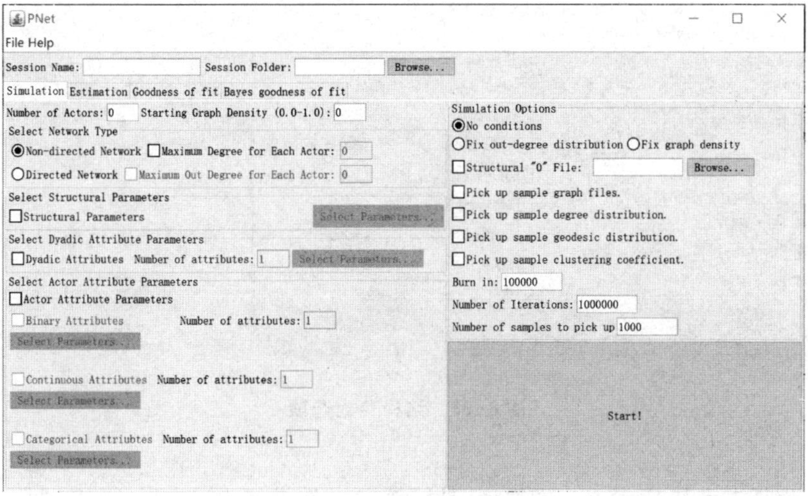

图 8-33　PNet 软件界面

然后，在"Session Name"中填写要分析的网络文件名，如 comm_ directed14，点击"Browse"指定网络文件所在位置的路径。之后，依次设置"Simulation""Estimation""Goodness of fit""Bayes goodness of fit"下的各种参数。

如图 8-33 所示，点击"Simulation"菜单，在相应框中填写行动者数量、起始图密度，并选择有向网络类型和相应的最大出度（见图 8-34）。

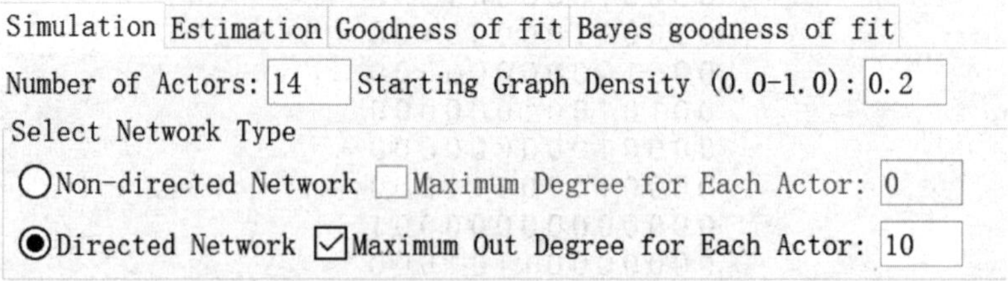

图 8-34　节点数、密度和网络类型选项

如图 8-35 所示，选择结构参数，点击"Structural Parameters"前的方框，出现"✓"，再点击右侧"Select Parameter"条，出现新的窗口，点击所选参数前面的复选框。选好之后，点击"OK"即可。

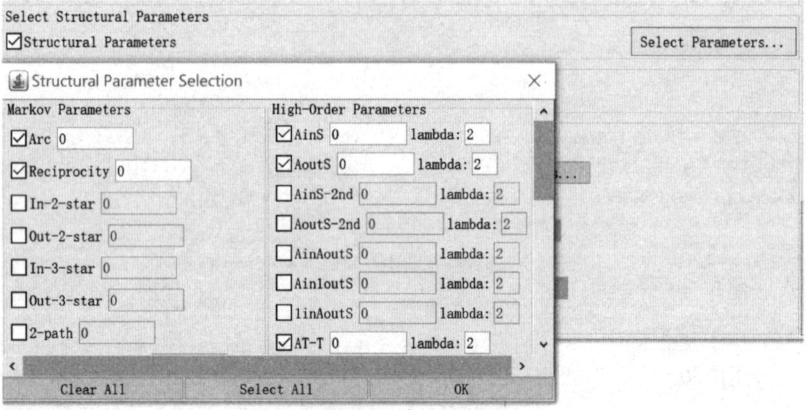

图 8-35　结构参数选项

选择二元属性参数，可作为课后练习，在此不作选择。点击"Dyadic Attributes Number of attributes"前面的复选框，出现"✓"，然后点击"Select Parameters"，会出现新的窗口，在"Tie Attribute File"后指定网络文件所在位置路径并给出文件名（见图 8-36）。

接下来，选择行动者属性参数，包括二元属性、连续属性和分类属性，

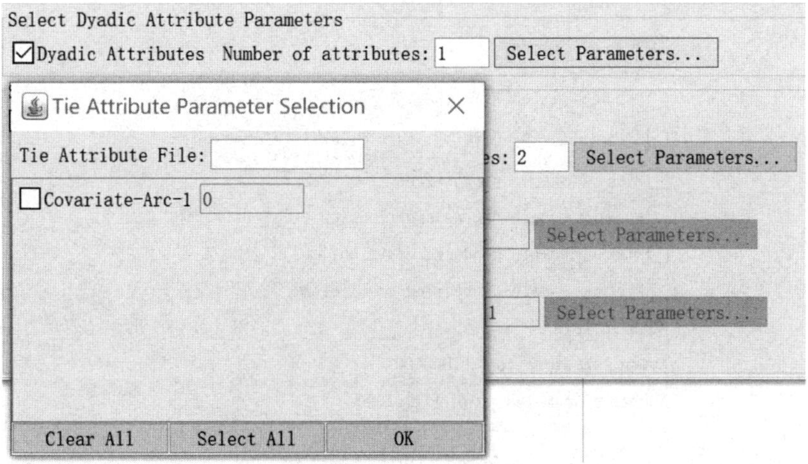

图 8-36　二元属性参数选项

操作方法同前（见图 8-37）。

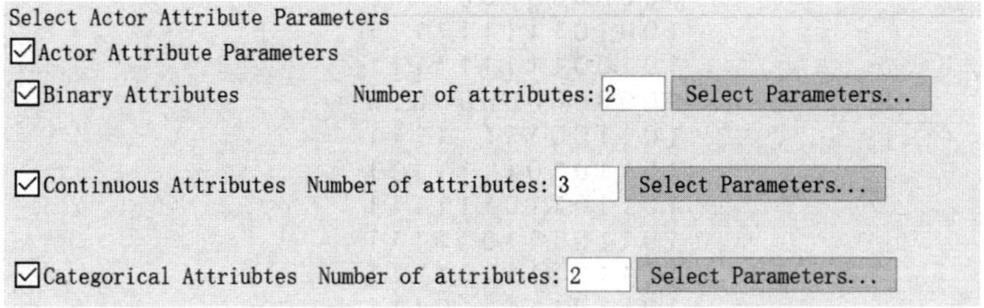

图 8-37　行动者属性参数选择

最后选择图 8-33 右侧"Simulation Option"。通常选择"No conditions"，除非特别需要，可选择"Fix out-degree distribution"或"Fix graph density"（见图 8-38）。

本例中提供了"结构 0 文件"，此文件中也包含一个 0-1 矩阵，数字 1 表示关系可变，0 表示关系固定。该文件表明，固定与节点 2 和节点 5 相关的所有关系，节点 1 与节点 13 之间的关系以及节点 1 与节点 14 之间的关系，如图 8-39 所示。可以在图 8-38 中点击"结构 0 文件"前面的复选框，再点击"Browse"选择结构 0 文件所在路径并填写结构 0 文件名。其他选项选择默认即可，除非模型运行不收敛，再做调整。

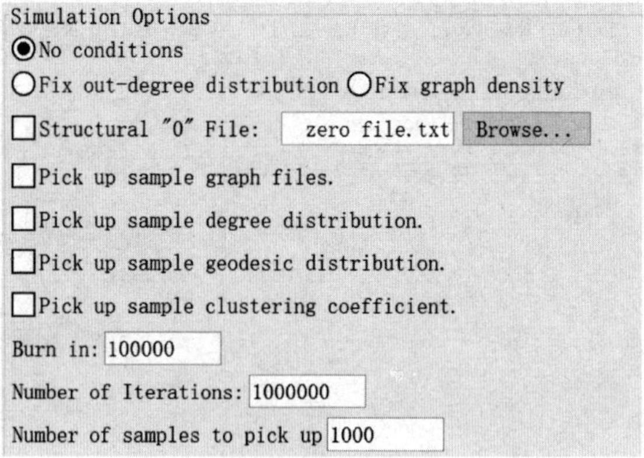

图 8-38　选择模拟选项

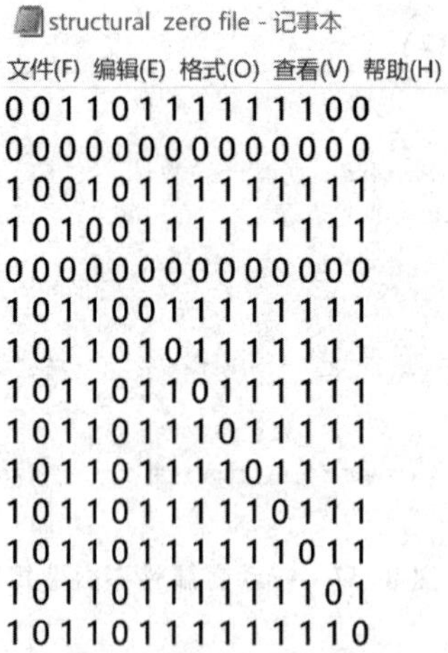

图 8-39　结构 0 文件

至此，"Simulation"下的所有选项都已选好，点击图 8-33 界面右下角的"Start"，即可出现提示"Simulation finished"，如图 8-40 所示。点击"确定"，即可看到运行结果，由于输出结果较多，在此不一一展示，读者可以自行查阅 PNet 软件使用手册（http://www.sna.unimelb.edu.au/）。

其他三个选项类似进行选择，不再赘述。不同的是，"Estimation Options"下出现了"Number of Subphases""Gaining Factor""Multiplication Factor""Number of Iterations in Phase 3""Max. Number of Estimation Runs"

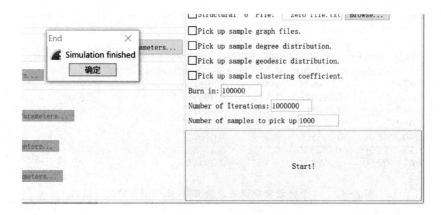

图 8-40 模拟结束提示

等参数。如图 8-41 所示，方框中的数字为默认值。如果初始参数值较好，这些值更小也可获得较好的估计结果。如果点击"Do GOF@ model convergence"，表明模型估计一旦收敛，PNet 就会自动进行拟合优度分析。

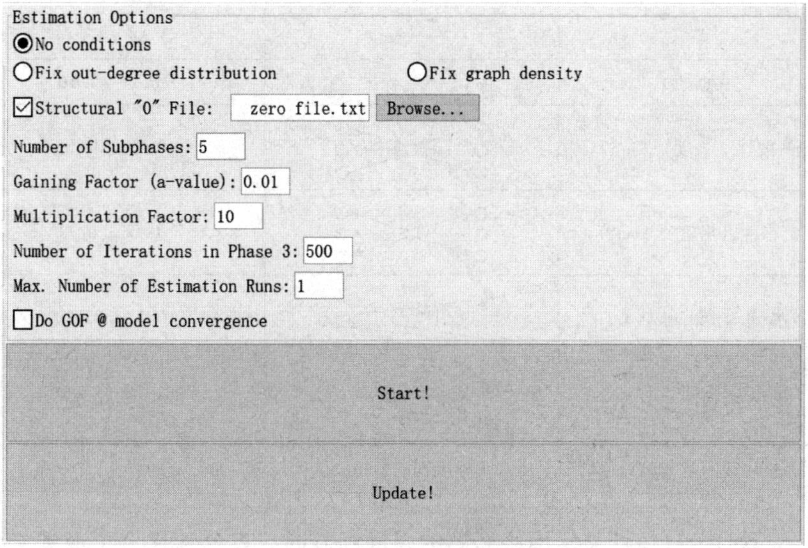

图 8-41 选择估计选项

如果估计结果不理想，可以在第一次估计结果基础上再次进行估计，此时可以点击图 8-41 中的"Update!"，之后再次点击"Start!"。本例估计结果如图 8-42 所示。

Estimation Result for Network SUMMARY (parameter, standard error, t-statistics)
NOTE: t-statistics = (observation - sample mean)/standard error

effects	estimates	stderr	t-ratio	
arc	-2.660817	1.12991	0.09969	*
reciprocity	-0.214411	1.16066	-0.00187	
AinS(2.00)	0.125435	0.68052	0.08533	
AoutS(2.00)	-0.058560	0.73035	0.07987	
AT-T(2.00)	-0.172115	0.59023	0.07488	
A2P-T(2.00)	0.298174	0.26170	0.09444	

图 8-42   14 个行动者交流关系的 ERGM 模型参数估计结果

在本例中只选择了内生纯结构效应，而行动者关系效应和协变量网络效应这两种外生效应并没有考虑，模型估计结果总结如表 8-4 所示。

表 8-4   14 个行动者交流关系的 ERGM 模型参数估计结果

网络效应	构型	估计值（标准误）
纯结构效应（内生）		
弧		-2.66（1.13）*
互惠性		-0.21（1.16）
聚敛性（入度）AinS		0.13（0.33）
扩张性（出度）AoutS		-0.06（0.73）
传递 2-路径 AT-T		0.17（0.59）
多重 2-路径 A2P-T		0.29（0.26）

注：＊表示参数估计值的绝对值大于标准误的两倍，表明该效应是显著的。

模型的参数估计显示网络影响的强度和方向。表 8-4 展示了交流关系网络模型的参数估计值（和标准误）。显著性参数用星号（＊）标出。正的（负的）估计值表示比期望（给定模型中其他效应）有更多（更少）的网络构型。不同效应的估计参数是不能直接比较的，因为统计的单位量纲是不同的。在呈现模型时，采用了简化的参数名。各个效应对应的 t-比率的绝对值均小于0.1，说明模型拟合较好。

弧：弧效应是负的且显著的。弧效应类似线性回归中的截距，可以被解释为关系发生的基准倾向。

互惠性：互惠性估计值为负且不显著，表明群体成员之间有可能不进行互惠性交流。

聚敛性和扩张性（入度和出度效应）：这些效应分别代表入度和出度分布中的中心势倾向。入度参数估计值是正的但不显著，表明控制模型中的其他效应，在这个群体中有的成员可能是受欢迎的。出度参数估计值为负且不显著，表明网络扩张性缺乏中心势，以至于人们选择交流对象的数量上不一致。

传递2-路径：这个参数为正且不显著，表明在模型中，在给定其他效应前提下，与期望值相比，可能有更多的传递2-路径。也就是说，证据显示群体成员通过更多关系发送到第三个成员的关系有形成传递关系的倾向。

多重2-路径：除了传递2-路径之外，模型中还有一个多重2-路径参数来显示节点对之间局部连通的"深度"。将两者的解释进行对比，可以发现简单2-路径关注在两条路径中心的节点（既有进入的关系，也有发出的关系），而多重2-路径参数被认为是路径末端节点对之间联系的最好解释。这个参数为正且不显著，表明在模型中，在给定其他效应的前提下，与期望值相比，局部连通性既不更强也不更弱。

思考与练习

1. 简述QAP基本思路和分析步骤。
2. 使用朋友关系网络和谈心关系网络进行QAP分析并进行解释。
3. 指数随机图模型建模思想是什么？其基本原理与传统统计模型（如Logistic回归模型）有何区别？
4. 什么是变化统计量？为什么指数随机图模型采用变化统计量而不是直接采用特定构型的数量？
5. 指数随机图模型通常采用哪几类解释变量？如何解释这些变量的影响？
6. 什么是ERGM社会选择模型？该模型主要解决什么类型的问题？

7. 在本节社会选择模型示例的基础上，结合表8-5中三种属性数据构建更完善的指数随机图模型，并采用 PNet 软件对其进行分析。

表 8-5 二元属性、连续属性和分类属性数据

二元属性		连续属性			分类属性	
是否成员	性别	收入	年龄	绩效	部门	俱乐部
1	1	1.0	23	2	1	1
1	1	1.1	34	6	3	2
0	1	1.1	42	5	2	3
1	0	0.5	23	4	3	2
1	1	0.3	24	1	1	3
0	0	1.1	19	1	2	1
1	0	1.5	38	2	1	2
0	0	0.2	49	1	2	3
1	1	0.1	58	1	3	1
1	0	0.2	47	2	3	3
0	1	1.0	24	3	2	2
0	0	0.2	36	2	3	2
0	1	0.1	19	4	1	1
1	0	0.5	20	3	1	2

第九章　无标度网络模型

在第八章中，介绍了指数随机图模型用以模拟社会网络中关系的形成，即节点 i 和节点 j 存在连边的概率与网络中相应的局部构型相关。在本章中，将介绍网络科学中一种重要的模型——无标度网络模型（Scale-free Network）。作为一种基准模型，无标度网络模型可以描述现实社会中的诸多实际网络，包括社会网络、组织代谢网络、因特网、蛋白质调控网络以及万维网等。无标度网络的应用十分广泛，包括理解社会系统中的信息传播与信息拥堵、疾病传播、谣言的传播和舆论形成、博弈过程。在现实系统中，我们往往遇见极不平等的"流行度（Popularity）"。例如，在社会系统中，有些人拥有少数的朋友，而有些人拥有大量的朋友；在科学系统中，一小部分著名的论文获得了大量的引用，而大部分论文却只有少量的引用。在本章中，将利用社会网络模型对以上现象进行分析，重点关注以下问题：以上不平等现象的涌现机制是什么？无标度网络模型对以上现象的启示是什么？无标度网络具有哪些性质？

在系统介绍无标度网络之前，先简要介绍网络科学中的经典模型，这些模型能够对理解上述现象提供帮助。我们从个体在社会网络中的"度中心性"入手，即一个个体朋友的个数，可以将以上问题转述为：一个社会网络中点度中心性是 k 的顶点的占比是多少？

正如本书第四章所述，度中心性较高的人在社会网络中处于"核心"位置，而度中心性较低的人在社会网络中可能处于"边缘"位置。一个自然的猜想是其服从正态分布或高斯分布，该分布密度的公式为：

$$P(k) = \frac{1}{\sqrt{2\pi}\sigma}\exp\left[-\frac{(k-\mu)^2}{2\sigma^2}\right] \tag{9-1}$$

公式（9-1）中存在 μ 和 σ 两个参数，分别代表度中心性的平均值和标准差。正态分布的主要特征是其具有一定程度的"集中性"，即正态分布的大部分元素集中在均值 μ 附近，有极少数元素在 $\mu \pm 3\sigma$ 外。根据中心极限定理，一些现象受到许多相互独立的随机因素的影响，如果每个因素所产生的影响都很微小时，总的影响可以看作服从正态分布。假设在社会网络中，每个人决定是否与其他人成为朋友是独立的，根据中心极限定理，这个人的朋友数量应该近似服从正态分布。这与网络科学中的 ER 随机图模型（Erdös-Rényi Model）相似，因此在本章中，首先简要介绍 ER 随机图模型以及其特有的结构性质。

第一节　ER 随机图模型

在随机网络中，节点之间关系的形成可以被看作是随机的，随机网络的构造有两种方法。

第一种，$G(N, L)$ 模型。在随机网络中，给定 N 个节点和 L 条边，让其随机不重复地连接该网络中的 L 对节点。

第二种，$G(N, p)$ 模型。在随机网络中，给定 N 个节点以及每对节点之间建立关系的概率 p。具体来说，对于一对节点 i 和 j，生成随机数 r，若 $r < p$，则节点 i 和 j 之间建立关系，否则不建立关系。为了方便展示 ER 随机网络的性质，此处主要利用 $G(N, p)$ 模型进行讨论。

图 9-1 展示了三个拥有 15 个节点，且节点之间的连接概率为 $p = 0.2$ 的 ER 随机网络图 G。可以看出，虽然网络规模确定，节点对之间的连接概率也确定，但三次构造的网络并不相同。

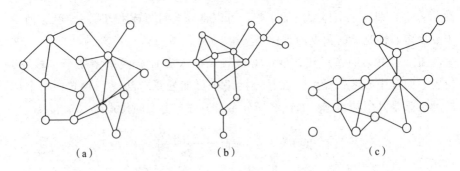

（a）　　　　　　　　（b）　　　　　　　　（c）

图 9-1　随机网络图 $G(15, 0.2)$

针对 $G(N,\,p)$ 模型，可以得出，ER 随机网络中任意一个节点 i 度为 k 的概率 p_k 服从二项分布，公式为：

$$p_k = C_{N-1}^k p^k (1-p)^{N-1-k} \qquad (9\text{-}2)$$

根据二项分布的性质，ER 随机网络的平均度为：

$$\langle k \rangle = p(N-1) \qquad (9\text{-}3)$$

当 $N \geq \langle k \rangle$ 时，二项分布近似为泊松分布，公式为：

$$p_k = e^{-\langle k \rangle} \frac{\langle k \rangle^k}{k!} \qquad (9\text{-}4)$$

与二项分布相比，泊松分布仅有一个参数 $\langle k \rangle$，其均值和方差都为 $\langle k \rangle$，具有更加简洁的数学性质。由于现实中的网络大部分规模较大（$N \rightarrow \infty$），且网络大多较为稀疏 $[N \geq \langle k \rangle]$，在此情况下，ER 随机网络的度分布可以近似为泊松分布。需要注意的是，严格来说，ER 随机网络的度分布服从二项分布，但在网络规模较大且网络较为稀疏时，其服从泊松分布。

除了度分布之外，ER 随机图模型的聚类系数和平均最短路径这两个结构指标也很重要。聚类系数是节点 i 的邻居相互连接的概率。对于 ER 随机网络中任意一个节点 i，如果要计算它的聚类系数，首先需要计算该节点的 k_i 个邻居之间的连边数 L_i 的期望。由于节点 i 的两个邻居之间相连的概率为 p，而 k_i 个邻居之间最大的连边数量是 $k_i(k_i-1)/2$ 条，所以 L_i 的期望值为：

$$E(L_i) = p \frac{k_i(k_i-1)}{2} \qquad (9\text{-}5)$$

因此，随机网络的聚类系数为：

$$C_i = \frac{2E_{L_i}}{k_i(k_i-1)} = p = \frac{\langle k \rangle}{N} \qquad (9\text{-}6)$$

可以发现，在给定 $\langle k \rangle$ 的情况下，节点 i 的聚类系数 C_i 与网络规模 N 成反比例关系，即 ER 随机网络规模越大，网络节点的聚类系数越低。需要注意的是，由于网络规模较大，所以 ER 随机网络的聚类系数往往较小。

接下来，介绍 ER 随机网络平均最短距离的计算方法。具体来说，由于 ER 随机网络的节点数量为 N，所以从任意节点出发，大约有 $\langle k \rangle$ 个节点与该节点距离为 1，有 $\langle k \rangle^2$ 个节点与该节点距离为 2，距离为 n 的节点数量大约为$\langle k \rangle^n$（ER 随机网络的聚类系数可以忽略不计），则从一个节点出发，距离小于 n 的节点的数量为：

$$E(n) \approx 1 + \langle k \rangle + \langle k \rangle^2 + \cdots + \langle k \rangle^n = \frac{\langle k \rangle^{n+1} - 1}{\langle k \rangle - 1} \qquad (9\text{-}7)$$

公式（9-7）中，1 代表节点本身。假设在该 ER 随机网络中，两个节点之间的平均最短路径中最大的值为 d_{max}，且从一个节点出发距离不超过 d_{max} 的节点数的期望约为网络规模 N：

$$E(d_{max}) \approx 1 + \langle k \rangle + \langle k \rangle^2 + \cdots + \langle k \rangle^{d_{max}} = \frac{\langle k \rangle^{d_{max}+1} - 1}{\langle k \rangle - 1} \approx N \qquad (9\text{-}8)$$

如果假设 $\langle k \rangle \geq 1$，则：

$$\langle k \rangle^{d_{max}} \approx N \qquad (9\text{-}9)$$

可求得：

$$d_{max} \approx \log_{\langle k \rangle} N = \frac{\ln N}{\ln \langle k \rangle} \qquad (9\text{-}10)$$

因此，在 ER 随机网络中，节点之间的平均最短路径和网络的直径与网络规模 N 的对数成正比：

$$\langle l \rangle \leq d_{max} \propto \ln N \qquad (9\text{-}11)$$

本小节介绍了 ER 随机网络的度分布、聚类系数以及平均最短路径等结构性质，发现其具有度分布服从泊松分布、聚类系数较低以及平均最短路径较小的结构性质。

第二节 富者愈富效应

近年来，计算机科学和数据科学的兴起使人们可以测量大规模网络的度分布，发现了与 ER 随机网络预测完全不一致的现象。例如在社会网络中，研究者发现社会网络中个体的朋友数量 k 服从异质性很强的幂律分布 $k^{-\gamma}$；在万维网中，研究者发现网页的入度 k_{in} 分布服从 $1/k_{in}^2$。幂律分布与正态分布的最大区别在哪里？在此处给予简要说明：假设随机变量 k 服从幂律分布 $P(k) = k^{-2}$，则随机得到 $k = 1000$ 的概率为 10^{-6}，如果随机变量 x 服从正态分布，则

随机得到 $x = 1000$ 的概率可以忽略不计。因此，ER 随机网络模型无法描述实际系统中观测到的异质性，例如科学论文的引文频次近似服从 k^{-3} 的幂律分布、社会网络中一个个体的朋友的数量近似服从 k^{-3} 的幂律分布、通信网络中每天的电话数量近似服从 k^{-2} 的幂律分布等。在 21 世纪的第一个 10 年，有众多的幂律分布现象被研究者所观测到，即随机变量 k 服从 $P(k) \propto k^{-\gamma}$ 的幂律分布，其中 γ 为幂指数。

哪些机制可以解释幂律分布？正如下文将要阐述的，中心极限定理解释正态分布时所依赖的"独立性"，幂律分布则取决于现实系统中的"相关性"或"路径依赖"，即"富者愈富"现象。

在过去的几十年里，来自社会学、科学计量学及复杂网络等不同学科领域的学者对"富者愈富"效应进行了详尽的研究。早在 1968 年，社会学家 Merton 在 *Science* 上发表了 *The Matthew effect in science*（《科学中的马太效应》）一文，详述了科学界奖励系统中存在的"马太效应"（Merton，1968），并提出"一个由某种心理社会的过程影响科学家的奖励分配的概念"。而这一概念正是基于 Zuckerman 采访多位诺贝尔奖获得者的奠基性工作。Zuckerman 指出，获奖科学家由于诺贝尔奖的权威性，在后续会获得更多的荣誉和报酬，加速提升他们在科学界的地位，进一步加深了科学界的精英和非精英的等级分层制度（Zuckerman，1977）。

在科学社会学领域，自默顿提出马太效应以来，学者们不仅对精英科学家进行了探讨，还发现这一效应可能是科研人员学术生涯中获得成功的内在机理之一（Bol et al.，2018）。研究表明，早期获得美国国立卫生研究院（National Institutes of Health，NIH）资助的科研人员在随后十年内获得的 NIH 资助金额显著高于未获资助的控制组（Jacob & Lefgren，2011）；同时，早期获得 NIH 博士后项目资助的科研人员后期获得 NIH R01 项目资助的概率较高（Heggeness et al.，2018）。在科学家的职业生涯中，马太效应意味着一个科学家仅凭他的声誉和地位就能获得额外的关注和认可。这里的声誉和地位可以指代科学家在之前的研究工作和科学贡献中通过发表论文和获得奖项等方式积累的影响力，或者科学家所依附的研究机构的声誉。由此带来的影响力溢价不仅体现在科学家新发表的文章在早期获得的引用优势（Petersen et al.，2014），而且还延伸到科学家过去的研究工作在引用影响力上的外溢效应（Mazloumian，2011）。

在科学计量学领域，科学计量学之父 Price 于 1965 年发现学术论文之间的引用关系构成了有向网络，其入度和出度服从幂律分布（Price，1695）。紧接着，Price 于 1976 年在期刊 *Journal of the American Society for Information Science* 发表了题为 "A General Theory of Bibliometric and Other Cumulative Advantage Processes" 的论文，阐释了科学计量学中科技论文的被引量形成 "累积优势" 的机制问题（Price，1976）。Price 的研究为深入理解科学领域中的引用现象和科研成果的传播机制提供了重要的理论基础。幂律分布的发现表明，少数的学术论文会获得大量的引用，而大部分论文的被引用量相对较少。这种分布特征意味着存在一些 "热门" 论文，其影响力巨大，同时也存在许多 "冷门" 论文，它们的影响力较小。Price 在其后续的研究中深入探讨了科技论文被引量的累积优势现象。这种累积优势意味着一篇论文一旦得到较多的引用，就更有可能吸引更多的引用，从而形成良性循环，增加其学术影响力。

　　"富者愈富" 效应与经济学中描述社会财富的 "二八法则" 息息相关。1897 年，意大利经济学家 Pareto 在 *Journal of Political Economy* 发表了一篇题为 "The New Theories of Economics" 的文章。他发现，意大利的人民在财富分配上遵循着一个显著的规律，即约 20% 的人口掌握着社会的 80% 收入（Pareto，1897）。这被后人称为 "帕累托法则" 或 "二八法则"。Zipf 在其专著 *Human Behavior and the Principle of Least Effort: An Introduction to Human Ecology* 中详细阐述了社会财富的胖尾分布（Zipf，2016）。在我国新型城镇化的背景下，网络出度/入度分布分析结果表明，调查所获得网络绝大部分的 $\log[P(k)]$ 与 $P(k)$ 之间具有较显著的线性关系，间接证明 $P(k)$ 满足幂律分布。在农民工社交网络中，学者们发现其阶层分化的现象，节点的度反映了个体的交际能力，也从侧面反映了网络成员占有网络资源的情况。一般而言，节点的度越大，说明其交际能力越强，占有的网络资源也较多，这种情况对应于 "包工头" 或者其他意见领袖。无标度网络可以为揭示农民工群体中出现的 "富者愈富" 等社会现象及其形成机制提供理论基础。

　　"二八法则" 强调的是胖尾分布的头部部分，意味着少数个体或因素对整体结果产生了巨大的影响。这种现象在经济学和管理学等领域得到了广泛应用，例如一个工厂生产了 200 件产品，而这些产品出现了质量问题，可以归纳为 A、B、C、D、E 五个原因（见图 9-2）。根据二八法则，经验上可以发现，大约 80% 的产品问题都来自其中的一个原因，比如原因 A，而其余 20% 产品的问题则来自其他原因（B、C、D、E）。

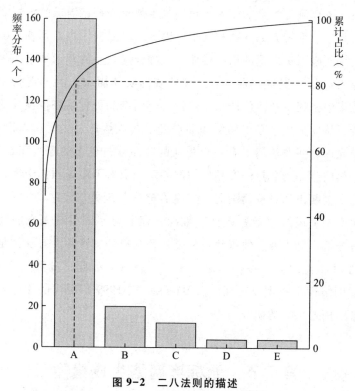

图 9-2 二八法则的描述

注：横轴表示产品出现问题的五个原因，柱代表每个原因下发生的问题产品数量，
与左边纵轴相对应；线绘制了由不同原因引起的问题产品的数量的累计占比。

随着互联网时代的到来，虚拟货架空间打破了实体商店的空间限制，使得在线零售的经济效益得以充分发挥。在这一方面，亚马逊的创始人贝佐斯等企业家代表了利用在线零售模式的成功实践，他们大规模销售相对非热门的差异化、多样性产品。在 21 世纪初，营销经济学领域的 Anderson 提出了"长尾理论"的概念，对数字产业的发展产生了深远影响。"长尾理论"所描述的"长尾"是以产品的流行度递减顺序排名的产品种类为 x 轴，以产品销量为 y 轴。这一概念强调，在数字产业中，由于几乎没有储存和供货的成本限制，供应者可以打破传统实体店只能供应热门产品的限制，从而延伸至非热门领域的利基市场。尽管单个非热门产品的销量可能较少，但是大量多样化的非热门产品的总销售量却巨大无比。这是因为在数字产业中，消费者的需求是多样且广泛的，他们寻求各种个性化的产品和服务，而长尾市场恰恰满足了这种需求。长尾理论的启示是，商家可以有效地开发和推广更多种类的产品，不仅满足大众的需求，也满足少数具有特定需求的消费者。利用数字平台和推荐系统，如谷歌和阿里巴巴等，可以向用户推荐感兴趣的非热门内容，从而吸引更广泛的用户群体。这种长尾效益的营销策略实际上对于削弱"富者愈富"现象非常有效。在传统的实体店中，由于空间和资源有限，只能集中销售少数热门产品，这使得热门产品更容易获得额外的曝光和销售机会，从而加大了其市场份额和提升了其优势地位。而在虚拟空间中，长尾市场允许那些非热门但有一定受众的产品获得更多的曝光和销售机会，这缩小了热门产品与非热门产品之间的差距，降低了市场的集中度，使得富者无法完全垄断市场，从而削弱了"富者愈富"现象。

上述实例呈现的"富者愈富"效应，表明对不同系统表现的幂律分布特征进行分析十分重要。值得注意的是，普莱斯的文章并没有受到足够的关注，直到 21 世纪之前才逐渐引起学术界的重视。因此，虽然"富者愈富"是无标度网络模型的重要特征，但 Barabási 在 1999 年提出的无标度网络模型并没有引用普莱斯的研究。

第三节 无标度网络生成模型

对幂律分布现象的解释引起了 20 世纪 90 年代末复杂网络领域研究的热潮。由于计算技术的进步和可以获取的大数据，人们对真实网络的结构性质有了新的认识。以 Barabási 为代表的复杂网络科学家探索了以 HTML 文档为节点的万维网，发现网络中的节点度 k 服从幂律分布：

$$P_k \sim k^{-\gamma} \tag{9-12}$$

公式（9-12）中，γ 是度分布的幂指数。同时，对公式（9-12）左右两边取对数是一条直线，即在 log-log 坐标下满足线性特征。这是传统的 ER 随机网络模型所不能预测的网络性质，也表明了复杂网络系统通过自组织蕴含了一种比随机性更深层次的自组织机制，这类度分布为幂律分布的网络被称为无标度网络（见图 9-3）。其中，图 9-3（a）是由 500 个节点组成的无标度网络，该网络的平均度约为 4，最大的节点度为 44，最小的节点度为 2。网络中的节点大小表示度的大小，节点度数越大，节点越大。图 9-3（b）中实线代表该无标度网络的度分布，在双对数坐标图下，其度分布近似一条直线；虚线是平均度 $\langle k \rangle = 4$ 的泊松分布。可以发现两个分布函数之间存在显著差异：泊松分布下的节点度大多数分布在平均度 $\langle k \rangle = 4$ 附近的较窄区域；但幂律分布下出现了一定概率的大度值节点，并且出现小度值节点的概率比泊松分布高。

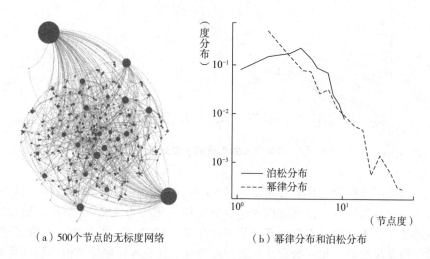

（a）500个节点的无标度网络　　　　　　（b）幂律分布和泊松分布

图 9-3　无标度网络示意

　　无标度网络产生的机制是什么？Barabási 开创性地提出了无标度网络模型，后来被命名为"BA 模型"（Barabási-Albert 模型）。BA 模型通过网络增长机制和优先连接机制来解释无标度网络的出现。①网络增长机制：网络通过新增新节点规模不断增加。例如，学术论文随着年份呈现指数增长，相应呈现的引文网络和科学家合作网络的规模也不断扩大（见图 9-4）。大多数真实网络都具有增长特性，这与随机网络模型中最基本的假定，即节点数量固定不变无疑是相悖的。②优先连接机制：新加入节点优先连接到度值大的节点。例如，我们在搜索文献时往往倾向于阅读被引次数高的论文，也因此会引用此类引文网络中的大度值节点。

　　BA 模型的基本过程如下：首先，从一个小的初始全连接网络（网络规模为 m_0）开始，不断地添加新的节点；其次，每个新加入的节点都会与已有的节点建立 m 条连接，且满足 $m \leqslant m_0$；再次，与已有节点 i 建立连接的概率和点 i 的度成正比，即已有节点的度越大，其越有可能被新加入的节点连接，概率为：

$$\Pi_i = \frac{k_i}{\sum_j k_j} \tag{9-13}$$

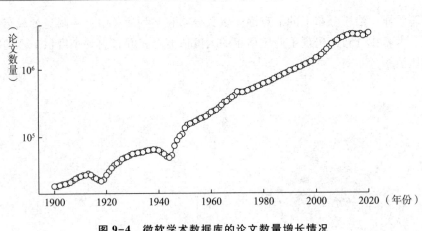

图 9-4　微软学术数据库的论文数量增长情况

　　该机制被称为"优先连接（Preferential Attachment）"[1]，这说明初始状态下的一点优势可以被持续放大，也被称作"先行者优势"。最后，随着网络的增长，无标度网络会出现少量的度值较大的节点。根据中心极限定理，随机的微小扰动会相互抵消，与之不同的是，优先连接保证了微小扰动优势的不断扩大。

　　与所有模型一样，BA 模型可能是解释无标度现象的最基础模型，其目的不是为了模拟人们如何在社会网络中建立各种关系，而是找到可以直接导致无标度现象的核心机理。

　　在 BA 模型中，增长和优先连接机制意味着越早进入网络中的节点将拥有越多的优势，即后来者没有机会成为最大的枢纽节点。这样的模型框架在刻画真实网络的动态过程中有明显的不足。例如，在科学引文网络中，论文之间通过引用建立关系，一篇具有开创性的论文虽然作为后来者进入引文网络，但是也逐渐因其创造力受到学者们的青睐，从而拥有大量的被引量，成为引文网络中的枢纽节点。在商业竞争领域，虽然先发优势是一种有力的竞争策略，但以万维网中 Facebook 节点为例，其作为晚于搜索引擎的节点，依旧成为万维网中最大的枢纽节点。由此看来，节点的内禀属性也将影响网络的拓扑结构。在此背景下，Bianconi 和 Barabási 在 2001 年提出了 Bianconi-Barabási 模型（Bianconi & Barabási，2001）。该模型引入了节点的适应性参数用以表示节点吸引新连接的能力，既可以扩展 BA 模型中的优先连接机制，也可以解释不同领域中的竞争及后来者居上现象。

　　Bianconi-Barabási 模型有以下规则：①网络规模随时间逐渐增加，每一

_____

[1]　也被称为"偏好依附连接"。

时刻增加一个节点，并且其将与网络中已存在的节点建立 m 条连接；②新加入节点连接到已有节点 i 的概率与节点 i 的度和其适应性参数 η_i 的乘积为：

$$\Pi_i = \frac{\eta_i k_i}{\sum_j \eta_j k_j} \tag{9-14}$$

也就是说，新加入节点在选择两个具有相同节点度的已有节点时，有更高概率选择适应性更高的节点。Bianconi-Barabási 模型成功解决了"赢者通吃"的问题，复刻了不同领域中常见的"后来者居上"现象。

此外，在科学系统中，昨日的创新成果随着科学产出的快速增长会逐渐失去影响力，即网络中的节点会经历一个缓慢老化的过程。因此，王大顺等学者在 2013 年发表在 *Science* 期刊上的论文把"时间效应"加入已有的演化网络模型（Wang, 2013）。具体来说，在 t 时刻，新加入节点选择连接到已有节点 i 的概率将由节点 i 的适应性 η_i、度 k_i 以及其在系统中存在的时间 Δt_i 决定：

$$\Pi_i \sim \eta_i k_i P(\Delta t_i) \tag{9-15}$$

公式（9-15）中，$\Delta t_i = t - t_i$，$P(\Delta t_i)$ 是节点 i 在经历了 Δt_i 时间后还能被新加入节点连接的概率，体现了节点 i 在网络中吸引连接的能力的衰减率。此模型用于模拟学术论文在发表后长期的被引量累积的动态过程，对于识别有影响力的论文以及分析论文引文网络动力学和引文网络结构具有重要意义。

第四节　无标度网络的性质

无标度网络的度分布 $P(k)$ 服从幂律分布 $P(k) \propto k^{-\gamma}$，因为幂律分布的概率密度函数随着度 k 的增加衰减较慢，所以在无标度网络中有相当一部分节点的度较大，成为"枢纽节点"（Hubs），该现象无法在 ER 随机网络中出现。那么在无标度网络模型中，最大的度 k_{max} 和最小的度 k_{min} 之间存在什么关系？本节将对此问题进行进一步说明。

由于无标度网络的度分布为幂律分布：

$$P(k) = Ck^{-\gamma} \tag{9-16}$$

由归一化条件 $\int_{k_{min}}^{\infty} P(k)\,\mathrm{d}k = 1$ 可得：

$$C = (\gamma - 1)k_{\min}^{\gamma-1} \qquad (9\text{-}17)$$

那么，度分布可以写成如下形式：

$$P(k) = (\gamma - 1)k_{\min}^{\gamma-1}k^{-\gamma} \qquad (9\text{-}18)$$

由于该网络中点的最大度为 $k_{\max}$，则在网络中最多只有一个节点的度大于或等于 $k_{\max}$，若网络的规模为 N，则有：

$$\int_{k_{\max}}^{\infty} P(k)\,\mathrm{d}k = \frac{1}{N} \qquad (9\text{-}19)$$

通过公式（9-18）和公式（9-19），可以得出：

$$k_{\max} = k_{\min}N^{\frac{1}{\gamma-1}} \qquad (9\text{-}20)$$

结果表明，无标度网络中最大的节点度与最小的节点度存在几个数量级的差别，体现出无标度网络的异质性。需要注意的是，在 ER 随机网络中，$k_{\max}$ 和 $k_{\min}$ 之间往往相差不大。在数字化的今天，枢纽节点作为网络的中心，一方面，可以通过在枢纽节点布局数据中心，引导数据中心从能耗成本高的地区向可再生能源丰富的地区聚集，优化数据中心建设的布局；另一方面，枢纽节点汇聚千行百业的多元数据，可以提供大规模、高速高效的算力服务，赋能数字经济发展。

在此基础上，本节将通过随机变量的矩介绍无标度网络中度分布幂指数 γ 的含义。无标度网络的度分布的 n 阶矩为：

$$\langle k^n \rangle = \int_{k_{\min}}^{k_{\max}} k^n P(k)\,\mathrm{d}k = C\frac{k_{\max}^{n-\gamma+1} - k_{\min}^{n-\gamma+1}}{n-\gamma+1} \qquad (9\text{-}21)$$

度分布的一阶矩是平均度 $\langle k \rangle$，而二阶矩 $\langle k^2 \rangle$ 可以通过度分布的方差 $\sigma^2 = \langle k^2 \rangle - \langle k \rangle^2$ 得出。我们已知无标度网络中的最大的节点度 $k_{\max}$ 随着网络规模呈现多项式增长，即当 $k_{\max} \to \infty$ 时，在 $k_{\min}$ 通常固定的情况下，如果 $n - \gamma + 1 \leq 0$，$k_{\max}^{n-\gamma+1}$ 将趋于 0；如果 $n - \gamma + 1 > 0$，$k_{\max}^{n-\gamma+1}$ 将趋于无穷大，$\langle k^n \rangle$ 发散。

因此，对于 γ 通常取值为 2 和 3 之间的真实无标度网络来说，随着网络规模的增大，度分布的二阶矩 $\langle k^2 \rangle$ 也将趋于无限大，所以度分布的方差 σ^2 趋于无穷大。也就是说，当我们在无标度网络中随机选择一个节点时，该节点的度和平均度的偏差可以是无穷大。与 ER 随机网络不同的是，在 ER 随机网络中随机取一点，其度在 $\langle k \rangle \pm 3\sigma$ 的概率为 99.7%，即存在一个标度 $\langle k \rangle$；而对于 $2 < \gamma < 3$ 的无标度网络，随机选择的节点度值的分散程度无穷大，即不存在任何标度，这就是"无标度"的含义。无标度的特性可以

用来研究复杂系统中涉及的鲁棒性、脆弱性和传播动力学等问题。

第五节　无标度网络的鲁棒性

　　为了理解无标度网络的功能，考虑到互联网中的病毒传播及路由器失效与鲁棒性高度相关，本节将简要介绍无标度网络的鲁棒性。互联网是一种由许多计算机、路由器等其他设备通过光纤、无线等技术和协议相互连接的网络，其度分布满足幂律分布，是典型的无标度网络。路由器作为互联网中的节点，通过信息传输通道实现信息在互联网上的流通。那么，当网络中的一个路由器出现故障，会对网络产生什么样的影响？当网络中的多个路由器同时出现故障，网络拓扑结构又会发生什么样的变化？

　　假设在一个网络中，只有其最大联通子图保持功能。在此假设条件下，我们模拟网络中节点出现故障的过程。图 9-5（a）为初始网络，当去掉节点 A 后，网络则如图 9-5（b）所示。可以发现，此时的网络少了节点 A 和三条链接（虚线），对网络的整体性影响有限，最大联通子图的规模从 23 降低到 17；当继续移除节点 B 后，网络变成图 9-5（c），初始网络被分解成 4 个不连通的子集；在继续去掉节点 C 后，初始网络被分解成 6 个不连通的子集，如图 9-5（d）所示，网络的整体性基本被瓦解。

　　这就是节点故障对于网络的影响的简单描述；鲁棒性代表网络在出现节点故障后，能够维持网络正常功能的能力。

　　在无标度网络中，节点故障对网络整体性将产生什么样的影响？去掉网络中多少节点将破坏网络原有的功能？无标度网络中的枢纽节点在保持网络鲁棒性方面具有什么样的作用？为了回答这些问题，本小节将节点故障分为受到随机攻击和蓄意攻击两种情况，并用 f 表示去掉无标度网络中的节点的比例。

　　在无标度网络节点受到随机攻击的情况下，可以通过随机移除网络中的节点，观测该网络的最大连通子图占比的变化情况，其结果如图 9-6（a）所示。可以发现，即使无标度网络中存在很多节点故障，也并未被瓦解；网络中最大连通子图的规模随着节点的随机移除逐渐变小，最终在接近 $f = 1$ 时，网络才被分解。可见，在无标度网络节点受到随机攻击的情况下，网络中的节点移除比例接近于 100% 时才能破坏网络原有的功能，无标度网络在随机故障中表现出很强的鲁棒性。

　　对于随机攻击表现出强鲁棒性的无标度网络，在面对蓄意攻击时，将会

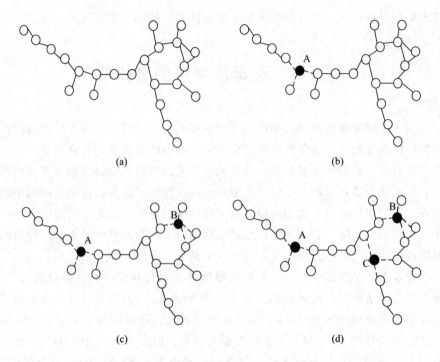

(a)

(b)

(c)

(d)

图 9-5 移除节点后网络分解为不连通的子集

表现什么样的稳定性？此时改变模拟网络节点故障的规则，把随机移除节点变为有针对性地对节点进行攻击，尤其是网络中的枢纽节点。对于给定的一个初始无标度网络，以节点度由大到小的次序移除网络中的节点，并观测网络留存的最大连通子图的剩余节点占比的变化情况，其结果如图 9-6（b）所示。可以发现，网络的最大连通子图规模变小的速度明显加快，并在移除 20%～30% 的枢纽节点后几乎崩溃。

对比无标度网络受到随机攻击和蓄意攻击的两种情况，得到以下结论：①与受到随机攻击的情况相比，无标度网络在面对蓄意攻击时，使网络崩溃的节点移除占比的阈值非常低；②无标度网络面对蓄意攻击时是脆弱的；③无标度网络中的枢纽节点在支撑网络底层结构和维持网络功能上占据着举足轻重的地位。

第六节 无标度网络的应用

无标度网络的一个重要应用是商家通过选取当红流量明星为自己的产品

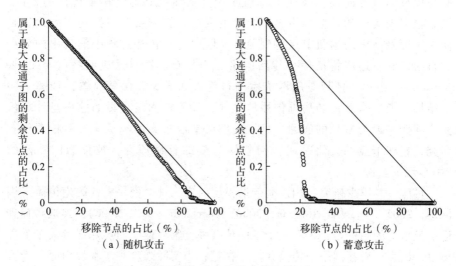

图 9-6　受到随机攻击和蓄意攻击的无标度网络

做推广。流量明星指这些明星受到广泛的关注。因此，这一应用是利用当红明星在社会网络中充当枢纽节点的作用。大量的连接使信息在通过这些枢纽节点时会传播给更多的人，从而实现商家使更多的人了解产品的目的。当然，流量明星的有些话题在网络上也会处于高热讨论的状态，从而在网络线路上产生高强度的信息流，出现服务器瘫痪、拒绝服务的现象，也就造成了信息拥堵。

　　除了信息传播之外，无标度网络对随机攻击鲁棒性较高，但对蓄意攻击鲁棒性较差。突发灾害发生后，应急救援物资调度是极为重要和紧迫的工作。一旦应急救援物资不能及时抵达，对受灾地区的人民群众会造成身体和心理上的双重打击，容易引起群众恐慌心理。在应急救援的紧急情况下，任何一个物资供应节点或物资供应线路的故障都会对受灾需求节点带来不利的后果。因此，级联故障研究对畅通应急物资调度网络具有深刻意义（董姗姗，2021）。

　　在疾病传播方面，基于无标度网络的疾病传播研究也取得了许多重要的研究成果。在一般网络模型中，更多的连接会减少故障节点产生的影响，因为通过其他连接绕开故障节点，仍然可以保证网络正常运转。但在疾病传播模型中，更多的网络连接会造成更快的疾病传播。疫情流行时，对感染个体的隔离就相当于强行切断了感染节点与健康节点的连接，进而中断传染途径。对节点实施的各种免疫策略相当于将节点从网络中删除，即删除了所有与免疫节点的连接，破坏了传播路径，从而达到抑制病毒传播的目的。由于很多大规模的社会网络属于无标度网络，控制疾病传播的有效途径是使无标度网络中的枢纽节点得到免疫。同时，在传播过程中涌现出的分布式自组织和自适应特征使得传播网络更为复杂。在自适应网络（Adaptive Networks）中，个体规避病毒传播的行为，如居家、佩戴口罩，调整了网络结构，能够有效抑制病毒传播。另外，计算机网络病毒的感染是计算机安全问题中最为常见的问题，且该问题已造成重大的经济损失。根据现有研究，枢纽节点的失效是因特网整体失效的直接原因，被称为因特网的"阿喀琉斯之踵"。

目前，有不少研究利用疾病传播模型研究在社会网络中的舆论传播（周涛等，2005；Moore & Newman，2000；Boccaletti et al.，2006）。经典传播理论中最重要的结论是：存在大于零的传播强度临界值，当实际强度大于临界值时，谣言可以在网络中传播并持久存在；当实际强度小于临界值时，谣言以指数速度消亡。由于谣言波及的范围（患病个体数占人群总数的比例）与传播强度呈正相关，因此根据经典的传播理论，谣言若是持久存在，必然波及大量个体。由于谣言在人际关系网络中的散布和病毒传播很相似，因此现有的谣言传播模型大都借鉴了传染病模型（张芳等，2009）。控制舆论传播的重要思路是通过对部分人采取预防措施，进而有效地控制谣言大范围的传播，或在爆发之初就把谣言控制在有限的范围内。预警和控制是最重要的两种手段，其中预警是指在谣言将爆发或爆发初期发出警告，提醒易感人员采取各种手段，避免与传染源接触，这对早期防控很有帮助。预警就是合理评估谣言流行的现状，如传染人数，流行范围等，既不能忽视可能的危险，也不能过度紧张。通常使用的控制手段主要是针对性教育和隔离，但对所有人进行教育并达到预期效果基本不现实，更不可能隔离所有人。因此，如何以最小的代价，对最少的人员进行教育或隔离，有效地控制谣言的传播，是谣言防控研究的一个重要课题。

总之，无标度网络模型作为一种可以较好刻画现实网络的数学模型，不仅拓展了传统 ER 随机网络模型的应用范围，而且为我们理解社会网络的功能提供了深刻的帮助。

第七节　常用软件操作

由于 UCINET 软件中缺乏无标度网络模型和小世界网络模型的生成和验

证程序，因此本部分和小世界网络模型的软件操作借助 NetworkX 软件完成，本节主要介绍 BA 网络的生成和验证。

一　生成网络

借助 NetworkX 中的 barabasi_albert_graph 命令，可以快捷地生成 BA 网络。命令共需要以下 4 个参数：网络的节点数量 n；每次增加节点时新增的连边数量 m；随机数生成状态的指示器 seed，默认为空值；算法使用的初始网络 initial_graph，在大多数情况下，初始网络应该是一个连通图。如果没有指定初始网络，算法将把一个具有 $(m+1)$ 个节点的星形图作为初始网络。代码 9 - 1 展示了生成 BA 网络的方法，图 9 - 7 展示了其生成的 BA 网络。此外，NetworkX 还提供了 dual_barabasi_albert_graph 和 extended_barabasi_albert_graph 两种算法用于生成特殊的 BA 网络。

代码 9-1　生成 BA 网络的方法

```
>>>import networkx as nx # 导入 NetworkX 包并命名为 nx
>>>G = nx.barabasi_albert_graph (20, 1) # 生成有 20 个节点，每次加入 1 条边的 BA
网络
>>>ps = nx.shell_layout (G) # 获取网络布局框架
>>>nx.draw (G, ps) # 绘制网络
```

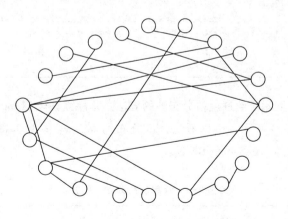

图 9-7　代码 9-1 生成的 BA 网络

二 判断网络的无标度特性

可以使用 Python 库中的 Powerlaw 包进行幂律分布拟合以判断网络的无标度特性。Powerlaw 是 2014 年由新加坡科技设计大学和麻省理工研究者（Alstott et al.，2014）联合发布，专门用于幂律等长尾特征分布的拟合。

我们生成了一个具有 10000 个节点、每次加入 10 条边的 BA 网络 G1 和一个具有 10000 个节点、连边概率为 0.005 的随机网络 G2 作为示例。代码 9-2 展示了判断无标度特性的方法。具体来讲，首先获取 G1 的度值列表；其次以度值列表作为输入使用 Powerlaw 进行拟合，拟合完成后获取幂次等于 2.88；最后与其他分布进行对比（这里对比的是指数分布），得到对数似然比和 p 值分别为 1280.21 和 1.80e-36，说明与指数分布相比，数据更符合幂律分布。

代码 9-2　判断无标度特性的方法

```
>>> import powerlaw # 导入 powerlaw 包
>>>G1 = nx.barabasi_albert_graph (10000, 10) # 生成 BA 网络
>>> data1 = [G1.degree (i) for i in G1.nodes] # 获取 BA 网络度值列表
>>> fit1 = powerlaw.Fit (data1, discrete=True) # 进行拟合
>>> fit1.power_law.alpha # 获取幂次
2.883829582598919
>>> fit1.distribution_compare ('power_law', 'exponential') # 将其他分布与幂律分
布对比，输入参数为两个分布的名称，结果中的对数似然比如果大于零，说明更偏向第一个分布，
如果小于零，说明更偏向第二个分布
(1280.2144600236318, 1.8001054489419363e-36)
```

代码 9-3 展示了绘制度值分布图的方法，程序默认绘制 log-log 图，其绘制结果如图 9-8 所示。可以看出，度分布的 log-log 图基本符合线性分布，也就是说生成的 G1 是一个 BA 网络。

代码 9-3　绘制度值分布图的方法

```
>>>fig = powerlaw.plot_pdf (data1, color ='b') # 绘制度值分布图，线条颜色为蓝色
>>>fig.set_xlabel ('$k$') # 设置横坐标轴标题
>>>fig.set_ylabel ['$P (k) $'] # 设置纵坐标轴标题
```

对 G2 进行同样的操作，代码 9-4 展示了 G2 无标度特性判断与可视化

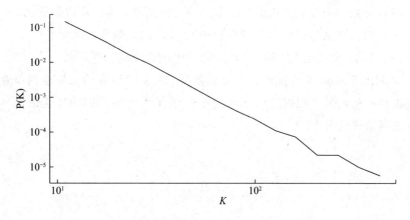

图 9-8　G1 度分布 log-log 图

的方法，得到幂次为 8.77，对数似然比为 -212.82，p 值为 0.000。说明与幂律分布相比，G2 的度分布更偏向指数分布，G2 网络不是一个 BA 网络。读者们不妨对其进行可视化并和 G1 进行对比，可以更直观地看出差别。

代码 9-4　G2 无标度特性判断与可视化的方法

```
>>> RE = nx.erdos_renyi_graph (10000, 0.005)
>>> data2 = [RE.degree (i) for i in RE.nodes]
>>> fit2 = powerlaw.Fit (data2, discrete=True)
>>> fit2.power_law.alpha
8.767204297229938
>>> fit2.distribution_compare ('power_law', 'exponential')
(-212.81639198248038, 0.0)
>>>powerlaw.plot_pdf (data2, color ='r', ax=fig) # 红色线为 G2
```

思考与练习

1. 给定无标度网络的度分布 $P(k) \sim k^{-\gamma}$，证明：当 $2 < \gamma < 3$ 时，$\langle k^2 \rangle$ 发散。

2. 利用 Python 等编程语言，基于 BA 模型生成 $N = 10^5$ 个节点的网络，初始条件是 $m = 3$ 的三角形。

（1）画图展示网络规模为 10^2、10^3、10^4、10^5 时的度分布；

（2）分别画出初始条件的三个节点的度值随算法运行步数的变化；

（3）对比初始条件的三个节点和在 $t = 10^4$ 加入的节点的度值；

（4）计算网络规模为 10^2、10^3、10^4、10^5 时的平均聚类系数。

3. 利用 Python 等编程语言，分别模拟 BA 模型生成的无标度网络在随机攻击和蓄意攻击（根据度值从大到小）时最大连通子图的变化情况（取无标度网络规模为 10^5）。

第十章　小世界网络模型

　　小世界现象又被称为"六度分离理论"，长期以来备受学术界关注。小世界现象表明，社会网络中任意两个人之间的最短路径平均是 6。在网络科学的语言中，小世界现象意味着网络中的节点具有高聚类系数以及小平均最短路径的特征。那么，如何解释小世界现象？小世界网络模型有哪些性质，与其他网络模型存在哪些区别？该模型对于现实世界有哪些意义？本章将围绕上述问题对小世界网络模型进行介绍。

第一节　社会网络中的小世界现象

一　实验验证

　　关于小世界现象的第一个实验研究发生在 1967 年，由哈佛大学心理学家 Milgram 设计完成。为了验证社会网络中两点之间的最短路径，Milgram 请随机选择的堪萨斯州的志愿者们尽可能地将一封信转交给一位在马萨诸塞州的股票经纪人手里。志愿者们会将这封信交给那些他们认为最有可能认识这位股票经纪人的朋友，再通过几次这样的过程，最终将信件成功送达目的地。实验结果表明，在成功到达目的地的信件中，平均大概需要 6 次转手，信件最终可以落到这位股票经纪人的手中，该实验第一次验证了六度分离理论（Six Degrees of Separation），说明在庞大的社会网络中，任意两个节点之间的距离较小。当然，这并不意味着任意两个人想要建立联系必须通过六步，而是表达连接距离相对较短的意思。也就是说，任何两个人想要建立联系，只要通过一定的联系方式总能够成功，当然这一过程的困难程度具有个别差异（Milgram，1967；Watts & Strogatz，1998）。

事实上，六度分离理论并不是一个绝对的理论，它只是一个大概的估算值。"六度"实际上是在描述社会人际网络，或者说社会网络的直径较小，即在社会网络中任意两个节点之间距离的平均值是很小的。

二　贝肯数

关于六度分离理论还有一个非常有趣的游戏（Bacon 游戏），即计算在演员的社会网络中与 Bacon 的最短距离，也被称作贝肯数（Bacon number）。这个游戏要求参与者尝试用各种方法，把某个演员与 Bacon 联系上，并且尽可能地减少中间环节（汪小帆等，2006）。其规则如下：随机想到一个演员，如果他（她）和 Bacon 一起演过电影，那么他（她）的贝肯数就为 1；如果他（她）没有和 Bacon 演过电影，但是和 Bacon 为 1 的演员一起演过电影，那么他（她）的贝肯数就为 2；以此类推。这个游戏就是通过是否共同出演一部电影作为纽带建立了演员和演员间的社会网络，贝肯数就是描述这个网络中任意两个演员之间的最短路径。例如，家喻户晓的超级影星周星驰，他没有直接和 Bacon 合作过，但他和洪金宝合作过《豪门夜宴》，而洪金宝又和好莱坞影星考林·加普合作过《死亡的游戏》，考林·加普又和 Bacon 有过直接的合作，那么周星驰的贝肯数就是 3。经过对将近 60 万名演员进行统计实验，研究人员发现最大的贝肯数仅为 8，而整个实验的平均贝肯数仅为 2.94。以上研究说明在演员的社会网络中，任意两点之间的平均最短路径较小，体现了演员网络的"小世界现象"。

三　埃尔德什数

与贝肯数类似的还有埃尔德什数（Erdös Number）和秀策数。埃尔德什是著名的数学家，其合作者众多。埃尔德什数的规则是将保罗·埃尔德什的埃尔德什数设为 0，与其合写论文的埃尔德什数是 1，一个人至少要 k 个中间人（合写论文）才能与埃尔德什有关联，则他的埃尔德什数是 $k+1$。例如，埃尔德什与 A 合写论文，A 与 B 合写论文，但埃尔德什没有与 B 合写论文，则 A 的埃尔德什数是 1，B 的埃尔德什数是 2。秀策数是用来描述围棋玩家和日本传奇棋圣本因坊秀策之间的距离的，例如，如果本因坊秀策直接

与棋手 A 进行过对局，那么棋手 A 的秀策数就是 1；如果棋手 B 没有与本因坊秀策进行过直接对局，但曾与棋手 A 进行过对局，那么棋手 B 的秀策数就是 2。这些实验具有相似之处，即他们平均距离都很短，这也导致人们对于"世界是小的""地球村"这样的概念更加深信不疑。

随着互联网时代的到来，六度分离实验也被以更加信息化的方式去重新验证。微软公司的研究人员在 2006 年用 1 个月的社交数据来进行比对，发现任何使用者平均只需要 6.6 人就可以和整个数据库中的任何一个个体或者群组发生对话。2011 年，一些学者利用 Facebook 的使用者资料，发现这个平均距离仅仅只有 4.74。事实上，4.74 更加符合理论上的计算值。令人感到神奇的是，随着 Facebook 的用户人群不断增加，这个数据竟然还在降低。以上实验均说明，社会网络中存在明显的"小世界现象"。

以网络科学的视角重新审视这个问题，发现在网络中随机选择的两个节点之间的距离很小。假设一个平均度为 k 的 ER 随机网络（其聚类系数较小），并且我们用 $\langle k \rangle^n$ 表示间距为 n 的节点，那么从一个节点出发距离不超过 n 的节点数的期望为：

$$E(n) \approx 1 + \langle k \rangle + \langle k \rangle^2 + \cdots + \langle k \rangle^n = \frac{\langle k \rangle^{n+1} - 1}{\langle k \rangle - 1} \tag{10-1}$$

可以发现，随机从某个人出发距离为 5 的人数大概有 10^{10} 人，这和真实世界人数大概在同一个数量级（Barabási & Crandall，2002）。通过以上简单的计算，可以发现，从任意一人出发，可以几乎到达世界上所有人。那么小世界现象产生的机制是什么？可以用什么模型描述社会网络中的小世界现象？下面将对以上问题进行讨论。

第二节　小世界网络模型

虽然 ER 随机网络拥有较小的平均最短路径，但其平均聚类系数也较低，这一点与实际社会网络的"高聚类、短距离"不完全一致。因此，在介绍小世界网络模型前，先介绍用以描述真实网络的规则网络模型。

规则网络指网络的每个节点之间的连接都遵循着某种特定的规则，常常将一维和二维晶格网络等视为规则网络，如图 10-1 所示的全局耦合网络（Globally Coupled Network）就是一种规则网络，图 10-2 中的凯莱图（Cayley Tree）也是一种规则网络。

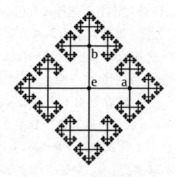

图 10-1　全局耦合网络图

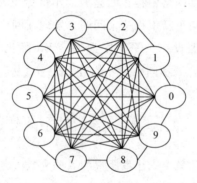

图 10-2　凯莱图

以最近邻耦合网络（Nearest-neighbor Coupled Network）为例（Watts，1999），其中每个节点都与它左右各 $m/2$ 个邻居节点相连，这里 m 是一个偶数（见图 10-3）。

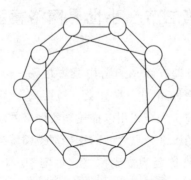

图 10-3　最近邻耦合网络

其最近邻耦合网络度分布为：

$$P(k) = \begin{cases} 1 & \text{若 } k = m \\ 0 & \text{若 } k \neq m \end{cases} \qquad (10\text{-}2)$$

公式（10-2）中，平均度 $\langle k \rangle = m$，与网络规模 N 无关。接下来，计算规则网络的平均聚类系数。在全局耦合网络中，任意两个节点之间都有一条边直接相连。全局耦合网络具有的平均聚类系数 $C = 1$，这也是所有网络中聚类系数最大的。

除了聚类系数之外，平均路径同样是描述网络的重要指标。对于最近邻耦合网络，两个格子间距为 m 的节点之间的距离为 $[2m/k]$，即不小于 $2m/K$ 的最小整数，该网络的平均最短路径长度为：

$$L \approx \frac{2}{N} \sum_{m=1}^{\frac{N}{2}} \frac{2m}{k} \approx \frac{N}{2k} \qquad (10\text{-}3)$$

可以发现，对于一个确定的 k 值，$L \propto N$，当 $N \to \infty$ 时，$L \to \infty$。因此，对具有一定规模的规则网络来说，它的平均最短路径较长。因此，对于规则网络而言，平均聚类系数往往较大，平均最短路径也较长。

无论是规则网络还是 ER 随机网络，都很难描述真实的社会网络，但规则网络和随机网络的结合可以在一定程度上复现真实社会网络的"高聚类、短距离"特征。在现实社会网络中，人们通常认识他的同事、邻居，也有可能会认识一些异国他乡的朋友。

那么，介于规则网络和随机网络之间的网络形式是什么？如何在一个模型中把规则和随机恰当地结合？在 1998 年，两位年轻的美国物理学家 Watts 和 Strogatz 在 Nature 上发表了一篇开创性的论文，提出了 Watts-Strogatz 小世界网络模型（以下简称"WS 小世界模型"）。

简单来说，Watts 和 Strogatz 构建小世界的方法就是将一维规则环随机重连，具体步骤如下。第一步，给定一个具有 N 个节点的最近邻耦合一维环，其中每个节点都与它左右相邻的各 $k/2$ 的节点相连（k 是偶数）；第二步，对这个规则图进行随机化重连：以概率 P 随机地重新连接规则网络中的边，即将边的一个端点保持不变，而另一个端点为网络中随机选择的一个节点。在此过程中，他们规定任意两个不同的节点之间至多只能有一条边，并且每一个节点都不能有边与自身相连（Watts, 1998）。

在上述模型中，P = 0 对应于规则网络，P = 1 则对应于完全随机网络。

通过调节 P 的大小就可以控制从规则网络到小世界网络再到完全随机网络的过渡（见图 10-4）。

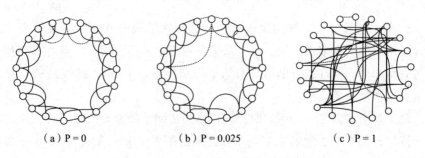

（a）P = 0   （b）P = 0.025   （c）P = 1

图 10-4　Watts-Strogatz 小世界网络模型

由上述算法得到的网络模型的聚类系数 $C(P)$ 和平均路径长度 $L(P)$ 都可以看作是重连概率 p 的函数。一个规则网络（对应 P = 0）具有聚类系数较高的性质 $[C(0) \approx 3/4]$，但它的平均路径很长 $[L(0) \approx N/2K]$。当 P 较小时（0<P≪1），重新连接后得到的网络与原始的规则网络在聚类系数方面差别不大 $[C(P) \approx C(0)]$，但由于其包含的少数"长程连边"，其平均路径长度较低 $[L(P) \ll L(0)]$。因此，像此类网络既具有较短的平均路径长度，又具有较高的聚类系数的网络称为"小世界网络"。

WS 小世界模型构造算法中的随机化过程可能会破坏网络的连通性。另一个研究较多的小世界模型是由 Newman 和 Watts 提出的"NW 小世界模型"，该模型通过随机化加入连边，取代了"WS 小世界模型"中的随机化断边重连，具体的构造算法如下。

第一步，从规则网络开始，考虑一个含有 N 个节点的最邻近耦合网络，形成一个一维环，其中每个节点都与它左右相邻的各 $k/2$ 的节点相连（k 是偶数）。

第二步，随机化加边，以概率 P 随机选取一对节点之间加上一条边，其中任意两个不同的节点之间最多只能有一条边，并且每个节点都不能有边和自身相连。

在 NW 小世界模型中，$p = 0$ 对应于原来的最近邻耦合网络。P = 1 则对应于全局耦合网络。在理论分析中，NW 小世界模型要比 WS 小世界模型更简单一些。当 P 足够小、N 足够大的时候，NW 小世界模型本质上等同于WS 小世界模型。小世界网络模型反映了朋友关系网络所具有的一种特性，即大部分人的朋友都是和他们住在同一条街上的邻居，或者在同一单位工作的同事。同时，有些人也住得较远，甚至是远在异国他乡的朋友，这种情形与 WS 小世界模型通过重新连线或在 NW 小世界模型中通过加入连线产生的远程连接相对应。

第三节　小世界网络模型的结构性质

由于小世界网络模型统计性质的计算过程较为复杂，在此直接给出相关公式，不再进行详细的公式推导。

针对基于"随机加边"机制的 NW 小世界模型，每个节点的度至少为 k。当 $p=0$ 时，小世界网络模型的度分布与规则网络相同，此时所有节点的度都为 k。当 $p>0$ 时，由于每条边保留一个端点不变，重连后，至少有 $k/2$ 条边，可以把节点 i 的度记作 $k_i = k/2 + c_i$，其中，$c_i = c_i^1 + c_i^2$，且 c_i^1 以概率 $(1-p)$ 留在原处，c_i^2 以概率 p 从其他节点重新连接到节点 i。当 N 足够大的时候，这两部分的概率分别为：

$$P_1(c_i^1) = C_{\frac{K}{2}}^{c_i^1}(1-P)^{c_i^1} P^{\frac{K}{2}-c_i^1} \tag{10-4}$$

$$P_2(c_i^2) = C_{\frac{KN}{p}}^{c_i^2}\left(\frac{1}{N}\right)^{c_i^2}\left(1-\frac{1}{N}\right)^{\frac{KN}{2}-c_i^2} \tag{10-5}$$

由此可得：

$$P(k) = \sum_{n=0}^{f(k,K)} C_{\frac{k}{2}}^n (1-p)^n P^{\frac{K}{2}-n} \frac{\left(\frac{PK}{2}\right)^{k-\frac{K}{2}-n}}{\left(k-\frac{K}{2}-n\right)!} e^{-\frac{PK}{2}} \tag{10-6}$$

公式（10-6）中，$f(k, K) = \min(k - K, K/2)$。这个度分布近似于泊松分布，说明小世界网络模型的度分布类似于随机图的分布。

针对网络的聚类系数，WS 小世界模型的聚类系数为：

$$C(P) = \frac{3(k-2)}{4(k-1)}(1-P)^3 \tag{10-7}$$

NW 小世界模型的聚类系数为：

$$C(P) = \frac{3(k-2)}{4(k-1) + 4kP(P+2)} \tag{10-8}$$

通过以上公式，可以看出当 $P \approx 0$ 时，无论是 WS 小世界模型还是 NW 小世界模型，平均聚类系数均为 3/4，远远大于 0，体现了小世界网络的高聚类系数性质。

关于 WS 小世界模型的平均路径长度目前还没有准确的计算方法，也没有精准的解析式，但有研究利用近似的方法得到了以下公式：

$$L(P) = \frac{2N}{k}f\left(\frac{NkP}{2}\right) \tag{10-9}$$

公式（10-9）中，$f(u)$ 是一种普遍适用的函数，目前 $f(u)$ 没有精确函数形式，但是满足以下公式：

$$f(x) = \frac{2}{\sqrt{x^2 + 4x}}artanh\sqrt{\frac{x}{x+4}} \approx \frac{\ln x}{x}, x \gg 1 \tag{10-10}$$

通过以上公式，可得：

$$L = \frac{\ln(NkP)}{k^2 P}, NkP \gg 1 \tag{10-11}$$

可以发现，只要在网络中随机添加边的数量足够大，但是在整个网络的边的数量中占比较小时，平均路径长度就可以被视作网络规模的对数增长函数。

第四节　小世界网络的意义

一　小世界网络的鲁棒性

Barabási 等认为，小世界网络在生物系统中的普遍存在，可能反映了这种结构的进化优势。一种可能性是，与其他网络结构相比，小世界网络对扰动的鲁棒性更强。如果这种假设成立，小世界网络将在对受到突变或病毒感染损害的生物系统的解释方面具有优势。

在一个度分布服从幂律分布的小世界网络中，随机的扰动极少能导致平均最短路径长度显著增加或聚类系数的显著降低。原因在于，节点之间的最短路径通过枢纽节点，如果一个边缘节点受到干扰或出现故障，此类型的故障不太可能干扰其他节点。由于小世界网络中外围节点的比例要远高于枢纽节点的比例，因此枢纽节点出现故障的概率非常低。例如，如果爱达荷州太阳谷的小型机场被关闭，此现象不会增加在美国旅行的乘客到达各自目的地所需的平均航班次数。但是，如果当芝加哥奥黑尔机场等北部枢纽机场因大雪关闭时，许多乘客不得不搭乘更多次航班以到达目的地，从而大幅度增加了航空网络的平均航班次数。因此，如果小世界网络的度分布服从幂律分布，并对随机扰动表现出较强的鲁棒性。

相反，在 ER 随机网络中，由于所有节点具有数量大致相同的连接，随机扰动可能会增加平均最短距离。从这个角度来讲，随机网络容易受到随机扰动的影响。需要注意的是，小世界网络容易受到针对枢纽节点的攻击，而蓄意攻击无法对随机网络造成灾难性故障。

二　小世界网络的现实应用

1. 学术合作与创新

美国西北大学的学者 Uzzi 曾经在 2005 年探讨了小世界网络与创新的关系。Uzzi 发现，与大多数其他类型的网络结构相比，小世界网络不仅具有高度的局部性聚集，还具有短路径长度的性质，而这两种网络特征通常对团队的创新至关重要，因为创新不仅需要高强度的近邻沟通，而且需要一定程度的远程连接。小世界网络可以将两个典型对立的网络特征连接起来。

在商业领域，Kogut 和 Walke 在 2001 年的一项开创性研究中研究了 1993～1997 年 550 家最大的德国公司和金融机构之间的所有权关系。他们发现，中心企业更有可能收购其他企业，并且删除许多企业间的联系不会分裂金融机构网络，这表明小世界网络可以影响动者间联系。这项研究的发表，更加促进了 Uzzi 对小世界网络在学术合作与创新领域所发挥作用的思考。Uzzi 通过进一步研究发现，一个网络越是表现出小世界特征，行动者之间的联系就越紧密，并且通过过去的合作或通过过去与共同第三方合作而与相互了解的人进行联系。这些条件使独立集群中的创造性材料能够在其他集群中流通，并获得某种可信度，即不熟悉的材料需要在新的环境中被视为有价值的，从而增加了来自一个集群的新材料可以被其他集群的其他成员有效使用的前景。

通常认为，学术合作网络更多的是一个临时性的团队，团队所抽象的小世界网络是整个团队创新的核心。这个网络通过收集不同成员的信息，整合出新观点和新知识，从而促进学术合作和创新。在这种网络中，为有效地研究小世界网络对团队创新的影响，基于交流频率和交流集中度，用小世界网络节点代表团队成员，小世界网络路径代表团队成员之间的连接路径。

2. 互联网安全

随着小世界网络的不断发展，将小世界网络的特性与区块链结合，可以大大提升区块链对抗网络攻击的安全性及稳定性。当前区块链抵御攻击的手段采用的是以量取胜提高攻击者成本的策略，这种方式的效果已经证明比传统的数据更安全；但就算区块链做到 51% 的抗攻击能力，仍然会有很大的机会被成功攻击。例如，勒索病毒式自动化蠕虫类的攻击可以高速自我复制、扩散和连续性潜伏 APT（Advanced Persistent Threat）攻击。

Trias（物联网安全协议关键技术）在共识节点间用小世界网络算法构建基于 TEE（Trusted Execution Environment）可信验证关系的信任网络，该网络能实现接近 90% 的"同谋违约"代价，也就是说，任何一个节点想要"撒谎"，就必须迫使全网 90% 的其他节点为它"圆谎"。此特性可以将传统区块链的抗 51% 攻击提升至 90% 的恶意算力攻击。Trias 快速定位全网中"难撒谎的点"，并为少数这些点分发智能合约程序，从而提升共识速度。同样，Trias 也能够快速定位不可信的节点，并将其冷却或移出，保证区块链的安全性。

3. 社会问题研究

在社会学领域，Finnegan 提出，小世界网络适用于亲和团体（Affinity Group）理论。亲和团体指的是旨在实现某个较大目标或功能的小型半独立社会运动团体。虽然在节点级别上并没有严格的隶属架构，但作为连接节点的少数高连接性成员，能够通过网络连接组织内的不同群体。这种小世界网络已被证明是一种极其有效的组织策略。另外，也有学者认为，通过小世界网络创造的社交网络越大，枢纽节点在网络内的价值就越高，也适用于亲和团体模型，即每个团体内只有少数人与外部团体相联系，从而极大提高了灵活性和适应性。这一方面的实践案例是 Finnegan 在概括 1999

年西雅图世贸组织抗议活动时，所提出的亲和团体中的小世界网络。

4. 生物网络研究

大脑神经元之间的连接也符合网络结构，大脑中连接与皮层神经元的同步网络都体现了小世界网络结构。

小世界神经元网络可以呈现出短期记忆。生物学家 LeCun 等（LeCun et al.，1989）提出的计算机模型具有两个稳定状态，即被认为在记忆存储中十分重要的特性（被称为双稳态）。激活脉冲在神经元之间产生自我维持的通信活动循环。第二波脉冲则终止这一活动。脉冲让这一系统在稳定状态间切换：流动（记录记忆）以及停滞（保留记忆）。小世界神经元网络也被用于建模，揭示病情发作的原理。在更一般的层次上，大脑中的许多大规模神经网络，例如视觉系统和脑干，都具有小世界特性（Rahel，2010）。

第五节 常用软件操作

一 生成小世界网络

生成小世界网络方法与生成 BA 网络类似，可以借助 NetworkX 库中的 watts_strogatz_graph 来实现。命令共需要 4 个参数：网络中节点的数量 n；初始规则网络的节点度值 k；重新连接每条边的可能性 p；随机数生成状态的指示器 seed，默认为空值。算法会返回一个 Watts-Strogaz 小世界网络。代码 10-1 展示了生成小世界网络的代码，图 10-5 展示了生成的小世界网络。

代码 10-1　生成小世界网络的代码

```
>>>import networkx as nx # 导入 NetworkX 包并命名为 nx
>>>G = nx.watts_strogatz_graph (20, 2, 0.5) #生成具有 20 个节点，规则网络度值为 2，重连概率为 0.5 的小世界网络
>>>ps = nx.shell_layout (G) # 获取网络布局框架
>>>nx.draw (G, ps) # 绘制网络
```

此外，NetworkX 还提供了两种相关的生成算法，即 connected_watts_strogatz_graph 和 newman_watts_strogatz_graph。依照经典方法生成的小世界网络无法保证网络是一个连通图，connected_watts_strogatz_graph 算法会尝

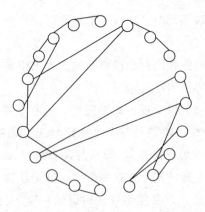

图 10-5　Watts-Strogatz 小世界网络

试多次生成小世界网络，直到生成连通图或者超过最大尝试次数。newman_ watts_ strogatz_ graph 使用了增加长程边的方法在规则网络中增加捷径，与 watts_ strogatz_ graph 相比，这种方法不会删除规则网络中的已有边，图 10-6 展示了这种算法生成的小世界网络。

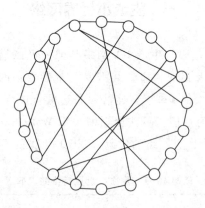

图 10-6　Newman-Watts-Strogatz 小世界网络

二　小世界网络的验证

主要使用 σ 系数来衡量一个网络的小世界特性，如果 σ 系数大于 1，那 么这个网络为小世界网络。代码 10-2 展示了生成小世界网络的方法，可以看出，只有小世界网络的系数大于 1。

代码 10-2　生成小世界网络的方法

```
>>>SW = nx.connected_watts_strogatz_graph (40, 4, 0.5) #生成小世界网络
>>>nx.sigma (SW) #计算 sigma 系数
1.2820914025733305
>>>GG = nx.grid_2d_graph (5, 8) #生成格子网络
>>>nx.sigma (GG)
0.0
>>>RE = nx.erdos_renyi_graph (40, 0.1) #生成随机网络
>>>nx.sigma (RE)
0.8319474080582402
```

思考与练习

1. 考虑近邻网络，其中每个节点只与其关系最近的十个节点相连，该网络是否满足六度分离理论？

2. 假设在问卷调研过程中，一个人列出自己的"朋友"，按照亲密程度从高到低排列。如果只取前 5 位最亲密的朋友作为"亲密社会网络"，后 5 位作为"疏远社会网络"，根据小世界性质，哪个网络的平均最短路径较高？请解释。

3. 利用 2 维网格和随机连边构建小世界网络，请计算该网络的平均聚类系数和平均最短路径与随机连边概率 p 的关系。

第十一章　社群结构

第六章介绍了社会网络中的凝聚子群，表示稳定的、直接的、强烈的、频繁的或稠密联系的行动者子集。本章介绍的社群结构（Community Structure）与凝聚子群的定性意义相似，但也有严格的区别：前者是复杂网络研究的重要内容，后者是经典社会网络的研究内容，两者在定义、测量指标和算法上完全不同。需要特别说明的是，在不同的文献中，社群还可以被称为"社团""社区""模块"等。在本章中，首先介绍社群结构划分的基础，包括图的二划分以及 Kernighan-Lin 算法；其次介绍社群结构的概念和应用、模块化函数，以及经典的社群结构划分算法；最后介绍符号网络中的社群结构和常用软件的操作。

第一节　社群结构划分基础

一　图的二划分

图划分是计算机科学中的经典 NP 难问题，自 20 世纪 60 年代以来一直被广泛关注。图划分最初被用于将电子电路的组件分配给电路板，以最大程度地减少电路板之间的连接数（Karypis et al.，1999），其原理是将网络的节点划分为给定数量且给定大小的非重叠组，目的是使不同组之间的边的数量最小化。图划分的前提是要固定分组的数量和每一个组的规模。图划分问题的典型例子是图的二划分问题：将网络划分为大小相等的两组，使它们之间的边数最小。当然，如果将网络划分为两个部分之后，可以进一步将其中一个或两个部分划分为三个或四个部分。这种重复划分是将网络划分为任意数量部分的最常见方法。

图的二划分问题可以通过穷举法求解，即考虑所有把网络分成两部分的划分方式，选择其中两部分连边数量最小的划分方法。然而，穷举法的算法复杂度较高，例如，将一个具有 N 个节点的网络分成分别拥有 N_1 和 N_2 个节点的两部分，所有不同划分方式的数目为：

$$\frac{N!}{N_1! \ N_2!} \tag{11-1}$$

使用斯特林公式 $\left[n! \approx \sqrt{2\pi n} \left(\frac{n}{e}\right)^n \right]$，将公式（11-1）改写为：

$$\frac{\sqrt{2\pi N}\left(\dfrac{N}{e}\right)^N}{\sqrt{2\pi N_1}\left(\dfrac{N_1}{e}\right)^{N_1}\sqrt{2\pi N_2}\left(\dfrac{N_2}{e}\right)^{N_2}} \sim \frac{N^{N+1/2}}{N_1^{N_1+1/2} N_2^{N_2+1/2}} \tag{11-2}$$

为了简化这一问题，只考虑把网络分成规模相同两部分的情形。在这种情况下，公式（11-2）则变为：

$$\frac{2^{N+1}}{\sqrt{N}} = e^{N+1\ln 2 - 1/2\ln N} \tag{11-3}$$

公式（11-3）表明，将一个规模为 N 的图划分成两个规模相等的子图的划分方式数量随着网络规模呈指数级增长。对于当前的计算机来说，如果划分规模在 30 个节点左右的图，穷举法是可行的；但当网络规模大于 30 时，穷举法将花费大量的时间。

穷举网络中所有可能的划分并不是一种高效的方法。在所有情况下，要么一种算法的运行速度很快，但在大多数情况下无法找到全局最优解；要么总是能找到最优答案，但需要不切实际的时间复杂度。事实上，对于许多实际问题来说，即使无法找到网络全局最优的划分结果，如果能找到一个"非常好的"的划分也足够了。以这种方式找到近似但可接受的解决方案的算法被称为"启发式算法"。图划分的最佳启发式算法是 Lin 和 Kernighan（1973）提出的 Kernighan-Lin 算法（以下简称"KL 算法"）。

二 Kernighan-Lin 算法

KL 算法优化是一种将网络划分为已知大小的两个社群的二分算法，其目标是使网络两个社群间连边数量与社群内连边数量的差值最小。也就是说，KL 算法主要是为网络划分定义了一个增益函数 N（N 表示社群内部的边数与社群之间的边数之差）。给定初始的社群划分方式，KL 算法将社群的节点移动到其他社群或者交换不同社群之间的节点，来比较移动或交换节点前后优化目标的差异性，直至由当前划分出发无法搜寻到更优的候选划分。因此，KL 算法是一种贪婪算法，这导致该算法找到的最优划分为局部最优解。

此处将以图的二划分为例，介绍 KL 算法。首先，将网络随机划分为预定大小的两个社群，考虑两个社群之间的所有节点对，选择一对节点处在不同社群的节点 i 和 j，交换节点 i 和 j，计算交换前后增益函数的变化。其次，遍历所有节点对 (i, j)，找到能最大限度增加增益函数 N 的节点对。需要注意的是，KL 算法规定每个节点只能交换一次，且交换过程直到网络中所有节点都被交换一次为止。例如，图 11-1（a）中箭头指向的节点对可以通过相互交换得到如图 11-1（b）所示的划分。另外，在该算法的某些实现过程中，增益函数 N 并不是单调函数，如果所有节点对都无法使 N 增加，则选择让使 N 减少最少的节点对。最后，当所有交换都完成后，回顾网络在交换过程中所经过的每一种状态，对应 N 值最大的社群结构就是 KL 算法认为的理想划分。

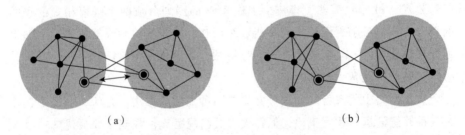

（a）　　　　　　　　　　　　　　　（b）

图 11-1　Kernighan-Lin 算法交换节点示意

注：（a）表示 Kernighan-Lin 算法将网络的节点划分为两个组（阴影部分），然后搜索节点对，例如这里突出显示的一对节点，交换它们可以减少组间的连边数量；（b）表示（a）中两个特定节点交换后的结果。

KL 算法中考虑了所有可能的节点对，从选择节点的角度分析，必须交换网络中的每个节点，因此算法复杂度较高，为 $O^{(n^2 \log n)}$。

KL 是初始解敏感的算法，即产生一个较好初始社群结构的条件是事先得知两个社群的规模。若初始解较差，则会导致收敛速度缓慢、最终解较差。该算法通常可以处理 10000 个节点以下的网络。由于现实世界中的社群无法事先预知大小，故 K-L 算法在实际应用中的价值有限。

第二节　社群结构概念

"人的本质，不是单个人所固有的抽象物，在其现实性上，它是一切社会关系的总和"。马克思认为，人是社会历史发展的根源和动力，人的存在和发展是在社会关系、社会制度的基础上进行的。因此，从这个角度来说，人的本质就是人与社会关系的合成体，反映了人作为社会群体中不同个体的不可分割的社会属性。所以，从社会属性（社群）入手，将个体与个体间存在的关系对应抽象成节点和关系，有助于我们更好地认识和把握具有社会属性的社群互动、演化、功能和特点。

一　社群结构的定义

用定量的方法定义社群结构往往比较困难，因此目前大多采用定性的方法描述社群结构。目前学界对社群认可度较高的定义来自 Newman（2006），他将社群定义为基于某种关系的成员之间互相联系所构成的集群。这种关系可以基于兴趣、职业、经验、地域等因素，对社群的感性认知则来自连通性和密度假设。社群是网络中局部连接紧密的子图。其中，连通性是指一个社群中的所有节点都可以通过该社群中的其他节点到达；密度是指社群内部节点连接到同一社群内节点的概率大于连接到不同社群节点的概率。

根据对社群结构的定性理解，如果一个网络可以被分成多个社群，那么每个社群应该满足以下两个假设：①连通性假设，即如果网络中有两个不相连的分支，则每个社群只能存在于一个分支内，同时，一个连通分支内的两个互不相连的子图不能组成社群；②密度假设，即社群中的节点更倾向于连接到同一社群内的其他节点，而非其他社群的节点。根据以上性质，已有研究者使用不同算法来识别网络中的社群结构，并评估算法结果的效果。

尽管用定量的方法对社群结构进行定义较为困难，但仍有部分研究从图论和复杂网络的角度出发，尝试给社群结构下一个定量的定义。一方面，从图论的角度来说，社群可以定义为成员之间都相互认识的群体，这种定义下的社群即为完全图，也可称之为最大社群。另一方面，如果将这种只有全部成员都相互认识的定义才能定义为社群，现实生活中很多合理的社群都无法满足这一条件，将难以形成比较大的社群。以图 11-2 为例，虽然其被划分为三个社群，但每个社群都不是完全图。

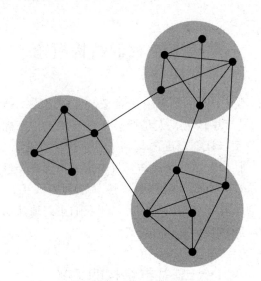

图 11-2   现实生活中大多数情况下的社群结构

在此基础上，适当放宽对社群的定义有助于更好地识别真实网络中的社群。已有研究从社群内部节点之间的连接数量出发，定义了"强社群（Strong Communities）"和"弱社群（Weak Communities）"的概念。

我们定义节点的内部度和外部度：社群 C 中节点 i 的内部度代表其与 C 内其他节点连边的数量，记作 $k_i^{int}(C)$，其外部度表示节点 i 与不属于 C 的节点连边的数量，记作 $k_i^{ext}(C)$。内部度与外部度的关系为 $k_i^{int}(C) + k_i^{ext}(C) = k_i$，其中 k_i 是节点 i 的度。在极端情况下，若 $k_i^{ext} = 0$，则节点 i 的每个邻居都在社群 C 中，因此节点 i 隶属于社群 C；若 $k_i^{int} = 0$，则节点 i 应该属于另一个社区 C1。

因此，若子图 C 为强社群，则其内部节点 i 的内部度要严格大于其外部度，公式表示为：

$$k_i^{int}(C) > k_i^{ext}(C) \tag{11-4}$$

若子图 C 为弱社群，则其包含所有节点的内部度之和大于外部度之和，公式表示为：

$$\sum_{i \in C} k_i^{int}(C) > \sum_{i \in C} k_i^{ext}(C) \tag{11-5}$$

根据定义，可以得出以下结论：最大社群包含于强社群，强社群包含于

弱社群，反之则不成立。图 11-3 展示了最大社群、强社群、弱社群的概念
从属关系。

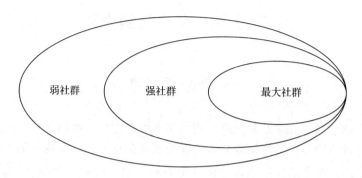

图 11-3　最大社群、强社群、弱社群的概念从属关系

二　社群结构的应用

社群结构可以应用于许多问题的探究中，涵盖了广泛的应用领域。以下
将介绍社群结构在集体创新、企业绩效、风险投资、传染病传播途径、网络
舆论分析、宗教发展等方面的应用。

在集体创新方面，社群结构的研究可以帮助了解集体创新过程中不同成
员之间的互动与合作方式，促进更好的资源共享和知识传递，从而提高创新
效能（魏龙和党兴华，2017；许彤和朱瑾，2021）。在企业绩效方面，通过
分析企业内部社群结构，可以了解不同角色在企业中汇聚信息的程度与影响
力，从而制定更合理的团队管理策略，提高企业绩效（李立群和王礼力，
2015）。在风险投资方面，社群结构分析可以帮助投资者了解企业内部结构，
社群结构的密度和中心性会直接影响投资者之间的交流和信息共享，从而影
响其对创业公司的投资决策（党兴华等，2022）。在传染病传播途径方面，
社群结构可以用于分析传染病在社群内的传播路径，了解传染病扩散的模式
和速度，制定更有效的疾病控制策略（江晟，2022）。在网络舆论分析方
面，社群结构可以用于分析网络上的舆论传递关系，了解不同信息渠道的影
响力与传递速度，提高舆情管理能力（王家辉等，2020）。在宗教发展方
面，可以用社群结构分析宗教社群内部的信仰关系和教徒之间的沟通关系，
有助于引导宗教和谐发展（王术坤等，2020）。

总之，社群结构的应用领域十分广泛，对社群内部结构进行深入研究不
仅能够帮助研究者更好地理解社会现象和人类行为，还可以为各个领域提供

借鉴和启示，提高工作效率。

第三节 模块化函数

一 网络同构性

在介绍了图划分问题和社群结构的基本概念之后，本部分重点关注一般网络的社群结构。社群结构的基本目标与图划分相似，即将网络划分成不同子图，子图内部节点连接紧密，而处于不同子图之间的节点连接较为稀疏。但是在社群结构划分后，社群的数量和规模不是固定的，而图划分的前提是社群的规模或数量已知。社群是一个节点集合，集合中的节点之间存在某种相似性，即扮演着相同或相似的功能，具有相同或相似的属性，归属于同一个集合（Fortunato，2010）。社群探测（Community Detection）的主要目的是依靠网络节点间关系所提供的信息，探测出具有连接相似性的节点构成的集合。探测的最终结果是网络的节点被分成不同的集合，每个集合内部的节点之间相似性高，集合与集合之间的节点相似性低，它们形成了社群结构（Coscia et al.，2011）。在社交网络中存在同质性（Homogeneity）特征，也被称为同构性特征，被形象地称作"物以类聚，人以群分"。

二 模块化

如何衡量一个探测社群结构算法的效果？Newman 和 Girvan 于 2002 首次提出了模块化（Modularity）的概念，这是最常用的一种衡量社群划分质量的标准（Girvan & Newman，2002）。模块化的基本思想是将实际网络的社群结构与随机模型相比，从而评价划分结果的优劣。随机模型指的是与实际网络具有相同节点数量、边的数量以及度序列的随机网络。对于一个给定的实际网络，假定已经发现了一种社群划分结果 C，则社群内部边数的总和计算公式为：

$$Q_{real} = \frac{1}{2} \sum_{i,j} A_{i,j} \delta(C_i, C_j) \tag{11-6}$$

公式（11-6）中，C_i 和 C_j 分别表示节点 i 和 j 所在的社群，如果这两个节点属于同一个社群，则 $\delta(C_i, C_j) = 1$；否则 $\delta(C_i, C_j) = 0$。同时，对于该

网络所对应的随机模型，如果社群划分的结果与实际网络相同，那么所有社群内部的边数的期望值为：

$$Q_{null} = \frac{1}{2} \sum_{i,j} p_{i,j} \delta(C_i, C_j) \tag{11-7}$$

公式（11-7）中，$p_{i,j}$ 指随机模型中节点 i 和 j 之间的连边数的期望值。因此，网络的模块化定义为实际网络的社群内部边密度与相应的随机模型社群内部边密度之差，具体公式为：

$$Q = \frac{Q_{real} - Q_{null}}{m} = \frac{1}{2m} \sum_{i,j} (A_{i,j} - p_{i,j}) \delta(C_i, C_j) \tag{11-8}$$

对于与原网络具有相同度序列但不具有度相关性的随机网络，节点 i 和节点 j 之间存在连边的概率为 $p_{i,j} = \frac{k_i k_j}{2m}$，其中 k_i 和 k_j 分别代表节点 i 和节点 j 的度。因此，模块化函数定义为（Newman，2004）：

$$Q = \frac{1}{2m} \sum_{i,j} \left(A_{i,j} - \frac{k_i k_j}{2m} \right) \delta(C_i, C_j) \tag{11-9}$$

为使模块化更便于计算，令 e_{vm} 表示社群 C_v 和社群 C_w 之间的连边占整个网络边数的比重，则有：

$$e_{vm} = \frac{1}{2m} \sum_{v_i, v_j} A_{i,j} \delta(C_i, C_v) \delta(C_j, C_w) \tag{11-10}$$

记 a_v 为至少有一端与社群 C_v 中的节点相连的连边的比，则有 $a_v = \frac{1}{2m} \sum_j k_{i,j} \delta(C_i, C_v)$。于是，模块化公式可以表示为：

$$Q = \sum_{v=1}^{N} (e_{vv} - a_v^2)^2 \tag{11-11}$$

从公式（11-11）中可以看出，只要根据网络连边数统计出每个社群内部节点之间的连边数占整个网络边数的比例 e_{vv}，以及一端与社群中节点相连的连边比例 a_v，就可以计算出模块化。因此，模块化公式的另一种表达形式如下（Newman & Girvan，2004）：

$$Q = \sum_{v=1}^{n_c} \left[\frac{l_v}{m} - \left(\frac{d_v}{2m} \right)^2 \right] \tag{11-12}$$

公式（11-12）中，l_v 是社群 v 内部所包含的边的数量，d_v 是社群 v 中所有节点的度值之和。任给一个网络，不同社群划分的结果对应的模块化 Q 值不一样。根据模块化的公式，把整个网络看作一个社群，对应的模块化值为 0。

将模块化函数扩展到加权网络，只需要将边数用边的权值之和代替，节点度值用节点强度代替，从而有（Newman，2004）：

$$Q = \frac{1}{2w} \sum_{i,j} \left(w_{i,j} - \frac{s_i s_j}{2w} \right) \delta(C_i, C_j) \qquad (11-13)$$

在公式（11-13）中，w 是网络中所有边上的权值之和，s_i 是节点 i 的节点强度，即与节点 i 相连的所有边的权重之和。需要注意的是，由 Newman 提出的模块化函数 Q 只能用于评价非重叠社群划分的优劣。

模块化函数具有多重作用，它既可以作为社群划分算法的优化目标，又可以作为社群划分算法的评价指标。如果社群内部边的比例等于随机连接时的期望值，则有 $Q = 0$。Q 的上限为 1，Q 越接近于这个值，就说明该网络的社群结构越明显。在实际网络中，Q 值通常为 0.3~0.7，只有少数网络（如作者合作网络等）的 Q 值能达到 0.9 以上。此外，Q 函数作为衡量社群划分好坏的指标，可以依据其性质发展许多社群结构探测方法。

第四节　社群结构划分算法

已有研究详细阐述了社群结构的划分方法（Fortunato & Hric，2016；Pizzuti，2018），主要包括传统的图分割方法、基于最优化模块化的方法、基于网络动力学的方法、基于统计推断的方法等。本节根据网络社群结构是否允许重叠，将社群结构划分算法分为非重叠社群探测方法和重叠社群探测方法，并介绍几种具有代表性的算法。

一　非重叠社群探测方法

非重叠社群探测方法是指在网络分析中将节点划分成多个社群，每个节点只属于一个社群的方法，以下是几种常见的非重叠社群探测方法。

1. 层次聚类法

层次聚类方法的核心思路是衡量不同节点在网络中的连接强度或相似程度，将连接强度或相似程度较高的节点划分在一个社群中（Hastie & Dawes，2001）。不同层次聚类算法采用不同的方法来衡量节点间的相似程度。层次聚类法可以分为两类：凝聚算法和分裂算法。凝聚算法（Agglomerative Algorithms）首先将网络中的每个节点视为一个单独的集群，其次将高相似度的节点合并到同一社群，最后网络中的每个节点都属于唯一的社群。凝聚算法是一种自下而上的算法，例如，Linkage 的 Paris 算法（Ravasz et al.，2002）。

凝聚算法的具体实施步骤如下：层次聚类法将网络中每一个节点当作一个社群，将最相似的节点合并成一个小社群，在此基础上对小社群进行进一步聚类得到较大的社群，以此类推。层次聚类算法不需要预定义社群规模和数量（Fortunato，2010），可以用树状图表示。节点最先被合并成一个新的小社群，例如节点 5 和节点 6，之后不断凝聚其它节点，形成更大的社群，例如节点 5、节点 6 和节点 2，直到所有节点被凝聚为一个社群，最后依据需要进行截取。图 11-4 中虚线截取了 4 个社群，分别是 {5，6，2，10，9，7}、{12}，{1，4} 和 {3，8，11}。

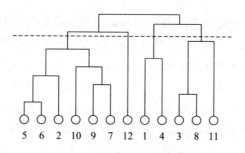

图 11-4　层次聚类算法树状图

与凝聚算法不同，分裂算法（Divisive Algorithms）通过删除网络中节点之间相似度较低的连接，最终将网络划分成不同的社群。复杂网络领域最初的分裂方法是 Girvan 和 Newman 提出的 GN 算法（Newman & Girvan，2004）。GN 算法通过计算复杂网络中边的"中介中心性"（Betweenness）来评估其中心性。其中，"中介中心性"是指网络中所有节点对的最短路径通过某条边的次数，代表该边在网络连接中的重要程度。GN 算法首先删除中介中心性最大的边，然后重新计算剩余网络中边的中介中心性，重复删除和计算边的中心性直到所有边被删除为止，其基本流程如下：首先，计算网络中所有边的中介中心性；其次，找到中介中心性最高的边并将它从网络中移除；最后，重复上一步，直到删除网络中所有的边。

目前流行的聚类方法中，很多都是直接或间接改进自 GN 方法（Clauset et al.，2004；Wilkinson & Huberman，2004；Clauset et al.，2008；Didimo & Montecchiani，2014）。由于计算网络边的中介中心性复杂度较高，GN 方法的计算速度较慢，只适用于处理规模不大的中小型网络；但该算法的重要意义在于发现了复杂网络中普遍存在的社群结构，启发了其他学者对该问题的深入研究。因此，GN 算法也成为复杂网络社群探测领域开始的标志。

2. 划分聚类

划分聚类是指将数据集划分为事先预设好数量的 k 个非重叠聚类的方法，其目标是将数据点划分为 k 个社群，使节点之间的相似性度量最小化或最大化代价函数（Dhumal & Kamde, 2015）。一些常用的成本函数是最小 k-中值、k-聚类和、k-聚类和 k-中心。划分聚类的方法包括 k-means 与 fuzzy c-means，其中 k-means 方法预先给定聚类个数 k，通过衡量节点之间的距离进行聚类，距离小的节点被划分在同一个社群中；另外，fuzzy c-means 方法考虑了节点重叠的情况，然而这种聚类方法要预先设定聚类个数 k，而不能通过聚类算法自己生成。

3. 谱聚类

谱聚类的基本思想是利用复杂网络的邻接矩阵特征值和特征向量来实现对网络的社群划分（Donath & Hoffman, 1973）。假设将网络划分成 k 个社群，该算法的一般步骤如下：首先，计算网络拉普拉斯矩阵的特征值和特征向量，其中拉普拉斯矩阵的定义为 $L = D - A$，D 是对角线为节点度的对角矩阵，A 是网络的邻接矩阵；其次，选取前 k 个的较小特征值所对应的特征向量（由于拉普拉斯矩阵最小的特征值是 0，因此将其忽略），形成一个 $N \times (k-1)$ 维的矩阵；最后，谱聚类算法将该矩阵的每一行看作是网络中的每一个节点，利用向量间的欧式距离或者余弦相似性来计算节点之间的距离，并采用常见的 k-means 聚类算法来实现社群的划分。谱聚类方法能为许多不同类的问题提供较好的划分，但是计算复杂度较高（Zhang & Newman, 2015）。

层次聚类法、划分聚类以及谱聚类等传统的网络社群结构划分方法要求预设好需要划分的社群数量 k。针对以上传统方法的缺点，学者们提出了模块化优化社群探测方法。

4. 模块化优化社群探测方法

一系列基于优化模块化 Q 函数的算法是复杂网络社群结构划分中的经典算法，许多学者提出了基于模块化优化的社群探测算法，如贪婪算法和模拟退火算法等，本节选取了几个有代表性的算法进行简要介绍。

（1）贪婪算法

贪婪算法（Greedy Algorithm）指在对问题进行优化时，总是做出当前看来最好的选择，该算法不从系统整体最优的角度出发，因此得到的是局部最优解。著名的贪婪算法包括 Newman 贪婪搜索法以及 Louvain 算法等。

Newman 贪婪搜索算法是第一个基于优化模块化的社群结构探测算法（Newman, 2004），该算法迭代地将社群两两合并，直至模块化无法继续增加为止。具体的算法步骤如下：步骤 1，将网络中每个节点看作单独的社群；步骤 2，对于有至少一条边相连的两个社群，计算合并两个社群前后模块化的改变 ΔQ，合并使 ΔQ 最大的两个社群；步骤 3，重复步骤 2，直到所有节点合并入同一个社群，并记录每一步的 Q 值；步骤 4，选择 Q 值最大的划分。

该算法在稀疏网络上的时间复杂度为 $O(n^3)$。

此外，Louvain 算法是由 Blondel 等学者于 2008 年提出的一种启发式贪婪算法，用于在复杂加权图中发现社群，也是基于模块化优化的思想。该算法为每个节点指定不同的社群，根据模块化的增益迭代地合并节点。若没有增益，那么这个节点将保留在其自己的社群中，重复该过程，直到模块化增益不再增加。然后，以超级节点取代第一阶段确定的社群的方式重建网络，继续第二阶段的迭代计算，其时间复杂度为 $O[n\log(n)]$，可以处理较大规模的网络。

（2）模拟退火算法

Guimerà 和 Amaral（2005）使用了基于模拟退火的模块化优化方法，这是用于给定目标函数进行全局优化的离散随机方法。最初，它将网络分解为随机分区，然后基于局部和全局移动进行模块化 Q 函数的优化。局部移动基于模块化增益将节点从一个分区随机移动到另一个分区；全局移动包括分区的拆分和合并。虽然模拟退火优化算法获得的模块化接近最优值，然而它的运行速度却非常缓慢。

此外，也有几种基于模块化最优化的启发式算法，如极值优化算法（Duch & Arenas，2005）和禁忌搜索算法（Arenas et al.，2007）。需要强调的是，很多算法之间并没有严格的界限，它们之间可能存在交叉。例如，经典的 Louvain 算法既属于模块化优化算法，又具有层次社群划分的特征。我们只是根据算法的重要特征进行一个近似的分类。

模块化优化算法也有局限性，有研究发现模块化度量优化存在分辨率问题，使得最优模块化值对应的划分往往与网络的真实社群结构不一致，即在模块化最大化时，有些小的社群往往不能被探测到，即使这些小社群是完全连接图，这也被称为模块化的"分辨率问题"（Fortunato & Barthélemy，2007）。

二　重叠社群探测方法

重叠社群是指不同的社群中可能存在相同的成员，即每个网络节点可能同时属于多个不同的社群。重叠社群不仅存在于社交网络中，例如，同一种基因可能涉及多种疾病，这表明不同症状的疾病模块之间可能有重叠。目前已经设计出了许多算法来进行重叠社群的结构探测，按照各个算法所采用的理论基础和技术手段的不同，大致可以分为基于团渗透理论的方法、局部扩展与优化技术、基于链接模式的重叠社群探测等，下面就其中重点两类进行介绍。

1. 基于团渗透理论的方法

团渗透理论是最早被应用于重叠社群探测的理论之一，其主要思想是将社群看成一组组联系紧密的近乎完全图的连通图所构成的集合。以团渗透理论为基础，Palla 等人提出了 CPM（Clique Percolation Method）方法。该方法通过定义 k-派系（k-clique）重叠矩阵（Clique-Clique Overlap Matrix），认为派系更可能由紧密连接的内部边形成，而不是由稀疏连接的外部边形成。社群由 k-派系组成，k-派系指的是具有 k 个节点的完备子图。如果两个派系共享 1 个节点，则认为它们相邻；k-派系社群是由所有相邻的 k-派系组成的。然而在实际网络中，由于值很难确定，CPM 方法的效果会受到很大影响。后来在 CPM 基础上，又出现了 CPMP 和 CPMd 两种算法，将派系拓展到了加权网络和有向网络之中。总的来说，基于团渗透理论的算法（如 CPM 等）简单有效，但存在时间复杂度偏高的缺点，在小规模网络中应用较为有效，而且当社群中有多个节点重叠时，这类算法往往难以识别社群结构。

2. 基于链接模式的重叠社群探测方法

目前，越来越多的重叠社群划分的算法不再以节点为主要研究对象，而转为研究连边的归属情况。出现这种现象的主要原因是节点通常具有多重属性或者多个角色，而链路（连边）通常只具有唯一的归属。通过链接来进行重叠社群的发现方面的研究最早由 Evans 和 Lambiotte（2009）提出。他们在算法中首先构建了原始网络的线图，此线图的构建是基于随机游走策略，通过"将链接转换为节点，通过节点构成连边"的方法。之后，Ahn 等（2010）在 *Nature* 上发表了基于边的层次聚类方法，该方法不仅可以发现重叠社群，而且可以获得社群的层次结构，Ahn 等人定义了边之间的一种相似性，将边 $e_{i,k}$ 与 $e_{j,k}$ 的相似性定义为 $S(e_{i,k}, e_{j,k}) = \dfrac{|n+(j) \cap n+(i)|}{|n+(j) \cup n+(i)|}$，其中 $|n+(i)|$ 为节点 i 及它的邻点，然后通过一个剖分密度来确定所划分的社群结构。由于每个节点的度都大于等于 1，若与其相连的边被分配在多个社群中，则该节点被视为重叠节点。基于链接模式的重叠社群探测将复杂网络社群结构研究推向了新的高度。Huang 和 Liu（2016）在 Ahn 等人研究

的基础上提出了新的链接相似度指标，同时采用扩展的模块化函数 EQ 作为评价的标准，改进的算法在扩展模块化方面有所提高，也对时间和空间复杂度都提出了更高的要求。

社群结构识别算法提供了强大的分析工具，让我们得以描述真实网络的局部结构。然而，要解释和应用所探测到的社群，进一步分析算法的准确率和效率是必要的。

第五节　符号网络中的社群结构

复杂网络中的社群结构很好地揭示了个体间的关系与网络的组织结构，能够从结构层面更好地解释个体行为到集群行为的发生过程。但现实社会网络中的"边"不仅包含了正向关系（如朋友关系），同时也包含了各种负向关系（如敌人关系），考虑了边属性（主要是正、负关系）的网络被称为符号网络。

在多数情况下，个体倾向于与具有相同属性的个体建立正向关系，而与具有不同属性的个体拉开距离；这一现象被称为"同质性准则"。在符号网络的分析中，当社群内部存在负边或社群之间存在正边时，网络是不平衡的，有向"平衡结构"演化的趋势（见图 11-5）。由此衍生出的结构平衡理论从关系层面解释了网络中个体的聚集过程，不仅阐释了网络中关系的演化机制，还可以预测社会系统的变迁轨迹（Heider，1946）。符号网络中"边"的正向关系增加了个体之间的相互认同从而推动了社群结构的形成，而从负向关系中衍生出来的竞争与利益冲突则是社群结构形成的桎梏。

举一个现实的例子，农民工群体之间更容易建立互惠关系，而处于不同阶层的个体较难融入对方的群体（如农民工较难融入城市市民群体），甚至二者之间存在隔阂，而在多数情况下，这种"阶层"属性正是形成群体聚类的根本原因。因此，除了正负边的模块化指标之外，节点属性也应被纳入社群结构分析。一个节点的符号（属性）可用"1，2，3，…，n"等数字来表示，将该类节点属性引入一般符号网络，能够形成带有节点属性的全符号网络 $G = (\overline{V}, L)$，其中，$v_i \in \overline{V} \to \{1, 2, 3, \cdots, n\}$，$l_{ij} \in L \to \{+1, -1\}$；$\overline{V}$ 和 L 分别表示点和边的集合。社群结构指标的计算公式如下：

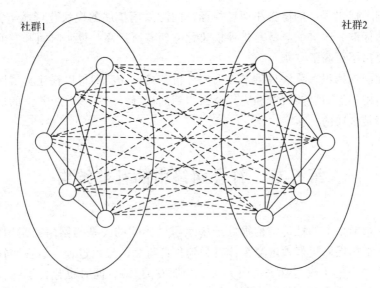

图 11-5　一般符号网络的平衡结构，其中实线代表正关系而虚线代表负关系

$$Q_f = \frac{\sum_i \sum_j \omega_{ij}^+ b_{ij}^+}{\sum_i \sum_j \omega_{ij}^+ b_{ij}^+ + \sum_i \sum_j \omega_{ij}^- b_{ij}^-} Q_f^+ + \frac{\sum_i \sum_j \omega_{ij}^- b_{ij}^-}{\sum_i \sum_j \omega_{ij}^+ b_{ij}^+ + \sum_i \sum_j \omega_{ij}^- b_{ij}^-} Q_f^-$$

$$(11-14)$$

公式（11-14）中：

$$Q_f^+ = \frac{1}{\sum_i \sum_j \omega_{ij}^+ b_{ij}^+} \sum_i \sum_j \left(\omega_{ij}^+ b_{ij}^+ - \frac{\sum_i \omega_{ij}^+ b_{ij}^+ \cdot \sum_j \omega_{ij}^+ b_{ij}^+}{\sum_i \sum_j \omega_{ij}^+ b_{ij}^+} \right) \delta(C_i, C_j) \quad (11-15)$$

$$Q_f^- = \frac{1}{\sum_i \sum_j \omega_{ij}^- b_{ij}^-} \sum_i \sum_j \left(\omega_{ij}^- b_{ij}^- - \frac{\sum_i \omega_{ij}^- b_{ij}^- \cdot \sum_j \omega_{ij}^- b_{ij}^-}{\sum_i \sum_j \omega_{ij}^- b_{ij}^-} \right) [1 - \delta(C_i, C_j)]$$

$$(11-16)$$

公式（11-15）和公式（11-16）中，C_i 表示节点 i 所属的社群，$\delta(C_i, C_j)$ 为异或函数，当节点 i 与节点 j 所属社群一致时，$\delta(C_i, C_j) = 1$，否则，$\delta(C_i, C_j) = 0$；ω_{ij} 表示节点 i 与节点 j 之间是否存在关系，若存在关系，$\omega_{ij} = 1$，否则，$\omega_{ij} = 0$；$\omega_i = \sum_j \omega_{ij}$ 表示节点 i 的度。为了引入节点属性，需要构造节点属性矩阵 B，其中元素 b_{ij} 表示节点 i 与节点 j 属性的异同状况，若二者相同，则 $b_{ij} = 1$，否则 $b_{ij} = -1$。邻接矩阵 A 与节点属性矩阵 B 的点乘（$\omega_{ij} b_{ij}$）可以涵盖任意两个节点关系与属性的匹配情形，即两个节点同属性正边相连、异属性正边相连、同属性负边相连、异属性负边相连。

第六节　常用软件操作

使用 UCINET 可以便捷地探测网络的社群结构，本节主要展示 GN 算法、Louvain 算法和 Fast Newman 算法的操作。

依次点击 Network → Subgroups →Girvan-Newman，打开操作界面。以同学认识网络作为输入网络，默认设置最多划分为 10 组，点击 "OK" 即可得到探测结果，结果以两部分输出，Girvan-Newman 划分结果如图 11-6 所示。在第一部分中，不同行是不同的层级，每一列是每个节点的状态，节点按照

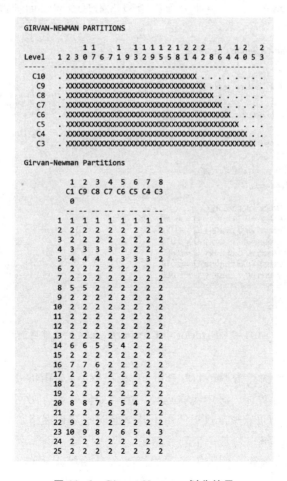

图 11-6　Girvan-Newman 划分结果

划分顺序排序，例如在第一行中，划分层级为 C10，节点 1 是单独一个社群，节点 2，3，10，17，…，24 是一个社群，节点 22，8，16，…，23 分别是单独一个社群。第二部分具体展示了每个节点的归属，行是节点，列是层级。矩阵中每个数字是节点在该层级中的社群归属，例如在 C3 中，节点 1 属于社群 1，节点 23 属于社群 3，其余节点则属于社群 2。

在 UCINET 提供的 Netdraw 程序中，同样可以进行社群探测。打开网络后，依次点击 Analysis → Subgroups → Girvan-Newman，即可弹出选择界面。选择界面提供两个选项，分别是最小社群数和最大社群数，默认分别是 2 和 10，设置好后点击 Run 即可完成运算，Netdraw 中 Girvan-Newman 的功能界面如图 11-7 所示。此时，主界面自动根据划分结果改变节点颜色，相同颜色的节点属于同一社群，如图 11-8 所示。总体上来看，这个网络的 Q 值较低，远小于 0.3，表明同学认识网络不具有明显的社群结构。

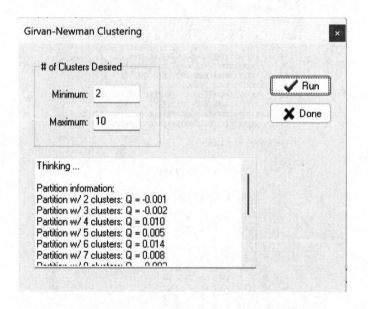

图 11-7 Netdraw 中 Girvan-Newman 的功能界面

类似地，依次点击 Network→Subgroups→Louvain Method，可以打开如图 11-9 所示的操作界面，其中包含选择网络、如何处理有向网络等。完成设置后点击 "OK" 即可完成。这里使用了开学前同学认识网络，结果如图 11-10 所示。结果中的每一列是一个划分结果，每一行是一个节点；列标签表明了社群的数量和模块化，例如第 1 列的标签含义为第 1 列包含 11 个社群，模块化为 0.423。具体的节点归属在矩阵中标明。

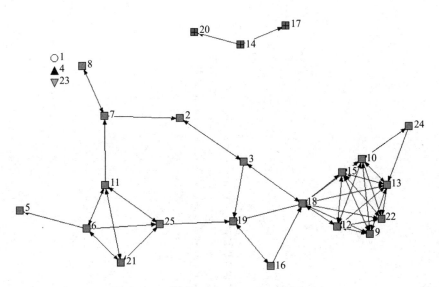

图 11-8 可视化 Girvan-Newman 划分结果

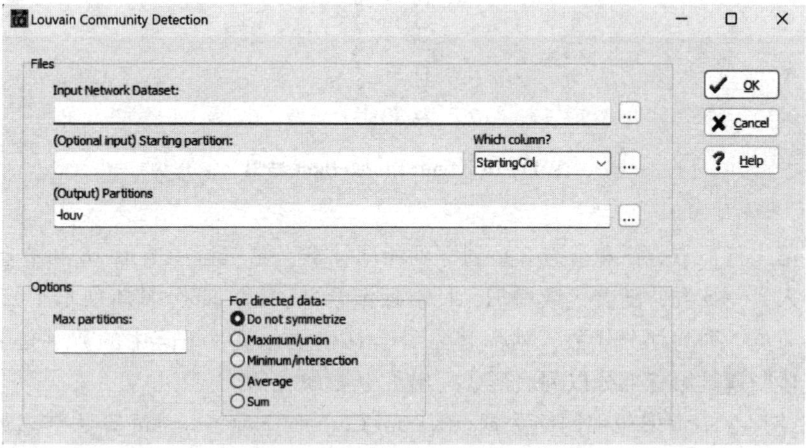

图 11-9 Louvain Method 操作界面

依次点击 Network → Subgroups → Newman Community Detection，可以打开 Fast Newman 算法的功能界面，其中只有选择输入/输出网络的选项。选择网络后点击 "OK" 即可。这里使用开学后同学认识网络，结果如图 11-11 所示，由三部分组成。第一部分展示了划分的结果，每一行是不同的划分代数，逐次递增，第一列是每一次划分的 Q 模块化值，之后各列是节点的划分情况，节点按照划分顺序排序。例如在第一行中，所有节点都是独立的，

```
Louvain partitions

        1  2
       11  7|
       |0  0.
       .4  42
       23  3
       -- --
  1     1  1
  2     4  4
  3     4  4
  4     2  2
  5     3  3
  6    10  3
  7     5  4
  8     5  4
  9     6  5
 10     6  5
 11    10  3
 12     6  5
 13     6  5
 14     7  6
 15     6  5
 16     8  3
 17     7  6
 18     6  5
 19     8  3
 20     9  6
 21    10  3
 22     6  5
 23    11  7
 24     6  5
 25    10  3
```

图 11-10   Louvain Method 结果

到了第二行，节点 7 和节点 8 被划分到相同社群，第三行中节点 16 和节点 19
被划入另一社群，随着代数增加，社群逐渐合并。第二部分具体展示了归属，
行为节点，列为划分代数，列标签标明了 Q 模块化值，矩阵中的数字是节点
的具体归属。第三部分以列表形式列出了 Q 模块化值。

　　使用空手道俱乐部网络数据（Karate Club），Fast Newman 算法结果如图
11-12 所示，算法结果的可视化网络如图 11-13 所示。空手道俱乐部数据是
社会网络分析中的经典数据集，这个数据集是由社会学家 Zachary 在 1977 年
收集并发布的。这个数据集包含了一个空手道俱乐部中的 34 个成员以及他
们之间的互动关系，Zachary 在两年的时间里观察并记录了这个俱乐部内部
的互动模式，并在最后形成了一个网络图。在这个网络图中，34 个节点代
表 34 个成员，边代表他们之间的互动关系，不同形状的节点代表他们在不
同的社群；该数据集被广泛用于测试社群检测算法的有效性。从算法结果中
可以看出，该网络具有明显的社群结构。

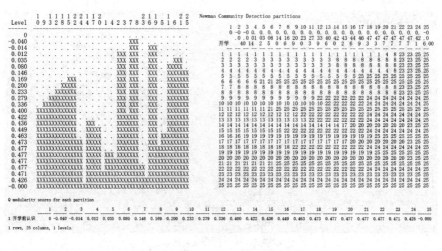

图 11-11 Fast Newman 算法结果

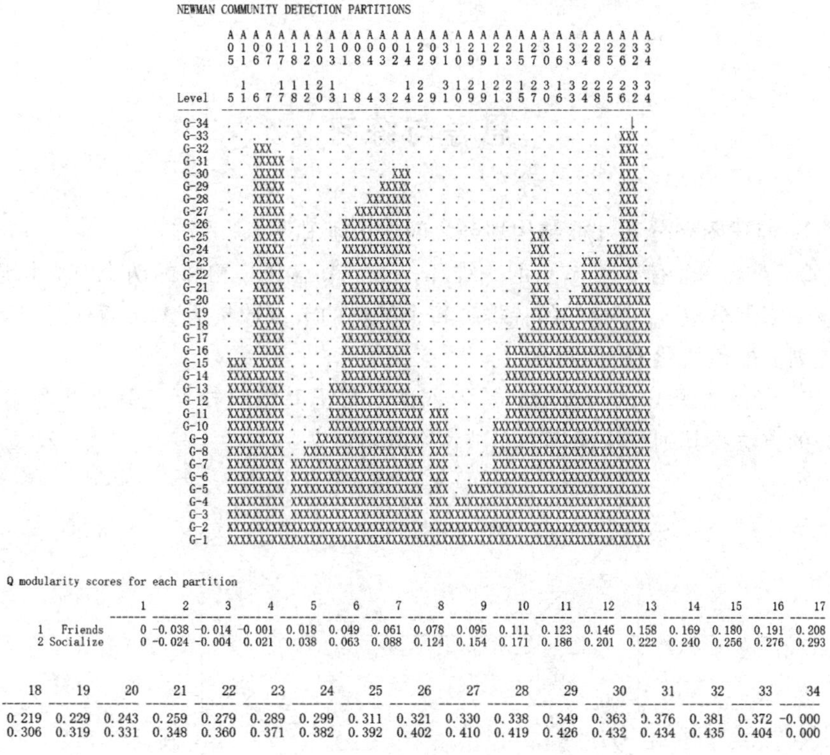

图 11-12 Fast Newman 算法结果

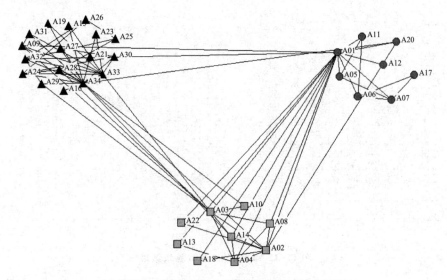

图 11-13　Fast Newman 算法结果的可视化网络

思考与练习

1. 简述图划分和社群结构划分之间的区别和联系。

2. 考虑一个有 N 个节点的一维环，每个节点和其相邻的两个节点相连，将该网络划分成 n_c 个相邻的社群，每个社群的节点数量为 $N_c = N/n_c$，请计算此划分的模块化 Q 函数。

3. 考虑如图 11-14 所示的练习网络，写出其拉普拉斯矩阵，并利用谱划分的方法将其划分成同等大小的两个社群。

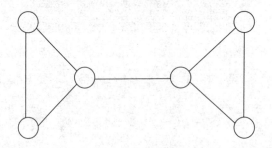

图 11-14　练习网络

第十二章 社会网络中的博弈论

博弈论（Game Theory）被广泛应用于生物、政治、经济、军事、管理、社会学、计算机科学和网络分析等领域。在中国历史上，一些经典的故事，如田忌赛马、围魏救赵、空城计等都包含着博弈论思想，近现代历史中大国之间的外交也体现出博弈过程。小到简单的猜拳游戏，大到国家之间的交往均可以通过博弈论来解释，可以说，博弈论思想和博弈实践贯穿于社会生活中的方方面面。

博弈论同样可以应用在社会网络中。在本章中，首先阐释博弈与社会网络之间的关系；其次介绍博弈论的基本概念和经典模型，并在此基础上介绍演化博弈的概念与方法，以及社会网络中演化博弈的具体过程等；最后介绍符号网络下的演化博弈以及相应的从众机制与社会网络上的演化演绎等内容。

第一节 博弈与社会网络

博弈是人际互动关系中的一种特例。博弈关注了在特定环境下两个或多个决策主体在相互影响下的决策行为和策略选择，它反映的是这些决策主体如何根据对方可能采取的行动来调整自己的策略，以及这些策略如何影响最终的结果。事实上，博弈强调了决策主体间某种特殊的互动关系，该互动关系进一步对个体策略产生影响。

社会网络作为互动关系的集合体，与博弈具有契合点。不同于传统社会网络中"边"的意义，博弈体系下的网络关系更多地反映了不同主体间博弈关系的"存在与否"（体现为 0-1 网络）或"强弱"（体现为赋权网络）。如图 12-1 所示，白色节点表示采取合作策略的节点，灰色节点表示采取背叛策略的节点。节点 1 和节点 2 之间具有连边，表示二者之间存在博弈关系，由于二者均采取合作策略，则二者构成了相互合作的节点对；节点 1 同时与节点 3 具有博弈关系，节点 1 同样选择与节点 3 合作，但节点 3 在该条博弈关系中背叛了节点 1；节点 1 和节点 5、6、7 之间不存在连边，表示节点 1 和它们不会发生任何的博弈关系。

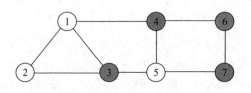

图 12-1　0-1 网络中的博弈

社会网络中的博弈重点关注于何种机制可以促进合作行为的扩散，这些机制作用的发挥又受制于网络结构的影响。从网络结构本身来看，规则网络、随机网络、小世界网络、无标度网络等结构均会对博弈过程产生影响，而这种关于结构作用的探讨在传统博弈论体系下是不涉及的。而从策略更新的特定机制来看，一系列规则如模仿最优、模仿较优、费米更新、从众更新策略等，也都是在"结构"的框架下运行的，同样受制于结构的影响。尽管社会网络中的博弈存在不同类型的博弈模型、网络结构和更新机制等，但构建博弈模型的步骤大致相同：首先，确立博弈类型及其收益矩阵；其次，根据博弈的特征建立具有一定结构的网络模型，使得每个参与者（网络中的节点）和所有与其相邻的参与者进行博弈；再次，按照一定的策略更新规则更新参与者的策略，该更新策略通常与参与者的收益存在关联；最后，输出博弈的结果并对博弈过程加以分析。

第二节　博弈论与基础模型

一　基本概念

1928 年，Von Neumann 证明了博弈论的基本原理，宣告了博弈论的正式诞生。1944 年，Von Neumann 和 Morgenstern 的著作 *Theory of Game and Eco-*

nomic Behavior 发布，标志着博弈论在经济学中成为了一种基本的理论体系。在 20 世纪 50 年代，Nash 的开创性论文 "Equilibrium Points in n-Person Games" 和 "Non-cooperative Games" 等，给出了纳什均衡的概念和均衡存在定理，为博弈论的一般化奠定了坚实的基础（汪应洛，2015）。在此基础上，越来越多的优秀学者对博弈论进行深入研究并予以推广，使之得到发展和完善，成为一门重要的学科。

博弈过程主要是指在特定的规则和环境约束下，具有竞争或者对抗关系的博弈参与者以各自的能力和所掌握信息为基础，在彼此相互作用下，综合考虑如何采取策略、实施行动并产生结果的过程。博弈过程包含以下要素。

第一，博弈的参与者（Player），指在博弈过程中进行决策的对象，这个对象可以是人，也可以是机构、组织、团体等，一般来说博弈的参与者数量至少为 2，只有一个参与者的博弈即单人博弈属于优化问题的范畴。

第二，参与者的策略（Strategies），指在博弈过程中各参与者能够考虑并实施的一系列行动和选择。策略的数量可以是有限的，也可以是无限的，所有参与者做出决策之后形成的策略组合成为策略组。在较为通用的模型中，参与者策略通常为"合作"（Cooperation）与"背叛"（Defection）这两类策略。

第三，参与者的收益（Payoff），指博弈的参与者在博弈过程做出决策后的得失。收益是参与者做出决策的最重要的依据，也是参与者的决策目标。对于博弈参与者来说，收益是多种多样的，包括利润、情绪、时间、评价、社会效益、福祉等，但在博弈论的分析中，收益通常要求被量化。涉及两个及以上参与者的博弈收益可以用支付矩阵来表示，每个参与者在不同的策略组合中一般会有不同的收益情况。

第四，博弈的次序（Orders），指博弈的参与者进行决策的顺序，如决策者可以同时进行决策，也可以有先后次序地进行决策。

博弈论的研究集中在博弈过程如何进行、博弈结果如何产生等问题。在经典博弈论中，有一个基本的假设，即所有的博弈参与者都是完全理性个体。"完全理性"是指参与者在进行决策时，只考虑如何借助信息并通过推理决策能够使自己的收益最大化，且这一过程中参与者不会犯错。这一假设与经济学中理性人假设类似，能够帮助人们对博弈过程进行预测和分析。但是随着博弈论的发展与更新，更多的学者倾向于相信人们很少能基于"完全理性"做出决策，于是"有限理性"的基本假设开始盛行，即人们并非仅是为了追求自身收益最大化而做出选择，"学习""模仿"等行为也被纳入博弈体系。

二　囚徒困境

囚徒困境（Prisoner's Dilemma）是经典的博弈模型，来自 1950 年普林斯顿大学数学系的 Tucker 提出的一个案例。有两个盗贼因为合作盗窃的罪行被警方抓获，但警方并没有足够的证据能够确认他们的罪行。为了获得口供，警方对两个盗贼分开进行审讯，同时给出两个盗贼以下的选择及条件：若两人都不认罪，则警方会因证据不充分而只对两人判处为期一年的监禁处罚；若两人同时认罪，则警方会判处两人为期三年的监禁处罚；若其中一人认罪，另一人不认罪，则认罪的一人会因坦白罪行且指证立功而免除监禁处罚，不认罪的一人由于证据确凿会受到为期五年的监禁处罚。在这样的情境下，两个囚犯做出选择的过程便形成了博弈，该博弈的参与方为两个囚犯，对于每个参与者来说，可选的策略都有两种：认罪或者不认罪，因此一共会形成 $2 \times 2 = 4$ 种策略组合，除此之外，博弈中参与者也可以认为是同时进行决策的。那么根据上述描述，该博弈中两个参与者的收益可以由以下收益矩阵 P 表示：

$$P = \begin{bmatrix} (-3, -3) & (0, -5) \\ (-5, 0) & (-1, -1) \end{bmatrix} \tag{12-1}$$

该矩阵的第一行（列）表示参与者甲（乙）选择认罪，第二行（列）表示参与者甲（乙）不认罪。矩阵中的数对表示在某一种策略组合下，参与者的收益情况，数对中的左边的数表示参与者甲的收益，右边表示参与者乙的收益。

了解完该博弈的基本要素之后，便可以开始分析博弈的参与者会如何进行决策以及博弈最后的结果。不妨先假设甲选择不认罪，那么乙会在认罪与不认罪中选择认罪，因为这样他能获得的监禁惩罚最小（0>-1）；若假设甲选择认罪，那么乙仍然会选择认罪（-3>-5）。可以发现，无论参与者甲的决策如何，乙为了使得自己的收益最大化，都会选择认罪；对于甲来说也一样，认罪是他的最佳决策，能够保证在任何情况下自己的利益最大化。所以博弈最终的结果是两人都选择认罪，受到为期三年的监禁惩罚。

　　但是通过收益矩阵可以发现：当两人同时选择不认罪时，每个人只会受到一年的处罚，这明显优于理论上的博弈结果。究其原因是在博弈中，两人都是完全理性个体，不考虑集体的最大利益，只从自己的利益最大化的角度出发来做决策。该博弈中存在有明显最大化双方利益的结果，但两人却无法达到，这正是"囚徒困境"名称的来源。

　　在博弈论中的非合作博弈领域中有一个非常核心的概念：纳什均衡（Nash Equilibrium）。纳什均衡是博弈中的一种策略组合，在该组合下，没有任何一个参与者能够通过只改变自己的策略而获得更高的收益，即没有参与者能够打破这种均衡状态。美国学者 Nash 于 1950 年代给出了纳什均衡的概念并对这种均衡的存在性进行了证明。上述囚徒困境正是纳什均衡的一种特例。

　　囚徒困境可以拓展为更一般的两个参与者两种策略标准化模型，在该模型中两个参与者可以选择合作（Cooperation，C）策略，也可以选择背叛策略（Defection，D）。若博弈双方都选择合作，则同时获得收益 R（Reward），表示对合作的奖励；若同时背叛，则同时获得收益 P（Punishment），表示对背叛的惩罚；若一方合作另一方背叛，那么合作方获得收益 S（Sucker），表示对"傻瓜"的奖励，背叛方获得收益 T（Temptation），表示对背叛的诱惑。对于任意一个参与者来说，他的收益矩阵为：

$$\begin{bmatrix} R & S \\ T & P \end{bmatrix} \tag{12-2}$$

　　若收益矩阵满足 $T > R > P > S$ 且 $2R > T + S$，则该模型为囚徒困境模型。作为博弈论的经典模型，它不仅展示了博弈分析的一般过程和思路，还揭示了个体利益和集体利益之间的矛盾，很多现实生活中的事件都能够抽象为囚徒困境，如商务谈判、公共产品的供给、工业化过程中的环境污染等问题，借助该模型，能够更好地理解和分析这些问题。

第三节　演化博弈与社会网络演化博弈

　　传统博弈论中会假设博弈参与人是完全理性的，即参与人在决策过程中不会犯错，具有极强的理性分析和推理的能力。而在现实中，大部分的博弈参与者通常是有限理性的，在较为复杂的规则和约束下，参与人一般只能在决策过程中达到较为满意而非最优的程度，且由于对决策结果缺乏理性分析和预测的能力，可能会根据一些非理性的准则，如复制、学习来不断试错，进而帮助自己进行决策。传统博弈理论中也有完全信息条件的假设，即博弈的参与者对于其他博弈者的信息、对于不同策略组合下的收益情况完全了解，这在现实中同样难以实现。因此，部分学者将生物学中演化的概念引入传统博弈理论，对其进行改造，逐渐形成了博弈论中的新兴领域：演化博弈理论（Evolutionary Game Theory）。

演化的过程即不断变化的过程。在生物进化过程中，种群通过自然选择、遗传变异等机制来不断变化。演化博弈理论中引入了生物演化规律来改造传统博弈理论。实际上，在演化博弈理论形成之前，演化博弈的思想已经包含在了传统博弈理论中。例如，Nash（1950）在其博士论文 "Equilibrium Points in n-Person Games" 中指出，均衡概念存在两种解释方式：一种是理性主义的解释，另一种是基于群体行为的解释。前者是经典博弈论的解释方式，即纳什均衡；后者则倾向于演化博弈的解释方式，即在有限理性的假设下，群体通过长时间的演化机制实现均衡。近些年来，演化博弈理论已经在生态学、经济学、社会学及网络分析中得到广泛应用，并产生了很好效果。

一　基本概念

演化博弈理论是研究参与者群体在有限理性假设下，如何在动态博弈中通过演化机制来进行决策，从而达到演化均衡状态的理论。演化博弈为博弈分析提供了新的方向，同时，与传统博弈论相比，演化博弈理论能够更加准确地解释和分析现实生活中的群体性、动态性博弈现象。目前，演化博弈主要关注以下两个方向。

一是在演化博弈中有限理性的参与者通过何种方式动态地向演化均衡状态收敛。Taylor 和 Jonker（1978）构建了复制者动态（Replicator Dynamics）的动态变化模型，此模型可以满足参与者的不同理性水平和要求，能够较好地描述参与者在博弈中的动态变化过程。作为动态概念，复制者动态模型对应于生物进化过程中的优胜劣汰和环境选择机制，是演化博弈中的基本动态模型。

二是如何描述动态演化博弈过程之后形成的演化均衡状态。Smith 和

Price（1973）提出演化稳定策略（Evolutionary Stable Strategy，ESS）的概念，这一概念将传统博弈理论中纳什均衡的概念进行精炼并结合对均衡状态稳定性进行分析。作为一个静态概念，演化稳定策略考虑了类似生物进化中突变机制，是演化均衡中最基本的均衡概念。

1. 演化稳定策略

在演化博弈理论中，稳定的演化均衡状态是由有限理性的参与者在长期过程中寻找个体最大收益而逐步实现的。演化稳定策略作为博弈论中的基本均衡概念，它表示着一种动态平衡状态，在这种状态中，群体中的参与者都会选择某种策略而不会选择改变自己的策略。即使部分参与者进行了突变的决策，对演化稳定策略的状态进行了干扰，但在长时间的演化过程中，该演化博弈仍然会收敛至演化稳定策略的状态。在生物进化过程中，这种状态表明一个基因稳定的群体受到外来基因突变的小群体的入侵，其生存和繁殖受到了威胁，但随着自然演化，大群体将逐渐淘汰掉小群体。从上述对于演化稳定策略的描述中可以看出，演化稳定策略具有鲁棒性和稳定性。

2. 复制者动态

复制者动态的含义是群体中选择某种策略的参与者数量的增长率（繁殖率），例如在一个群体中采取合作行为的人是否会越来越多，而这种合作者增长的速率正是复制者动态。在公式构建中，这种增长率和采用合作策略所得到的收益与群体的平均收益之差有关，即采用合作策略的收益高于人群的平均收益时，合作策略会被更多人所接受。

复制者动态模型是演化博弈理论的基本动态模型，它是基于生物群体演化过程中的选择机制建立的确定性和非线性的演化博弈模型。复制者动态模型被分为离散模型和连续模型，前者使用差分方程的形式表述，后者使用微分方程的形式表述。根据建模中群体的数量，复制者动态可以被分为单群体复制者动态和多群体复制者动态。复制者动态最初是在确定性基础上建立的模型，确定性是指群体演化过程中受到的外界作用是确定的，在现实中，也可以考虑将外界作用是随机的这个假设引入复制者动态对模型进行改进。与确定性的动态模型相比，这样处理之后的模型能更好地反映真实博弈中的变化过程。

然而复制者动态在社会经济系统中的具体应用中仍有局限，因为社会中的人并不像基因那样无意识且缺乏能动性，人是具有主观能动性的，参与者作为人的博弈演化的速度和质量会明显高于生物进化中的博弈，因此学者们也在后续研究中将个体学习过程引入复制者动态模型，发展为个体学习动态模型。

除了上述两个基本概念之外，演化博弈理论中还有以下要素。

群体（Populations），指演化博弈中的参与者群体，一般相同群体中的参与者的策略集合也相同，群体的概念对应于传统博弈论中参与者的概念。由于演化博弈理论研究的领域，如生物进化系统、社会经济系统和网络系统等，通常包含着多个参与者，而这些参与者通常可以分为几类群体，引入群体概念作为演化分析的对象，能够帮助简化演化博弈的分析。

适应度函数（Fitness Function），与传统博弈论中的收益函数相对应，在生物演化过程中，群体的适应度代表着群体的生存繁殖能力。当用演化博弈研究社会经济系统和网络系统时，适应度函数的内涵会比收益更丰富，它会受到个体与个体之间互动的影响，但为了简化分析，许多演化博弈模型都直接将个体的博弈收益等同于适应度。

二　经典演化博弈模型：鹰鸽模型

鹰鸽博弈（Hawk-Dove Game）是研究动物世界和人类社会中普遍存在的竞争冲突现象的经典博弈模型。这里的"鹰"和"鸽"不是指两种动物种类，而是分别对应着"进攻型"和"和平型"的策略类型，这两种策略类型的博弈在自然界和人类社会中十分常见。鹰鸽模型揭示了在同一群体中，采取不同策略类型的个体之间的冲突和竞争以及群体的均衡问题。一般可以借助此博弈模型进行演化博弈分析来研究如大国间的外交关系、两国战争爆发的可能性等现实问题。

从博弈对称性的角度来看，该博弈模型属于单群体对称博弈，即博弈双方属于同一群体，所能采取的策略集合是相同的。从时间连续性的角度来看，该博弈模型属于连续时间上的动态博弈，这意味着需要用微分方程来描述其演化过程。

在该模型中，同一群体中的某两个个体由于利益的争夺而发生冲突和竞争，双方都可以选择"鹰"策略（激进的进攻策略）或者"鸽"策略（保守的和平策略）。被争夺的利益用 $v(v > 0)$ 来表示，它可以是食物、资源、金钱、繁殖条件等形式的利益。在竞争中失败的一方将承受一定的损失，这个损失用 $c(c > 0)$ 来表示。若博弈的双方均采取"鹰"策略，则双方胜利或者失败的概率都是 1/2，即双方能获取的期望收益为 $(v-c)/2$；若双方均采取"鸽"策略，则会平分利益 v，分别得到 $v/2$ 的利益；若一方采取"鹰"策略，另一方采取"鸽"策略，则采取"鹰"策略的一方不需要付出任何代价便可以获得 v 的利益，采取"鸽"策略的一方没有任何收益但也没有任何损失。

由上述分析可以得到该博弈的双方的收益矩阵 P 为：

$$P = \begin{bmatrix} \left(\dfrac{v-c}{2}, \dfrac{v-c}{2}\right) & (v, 0) \\ (0, v) & \left(\dfrac{v}{2}, \dfrac{v}{2}\right) \end{bmatrix} \tag{12-3}$$

在该模型中，构建单群体复制者动态模型：假定该群体中有占比为 x 的参与者采取"鹰"策略，占比为 $1-x$ 的参与者采取"鸽"策略，则可以通过计算得到采取两种策略的参与者期望收益。在整个动态过程中，x 与 $1-x$ 会随着时间 t 进行动态调整。

采取"鹰"策略的参与者期望收益为：

$$u_1 = x \cdot \frac{v-c}{2} + (1-x) \cdot v \tag{12-4}$$

采取"鸽"策略的参与者期望收益为：

$$u_2 = x \cdot 0 + (1-x) \cdot \frac{v}{2} \tag{12-5}$$

该群体的平均期望收益为：

$$\bar{u} = x \cdot u_1 + (1-x) \cdot u_2 \tag{12-6}$$

该模型采取"鹰"策略的复制动态方程为：

$$F(x) = x(u_1 - \bar{u}) = x(1-x)\left[\frac{x(v-c)}{2} + \frac{(1-x)v}{2}\right] \tag{12-7}$$

公式（12-7）中，$F(x)$ 指群体中采取"鹰"策略的个体占比的变化趋势，它和群体中选择"鹰"策略所有个体的期望收益与群体中所有个体的期望收益之差有关。为了进行更直观的分析，我们为 v 和 c 进行赋值，令 $v=4, c=10$（通过战争、激烈冲突争夺利益常常得不偿失，尤其是对于败方，因此这样赋值更符合现实情况），那么复制动态方程为：

$$F(x) = x(1-x)(2-5x) \tag{12-8}$$

公式（12-8）表示鹰鸽博弈中群体的演化过程。利用复制者动态方程，可以分析群体演化的速度和趋势。同时，可以令 $F(x)=0$ 来求解该博弈的均衡点。根据方程，可以发现 $x_1=0$、$x_2=1$、$x_3=0.4$ 为该博弈的三个稳定状态，但并不是所有稳定状态都是演化稳定策略，因此要对稳定点 x^* 进行演化稳定策略检验。检验方法是比较 $F'(x^*)$ 和 0 的大小，若 $F'(x^*)<0$，则表明 x^* 为演化稳定策略。在此例子中，$F'(x_3)<0$，而 $F'(x_1)>0$、$F'(x_2)>0$，因此，x_3 才是该博弈稳定的均衡状态，即演化稳定策略。

对于演化稳定策略的分析如下：在该群体的长时间博弈过程中，采取"鹰"策略的个体占比最终会稳定在 0.4 上下，而采取"鸽"策略的个体占比会稳定在 0.6 上下，这是演化博弈的最终结果；若将结果映射于现实，双方都采取激进的"鹰"策略的概率为 $0.4 \times 0.4 = 0.16$，即双方发生激烈冲突或者战争的可能性较小，而和平共处的可能性较大，当然这一概率与 v 和 c 的取值有关。

上述对鹰鸽模型进行简单介绍和分析是为了使读者初步了解演化博弈的一般分析流程。由于演化博弈的内容繁多，不同的内容所对应的分析内容、重点和范式区别较大，本章不做详细介绍。

三 社会网络中的演化博弈

在已有的关于演化博弈的研究中，大部分是以探讨不同群体间的博弈作为研究内容的，通过构建各群体的收益矩阵与复制动态方程，探索博弈演化系统的均衡点，挖掘出群体间的有益互动机制。这一研究范式虽然可以分析出群体间博弈与合作的稳定关系与均衡条件，但并没有很好地考虑到每个具体参与者之间的互动及其形成的结构（社会网络）对博弈结果的影响。因此，学者们将社会网络结构引入演化博弈理论，将每个博弈参与者看作网络中的一个节点，用边来表示他们之间的博弈关系。

基于社会网络的演化博弈为群体行为（尤其是合作行为）演化提供了新的认识和研究路径，相关演化博弈模型不仅保留了"有限理性"博弈的特征，使得合作行为的扩散成为可能，而且把演化策略聚焦于每一个节点（参与者），以网络连边的形态构成博弈网络，更接近于现实群体行为中的博弈。

Nowak 和 May 于 1992 年首次在网络中构造了基于模仿原则的演化博弈模型，下面以该模型为例，简单介绍网络中的演化博弈过程。

演化模型中每个节点具有自身的策略属性（合作 C 或背叛 D），网络中的连边表示了两个节点间的博弈关系。在该演化模型中，每个节点都会依据邻居结点的策略计算出自身的总收益，并根据各节点收益情况选择模仿其他个体的行为。图 12-2 展示了社会网络上的演化博弈过程，其中白色节点的策略为合作，灰色节点的策略为背叛，正中央的矩阵为博弈收益矩阵。根据计算，节点 1 的总收益为 $3S + 2R$，节点 2 的总收益为 $3T+2H$，因此，在下一步的博弈演化过程中，节点 1 有向节点 2 学习背叛行为的趋势，而节点 2 有向节点 1 学习合作行为的趋势。

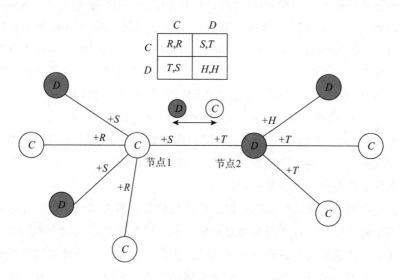

图 12-2　社会网络上的演化博弈过程

Nowak 和 May 在最初的模型设计中强调了个体模仿最优个体的原则，即个体选择邻居中收益最大的个体并模仿其策略，而 Szabó 等（2005）指出，模仿最优个体的原则无法很好地对群体中的人际互动与社会影响机制建模，因此他们提出了个体间收益差异的费米更新策略机制。该规则强调，个体模仿周边个体的策略存在某种概率，这种概率取决于博弈双方自身的总体收益，具体而言，个体 A 向个体 B 学习策略的概率为 $P = [1 + e^{-\beta(f_B - f_A)}]$，其中 β 是自然选择的强度系数，f_A 和 f_B 分别为个体 A 与个体 B 的适应度函数，即各自的累计收益。该模型通过逐代调整每个节点的策略，很好地呈现出合作行为或背叛行为的涌现规律。这种费米更新策略原则体现出了很强的现实意义。当个体 B 的收益远大于 A 时，费米函数所计算出的 p 值会较高，这完全符合现实，即收益低的向收益高的个体学习，这种情况下的个体 B 通常被视作楷模。然而，当二者的收益接近或个体 A 的收益大于个体 B 的收益，P 值会较低，即个体 A 并没有去学习 B 的动力。需要强调的是，以上 P 值是 A 学习 B 的概率，这并不意味着演化博弈模型中 P 值高表示 A 就一定学习 B，或者 P 值低表示 A 就一定不学习 B。现实中也存在收益高向收益低的个体学习的例子，比如公司老板向员工、老师向学生请教的情况。

　　社会网络上的演化博弈有利于揭示一般演化博弈无法揭示的现象，例如稀疏的网络结构有利于组成紧凑的合作团簇并使合作行为扩散（Nowak & May，1992）。在不同网络结构中对比，可以发现随机网络更有利于支持合作行为（Abramson & Kuperman，2001；Szabó & Vukov，2004）。在无标度网络中，网络节点度值的异质性会使得度值较小的节点向收益较高且度值较大的节点学习合作行为，因而促发了合作行为的的产生（Rong et al.，2007）。事实上，网络的平均度值亦会对演化博弈过程产生影响（Tang et al.，2006），读者们不妨尝试在不同密度下的网络建构囚徒困境的演化模型，可以发现度值过大会使网络接近于全连接网络从而降低合作者的收益，度值过小则会导致合作行为不容易形成扩散。

　　上述内容主要体现在静态网络上的演化博弈，即人们所处的拓扑结构是固定不变的。然而，现实世界是复杂的，往往涉及拓扑结构和个体属性的同时变化。以传染病为例，假设一个社区的居民间存在一个松散连接的社会网络，每个居民都是其中的节点。如果有居民感染了传染病，那么有可能同时发生其他居民被传染和主动隔离两种情况。前者会使网络的节点状态发生改变，而后者则是由节点状态改变引发的网络拓扑结构改变，同时拓扑结构的改变也会影响状态改变的趋势，从而形成反馈回路。我们把表现出这种反馈回路的网络称为适应性网络。

　　在适应性网络上的博弈中，网络中的节点可以改善自己的拓扑位置，例如切断与背叛者的连接或者增强与合作者的联系。许多学者研究了适应性网络上的囚徒困境博弈，共同的结论是网络的自适应性（即网络关系被调整的概率或速率）可以有效促进合作行为的产生。特别是 Santos 等（2006）所设计的适应性网络上的演化博弈策略，为后续的相关研究产生影响。在他们所设计的模型里，博弈关系成为重要的资源，人们通常喜欢和合作者建立关系，但与背叛者断绝关系。在这样的体系下，人们不仅以费米函数的形式更新策略，还会以费米函数的形式更新连边，即当个体 A 与个体 B 在二者之间关系上的认知存在冲突时，例如个体 A 想断开与 B 的连接，而 B 想与 A 保持当前的关系，这时 A 实现自身意愿的概率就是 $P = [1 + e^{-\beta(f_A - f_B)}]$，其中 β 是自然选择的强度系数，f_A 和 f_B 分别为个体 A 与个体 B 的适应度函数。在这样的博弈模型中，背叛者有更高的概率失去网络上连边的资源，这也就构成了对背叛行为的一种"拓扑惩罚"，从而有效提升合作行为。

四　符号网络下的演化博弈

事实上，演化博弈模型同样可以建构在符号网络之上。在前面的章节中已经提到，符号网络由正边和负边组成，正边通常表示为朋友关系，负边通常表示为敌对关系。而在博弈体系下，边的符号表示的是博弈过程的情感状态，其中正边表现出积极的博弈关系，负边表现出消极的博弈关系（He et al.，2018）。在这样的博弈体系下，由正边所构成的博弈收益矩阵仍然可以用公式（12-2）来表示，但负边应该与正边产生相反的效果。以机会成本为例，如果两个合作者通过负边相连，他们将失去共同获得奖励的机会，因此会后悔连接负边，这样的话双合作产生的奖励反而是对于他们错失机会的惩罚。其他情况类似，对于一对合作者和背叛者，在负向的关系中原本该是对于合作者的惩罚则被视为不受惩罚的奖励，而背叛者也失去了欺骗对方所产生的收益，增加了机会成本。基于此，由负边所形成的收益矩阵可以建构为以下形式：

$$\begin{bmatrix} -R & -S \\ -T & -P \end{bmatrix} \tag{12-9}$$

在符号网络中，结构平衡是其基础理论，但有一些机制设置和博弈模型之间存在差异。例如，结构平衡理论认为，3 个标有"+"属性的节点彼此相连与 3 个标有"-"属性的节点彼此正向相连的意义相同。这 3 个节点无论属性为"+"还是"-"，如果与其他具有相同属性的节点正向相连，则这 3 个节点是平衡的；然而，3 个合作者彼此正向相连的效果与 3 个背叛者彼此正向相连的效果截然不同。由于博弈模型中的节点都有各自的收益，如果他们是合作者，这 3 个节点都会得到奖励；如果他们是背叛者，他们都会受到惩罚。因此，如果将结构平衡和演化博弈融入一个框架，理想的三方关系模式也就会相应改变。

　　具体来说，每个人都想与合作者构建正向关系，同时与背叛者构建负向关系。基于这一规律，图12-3展示了演化博弈中符号网络相对稳定的三方关系。对于如图12-3（a）所示的由3个合作者组成的三角形，节点之间相互为正向情感关系，他们可以从彼此的合作中获益；在图12-3（b）中，所有的节点都是背叛者，在这种情况下他们不会相信对方，并且相互之间有消极的关系；对于由1个合作者和2个背叛者组成的三方关系，如图12-3（c）所示，2个背叛者相互负向连接，但是想与另外的合作者产生正向情感连接。然而，由于害怕被欺骗，该合作者试图与两个背叛者保持消极的关系；在图12-3（d）中，2个合作者因为可以互惠互利而产生积极的联系，并且不与背叛产生正向关系，尽管背叛者愿意与他们保持正向关系。其他形式的三方关系都是不稳定的关系。

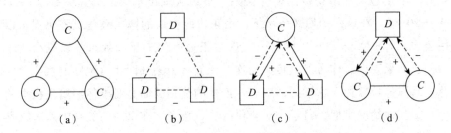

图 12-3　演化博弈中符号网络相对稳定的三方关系

　　从全局来看，当所有三方关系都是如图12-3所示的相对稳定的三方关系时，整个网络结构可以分为两个簇：合作者集群和背叛者集群。在合作者集群内部，所有关系都是积极的，而在背叛者集群内部，所有关系都是消极的。在这两个集群之间，合作者往往不希望与背叛者建立联系。然而，图12-3（c）和图12-3（d）中的三方关系并不完全稳定，因为合作者和背叛者对它们的关系符号有相反的看法。所以当整个网络结构变得稳定时，所有的三方关系都将演化为如图12-3（a）所示的形式，其中所有的参与者都成为合作者，所有的关系都变成正的；或者所有的三方关系都将演化为如图12-3（b）所示的形式，其中所有的参与者都成为背叛者，所有的关系都变为负。

　　然而，根据全符号网络中结构平衡的定义，图12-3（b）和图12-3（c）中的三方关系是不平衡的，因为连接两个背叛者的负边导致了全局不平衡

（Du et al.，2016）。当我们考虑结构平衡的影响时，应该只有两种平衡的三方关系，即 3 个互为正关系的合作者，2 个由正关系连接的合作者都与 1 个背叛者存在负关系，即图 12-3（b）和图 12-3（c）。那么从全局的角度来看，网络结构将演化为一个完全由正边构成的合作者网络或是两个对立的集群：具有正连接的合作者和没有连接边的叛逃者，其结果如图 12-4 所示。

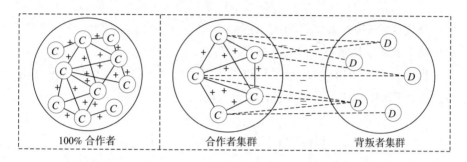

图 12-4　考虑结构平衡时符号网络中的稳定博弈状态

五　从众机制与社会网络中的演化博弈

大多数博弈背后的前提假设是，参与者的目标是最大化他们的收益。然而，在现实社会中，情况并非总是如此。相反，有证据表明，人类行为通常会选择从众（Fiske，2009）。从众不仅会产生群体规范，还会为决策者提供标准参考。在这种观点下，人们将他人的参考视为质量的信号，从而选择与他人相同的决定，形成群体智慧的动力（Frey & Rijt，2020）。从众是人类行为的共同规则，在人类社会中发挥着重要作用。一个典型的例子可以从奥尔森（Olsen，1971）提出的集体行动的逻辑中看出。集体行动被视为一种公共物品的供给行为，搭便车机制抑制了人们参与集体行动的积极性（参与可以表现为合作，不参与可以表现为背叛）。没有人会在追求利益最大化的时候最终参与集体行动。然而，正如奥尔森所预测的那样，小团体更有可能成功形成集体行动，因为团体成员之间存在从众，而从众使人们共同采取合作行为，即使他们可能会牺牲一些搭便车的好处。

如果我们将从众机制引入社会网络的演化博弈中，首先引入一个参数 ρ 作为从众的概率，那么 $1 - \rho$ 则表示收益驱动的概率。对于一个收益驱动的节点来说，节点 A 学习 B 的策略仍可以基于费米函数，即 $P = [1 + e^{-\beta(f_B - f_A)}]$；但对于遵从从众机制的节点来说，Szolnoki 和 Perc（2008）提出了相应的见解，他们认为从众驱动的个体 i 学习策略 x 的概率可以建构为以下公式：

$$P_1 = \left\{ 1 + \exp\left[-\beta\left(N_x - \frac{k_i}{2} \right) \right] \right\}^{-1} \qquad (12\text{-}10)$$

公式（12-10）中，N_x 是 i 的邻居中采用策略 x 的参与者数量，k_i 是 i 的度。公式（12-10）表明，当一个网络中超过一半的参与者采用一种策略时，从众者采用该策略的可能性更高。

当然，公式（12-10）也可以被纳入符号网络。当不考虑仇外心理时，节点 i 学习策略 x 的概率应转换为以下公式：

$$P_2 = \left\{ 1 + \exp\left[-\beta\left(N_x^+ - \frac{k_i^+}{2} + N_x^- - \frac{k_i^-}{2} \right) \right] \right\}^{-1} \qquad (12\text{-}11)$$

公式（12-11）中，N_x^+ 和 N_x^- 分别是参与者 i 的正关系和负关系邻居之间采用策略 x 的参与者数量，而 k_i^+ 和 k_i^- 分别是 i 的正关系和负关系邻居的数量。公式（12-11）表明，从众驱动的参与者采用其一半以上的正边邻居和一半以上的负边邻居采用的策略的可能性更高。

而当考虑仇外心理时，公式（12-11）转换为以下公式：

$$P_3 = \left\{ 1 + \exp\left[-\beta\left(N_x^+ - \frac{k_i^+}{2} + N_y^- - \frac{k_i^-}{2} \right) \right] \right\}^{-1} \qquad (12\text{-}12)$$

公式（12-12）中，N_y^- 是在参与者 i 的负边邻居中采用 x 相反策略的参与者数量。公式（12-12）反映了从众驱使参与者选择其正边邻居采用的相同策略或负边邻居采用的相反策略。

图 12-5 展示了公式（12-11）和公式（12-12）的主要区别。当我们不考虑一致性和仇外心理时，节点 1 可能会从其所有正链接邻居 4、6、7、8 和 9 以及负链接邻居 2、3 和 5 收集策略；但当我们考虑一致性和仇外心理时，它可能会收集负链接邻居 2、3 和 5 的相反策略。

针对上述的演化过程，He 等（2023）指出，可以形成如图 12-6 所示的演化博弈路径。当不考虑仇外心理时，首先，一对不同策略的节点可能会因为模仿而被迫成为两个合作者或两个背叛者；其次关系更新机制将两个合作者之间的负关系转化为正关系，将两个背叛者之间的正向关系转化为负关系，并且几乎不太可能转换一个合作者和一个背叛者之间关系；最后，网络

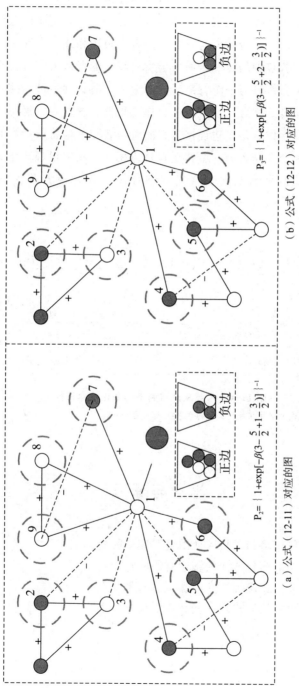

图 12 – 5 公式（12-11）和公式（12-12）的区别

将演变为由正边连接的所有合作者或由负边连接的背叛者，较高的变边速率和较高的从众概率会提升所有节点转为合作者的概率。当我们在策略更新中考虑仇外心理时，一个合作者与一个背叛者在负边相连的情况不能转变为双重合作者或双重背叛者的情况，而两个负边相连的背叛者则有机会转变为由负边相连的一个合作者与一个背叛者的情形。此时，网络可能演变为由正边连接的所有合作者的状态，或者一个合作者集群和背叛者集群所组成的相对稳定状态，其中合作者是正边连接的，而背叛者与其他背叛者没有边。由于两个背叛者或一个合作者与一个背叛者负边相连的状态很难转化为两个合作者的状态，因此整个网络大多会收敛到合作者和背叛者共存的相对稳定状态。

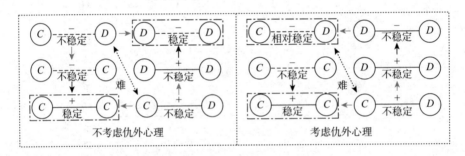

图 12-6　考虑从众机制下的演化博弈路径

注：灰色箭头表示策略更新，黑色箭头表示关系更新。

思考与练习

1. 单次囚徒困境和重复囚徒困境博弈有哪些区别？
2. 网络结构对演化博弈的影响有哪些？
3. 网络中的囚徒困境博弈的基本流程是什么？
4. 尝试将更多机制构建在基础博弈模型之上。

第十三章　社会网络发展前沿

在多学科不断融合发展的推动下，社会网络在城市规模、人口密度与社会联系模式、病毒传播预测、选举结果预测、舆情监控、信息传播与群体决策、金融市场预测、市场机制分析、文本挖掘、社会规范和社会伦理等研究领域得到了较深层次的应用，由此形成了新的学科前沿：计算社会科学。本章将对计算社会科学的理论基础、方法与工具，以及计算社会科学近期相关研究进展进行介绍。同时，针对多种平台的信息交互带来的隐私方面的挑战，对隐私的定义与理论框架、社会网络研究中的隐私问题、隐私保护策略与技术，以及法律法规与伦理道德进行介绍。

第一节　计算社会科学

社会网络分析的深入以及相应方法论的成熟催生了以网络分析为主要研究方法的跨学科领域：计算社会科学（Computational Social Science，CSS）。计算社会科学融合了社会网络分析、计算机技术与社会科学，旨在通过计算模型和大数据技术来揭示社会现象的规律和机制（Lazer et al.，2009）。计算社会科学涵盖了多个研究领域的问题，例如社会网络分析、舆情监控、群体行为和信息传播等。社会网络分析关注网络结构和节点关系对个体行为的影响（Newman，2010）；舆情监控聚焦公众对特定事件或议题的观点和情感（Pang & Lee，2008）；群体行为关注人群中的合作、竞争和模仿现象（Macy & Willer，2002）；信息传播研究主要揭示信息在网络中的扩散和传播规律（Centola，2010）。计算社会科学为社会科学、计算机科学等领域提供了新的理论视角、方法工具和研究对象。例如，计算社会科学揭示了网络结构对信息传播的影响（Bakshy et al.，2011），提出了基于数据驱动的社会动力学模型（González et al.，2008），发展了一系列社会网络分析方法（Wasserman & Faust，1994）。然而，计算社会科学也面临着许多挑战，包括数据质量、隐私保护、模型可解释性等问题（Cioffi-Revilla，2010）。同时，它也带来了跨学科合作和技术创新等发展机遇。新兴技术，如人工智能、物联网和区块链等为计算社会科学提供了新的研究方法和应用场景，推动了该领域的持续发展和创新（Najafabadi et al.，2015）。

计算社会科学的进展将进一步促进我们对社会现象的理解，为解决社会问题和推进社会发展提供强大的动能。在不断克服挑战和抓住机遇的过程中，计算社会科学必将持续发挥着重要作用，给学术界和社会实践带来更多的创新和价值。

一   计算社会科学的理论基础

计算社会科学的理论基础包括社会网络理论、行为模型、数据驱动方法、计算模型与仿真以及人工智能等方面，这些理论和方法为研究者们提供了丰富的工具和视角来分析和解决社会科学问题。在计算社会科学中，社会网络分析方法被应用于研究网络结构、社群发现、意见领袖识别等问题。例如，研究者通过社会网络分析研究信息在社交网络中的传播过程（Bakshy et al.，2011），探讨了社交网络中用户影响力的度量方法（Cha et al.，2010），并发现了社交网络中的社群结构及其对个体行为的影响（Girvan & Newman，2002）。行为模型在计算社会科学中的应用包括合作与竞争模型、信息扩散模型、信任和声誉模型等，这些模型有助于解释和预测社会现象。例如，Axelrod（1997）运用合作与竞争模型研究了国际关系中的合作现象；Centola（2010）通过信息扩散模型探讨了社交网络结构对信息传播的影响；Resnick 等（2000）运用信任和声誉模型研究了在线市场中的信任机制。此外，数据驱动方法从大量的社交网络数据中挖掘有价值的信息，促进对社会现象的理解。例如，研究者运用数据驱动方法分析了 Twitter 上的政治倾向和公共议题（Tumasjan et al.，2010），探讨了地理位置数据对城市活动模式的影响（González et al.，2008），并运用情感分析技术研究了在线评论对消费者购买行为的影响（Pang & Lee，2008）。计算模型与仿真在计算社会科学中的应用包括：代理人基模型（Agent-based Model，ABM）、系统动力学模型等，可以通过仿真探索社会现象的复杂性和动态性。例如，Epstein 和 Axtell（1996）通过使用代理人基模型模拟了一个虚拟社会，研究了其中的贸易、文化扩散和合作现象；Meadows 等（2004）运用系统动力学模型研究了全球经济、环境和社会系统之间的相互关系。人工智能在计算社会科学中的应用包括文本挖掘、情感分析、预测模型等方法在计算社会科学中的应用，有助于研究者更有效地分析和解决社会科学问题。例如，研究者利用机器学习方法对新闻报道进行主题建模（Blei et al.，2003），采用情感分析技术研究在线评论对消费者购买行为的影响（Pang & Lee，2008），并运用预测模型预测选举结果（Gayo-Avello，2012）。

二 计算社会科学的方法与工具

1. 机器学习

机器学习在计算社会科学中发挥着重要作用。这些方法可以分为监督学习、无监督学习、半监督学习和强化学习等类型（Kelleher et al.，2015）。在计算社会科学中，这些方法被用于预测模型构建、分类和聚类等任务。例如，监督学习方法，如支持向量机（SVM）和随机森林，被用于分析和预测社会现象（Hastie et al.，2009）。通过学习已有数据的模式，这些方法能够对新数据进行准确的分类和预测，从而帮助我们理解和预测社会现象的发展趋势。在无监督学习方面，聚类等方法被应用于社交网络分析，用于发现社群结构和行为模式（Jain，2010）。通过这些方法，我们可以将相似的节点或样本聚类在一起，从而揭示出网络中的隐藏模式和结构。深度学习方法是近年来在机器学习领域取得显著进展的重要技术，也在计算社会科学中得到广泛应用。通过多层神经网络进行特征学习和表示，深度学习方法具有较高的表达能力。例如，卷积神经网络被用于图像识别和处理任务（LeCun et al.，2015），在社会科学中，它可以用于分析图片和图像数据，识别和解释其中的特征和模式。循环神经网络和长短时记忆网络在自然语言处理和时间序列预测等任务中得到广泛应用（Hochreiter & Schmidhuber，1997）。在计算社会科学领域，可以用这些方法处理文本数据，挖掘文本中的情感、主题和趋势等信息。生成对抗网络是一种强大的深度学习方法，用于生成新的数据样本（Goodfellow et al.，2014）。

2. 自然语言处理

自然语言处理（Natural Language Processing，NLP）关注计算机与人类语言之间的交互，包括分词、词性标注、命名实体识别、情感分析和文本分类等关键技术（Jurafsky & Martin，2018）。在计算社会科学中，自然语言处理技术被广泛应用于舆情分析、社会问题挖掘和政策评估等任务。例如，研究者利用情感分析技术研究在线评论对消费者购买行为的影响（Pang & Lee，2008）。情感分析能够自动识别和量化文本中的情感倾向，帮助分析消费者对产品或服务的态度和情感，从而更好地了解消费者的需求和行为。另外，文本分类技术被用于分析新闻报道中的主题和观点（Blei et al.，2003），通过将新闻文本自动分类到不同的主题类别，研究人员可以快速获取大量新闻报道的概要信息，从而更好地跟踪和理解社会事件和话题的发展动态。同时，自然语言处理技术还可应用于社交媒体数据的情感分析和主题挖掘，以洞察公众对特定事件、议题或政策的态度和情感。社交媒体平台作为公众表达观点和情感的重要渠道，其海量数据中蕴含着宝贵的社会信息，因此利用自然语言处理技术对其进行深入分析，能够对舆情进行有效监测和评估。

综上所述，自然语言处理在计算社会科学中扮演着至关重要的角色，其应用不仅能够提升研究效率和准确性，还能为我们深入了解社会现象、评估社会政策以及探索社会问题的解决方案提供了有力支持。随着自然语言处理技术的不断发展和创新，我们相信其在计算社会科学中的应用前景将会更加广阔。

3. 图挖掘与复杂网络

图挖掘与复杂网络关注网络结构和动态的研究，包括图的表示、度量、社群发现、网络生成模型和网络动力学分析等技术（Newman，2018）。在计算社会科学中，这些方法被应用于社交网络分析、信息扩散研究和网络结构优化等任务。例如，PageRank 算法被用于评估网页重要性（Brin & Page，1998）。同时，还可以用类似的方法评估社交网络中的节点重要性，从而帮助我们识别在社交网络中具有重要影响力的个人、组织或团体。另外，模块化优化算法被用于发现社交网络中的社群结构（Newman & Girvan，2004）。社交网络通常由许多紧密联系的社群组成，每个社群内的节点之间联系紧密，而社群之间的联系较弱。通过运用模块化优化算法，我们可以将社交网络划分成不同的社群，从而更好地理解社交网络中的群体结构和交互关系。

此外，还可以用图挖掘与复杂网络分析技术研究信息在网络中的扩散过程。例如，我们可以通过对信息传播路径的分析，了解信息在社交网络中是如何从一个节点传播到另一个节点，从而揭示信息传播的规律和影响因素。

综上所述，图挖掘与复杂网络分析在计算社会科学中发挥着重要作用，它们提供了深入研究社交网络结构和动态的方法和工具。通过运用这些技术，我们可以更好地理解社交网络中的关系和行为，进而为社会问题的解决和社会政策的优化提供有益的参考。我们相信随着这些方法的发展和创新，图挖掘与复杂网络分析将在计算社会科学研究中持续发挥着重要的推动作用。

大语言模型和生成式人工智能的兴起，对社会网络研究起到了一定程度的推动作用。一方面，图神经网络（Graph Neural Networks，GNNs）在社会网络分析中得到了广泛应用。例如，Pinterest 采用了一种名为 PinSage 的 GNN 推荐系统，在包含超过 180 亿条边的庞大图谱上运行，通过预测用户感兴趣的视觉概念来提高推荐准确性。另一方面，生成式人工智能模型被应用于社交媒体平台以创建内容和模拟互动，有助于生成逼真的图像、文本和视频，从而提升用户参与度并为用户提供个性化的体验。

4. 数据挖掘与大数据分析

计算社会科学的发展以及整合需要不同学科的观点和方法，将成为社会科学研究方法论的关键议题。大数据和数据科学将淡化甚至消除学科边界，将局部的还原论下的专业性社会认知和建构升级为广域的社会整体系统认知和建构过程。大数据和数据科学的价值在于驱动基于复杂因果关系的经济社会决策。社会的整体性涌现规律将得到可计算社会科学研究的回应（米加宁等，2018）。数据挖掘关注从大量数据中发现有价值的信息，包括关联规则挖掘、分类、聚类和回归等方法（Han et al.，2011）。大数据分析技术和工具，如 Hadoop、Spark 和 NoSQL 数据库等，为处理海量数据提供了支持（Zikopoulos & Eaton，2011）。在计算社会科学中，这些方法和工具被应用于舆情监控、政策评估和人口迁移研究等任务，如 Apriori 算法被用于挖掘政策文件中的关联规则（Agrawal et al.，1994）。政策文件通常包含大量信息，其中可能存在隐藏的关联规则，而 Apriori 算法可以帮助我们发现这些规则。通过对政策文件进行数据挖掘，我们可以了解不同政策之间的关联关系，进而更好地制定和评估政策。此外，还可以用数据挖掘技术监控舆情。社交媒体和网络平台上产生了大量的用户生成内容，如新闻评论、社交帖子等，这些内容包含了公众的观点、情感和反应。我们可以通过数据挖掘和情感分析技术，从这些文本中挖掘出公众的意见和情感倾向，有助于了解公众对特定事件或议题的看法，进而为制定政策提供参考。另外，数据挖掘技术还可应用于人口迁移研究。通过分析大规模的人口迁移数据，我们可以了解人口流动的模式和趋势，帮助城市规划和社会政策的优化。例如，我们可以利用聚类分析技术将人口按迁移模式进行分类，从而更好地理解人口迁移的动态过程，为城市发展提供决策支持。

综上所述，数据挖掘技术在计算社会科学中扮演着重要角色，它为我们从大规模数据中提取有用信息提供了有效手段。通过运用这些方法和工具，我们可以更深层次地理解社会现象和人类行为，从而更好地解决社会问题和进行政策评估。

三 计算社会科学近期相关研究进展

城市规模、人口密度与社会联系模式：探讨了城市规模、人口密度与社会联系模式之间的关系（Schläpfer et al. , 2021）。该研究使用大量移动设备数据，分析了全球不同城市中人们的联系模式，发现城市规模和人口密度对社会联系模式具有显著影响。具体而言，在人口密度更高的城市中，人际互动更频繁，联系网络也更紧密。

病毒传播预测：Chinazzi 等（2020）使用基于机器学习的传播模型，对全球范围内的疫情传播情况进行了预测。研究结果揭示了早期干预措施，如限制人员流动和隔离病患等，对于减缓疫情传播具有重要意义。这一研究为公共卫生政策制定者提供了借鉴。

选举结果预测：Lauderdale 和 Clark（2018）讨论了如何使用机器学习预测选举结果。该研究利用机器学习模型，结合民意调查数据和历史选举结果，对选举结果进行预测。研究发现，这种方法在预测准确性方面优于传统的统计模型。这一研究为政治学家和政策制定者提供了新的预测工具。

舆情监控：Almaatouq 等（2021）探讨了基于大数据和机器学习的舆情监控系统在公共政策制定中的应用。该研究通过分析大量社交媒体数据，构建了一个实时舆情监控系统，该系统能够帮助政策制定者及时了解民众的意见和需求，从而制定更有针对性的政策。这一研究为政府部门提供了新的决策支持工具。

信息传播与群体决策：Centola 等（2018）讨论了关于社会网络中信息传播与群体决策的关系。他们通过实验发现，当个体在社交网络中接收到来自多个独立信息源的相同信息时，其决策信心和正确率显著提高。这一研究为理解信息在社会网络中的传播和群体决策行为提供了重要见解。

金融市场预测：Feng 等（2020）利用深度学习预测了金融市场的变化。他们构建了一个基于深度学习的预测模型，该模型有助于发现金融市场波动中的潜在规律。研究结果表明，这种模型在预测金融市场表现方面优于传统统计方法。这一研究为投资者和金融机构提供了有价值的预测工具。

市场机制分析：Cachon 等（2017）对共享经济中供需平衡与市场机制进行研究，体现了计算社会科学在经济学领域中的应用。通过对共享经济平台的数据分析，他们发现平台可以通过动态定价、激励措施等手段来实现市场供需平衡。这一研究揭示了共享经济中的市场运作机制，为平台运营商提供了策略建议。

文本挖掘：Wu 等（2020）基于文本挖掘对新闻报道与历史事件的关联进行研究。他们通过分析大量新闻报道，利用文本挖掘技术，揭示了新闻报道中隐含的历史事件关联。这一研究为历史学家、社会学家和政策制定者提供了一个新颖的研究方法，有助于更深入地理解历史事件背后的复杂联系。

社会规范研究：Rand 等（2019）使用在线虚拟实验平台，研究了个体如何在不同的社会环境中调整行为来适应社会规范。研究发现，社会规范的传播和接受过程在很大程度上受到社交网络结构的影响。这一研究为理解人类行为与社会规范的关系提供了有益启示。

社会伦理：Awad 等（2018）通过全球范围内的在线调查，收集了关于道德和伦理决策的数据，对人工智能驾驶系统中的伦理决策进行了研究，研究结果揭示了不同文化背景下人们对于道德和伦理问题的看法存在显著差异。这一研究为设计更为公正和道德的人工智能驾驶系统提供了宝贵参考。

第二节　社会网络研究中的隐私问题

随着社会网络研究和计算社会科学的不断发展，人们交流所依赖的多种平台的信息成为社会网络研究的宝贵数据来源，然而这种发展也在隐私方面带来了挑战。本节将探讨社会网络研究中的隐私问题，并结合近年来顶级学术期刊上的论文和研究进行阐述。我们将介绍隐私的定义与理论框架，分析社会网络研究中所面临的隐私问题，并探讨应对这些问题的策略和技术。

隐私问题是计算社会科学中的一个重要议题。在社交媒体、在线论坛和移动通信等平台上，用户产生了大量的数据，这些数据涉及个人的社交关系、行为习惯、兴趣爱好等信息。虽然这些数据对于社会网络研究和用户行为分析来说非常有价值，但同时也存在潜在的隐私泄露风险。隐私的定义和理论框架涉及个人信息的保护和使用。在社会网络研究中，个人的网络关系和行为模式等信息可能被用于推断其身份、行为意图和敏感信息，从而导致隐私泄露等问题。此外，交叉数据分析和挖掘技术使得在匿名数据集中重识别个体成为可能，增加了隐私泄露的风险。

社会网络研究中的隐私问题主要包括个人隐私的泄露、社交网络拓扑结构的隐私暴露以及个人特征的隐私推断等。个人隐私的泄露是指通过分析社交网络中的数据，可以识别出个人的身份和敏感信息。社交网络拓扑结构的隐私暴露是指攻击者可以通过分析社交网络的连接关系来揭示用户之间的社交关系，这可能导致一些用户的社交圈被暴露。个人特征的隐私推断是指通过分析社交网络中的行为模式和关系，可以推断出用户的个人特征，如性别、年龄、兴趣爱好等。为了应对社会网络研究中的隐私问题，研究者提出了一系列的策略和技术。例如，数据匿名化和隐私保护方法可以在保持数据可用性的前提下，采取措施隐藏或扰乱个人敏感信息。差分隐私技术可以在数据发布过程中加入噪声，以降低个体的识别风险。此外，设计隐私保护友好的数据收集协议和用户知情同意机制也是重要的保护措施。

一　隐私定义与理论框架

在讨论社会网络研究中的隐私问题之前，我们首先需要了解隐私的定义以及相关的理论框架。隐私通常被定义为个人对其个人信息的控制权。随着社会网络的发展，关于隐私的讨论已经从传统的信息保护拓展到更广泛的社交互动领域，包括社交网络分析和数据挖掘等。

社会网络研究的隐私问题可以从信息隐私和互动隐私两个维度来审视。信息隐私主要关注用户在社交网络中共享的个人信息，包括基本资料、好友列表、发表的内容等；互动隐私则关注用户在社交网络中与他人的交往，包括好友关系、私信、点赞等。这两个维度都涉及用户隐私的保护，但在实际研究中可能存在不同的挑战和问题。

为了深入分析社会网络研究中的隐私问题，我们需要关注一些关键理论框架。例如，Solove（2006）提出了一个关于隐私侵犯的分类模型，将隐私侵犯分为信息收集、信息处理、信息传播和信息入侵四类。这个模型有助于我们理解社会网络研究中可能出现的隐私问题，并为解决这些问题提供理论基础。在接下来的部分中，我们将详细探讨社会网络研究中的隐私问题。

二　社会网络研究中的隐私问题

社会网络研究涉及大量个人信息的收集、分析和利用，这在很大程度上可能侵犯到用户的隐私，以下几种情况是隐私问题在社会网络研究中最为突出的表现。

数据收集不当：研究人员在获取社交网络数据时可能不遵循适当的道德和法律规定，例如未征得用户同意即收集其信息。这种行为可能导致用户隐私泄露，并破坏研究的合法性和可信度。Fiesler 等（2020）指出，许多研究人员在使用社交网络数据时未充分考虑伦理问题，包括数据来源的合法性和数据处理过程中的隐私保护。

数据脱敏风险：为了保护用户隐私，研究人员常常对数据进行脱敏处理，例如，删除或替换用户的身份标识。然而，近期研究表明，数据脱敏技术并非绝对安全。Korolova 等（2008）发现，通过反向识别和数据重建等手段，攻击者可以在脱敏后的数据中重建用户身份。这对用户隐私构成了威胁，研究人员需要对脱敏技术进行改进，以确保数据的安全。

算法歧视：社会网络研究中的算法和模型可能导致歧视现象。例如，基于人口统计信息的推荐系统可能加剧社会不平等（Zhao et al.，2019）。因此，研究人员需关注算法是否在处理个人信息时导致不公平现象，并采取措施以避免歧视。

信息泄露：在社交网络研究中，用户的个人信息可能被无意泄露，导致隐私问题。例如，研究人员在分析用户行为模式时，可能会不经意地泄露用户的敏感信息，这种情况要求研究人员在进行数据分析时格外谨慎，确保用户隐私不受侵犯。

三　隐私保护策略和技术

为了应对社会网络研究中的隐私问题，研究人员和开发者已经提出了许多策略和技术。通过采用这些策略和技术，研究人员可以在保护用户隐私的同时进行有效的社会网络研究，以下是一些隐私保护方法。

数据最小化原则：数据最小化原则要求研究人员仅收集必要的信息，以减少数据泄露和隐私侵犯的风险。在进行社会网络研究时，研究者应尽量限制收集的数据种类和数量，以保护用户隐私。同时，研究者还需在研究过程中注意数据的存储、传输和访问权限。

差分隐私：差分隐私是一种保护数据隐私的技术，它通过在数据中引入一定的噪声，来保证用户的隐私不被泄露。这种技术能够在保护个人隐私的同时，保持数据分析的有效性。Abowd（2018）的研究表明，差分隐私在社会网络研究中具有广泛的应用潜力，可以有效减少隐私泄露的风险。

联邦学习：联邦学习是一种分布式机器学习方法，它允许多个参与者在不共享原始数据的情况下共同训练模型。这种方法可以降低数据泄露的风险，同时确保研究的有效性。Kairouz 等（2021）研究发现，联邦学习在社会网络研究中具有广泛的应用前景，可以在保护用户隐私的同时提高研究效率。

透明度和可解释性：为了降低算法歧视的风险，研究人员需要关注模型的透明度和可解释性。通过提供易于理解的模型说明和使用指南，研究人员可以帮助用户了解如何维护自己的隐私，并建立其对研究的信任。Guidotti 等（2018）的研究强调可解释性在社会网络研究中的重要性，以确保算法和模型在处理个人信息时不会导致不公平现象。

四　法律法规与伦理道德

除了技术措施之外，法律法规和伦理道德也对保护用户隐私起到关键作用。在进行社会网络研究时，研究人员需要关注法律法规和伦理道德问题，以确保研究的合法性和道德性，以下是一些在研究过程中需要关注的法律和伦理方面的问题。

法律法规：世界各国和地区针对个人隐私和数据保护制定了相关法律法

规，如欧洲的《通用数据保护条例》（GDPR）和美国的《加州消费者隐私法》（CCPA）。这些法律法规在数据收集、处理和存储等方面提出了一系列规定，研究人员需要遵循这些规定，确保研究的合法性。此外，研究人员还需要关注跨国数据传输的法律问题，以遵守不同国家和地区的法律要求。

伦理审查：在进行社会网络研究之前，研究人员通常需要通过伦理审查，以确保研究的合规性和道德性。伦理审查机构通常会评估研究的目的、方法和潜在风险，以确保研究不会对参与者造成伤害。研究人员需要在伦理审查过程中提供详细的研究计划，包括数据收集、处理和保护的方法，以证明对参与者隐私的尊重和保护。

道德责任和印象管理：研究人员在进行社会网络研究时，需要关注印象管理（Impression Management）和道德责任。印象管理意味着研究人员需尊重参与者的意愿，尽量避免产生对参与者隐私和声誉的侵犯和影响。同时，研究人员还需要承担道德责任，确保研究成果不会被用于不道德的目的。

思考与练习

1. 思考计算社会科学的应用，是否有助于推动你所处研究领域的发展？
2. 为应对数据泄露和伦理问题，你的建议是什么？

附录 A 社会网络分析发展简史[*]

A1 社会网络思想与实践的起源

社会网络思想与实践的起源主要发生在 20 世纪 20 年代末以前。

一 早期的结构性思想

《圣经·创世纪》中的世系表显示，很早以前，人类就认识到了将社会行动者连接起来的关系的重要性。

奥古斯特·孔德最早从结构性视角清晰地描述了社会生活。在孔德的社会学定义里，明确了社会学领域的两个主要方面是社会静力学和社会动力学。社会静力学的重点在于调查"社会相互联系的规律"或者"社会系统不同部分的作用与反作用的规律"。根据孔德的论述，在最基本的层次上，这个部分就是核心家庭。他论辩说，"每个系统必须由那些与自身性质相同的元素构成，科学精神禁止我们把社会视作由个体组成。真正的社会界限当然是家庭"。孔德继续阐明了社会系统的不同部分是如何相互联系的："家庭组成了部落，部落构成了民族。"他的观点非常具有现代特征，他还使用社会网络分析的多种结构性术语来界定社会，并首次提出了要根据社会行动者之间的相互联系来考察社会。

---

[*] 本章的内容主要参考 Linton C. Freeman（2004）"*The Development of Social Network Analysis: A Study in the Sociology of Science*"（Empirical Press，Vancouver，BC）一书，因此没有列出参考文献，如需详细了解，请参阅原著。

19 世纪和 20 世纪早期的许多著名社会学家接受了孔德的结构性视角。最普遍的研究主题是描述传统与现代社会的社会联系模式的差异。亨利·梅因、费迪南德·滕尼斯、埃米尔·涂尔干、赫伯特·斯宾塞、查尔斯·霍顿·库利等早期的社会学家都考虑到了社会关系，并试图阐明，在不同的社会集体中连接个人的社会关系是不同的。

同时，古斯塔夫·勒朋提出了另一种结构性视角，考察了集群（Crowd）行为现象。他指出，当个人变成集群的一员时，他们将失去其个体身份，作为集群的成员，人们模仿他们周围的人，思想和行为由于传播过程而在个人之间扩散。勒朋关注的焦点在于个体间的信息流动，其视角也是结构性的。

19 世纪末 20 世纪初，最明晰的结构性视角体现在乔治·齐美尔的著作中，齐美尔指出，"只有当大量的个人进行互动时，社会才会存在"。这是构成现代社会网络分析基础的核心信念。齐美尔的学生利奥波德·冯·维泽甚至以当代术语继续深入地讨论"关系系统"和"人们之间的关系网络"。早期的社会学家们奠定了直觉性的社会网络分析基础。

二　系统的结构性数据

19 世纪初，在孔德以结构性视角定义社会学之前，瑞士自然主义者皮埃尔·休伯就系统地收集了社会结构性资料，发表了详细描述大黄蜂的著作，其中涉及大黄蜂对其他昆虫的支配行为。他最早提供了一份以系统观察为基础的社会互动模式的报告范例，为生物学中行为学方法的发展奠定了基础。行为学方法已经成为现代社会网络分析的两个发展分支的基础：第一，在非人类的动物中，社会模式的研究在社会科学中得以延续；第二，网络分析仍然支配行为的系统性研究。

最早关于人类系统性资料收集的例证是路易斯·亨利·摩尔根通过田野调查发表了《易洛魁人民族志》（1851）。后来在逐步收集世界其他地区资料的基础上出版了《人类家族的血亲和姻亲制度》，其中报告了世界上描述人类血统时所用的术语，不同的亲属关系术语体现了不同的模式，而且与婚姻形式和血统规则相关。一个世纪以后，约翰·阿特金森·霍布森提出了一种方法来揭示组织间的联系，并提供了关于"南非小规模金融体系的内部循环"成员之间重叠的管理者身份的系统性资料。霍布森的创新在于提出了将个人与公司联系起来的 2-模数据，呈现了根据共享的董事会成员身份来区分的公司之间的联系和个人之间的连接。

20 世纪 20 年代产生了一大批集中探讨儿童人际关系的研究成果，但其中大部分成果并未在社会网络研究领域中获得广泛承认。尽管如此，它们在许多重要的网络思想与实践创新上取得了成功。比如，在关于学校儿童同质性的研究中，约翰·C. 奥尔马克发展了运用访谈来收集网络资料的方法，要求一个班级里的孩子们说出那些可能被邀请参加舞会的人们的名字，随后根据选择者和被选者之间的相似性来分析资料。贝思·韦尔曼开创性地将休伯行为学方法拓展到人类互动的研究中。在以人类为主题的网络分析中，通过询问行动者来获得资料是普遍的做法，但是也可以通过对社会联系的观察来汇集资料。海伦·博特使用焦点法来收集观察资料，并且使用矩阵形式来记录资料。伊丽莎白·海格曼把观察法与访谈法结合，把观察到的资料与报告的资料相比较，以考察其中存在的差异。

三　图形化表达

社会网络的图形化表达最早的范例都集中于展示亲属关系的树状图形，上面提到的路易斯·亨利·摩尔根收集亲属关系资料时绘制的古罗马血统体系图就使用了把位置画为圈，把血统画为线的表示方式。19 世纪末期，亚历山大·麦克法兰提出了英国亲属体系的一种模型，麦克法兰是一位代数学家，在他关于亲属关系的著作中，用图形展示了英国法律中禁止的两代婚姻关系。

霍布森提出了 2-模网络和重叠超图来表示关联董事会成员资料的方法，向读者表明：少量的大公司，如著名的比尔斯集团和兰德矿业，如何使用关联董事会来控制许多其他的公司。超图是用重叠图示呈现社会模式的最早例证，目前依然被广泛地运用于社会网络分析。

四　数学和计算模型

最早被应用于社会结构问题研究的数学分支是代数学。弗朗西斯·高尔顿从事遗传基因问题的研究，他注意到，基因在一个时期发挥显著作用的家庭，在随后的作用似乎在下降，甚至完全消失。他所接受的数学训练使他怀疑，家庭作用的消失是某种概率过程的结果。他寻求统计学家亨利·威廉·

华生的帮助。高尔顿和华生将随机方法运用于网络研究，建立了一个家族姓氏消失（事实上是网络过程）的随机模型。

A2　社会网络分析的诞生

社会网络分析诞生于 20 世纪 30 年代。在这个阶段，不同研究相互独立，但都开始于 20 年代晚期并贯穿于 30 年代。其中一个是雅各布·列维·莫雷诺及其同事的社会计量学研究，另一个是关于威廉·劳埃德·沃纳所领导的在哈佛大学进行的研究。

一　社会计量学

莫雷诺是社会计量学发展的推动者，并且是一位经历比较复杂的学者，他的著作《自发性剧场》包含了最初的社会计量学图表。莫雷诺移居美国后，结识了海伦·霍尔·詹宁斯。当时，詹宁斯是哥伦比亚大学心理学专业的一名硕士生，师从著名心理学家加德纳·墨菲，她将莫雷诺引荐给墨菲，并且帮助他设计和实施在辛辛监狱（1932）以及赫德森女子学校（1934）的社会计量学研究项目。这两项研究都包括系统的数据收集和分析，在 1934 年的著作中，莫雷诺在现代意义上使用了"网络"这个术语。

在大多数主流社会学心理学化时期，大多数人关注人体的心理学特征，采用精神病学家莫雷诺与心理学家詹宁斯重新引入的结构性视角意义重大。他们使用社会计量学来确定人们相互之间的情感，例如，他们要求特定群体的成员指出愿意与谁一起居住、工作或消磨闲暇时间，以揭示群体和群体内个体的位置。这种方法本质上是结构性的。

但是，问题在于莫雷诺是否展示了定义现代社会网络分析的所有特点。莫雷诺在 1934 年出版的《谁将生存?》一书中，不仅明确提出了"网络"概念，而且涉及了"超越互动双方和直接群体的影响"。赫德森学校女生辍学蔓延的现象，可以由连接所有那些离校女生的社会关系链得到解释。这是一个清晰的结构性思考范例。这本书包括了在赫德森女子学校的一所托儿所、几间教室、几所村舍和几个工作群体中所收集到的系统经验资料，包括文字资料和图形。

但是，在莫雷诺的两部著作中，当代社会网络分析的特点并不全面，没有包括数学或计算模型。不久后，莫雷诺认识到这个不足，向哥伦比亚著名数理社会学家保罗·拉扎斯菲尔德寻求帮助，后者为社会计量选择创造了基准模型（Base-line Model）。在假定随机选择的前提下，他计算出任一特定的个体被其他特定的任一个体选择的概率。之后，莫雷诺和詹宁斯在《社会计量学》（1938：342~374）的一篇文章中发表了拉扎斯菲尔德的模型。

1938 年，在詹宁斯和拉扎斯菲尔德的帮助下，莫雷诺的工作已经展现了界定当代社会网络分析的所有特征。社会计量学吸引了美国社会科学界精英的注意力。那为什么社会网络分析方法的社会计量学模型不仅没有在 20 世纪 30 年代末期受到追捧，反而被边缘化了呢？这与莫雷诺的性格和个人行为有很大关系。他与第三任妻子赛琳·泽卡·托曼结婚后，他们合作专注于各种形式的心理治疗，放弃了对社会计量学的研究。在完全放弃系统的社会计量学工作后，莫雷诺对于治疗程序的日渐痴迷让许多早期的支持者离他而去。那些对以经验为基础的结构性研究感兴趣的人认为，由于莫雷诺强调社会计量学不是结构性研究，而是与上帝和心理疗法的暧昧相联系，导致社会计量学范式的吸引力被削弱了。

1955 年之后，莫雷诺把他的期刊《社会计量学》移交给当时的美国社会学会，使之成为一本综合性的社会心理学期刊（后改名为《社会心理学季刊》）。莫雷诺虽然界定了一种包括现代社会网络分析所有特征的方法，在社会计量学领域，当代社会网络分析技术一度被发展。但很多人仅仅由于莫雷诺个人而放弃，他们拒绝承认莫雷诺方法的重要性和普遍性。因而，社会研究继续缺乏一种统一的结构性范式。

二　哈佛大学的第一次推动

集中研究社会结构的努力肇始于 20 世纪 20 年代末期的哈佛大学，主要推动力来自沃纳。沃纳在人类学家罗比特·洛维的支持下，在伯克利大学人类学系学习并于 1925 年获得人类学学士学位。随后，他就读伯克利的研究生院，受阿尔弗雷德·雷金纳德·拉德克里夫-布朗的邀请去澳大利亚研究。在此之前，拉德克里夫-布朗送沃纳到哈佛大学做短期进修，学习体质人类学知识。1927 年沃纳到达悉尼，在经过一系列预备训练后，布朗将沃纳派遣到未开垦地做田野调查。沃纳在摩根人中间工作了两年多，收集人种学资料，在布朗的建议下，尤其注重确定他们的亲属关系模式和血统规则。1929年，沃纳重返哈佛，担任人类学讲师以及柯克兰·豪斯的助手。

沃纳到哈佛后，就着手运用人种学的田野方法来研究工业社会。他选择了一个相对较小的工业城市纽伯利港（Newburyport）作为研究地点，开启了所谓的"扬基城"研究，主要集中于社会分层研究。沃纳的研究取向受到涂尔干和齐美尔的影响，集中研究了个体间的互动和人际网络。该研究收集了大量的经验资料，并且在整个报告中，普遍使用了图形，附图 1 展示了科层制组织图形，其中纵轴表示社会地位。

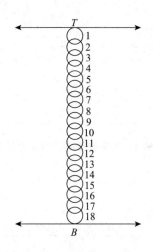

附图 1　科层制组织图形

沃纳在哈佛遇见了乔治·埃尔顿·梅约。梅约到哈佛商学院接受教职时，伊利诺伊州西塞洛西方电力公司的工程师和人事经理已经开始一项关于工业生产率的研究。结果显示，照明对生产率几乎没有产生什么影响，而监督的类型对于生产率产生显著影响。1928 年初，西方电力公司受研究部负责人乔治·彭诺克推荐资助梅约参与他们的研究项目。梅约将研究焦点从物理干预转变为工人的心理特征对生产率的影响。1930 年，梅约招收沃纳担任商学院的兼职教员和西方电力公司项目顾问。那时沃纳已经完全接受了一种结构视角，他强调考察工人中的非正式联系的模式。他提出的"次级互惠关系"的概念，来自他早期对摩根人亲属关系的研究，被用来解释社会联系彼此间的含义。

梅约认为沃纳有关集中研究行为的社会方面的建议是重要的。因此，梅约将关注个体特征的严格的心理学焦点转向了社会结构，变成对总配线车间工人之间互动模式的研究。根据沃纳的建议，他认为应该使用系统观察的方法收集人际互动的资料，在车间设置一名观察员，记录以下六种不同类型的人际关系：①谁和谁一起嬉戏；②谁和谁经常争论；③谁和谁对换工作；④谁帮助谁；⑤谁对谁友好；⑥谁对谁有敌意。由于该研究建立在对个体之间联系的系统观察基础上，因此总配线车间研究就形成了社会网络资料，还画出了网络联系的图形（见附图2和附图3）。

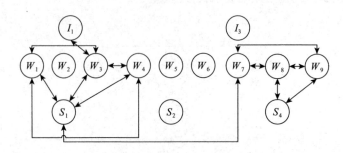

附图2 总配线车间里的友谊关系

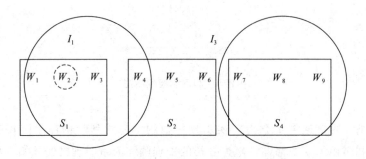

附图3 总配线车间里的被记录的"小圈子"

总体来说，在总配线车间研究中所使用的方法已然包含了当代网络研究的特征，所缺失的仅仅是没有包括一些数学或计算工具，但是它在每个方面都非常接近当代标准。

1933年，沃纳通过组织远南项目（Deep South Project）继续他的分层研究。远南项目是在密西西比州纳彻兹（Natchez Mississippi）进行的一项关于种族差异对社会分层影响的研究。纳彻兹被选为调查地是因为它的规模几乎与纽伯利港相当，而且还是一个拥有大量黑人人口的完全种族隔离的城市。

沃纳选择了一对黑人夫妇艾利森和伊丽莎白·戴维斯，以及一对白人夫妇伯利和玛丽·加德纳，他们在纳彻兹安顿下来，并在黑人和白人社区从事田野调查。后来艾利森·戴维斯聘任了圣·克莱尔·德雷克，帮助收集和分析黑人社区的资料。在戴维斯与加德纳夫妇的共同努力下，他们出版了《远南》。

正如"扬基城"研究一样，戴维斯与加德纳夫妇都注意到，不同社会阶级的成员都把自己与他人的互动限定在大致相同的社会阶级范围内。他们记录了观察到的将个体的集合联系起来的互动模式，从谁跟谁互动的角度，详细说明了个体的"小圈子"成员身份。他们的报告呈现了同样的结构性视角，系统地收集了"谁与谁交往"的资料，并运用图形呈现他们的结果；但是在这些早期的著作中，并没有运用数学或计算工具。

这一时期，沃纳在哈佛开办了旨在组合和协调这些社区研究项目的定期研讨班，在研讨班中有一位来自商学院的学者，劳伦斯·约瑟夫·亨德森。亨德森对社会学，尤其是对意大利经济学家维尔弗雷多·帕累托的社会学特别感兴趣，并组织了介绍帕累托思想的研讨班，亨德森雇用了一名早期的哈佛研究生乔治·卡斯珀·霍曼斯担任研讨班的管理者。这是霍曼斯对社会学的初次接触。在亨德森的督促下，他也广泛地参与梅约的工作。梅约主张他应该阅读帕累托之外的一些社会科学著作，并向他介绍了一些心理学文献和人类学家马林诺夫斯基与拉德克利夫·布朗的著作。

霍曼斯在一本反映 13 世纪英国农村生活的著作里提到："……可能会观察到第一个人的行动来自第二个人行动的刺激，而第二个人的行动又转过来构成了对第一个人行动的刺激。或者第二个人的行动成为了对第三个人行动的刺激。我们可以看到，一个社会可被定义为按照这种方式互动的人们所构成的群体。在一个被如此界定的社会内，互动的链条是极为复杂的，并以众多不同的方式覆盖着整个社会。"这些评价抓住了社会网络分析的本质。1950 年，他在著作《人类群体》中发展并完善了自己早年提出的"三重分类"的思想，描述了分类思想如何有助于解释一些结构现象。《人类群体》中明确地展示了群体结构和群体中的个体位置是如何从互动频率、情操和共同活动三个变量的相互关系中形成的，但他仍然没有运用数学或计算工具。

威廉·富特·怀特在斯沃茅斯大学获得经济学学士学位，刚到哈佛时计划继续学习经济学，可是同为研究员的沃纳的学生康拉德·阿伦斯伯格使他确信，他应该集中研究社会结构。为了研究社会结构，他选择了波士顿北部的一个贫民窟社区，他作为一个参与观察者进入那个社区，1943 年出版了一本经典名著《街角社会》。怀特的著作中没有系统的数据，但是充满了民族志的翔实资料，旨在通过观察市民之间的互动模式来详述社区的社会结构，包括描述结构安排的图形。这项工作显然与 20 世纪 30 年代哈佛的整体结构性推动一脉相承。虽然它缺乏系统的数据，也没有运用数学工具，但是它展示了联系个体间互动模式的结构形式。

到 20 世纪 30 年代中期，哈佛的努力已经告一段落，但从来没有包括用来定义社会网络分析特征的全部要素。结构性直觉支配着整个工作，但这些研究都没有发展或使用任何数学或计算的工具。

查普尔和阿伦斯伯格被激励去填补这个空白。他们从扬基城项目的资料收集过程中退出，转而研发量化分析系统。查普尔和阿伦斯伯格发展了收集和分析社会联系的详细资料的方法。但要量化描述一种关系系统，必须处理同时发生的大量关系，因此，需要综合整体系统的方法。为了解决这个问题，他们咨询了哈佛的数学家威拉德·奎因。在奎因的帮助下，他们发展出一种从亲属关系中归纳出来的代数模型。他们界定了单位关系（工头与工人，或父亲与女儿的关系），计算了矩阵乘积（工头与工人的女儿的关系）以及它们的反面（女儿与父亲工作部门的工头的关系）。为了处理大规模的复杂关系，他们把一系列类似的因素放入矩阵。

奎因、查普尔和阿伦斯伯格提供了以往缺失的要素。在他们的贡献之后，哈佛群体呈现了当代社会网络分析的全部要素（结构性思想、系统的经验数据、关系图形化表示、数学和计算模型）。但不幸的是，这些努力并没有诞生出一个公认的结构分析学派。事实上，在查普尔和阿伦斯伯格刚刚引入了他们的正式模型后不久，这个研究群体就放弃了努力。调职、转变研究方向、退休或逝世使得哈佛团队分崩离析。

虽然哈佛的研究工作涵盖了定义社会网络分析的全部要素，但是仍然没有承诺归纳出可以形成、并使别人相信它们已经形成了一种普遍的研究范式。研究群体没有完成整合是因为研究人员（尤其是沃纳）的离开并转向其他类型的合作。哈佛群体没能形成一种统一的研究范式的另一个原因，可能在于群体内部发生了冲突。哈佛群体的其他成员没有准备转向查普尔和阿伦斯伯格所设计的新方向，也未接受他们二人所建议的收集资料的严格程序和正式的代数模型。因此，哈佛的推动未能提供一种结构性范式的普遍模型。

在莫雷诺和哈佛大学的研究工作之后，社会网络分析进入了被称作"黑暗时代"的时期，这 30 年间并没有形成社会网络研究的主要中心，但正是相当多的小规模努力，使结构性视角保持着生机与活力。

A3　黑暗时代的社会网络分析

这一时期的社会网络分析从 20 世纪 40 年代开始，至 60 年代结束。

一　20 世纪 40 年代

莫雷诺和詹宁斯在 20 世纪 30 年代激发的兴奋点已经开始衰退。除此之外，哈佛小组也分崩离析，其成员远离了结构分析。40 年代对于社会网络分析来说基本上是一个"黑暗时代"。这一时期没有出现能够体现结构性范式的公认的研究。社会网络分析仍然既不以一种理论视角被认同，也不被认同为一种收集和分析数据的技术，但在此期间一些学者仍做出了努力。

1. 一个流动的小组：从艾奥瓦大学到麻省理工学院，再到密歇根大学

库尔特·勒温于 1935 年被艾奥瓦大学的儿童福利研究基地录用，他到达艾奥瓦的时候，研究兴趣集中于他所归纳的"场论"（Field Theory）与"拓扑心理学"（Topological Psychology），因此，他的研究考虑到了哪些环境因素影响到行为的决策。在理解个体行为的时候，勒温考虑到一些情境因素，其中一个因素是其他人的诸多行为的效果，当他到艾奥瓦的时候，就已经开始把自己的研究兴趣从对个体行为的关注转移到人际关系和群体过程上了。

勒温在艾奥瓦培训了整整一代美国社会心理学家。1945 年，勒温离开艾奥瓦，赴麻省理工学院组建了群体动力学研究中心，吸引了众多学生，形成了一个成果多产的时期。但是 1947 年勒温的突然逝世导致麻省理工学院的校长取消了该研究中心。当初跟随勒温来到这里的学生多尔文·卡特莱特和列奥·费斯廷格通过密歇根大学的社会学家任西斯·李凯尔特的帮助，在 1948 年将整个群体动力学研究中心迁移到密歇根大学。

迁移之前，卡特莱特就代替勒温指导他的研究生亚历克斯·贝弗莱斯完成了学位论文，贝弗莱斯于 1948 年在麻省理工学院获得博士学位，并立即被邀请加入该研究中心。他设计并开展了一项在社会网络结构意义上的里程

碑性质的研究。

　　贝弗莱斯接手麻省理工学院的研究工作时，他相信在任何组织中，一个个体支配其交往网络的程度（该组织的集中化程度）会影响组织的效率、士气，也影响到其中每个行动者的认识。由于群体动力研究中心即将迁往密歇根大学，贝弗莱斯创立了一个新的中心（群体网络实验室）作为既有的林肯实验室的一部分。在新实验室发展中，费斯廷格把贝弗莱斯介绍给邓肯·卢斯，这时候，卢斯正在麻省理工学院攻读数学博士，他被贝弗莱斯雇用。卢斯和很多社会科学领域的学生开展工作，目的是找出一种用来研究交往结构的各种结果的方法。在贝弗莱斯的领导下，他们发展出一种正式模型，画出了社会结构的图论图形，设计实验，收集关于效率、士气和对领导的认知的实验资料。他们的工作表明，贝弗莱斯的最初直觉是正确的。

　　麻省理工小组的工作展示了当代社会网络分析中的所有特征。他体现了一种结构性直觉，涉及系统的实验数据的收集，并利用如附图 4 所示的图形来代表所研究的交往模式结构；同时，贝弗莱斯小组针对他们的主要的自变量（中心性）提出一种正式的模型。

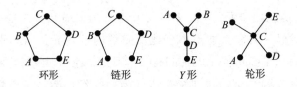

附图 4　交往模式结构

　　1950 年，贝弗莱斯离开麻省理工学院，供职于政府部门，后来的接替者卢斯和齐美尔转到哥伦比亚大学，在麻省理工学院曾经得到发展的一个整体性观念逐渐消失。

　　尽管如此，密歇根大学的研究仍然保持活跃，他们坚持了勒温的实验性模式。卡特莱特和费斯廷格都认识到需要一位数学上的合作者，于是他们找到了密歇根大学数学系的教师弗兰克·哈拉雷。哈拉雷与费斯廷格交流开始关注图论在社会结构研究中的应用问题。费斯廷格在 1951 年转到明尼苏达大学后，哈拉雷与卡特莱特合作，进行有向图理论方面的研究。密歇根小组的各个分小组研究人际影响和谣言的传播。另外，在 20 世纪 50 年代中期，纽卡姆和诺德雷着手进行他们多年的开创性研究，开始收集一个大学宿舍内的人际吸引方面的数据并对其进行研究。

"艾奥瓦大学→麻省理工学院→密歇根大学"的岁月是一个成果高产时期，重要的是在这个时期提出了一些正式模型，从一种应用转移到另一种应用，表明研究者认识到社会网络研究的普遍性。另外，勒温的视角逐渐主导了社会心理学领域，但是当时的人们并没有选择这种视角作为其他社会研究领域中的一种普遍范式。

2. 20 世纪 40 年代中期的密歇根州立大学

当沃纳在哈佛大学引入一种结构性视角的时候，查尔斯·卢米斯正在研究生院学习。博士毕业后，卢米斯受雇于美国农业部的一个研究型职位。在那里，他开始利用社群图工具研究乡村社会。随后在 1944 年，他任密歇根州立大学社会学人类学系主任。在这期间，他和学生对全世界范围内的小规模农村地区进行了一系列比较研究。同时，他还寻找数理统计学家利奥·卡茨帮助他处理网络分析的复杂性。在此后的几年中，卡茨发表了一系列论文，提出了重要的、以概率为基础的新的形式化模型，对社会计量学与社会网络分析做出了重要贡献。

3. 20 世纪 40 年代晚期的芝加哥大学和索邦大学

列维-斯特劳斯着手揭示人在决定亲属关系时所使用的一些规则系统，在其著作《亲属关系的基本结构》中，列维-斯特劳斯认为，所有的优选婚姻都建立在某种形式的交换基础上，这种交换产生了联盟。而联盟在保证"局部单位与整个群体之间的整合方面"是至关重要的，是"使得一个群体成为群体的唯一方式"。显然，列维-斯特劳斯在研究亲属关系和婚姻的时候，坚持的是结构性视角，使用来自世界各地的众多社会中的大量数据和一些形象化的图像，并且请安德烈·维尔在他的书中添加代数附录。列维-斯特劳斯和维尔都试图用图论式图形来处理亲属关系，包括了社会网络分析的所有性质，但后续的研究对他们的模型的推广仅限于对亲属数据的分析。列维-斯特劳斯本人也把精力转移到研究神话学，放弃了对社会行为方面的研究。

二　20 世纪 50 年代

1. 20 世纪 50 年代初的兰德大学

20 世纪 50 年代初，在瑞典的兰德大学开始一项新的研究，由瑞典地理学家妥斯腾·哈根斯特兰德领导。哈根斯特兰德不满于当时地理学家的纯描述性的、档案式的研究。他广泛地阅读其他领域的研究成果，着手在地理学领域中进行有理论基础的结构研究。

哈根斯特兰德受到朋友数学家兼计算机科学家卡尔-埃里克·费罗伯格的启发，开始就新事物在时空中的传递进行计算机模拟研究。通过利用时间序列图，哈根斯特兰德展示了新事物从初始点开始沿着一种波形模式的传递过程。他希望确定该模式背后的过程是什么，他猜测是一种成对的交流过程（从一个接受者到另一个接受者）能解释他所观察到的传递模式。因此，他确定的目标是构建一种计算机模型，以便确定那种模式是否产生于人与人之间的传递过程。他假设一个人在传递信息时，更倾向于把信息传递给与自己地理位置接近的人。因此，他需要一种用来估计在不同距离上产生接触的可能性的方法；为此，他使用了在他所研究地区已知的夫妻婚前居住地之间的距离数据。该数据显示，随着新郎和新娘原住址距离的增加，二人结婚的可能性也减小；进而，他利用这些婚姻数据估计个人之间在不同距离上的接触的概率。另外，他使用有关人口分布的地理数据，以便确定在他所研究的地区的每个位置上潜在的传播目标的数目。最终，模拟过程中产生的图与经验图式一样，都表现为像波一样的传递模式。

显然，这项工作受到一种结构性直觉的推动，即信息在人群中是成对传递的，他的计算机模拟过程也支持了"信息是成对传递的"这个假设。哈根斯特兰德的研究工作是结构性的，它展示出社会网络分析的全部特征。他提供了一种人口模型，该模型探讨了一些理论问题并试图解释对象在物理空间中的传递。这项研究在人口学领域产生了重大影响，引导一整代人口学家进行同类结构研究。遗憾的是，哈根斯特兰德的结构性研究的影响在很大程度上仅限于人口学领域，与社会人口学家和其他社会科学家之间的联系较少，以至于不能使该研究被接受为一种一般性的研究模型。

2. 20 世纪 50 年代初的芝加哥大学

尼克拉斯·拉舍夫斯基是芝加哥大学数学生物学委员会的主任，数学生物学是一个新的领域，被芝加哥大学校长哈钦斯所接受。该委员会早期的大量工作都集中在对神经关联进行模型分析上，但是，20 世纪 50 年代，拉舍夫斯基的大多数研究工作都转向了数学在社会学问题中的应用上。之所以会出现这种关注点的转向，是因为拉舍夫斯基相信"有关行为的数学生物学的逻辑推广就是数学社会学。决定我们某些反应的环境参数本身取决于其他个体的反应。因此从'一个个体的问题'引导到比较一般的'n 个个体的问题',进而进入社会科学领域之中"。追随拉舍夫斯基的人都致力于发展社会行为模型,该委员会的成员基本是应用数学家,他们都关注结构现象;既构造数学模型,也构造计算机模型,并用此来分析人类和其他动物之间的关联模式。

拉舍夫斯基、拉博波特、兰道尔和其他芝加哥大学的数学生物学家提出了一种普遍性的社会网络视角。他们的研究工作在很大程度上独立于莫雷诺和其他早期的社会科学家的研究;但是芝加哥大学的整个研究努力由于资金短缺、校长哈钦斯的离开和主要参与者的调职而凋零,仍然没有使社会网络研究向更多的社会科学家拓展。

3. 20 世纪 50 年代中期的哥伦比亚大学

哥伦比亚大学的一些社会学家提出了一般性的社会网络概念,领导者就是长期的合作者拉扎斯菲尔德和默顿。具有不同家庭背景、教育背景、研究方向的拉扎斯菲尔德和默顿"形成了一个多产的合作关系",他们最大的贡献在于培养学生准备进行社会网络的前沿研究,即门泽尔、卡兹、科尔曼对药物信息在医生之间的传播中的人际关系因素进行的经典研究。布劳提出了"同质性"(Homophily)概念,认为互动更容易出现在拥有相同特征的个体之间。查理·卡杜欣对齐美尔的"社会圈"概念进行了推广和限定。哥伦比亚大学的学生们继续从结构模式的角度进行探索,其中许多人又培养出另外一代学生,他们对网络研究做出了重要贡献。

因此,哥伦比亚大学社会学系和应用社会研究所成为结构性思想的核心,他们的大多数研究工作设计的目的是构建数学模型。哥伦比亚团队认识到,他们的网络研究具有普遍性,是首次严格的社会学研究,为该领域的后续研究提供了基础。

4. 20 世纪 50 年代中期的艾奥瓦州立大学和密歇根大学

在社会计量学非正式消亡的许多年后,有几位青年学者重新发现了它,埃弗雷德·M. 罗杰斯是其中之一。罗杰斯毕业于艾奥瓦州立大学农村社会学方向,他的博士论文运用一些社会计量学的方法对创新事物的传播进行了研究。通过访谈 155 名艾奥瓦农场主收集到数据,他记录了某些农业创新事物的扩散方面的信息。罗杰斯试图发现一种方法,用来解释创新的模式。带着这个问题,他发现了莫雷诺的著述和社会计量学,然而那些图式并没有为罗杰斯提供他所追求的分析水平。后来,他受到拉扎斯菲尔德及其在哥伦比亚大学同事的影响,开始对艾奥瓦的农场主数据进行复杂的结构性解释。

在俄亥俄州立大学任教农村社会学的几年后，罗杰斯来到密歇根州立大学传播系工作，继续从结构的视角开展研究。他的学生很多都成为社会网络分析的重要学者和贡献者，有乔治·巴内特、詹姆斯·达诺夫斯基、理查德·法拉斯、皮特·蒙奇、林南和威廉·理查德。在完成密歇根州立大学的工作后，罗杰斯来到斯坦福大学，与他的博士生劳伦斯·金凯德合作，对韩国农村进行了一项网络研究。

5. 20 世纪 50 年代中期的曼彻斯特大学和伦敦经济学院

在 20 世纪二三十年代，英国社会人类学有两位关键人物，马林诺夫斯基与拉德克利夫-布朗，对结构视角的发展产生重要影响的人物是布朗，他 45 岁时改名为阿尔弗雷德·布朗。英国社会人类学家普里查德和格拉克曼等都自认为是布朗的信徒，格拉克曼把自己拥有的结构主义视角归功于受布朗的影响。1949 年，格拉克曼成为曼彻斯特大学社会学人类学系的首任主任。在那个时候，曼彻斯特的访问者不仅包括霍曼斯，还包括大量的结构主义者和少量其他领域的社会学家。这些结构主义者包括约翰·巴恩斯、克莱德·米切尔、伊丽莎白·博特和西格弗里德·纳德尔等。巴恩斯、博特和纳德尔都在与曼彻斯特大学关系紧密的伦敦经济学院工作。

格拉克曼定期举办关于结构问题的研讨班，受到格拉克曼的影响，这代英国社会人类学家都展示出一定的结构视角。米切尔和巴恩斯都收集系统的结构资料，米切尔和纳德尔都应用图形。为了对人际角色关联进行模型化分析，纳德尔提出一种初始的代数系统。他们都运用"网络"这个词来指称关联，这表明他们领悟到自己的研究工作具有普遍性。这些英国社会人类学家是一般性的社会网络范式的贡献者，他们对该领域的后续研究产生了巨大影响。

6. 20 世纪 50 年代晚期的麻省理工学院

尽管贝弗莱斯和他的所有学生都已经离开了麻省理工学院，但麻省理工学院对社会结构现象的新的关注却在政治学系出现。这种新的努力的领导者是卡尔·沃尔夫冈·多伊奇和埃塞尔·德·索拉·玻尔。1945～1956 年，多伊奇在麻省理工学院教书，20 世纪 40 年代，多伊奇就已经从结构角度考虑问题；20 世纪 50 年代中期，多伊奇就将这种结构视角用于民族主义和信息流动的研究中。

多伊奇的同事玻尔也对结构现象感兴趣，他对人与人之间的熟悉度和影响进行模式化分析，希望建立这些模式的形式化模型。因此，他通过多伊奇结识一位数学家曼弗雷德·科赫并开始合作。1958 年，玻尔和科赫完成一项关于社会接触和社会影响研究的手稿，并分发给那些他们自认为对此感兴趣的人。尽管该手稿发表不是非常及时，但玻尔和科赫的论文仍然向大量的学生介绍了"小世界"的观念。多伊奇把自己的一本书描述为涉及"许多交往和控制系统的比较研究，从电子计算机到生物和神经系统，再到人类组织和社会"。显然，这种论述描述了一种结构性视角。

麻省理工学院在网络方面的再次努力关注的是政治问题，但仍然是对一般意义上的社会网络视角的另外一种论述。

7. 20 世纪 50 年代晚期的雪城大学

20 世纪 50 年代晚期，莫瑞斯·H. 桑谢恩和林顿·C. 弗里曼都在雪城大学执教，他们都在西北大学获博士学位。在求学时，桑谢恩就阅读了莫雷诺关于社会计量学的著述，阅读了罗伯特·弗里德·贝尔斯关于互动过程分析的研究，以及一些密歇根小组关于社会心理学的论述。1968 年，在布隆伯格和一位政治科学家斯蒂芬·考夫的支持下，桑谢恩和弗里曼针对社区决策设计了一种新的研究思路，采用了结构性的视角。他们收集关于社区决策和决策者的 2-模数据，然后利用主成分分析法来揭示"谁加入谁"才能解决社区问题，并从吸引同类参与者的角度，分析哪些问题相连在一起，其模式是什么。那时他们就意识到，他们的研究不同于标准的、以个体为中心的研究；但是并没有意识到他们的研究与其他学者的结构研究之间的关联。直到他们的研究完成，并且在拉博波特和霍瓦斯发表了他们的论文之后，弗里曼和桑谢恩才注意到自己的研究反映了一般性的结构视角，到上述列举的所有研究工作包括他们自己的研究都要考察把社会行动者连接在一起的关系模式。

三　20 世纪 60 年代

20 世纪 50 年代末期发表的结构方面的研究成果很多，必然会引导出某些新的网络研究。因而许多研究小组出现在 20 世纪 60 年代，他们继续拓展结构性视角。

1. 20 世纪 60 年代早期的索邦大学

20 世纪 50 年代末，心理学家克劳德·弗莱门特当时在巴黎的索邦大学的实验心理学实验室工作，他既受过实验心理学方面的训练，也接受过数学方面的训练。并且阅读了贝弗莱斯和利维特的论文,并受他们的影响,开展一系列关于群体结构的试验。他也阅读了卡特莱特和哈拉雷论述结构平衡的论文,并发现一本由哈拉雷和诺曼撰写的关于图论的小册子。这些著作鼓舞他进一步挖掘出由法国数学家克劳德·伯格所做的关于图和超图的重要研究工作。因此,在20世纪60年代早期,他就已经成为一位图论方面的名家了。

1963年,弗莱门特的《图论在群体结构中的应用》一书出版。无论是从传播研究还是从结构均衡的角度来讲,该书都是一种综合性的研究,展示了图论在工作组中传播的应用,以及在政治派系、亲属结构中的应用等。该书利用结构性数据,包含了各种图的形式,把它们既看成图论模型,也看成结构现象模型的源泉。弗莱门特的研究可能是最早的综合性研究,充分表明了各种领域的问题都可以看成一般性的结构模型的特例。

2. 20世纪60年代中期的密歇根大学

爱德华·卢曼于1964年在哈佛大学获得社会学博士学位。在卢曼的博士指导小组的成员中,长期稳定的人物有帕森斯和霍曼斯。当沃纳的结构性视角在哈佛大学占主导地位的时候,帕森斯和霍曼斯当时都是哈佛大学的学生,特别是帕森斯接受了结构性视角。因此,卢曼了解到沃纳关于社会分层的早期工作。与在他之前的阿伦斯伯格和查普尔一样,卢曼开始接受沃纳的研究,并把它系统化。他的目标是"设计出一种更加严格的经验检验,以便分析作为互动的社会圈或者群体的社会阶级的分化"。卢曼在训练密歇根大学以及随后的芝加哥大学的学生方面也起到了重要作用,他以前的许多学生都已经成为社会网络研究领域的领军人物。

3. 20世纪60年代晚期的芝加哥大学

20世纪60年代,彼得·布劳和詹姆斯·戴维斯都在芝加哥大学社会学系执教。戴维斯和布劳的共同的学生成功地把布劳的结构关注点传递给他。20世纪60年代末,戴维斯对海德的平衡观产生了兴趣。他尤其迷恋于卡特莱特和哈拉雷对这些观念的图论处理。因此,他发现了奥雷的著作并学习一些图论知识,其结果是诞生了一篇重要论文,该论文推广了结构平衡观,使之从认知的角度推广到社会结构的图景之中。同时,戴维斯与他的研究生山姆·林哈德合作,提出了一系列关于社会关系的传递性的形式化模型。这项研究反映出对社会网络范式的普遍性的认识。

4. 20 世纪 60 年代晚期的阿姆斯特丹大学

20 世纪 60 年代末，罗伯特·莫肯在阿姆斯特丹大学的社会网络分析的发展中居于核心地位。莫肯在阿姆斯特丹大学执教时，在该大学的数学研究中心工作，他的合作者是电脑程序员杰克·安东尼斯，后者专长于图论和运筹学研究。另外，莫肯还与研究生富朗斯·斯托克曼合作。1968 年，当莫肯来到政治学系时，这三个人开始合作研究荷兰的连锁董事会，其结果在荷兰的出版界引起轰动。

与此同时，开始的第二种研究思路关注的是联合国的团体形成，其成果之一是斯托克曼的博士论文。斯托克曼和安东尼斯进而设计出一系列计算机程序，目的是用图论分析结构数据。所有这些研究工作都体现了结构性的直觉，都产生了关系资料和图形，也产生了一些图论模型。

显然，荷兰的这个研究小组也看到了他们的结构研究的普遍性。他们界定了一般意义上的图论模型，并把每种具体的应用研究简单地看成他们的一般结构模型的特例。这一研究立即在北欧产生影响，后来被整个世界所认识。

四　黑暗时期：回顾和展望

无论是哈佛小组，还是活跃于 20 世纪二三十年代的莫雷诺群体，都没能成功地把一般意义上的社会网络视角拓展到更广的社会科学共同体中。然而，到 20 世纪 40~60 年代，其他研究者提出一种结构性视角，并进行了一些能够体现网络特征的研究。但为什么这些研究都没有成功地把网络拓展到更广的范围和提供一般意义上的社会网络分析范式呢？

勒温领导的社会心理学家的努力仅限于本领域。贝弗莱斯的实验确实引起了跨学科学者的兴趣，但是当后续的研究者忽略了麻省理工学院的早期研究工作的普遍性时，该试验的影响也日益消减。卡特莱特和哈拉雷提出的一些形式模型，以及费斯廷格、纽卡姆和他们的学生提出的理论和数据吸引了其他社会心理学家的注意力，但是他们并没有被其他社会科学领域的学者认识到。卢米斯领导的密歇根州立大学研究小组收集了世界各个社区的大量的重要结构数据。但是他们仅仅扩展了社会计量学的研究。列维-斯特劳斯和维尔虽然激发了亲属分析研究者，但是也没有引起其他社会学家的注意。

芝加哥大学的拉舍夫斯基小组的数学意味太浓，超出了大多数社会科学家的想象力。哈根斯特兰德也产生了重要影响，但仅限于社会地理学领域。哥伦比亚的拉扎斯菲尔德-默顿小组进行了大量的结构研究，他们为社会学家之间出现的越来越多的结构性研究兴趣奠定了基础。罗杰斯首先在艾奥瓦州立大学，然后在密歇根州立大学针对扩散确立了一种结构性研究，然而他的影响主要局限于传播学方面。同样，以曼彻斯特大学和伦敦经济学院为中心的结构性研究似乎主要对人类学领域中的学者产生了影响。麻省理工学院政治学中的多伊奇-玻尔小组的贡献在于，他们使人们越来越认识到网络思维在政治学中的重要性。雪城大学小组较为边缘化，没有产生什么重要影响，但使那些对社区决策感兴趣的学者提高了结构性思维的普遍性认识水平。

索邦大学的弗莱门特利用图论来整合早期麻省理工学院和晚期哥伦比亚大学的研究成果，还展示了结构模型在欧洲的社会心理学共同体中的潜力。布劳把由哥伦比亚提出来的结构主义带到芝加哥大学，影响了戴维斯，他们的研究工作又提高了人们，特别是社会学家对结构研究的认识水平。最后，阿姆斯特丹小组产生了重要影响，特别是促进了北欧社会学家的结构性思维。

似乎可以将网络分析的总体发展模式总结为，每个后续的学术贡献都把一个新领域的社会科学共同体引向结构性视角。但是在 20 世纪 60 年代末，没有哪一种网络分析能够被普遍看作提供了一种综合的社会研究范式。然而在那个时候，参与社会研究都准备信奉一种结构性范式。正是在这种情境下，哈里森·怀特和他的学生开始了结构性研究，为社会网络分析做出了贡献。

A4　在哈佛的复兴及"学派"整合

这一发展阶段从 20 世纪 70 年代早期开始，一直持续到现在。

一　在哈佛的复兴

哈里森·科伊尔·怀特将他对结构性研究的兴趣回溯到早年他母亲对于血缘关系和社会地位的重要性的强调。如他所说，家族谱系的传承是血缘和其他关系的混合物，包括地位、控制、权力等。

怀特在 15 岁时进入麻省理工，他在那里学习数学和科学（晶体学），并且在 1955 年获得了理论物理学的博士学位，学会了适合进行结构分析的数学工具。在读研究生时辅修了卡尔·多伊奇的民族学课程，从而了解到结构性视角同样也可应用到社会现象中，而与多伊奇的接触也使得他发展出对社会结构的兴趣。

怀特的第一份工作是在约翰·霍普金斯大学的运筹学办公室，一年后，由于对社会科学的存在兴趣，他转到了在斯坦福的高级行为科学研究中心。通过哈罗德·盖兹科夫认识了诺贝尔奖获得者赫尔伯特·西蒙，并在卡内基理工学院教书，同时在 1960 年在普林斯顿大学获得了第二个博士学位。他的社会学学位论文是基于社会网络分析的袋鼠组织行为模型化的研究。

1959 年，詹姆斯·科尔曼离开了芝加哥大学社会学系，去约翰·霍普金斯大学开办了新的社会学系，他在该系讲授的是定量研究课程，找到了哈里森·怀特。那时，怀特已经基本完成社会学博士学位研究，他作为一名物理学家经过了严格的数学训练，他成为系里定量研究的新带头人。他应用结构性语言讲授的社会统计学课程受到了同学和同事的一致好评。

怀特在芝加哥大学工作到 1963 年，在此期间，他拓展了列维-施特劳斯和维尔的早期工作，并发展出了一个关于亲属关系的结构模型。同时，他开始与莫里斯·弗里德尔合作，提出了一个用来解释社会流动链中空缺的模型。之后，怀特去了哈佛大学，继续将结构性视角应用于广泛的研究议题。他关于社会流动链中的空缺的研究延续下去，最终于 1970 年出版成书。在哈佛，怀特围绕分层、数学模型、复杂组织等方面开办了一系列课程和讲座。与此同时，怀特与他的学生斯科特·A. 波尔曼、罗纳德·L. 布里格、格利高里·H. 黑尔一起，发表了一系列关于分块模型的著名论文。他与另一名研究生弗朗斯科·洛琳的关于结构对等性的论文成为这一研究领域的里程碑。所有这些工作都体现了怀特对统一的社会网络研究工具的掌握。但怀特最大的贡献可能在于他的教师角色，他给整整一代的哈佛学生灌输了结构性视角。直到 20 世纪 70 年代末，社会网络分析在社会科学家中已经得到了广泛的承认，但哈佛并不是唯一宣称采用了社会网络方法的学校。

当然，社会网络在这些学术团体中的发展并不是彼此独立的，那些后来的研究无疑是或多或少吸收了前面的研究成果。但是后来的研究给社会网络分析带来了新的内容，并使得整个体系呈现出崭新的面貌。

不过，一些早期的研究看上去在某种程度上是彼此独立的。相关人物来自不同的群体，有着不同的背景。他们代表着五个不同的国家（美国、法国、英国、荷兰、瑞典），来自七个不同的学科（人类学、社会心理学、地理学、数理生物学、社会学、政治学、实验心理学）。相关人物（来自不同的国家、代表不同的学科）都可以声称至少是部分发展出了他们自己的网络分析范式。可以认为这些早期的研究者是哈佛相关研究的先驱。

二　"学派"整合和制度建设

20世纪40年代到60年代晚期，社会网络分析领域里出现了大量的潜在性竞争的"学派"。

为了探讨这个议题，弗里曼对社会网络分析的创始者们中的21人进行了访问，询问是什么引发了他们的结构性思想。每个人都被问了两个问题："你是否被任何特定的文献、老师、同事、博士后研究人员、学生所影响？"以及"是什么文献或什么人？"得出的结果支持了这个领域是分裂的观点。被访者一共提出了68名影响者。他们中有49人只被提到过一次。在提名不止一次的13人中，有10人被提名2次，有3人被提名3次以上。莫雷诺被提名6次，哈拉雷4次，贝弗莱斯3次。对早期的社会网络分析研究者来说，在"是谁影响了他们的网络思想"这个问题上，大家都有各自不同的名单，在学术先驱的问题上并不存在共识。

学者们进一步通过Pajek软件的K-K弹簧嵌入算法进行了分析。这个算法是多维标度分析的一种形式，它将连接的点视作是接近的，非连接的点视作是远离的。结果显示，大多数主流的社会学家与其他领域的学者之间存在着一个明显的鸿沟。社会学家们似乎是来自不同的知识背景，对于他们的社会网络分析思想的来源上一致性则更少；而不同学科的群体之间的连接相对更紧密，他们的影响模式更多地展现出一致性。那么，在存在多个相对独立的网络分析"学派"以及分裂的情况下，我们有理由预期，在相互竞争的人们之间会出现某种程度的冲突。但是，从来没有发生过大的冲突；相反，各个网络分析"学派"的代表们把自己组织成了一个统一的、有凝聚力的研究领域。

缺少冲突的原因可能是由于数学在这一领域发展中居于核心地位。在从事社会网络分析的研究者中，有许多在之前获得过数学方面的学位。另外一些人受过定量物理学的训练。还有一些学者，他们都是社会科学家，但很容易地转变成数学家。这意味着，从一开始对社会网络分析的贡献就是以数学术语来表达的。数学语言的精确性使得社会网络分析不会像用自然语言表达的研究领域一样，产生导致内部冲突的词不达意和误解。

除了数学上的精确性以外，众多独立的社会网络分析研究分支的统一也是许多个人及机构大量整合工作的结果。这些机构和个人基本上是通过以下8种方式来充当整合者的角色的：①工作的变动；②计算机程序使得社会网络数据的分析标准化；③组织会议聚集交流；④创立了国际性组织；⑤创办了该领域的核心刊物；⑥通过互联网联系起来；⑦定期的年度会议；⑧UCI，即加利福尼亚大学艾尔温分校，在统一社会网络分析研究社区过程中扮演了特殊角色。

在之前的叙述中，可以看到大量社会网络分析者之间是搭桥作用的联系。居于首要地位的是1935年库尔特·勒温和雅各布·莫雷诺组织的一系列著名的会议。大多数的搭桥作用都是教师或学生变动的结果。弗里曼经过整理分析显示将主要研究中心连接起来的变动非常频繁，尤其是在哈佛、麻省理工、芝加哥大学之间，以及麻省理工和曼彻斯特大学之间。这些变动有助于将这几家潜在竞争的社会网络分析"学派"整合到一起。

另外，有许多早期的结构主义者在斯坦福大学的行为科学高级研究中心一起共事过。当中心于1955年建立的时候，麻省理工学院的贝弗莱斯，哥伦比亚大学的拉扎斯菲尔德，麻省理工学院的卢斯，以及来自芝加哥大学的数理生物学研究群体的拉博波特是最初成员中的几人。后来吸纳了众多网络分析学者，行为科学高级研究中心为他们提供了交流的机会。

1. 计算机程序

艾尔温·W. 沃尔夫认为，没有计算机就不可能有这个领域的发展。用于分析关系数据的特殊方法从一开始就要求开发出专门用于社会网络分析的应用程序。

最早的这些用于特殊目的的程序都是相对简单而且是用于特定任务的。早期的程序存在着广泛的差异，他们分别关注于群体、位置、中心性、亲属结构以及结构属性的分布。但是在20世纪80年代初，多个群体试图通过开发一个通用的网络分析程序，将所有这些独立的方法联系在一起。这些软件是STRUCTURE、GRADAP、SONIS和UCINET，特别是后两种软件都试图将所有的网络分析方法包括进来。通过提供标准的数据分析方法，这些程序在社会网络研究社区的发展过程中扮演了重要的角色。

2. 会议

将不同的社会网络分析流派的人物聚集到一起的会议也起着重要作用。1972 年，哈里森·怀特在缅因州的卡姆登组织了一次会议。1974 年春天，H. 罗素·伯纳德，西弗吉尼亚大学的一名人类学家，在他所在的大学举办了一次小型会议，提出社会网络知识的欠缺等问题。1974 年 12 月，弗瑞斯特·R. 匹兹，夏威夷大学的一位地理学家，召开了社会网络分析年会系列的第一次会议。这个会议的主要目的是想把社会网络的方法传播到更广泛的学者中去。1974 年，国际社会学协会在多伦多举办全球大会。巴瑞·韦尔曼和他的妻子贝沃利在会议结束后紧接着组织了一次为期一天的关于社会网络分析的会议。第一次真正的国际性的、跨学科的社会网络分析会议于1975 年夏天由达特茅斯大学举办。另外，林南于 1981 年在纽约的奥尔巴尼也组织了一次会议。

3. INSNA 和《连接》

巴瑞·韦尔曼对这个领域的整合做出了巨大贡献。1977 年夏天，韦尔曼建立了 INSNA，即社会网络分析国际研讨会。INSNA 的大本营在多伦多大学。作为 INSNA 所提供的信息的一部分，韦尔曼开始发行一本通信刊物《连接》，它被设计成在网络分析者之间促进学科上和人际关系上联系的工具。

4. 《社会网络》期刊

一本以社会网络分析的核心议题为主的刊物可以逐步将各方面的活动联系到一起。由弗里曼倡导的第一期《社会网络》发行，1978 年 8 月弗里曼任编辑。1990 年，《社会网络》在社会学领域里的影响力排名第 17 位，它刊载的文章获得了广泛引用。

5. EIES：电子信息交换系统

EIES 实验基于这样的假设：在一组地理上分散的科学家之中，只要沟通的渠道足够便宜、方便和快捷，重要的科学社区仍然是可以发展出来的。所以美国支持了一个功能类似于当今互联网的一个系统，即电子信息交换系统（Electronic Information Exchange System，EIES）。他们选取社会网络分析作为四个用于研究这个系统效用的群体中的一个，使用 EIES 进行联系。

6. 阳光地带会议和欧洲会议

1980 年，H. 罗素·伯纳德和艾尔温·W. 沃尔夫提出了创立一个定期向所有有兴趣的人开放的年度会议的设想。他们与巴瑞·韦尔曼商定将他们提议的"阳光地带社会网络大会"设为 INSNA 的官方会议。1989 年，弗朗斯·N. 斯托克曼组织了欧洲社会网络大会的第一届会议。这两个会议都持续举行，阳光地带会议每年一次，欧洲会议每两年一次，直到 1994 年这两个会议合并。

7. 加利福尼亚大学艾尔温分校（UCI）所扮演的角色

导致艾尔温对社会网络分析发展做出贡献的重要因素是詹姆斯·G. 马奇于 1964 年创办的社会科学学院在结构上的灵活性，这使得在学院内部开始一个新的研究项目变得非常简便。马奇聘请了一批从事社会网络分析的人员。1978 年，在 UCI 开始了以社会网络分析为核心的研究计划。这个项目将对社会网络分析有兴趣的教师聚集到一起，同时也让艾尔温的教师同加利福尼亚大学圣芭芭拉分校的社会网络研究群体建立起了稳定的联系，并通过定期的会议提交论文。这个项目也促进了在艾尔温的社会网络分析博士学位教育的发展。在艾尔温的项目也成功吸引了一些著名的社会网络分析研究者来做访问学者以及博士后学生，通过偶然或有意识的努力，发展出了在学科意义上和社会意义上的社区。

附录 B 全书人名对照表

人名对照表

英文全名	中文翻译	出现章节
Plato	柏拉图	绪论
Auguste Comte	奥古斯特·孔德	绪论
Otis Dudley Duncan	奥蒂斯·达德利·邓肯	绪论
Adrian E. Raftery	阿德里安·E. 拉夫特里	绪论
Allen Barton	艾伦·巴顿	绪论
Mark Girvan	马克·吉尔文	绪论、第十一章、第十三章
Georg Simmel	乔治·齐美尔	第一章、第三章
Radcliffe Brown	德克利夫·布朗	第一章
John A. Barnes	约翰·A. 巴恩斯	第一章
Jacob Levy Moreno	雅各布·列维·莫雷诺	第一章
Kurt Lewin	柯特·勒温	第一章
Ronald S. Burt	罗纳德·S. 博特	第一章、第二章、第三章、第四章、第五章
J. Clyde Mitchell	J. 克莱德·米切尔	第一章
Harrison C. White	哈里森·C. 怀特	第一章、第五章、第七章、第八章
Mark Granovetter	马克·格兰诺维特	绪论、第一章、第二章、第三章
Émile Durkheim	埃米尔·涂尔干	第一章、第三章
Barry Wellman	巴里·韦尔曼	第一章、第二章、第六章
Linton C. Freeman	林顿·C. 弗里曼	绪论、第一章、第四章、第七章
Stephen D. Berkowitz	斯蒂芬·D. 伯科维茨	第一章、第六章
Yanjie Bian	边燕杰	绪论、第一章、第三章、第九章

英文全名	中文翻译	出现章节
Brian Uzzi	布赖恩·乌齐	第一章、第三章、第十章
Sharon Zukin	沙龙·祖金	第一章
Paul DiMaggio	保罗·迪马吉奥	第一章
Stefan Wuchty	斯特凡·乌奇	第一章
Nan Lin	林南	第一章、第二章、第三章
Karl Heinrich Marx	卡尔·海因里希·马克思	第一章、第五章、第十一章
Steve P. Borgatti	史蒂夫·P. 博加提	第一章、第七章
Martin G. Everett	马丁·G. 埃弗雷特	第一章、第七章
Andrej Mrvar	安德烈·姆尔瓦尔	第一章、第四章
Peter Marsden	彼得·马斯登	第二章
Egon Otte	艾贡·奥特	第二章
Leonhard Euler	莱昂哈德·欧拉	第二章
Dénes König	德尼什·柯宁	第二章
Edward M. Norman	爱德华·M. 诺曼	第二章
Frank Harary	弗兰克·哈拉雷	第二章、第四章
Pierre Bourdieu	皮埃尔·布迪厄	第三章
James S. Coleman	詹姆斯·S. 科尔曼	第三章
Robert D. Putnam	罗伯特·D. 帕特南	第三章
Glenn C. Loury	格伦·C. 劳里	第三章
Alejandro Portes	亚历杭德罗·波尔特斯	第三章
Jonathan N. Cummings	乔纳森·N. 卡明斯	第三章
R. Cross	R. 克罗斯	第三章
Gioachino Sabidussi	乔阿基诺·萨比杜西	第四章
Andre Geim	安德烈·盖姆	第四章
Konstantin Novoselov	科斯坦丁·诺沃塞洛夫	第四章
Walt de Heer	瓦尔特·德·希尔	第四章
Philip Kim	菲利普·金	第四章
M. E. J. Newman	M. E. J. 纽曼	绪论、第九章、第十章、第十一章、第十三章
Fritz Heider	弗里茨·海德尔	第四章、第十一章
Dorothy Cartwright	多萝西·卡特赖特	第四章
James Davis	詹姆斯·戴维斯	第四章

英文全名	中文翻译	出现章节
David Easley	大卫·伊斯利	第四章
Jon Kleinberg	乔恩·克莱因伯格	第四章
Nancy E. Friedkin	南希·E. 弗里德金	第六章
Christopher J. Collins	克里斯托弗·J. 柯林斯	第六章
R. J. Mokken	R. J. 莫肯	第六章
Steven B. Seidman	史蒂文·B. 西德曼	第六章
Richard D. Alba	理查德·D. 阿尔巴	第六章
N. Mantel	N. 曼特尔	第八章
Frank B. Baker	弗兰克·B. 贝克	第五章、第八章
L. J. Hubert	L. J. 休伯特	第八章
David Krackhardt	大卫·克拉克哈特	第二章、第六章、第八章
David Dekker	戴维·德克	第八章
Paul R. Monge	保罗·R. 蒙吉	第八章
Noshir S. Contractor	诺希尔·S. 康特拉克特	第八章
Olav Frank	奥拉夫·弗兰克	第八章
Don Strauss	唐·斯特劳斯	第八章
Andrey Markov	安德烈·马尔可夫	第八章
Paul W. Holland	保罗·W. 霍兰德	第四章、第七章、第八章
S. Leinhardt	S. 莱因哈特	第四章、第八章
Stephen E. Fienberg	斯蒂芬·E. 芬伯格	第八章
Stanley Wasserman	斯坦利·瓦瑟曼	绪论、第四章、第五章、第六章、第八章、第十三章
Robert K. Merton	罗伯特·K. 默顿	第九章
Harriet Zuckerman	哈丽特·祖克曼	第九章
Derek J. D. S. Price	德瑞克·约翰·德索拉·普莱斯	第九章
Vilfredo Pareto	维尔弗雷多·帕累托	第九章
George Kingsley Zipf	乔治·金斯利·齐夫	第九章
David Anderson	大卫·安德森	第五章、第九章
Albert-László Barabási	阿尔贝特·拉斯洛·巴拉巴西	绪论、第九章、第十章
Stanley Milgram	斯坦利·米尔格伦	第十章
Duncan J. Watts	邓肯·J. 瓦茨	绪论、第四章、第十章
Stephen H. Strogatz	斯蒂芬·H. 斯绰加兹	绪论、第十章

续表

英文全名	中文翻译	出现章节
Bruce Kogut	布鲁斯·卡古特	第十章
William Finnegan	威廉·弗妮娜	第十章
Simon Lin	西蒙·林	第十一章
Brian W. Kernighan	布莱恩·W. 克尔尼汉	第十一章
Mason Girvan	梅森·格尔文	第十一章
András Ravasz	安德拉什·拉瓦兹	第十一章
Vincent D. Blondel	文森特·D. 布朗代尔	第十一章
Raúl Guimerà	拉乌尔·吉梅拉	第十一章
Luis A. N. Amaral	路易斯·A. N. 阿马拉尔	第十一章
Gábor Palla	加博尔·帕拉	第十一章
Timothy S. Evans	提莫西·S. 埃文斯	第十一章
Renaud Lambiotte	里诺·兰比奥特	第十一章
Yoon-Yeo Ahn	安·允耀	第十一章
John von Neumann	约翰·冯·诺依曼	第十二章
Oskar Morgenstern	奥斯卡·摩根斯特恩	第十二章
John F. Nash Jr.	约翰·F. 纳什 Jr.	第十二章
Albert W. Tucker	阿尔伯特·W. 塔克	第十二章
Peter D. Taylor	彼得·D. 泰勒	第十二章
Leen B. Jonker	林·B. 琼克	第十二章
John Maynard Smith	约翰·梅纳德·史密斯	第五章、第十二章
George R. Price	乔治·R. 普赖斯	第十二章
Martin A. Nowak	马丁·A. 诺瓦克	第十二章
Robert M. May	罗伯特·M. 梅伊	第十二章
Gábor Szabó	加博尔·萨博	第十二章
Fernando C. Santos	费尔南多·C. 桑托斯	第十二章
Mancur Olson	曼库尔·奥尔森	绪论、第十二章
András Szolnoki	安德拉什·索尔诺基	第十二章
Miloš Perc	米洛什·珀克	第十二章
Robert Axelrod	罗伯特·阿克塞尔罗德	第十三章
Damon Centola	达蒙·森托拉	第十三章
Peter Resnick	彼得·雷斯尼克	第十三章
Joshua M. Epstein	乔舒亚·M. 艾普斯坦	第十三章

英文全名	中文翻译	出现章节
Robert L. Axtell	罗伯特·L. 阿克斯特尔	第十三章
Donella H. Meadows	多内拉·H. 梅多斯	第十三章
David Lauderdale	大卫·劳德代尔	第十三章
Abdul Almaatouq	阿卜杜勒·阿尔马阿图克	第十三章
Gérard P. Cachon	热拉尔·P. 卡雄	第十三章
Ahmed Awad	艾哈迈德·阿瓦德	第十三章
David G. Rand	大卫·G. 兰德	第十三章
David J. Solove	大卫·J. 索洛夫	第十三章
Carly Fiesler	卡莉·费斯勒	第十三章
Anastasia Korolova	安娜斯塔西娅·科罗洛娃	第十三章
Pascal Kairouz	帕斯卡尔·凯鲁兹	第十三章
Roberto Guidotti	罗伯托·吉多蒂	第十三章

参考文献

1. Abbott A. , Of time and space: The contemporary relevance of the Chicago school [J]. Social Forces, 1997, 75 (4): 1149-1182.

2. Abowd G. D. , The role of big data in the future of privacy [J]. Communications of the ACM, 2018, 61 (6): 22-24.

3. Abramson G. , Kuperman M. , Social games in a social network [J]. Physical Review E. , 2001, 63 (1): 030901.

4. Agrawal R. , Imieliński T, Swami A. , Mining association rules between sets of items in large databases [J]. ACM SIGMOD Record, 1994, 22 (2): 207-216.

5. Ahn Y. Y. , Bagrow J. P. , Lehmann S. , Link communities reveal multi-scale complexity in networks [J]. Nature, 2010, 466 (7307): 761-765.

6. Alba R. D. , A graph-theoretic definition of a sociometric clique [J]. Journal of Mathematical Sociology, 1973, 3 (1): 113-126.

7. Almaatouq A. , Khedher K. M. , Ghanem B. , The role of social networks in the spread of COVID-19: Insights from the United Arab Emirates [J]. Nature Communications, 2021, 12: 2501.

8. Alstott J. , Bullmore E. , Plenz D. , Powerlaw: A python package for analysis of heavy-tailed distributions [J]. PloS one, 2014, 9 (1): e85777.

9. Anderson J. G. , Jay S. J. , Computers and clinical judgement: The role of physician networks [J]. Social Science & Medicine, 1985, 20 (10): 969-979.

10. Arabie P. , Boorman S. A. , Blockmodels: Developments and prospects [C] // Hudson HC, ed. 1982.

11. Arabie P. , Validation of sociometric structure by data on individuals' at-

tributes [J]. Social Networks, 1984, 6 (4): 373-403.

12. Arenas A., Fernández A., Gómez S., Analysis of the structure of complex networks at different resolution levels [J]. New Journal of Physics, 2007, 10 (5): 053039.

13. Awad A., Ali H., Karam A., The role of social media in the political Process: An analysis of the 2016 US presidential election [J]. Journal of Political Communication, 2018, 35 (4): 633-652.

14. Axelrod R., The complexity of cooperation: Agent-based models of competition and collaboration [M]. Princeton University Press, 1997.

15. Baker F. B, Hubert L. J., The analysis of social interaction data [J]. Sociological Methods & Research, 1981, 9 (3): 339-361.

16. Baker R. J., Selection indices in plant breeding [M]. CRC Press, 1986.

17. Bakshy E., Hofman J. M., Mason W. A., Watts D J. Everyone's an influencer: Quantifying influence on Twitter [C] //Proceedings of the Fourth ACM International Conference on Weblogs and Social Media (ICWSM). 2011: 65-74.

18. Barabási A. L., Albert R., Emergence of scaling in random networks [J]. Science, 1999, 286 (5439): 509-512.

19. Barabási A. L., Albert R., Jeong H., Mean-field theory for scale-free random networks [J]. Physic A., 1999, 272 (7): 173-189.

20. Barabási A. L., Crandall R. E., Linked: The new science of networks [J]. American Journal of Physics, 2002, 71 (4): 243-270.

21. Barber B., All economies are "embedded": The career of a concept, and beyond [J]. Social Research, 1995: 387-413.

22. Barnes J. A., Class and committees in a Norwegian island parish [J]. Human Relations, 1954, 7 (1): 39-58.

23. Barton A. H., Bringing society back in: survey research and macro-methodology [J]. American Behavioral Scientist, 1968, 12 (2): 1-9.

24. Bavelas A., Communication patterns in task-oriented groups [J]. The Journal of the Acoustical Society of America, 1950, 22 (6): 725-730.

25. Berkowitz S. D., An introduction to structural analysis: The network approach to social research [M]. Elsevier, 2013.

26. Bianconi G. , Barabási A. L. , Competition and multiscaling in evolving networks [J]. EPL (Europhysics Letters), 2001, 54 (1): 37-43.

27. Bian Y. J. , Ang S. , Guanxi networks and job mobility in China and Singapore [J]. Social Forces, 1997, 75 (3): 339-365.

28. Bian Y. J. , Bringing strong ties back in: Indirect ties, network bridges, and job searches in China [J]. American Sociological Review, 1997, 62 (3): 366-385.

29. Blei D. M. , Ng A. Y. , Jordan M. I. , Latent dirichlet allocation [J]. Journal of Machine Learning Research, 2003, 3: 993-1022.

30. Boccaletti S. , Latora V. , Moreno Y. , et al. , Complex networks: Structure and dynamics [J]. Complex Systems and Complexity Science, 2006, 424 (4-5): 175-308.

31. Bol T. , De Vaan M. , van de Rijt A. , The matthew effect in science funding [J]. Proceedings of the National Academy of Sciences, 2018, 115 (19): 4887-4890.

32. Bonacich P. , Power and centrality: A family of measures [J]. American Journal of Sociology, 1987, 92 (5): 1170-1182.

33. Borgatti S. P. , Everett M. G. , Models of core/periphery structures [J]. Social Networks, 2000, 21 (4): 375-395.

34. Bott, E. , Spillius, E. D. , Family and social network: Roles, norms and external relationships in ordinary urban families [M]. Routledge, 1957.

35. Brandes U. , A faster algorithm for betweenness centrality [J]. Journal of Mathematical Sociology, 2001, 25 (2): 163-177.

36. Breiger R. L. , Boorman S. A. , Arabie P. , et al. , An algorithm for clustering relational data with applications to social network analysis and comparison with multidimensional scaling [J]. Journal of Mathematical Psychology, 1975, 12 (3): 328-383.

37. Breiger R. L. , Toward an operational theory of community elite structures [J]. Quality and Quantity, 1979, 13 (1): 1-15.

38. Brin S. , Page L. , The anatomy of a large-scale hypertextual web search engine [J]. Computer Networks and ISDN Systems, 1998, 30 (1-7): 107-117.

39. Burt R. S. , A note on social capital and network content [J]. Social Networks, 1997, 19 (4): 355-373.

40. Burt R. S. , Network items and the general social survey [J]. Social Networks, 1984, 6 (4): 293-339.

41. Burt R. S. , Positions in networks [J]. Social Forces, 1976, 55 (1): 93-122.

42. Burt R. S. , Structural holes: The social structure of competition [M]. Harvard University Press, 1992.

43. Burt R. S. , Structural holes versus network closure as social capital [J]. Social Capital, 2017: 31-56.

44. Cachon G. P. , Hsu C I. L. , Zhang W. , The power of social networks in facilitating product adoption: Evidence from the US bicycle market [J]. Management Science, 2017, 63 (11): 3613-3629.

45. Campbell I. , Fincher R. , Webber M. , Occupational mobility in segmented labour markets: The experience of immigrant workers in Melbourne [J]. Journal of Sociology, 1991, 27 (2): 172-194.

46. Cartwright D. , Harrary F. , A generalization of heider's theory [J]. Psychological Review, 1956, 63: 277-292.

47. Centola D. , Becker J. , Brackbill D. , Baronchelli A. , The spread of behavior in an online social network experiment [J]. Science, 2018, 359 (6383): 1005-1010.

48. Centola D. , The spread of behavior in an online social network experiment [J]. Science, 2010, 329 (5996): 1194-1197.

49. Cha J. , Mislove A. , et al. , Measuring the evolution of social networks [C] //Proceedings of the 5th International Conference on Weblogs and Social Media (ICWSM) . 2010: 118-125.

50. Chinazzi M. , Davis J. T. , Ajelli M. , Domingues C. S. M. , Mu K. , The effect of travel restrictions on the spread of the 2019 novel coronavirus (COVID-19) outbreak [J]. Science, 2020, 368 (6489): 395-400.

51. Cioffi-Revilla C. , The science of political networks [J]. Political Science, 2010, 43 (2): 95-112.

52. Clauset A. , Moore C. , Newman M. E. J. , Finding community structure

in very large networks [J]. Physical Review E, 2004, 70 (6): 066111.

53. Clauset A., Moore C., Newman M. E. J., Hierarchical structure and the prediction of missing links in networks [J]. Nature, 2008, 453 (7191): 98-101.

54. Coleman J. S., Foundations of social theory [M]. Cambridge: Harvard University Press, 1990.

55. Coleman J., Social capital in the creation of human capital [J]. American Journal of Sociology, 1988, 94 (4): 95-120.

56. Collins C. J., Clark K. D., Strategic human resource practices, top management team social networks, and firm performance: The role of human resource practices in creating organizational competitive advantage [J]. Academy of Management Journal, 2003, 46 (6): 740-751.

57. Coscia M., Giannotti F., Pedreschi D., A classification for community discovery methods in complex networks [J]. Statistical Analysis & Data Mining: The ASA Data Science Journal, 2011, 4 (5): 512-546.

58. Cummings J. N., Cross R., Structural properties of work groups and their consequences for performance [J]. Social Networks, 2003, 25 (3): 197-210.

59. Davis J. A., Clustering and structural balance in graphs [J]. Human Relations, 1967, 20 (2): 181-187.

60. Dawid A. P., Conditional independence in statistical theory [J]. Journal of the Royal Statistical Society: Series B, 1979, 41 (1): 1-31.

61. Dekker D., Krackhardt D., Snijders T. A. B., Sensitivity of MRQAP tests to collinearity and autocorrelation conditions [J]. Psychometrika, 2007, 72 (4): 563-581.

62. Deville P., Song C., Eagle N., Scaling identity connects human mobility and social interactions [C]. Proceedings of the National Academy of Sciences, 2016, 113 (26): 7047-7052.

63. Dhumal A., Kamde P., Survey on community detection in online social networks [J]. International Journal of Computer Applications, 2015, 121 (9): 35-41.

64. Didimo W., Montecchiani F., Fast layout computation of clustered networks: Algorithmic advances and experimental analysis [J]. Information Sciences,

2014，260：185-199.

64. 65. Donath W. E. ，Hoffman A. J. ，Lower bounds for the partitioning of graphs ［J］. IBM Journal of Research and Development，1973，17（5）：420-425.

66. Doreian P. ，Mrvar A. ，Partitioning signed social networks ［J］. Social Networks，2009，31（1）：1-11.

67. Duch J. ，Arenas A. ，Community detection in complex networks using extremal optimization ［J］. Physical Review E，2005，72：027104.

68. Du H. ，He X. ，Feldman M. W. ，Structural balance in fully signed networks ［J］. Complexity，2016，21（S1）：497-511.

69. Easley D. ，Kleinberg J. ，Networks，crowds，and markets ［M］. Cambridge Books，2010，175（4）：1073-1073.

70. Ennis R. H. ，Identifying implicit assumptions ［J］. Synthese，1982，51（1）：61-86.

71. Epstein J. M. ，Axtell R. L. ，Growing artificial societies：Social science from the bottom up ［M］. MIT Press，1996.

72. Estrada E. ，Bodin Ö. ，Using network centrality measures to manage landscape connectivity ［J］. Ecological Applications，2008，18（7）：1810-1825.

73. Evans T. S. ，Lambiotte R. ，Line graphs，link partitions，and overlapping communities ［J］. Physical Review E，2009，80（1）：016105.

74. Feng Y. ，Zhu J. ，Liu Z. ，Li Q. ，Xu Y. ，Multimodal deep learning for medical image analysis ［J］. Journal of Biomedical Informatics，2020，102：103373.

75. Fienberg S. ，Wasserman S. S. ，Categorical data analysis of single sociometric relations ［J］. Sociological Methodology，1981，12：156-192.

76. Fiesler C. ，Mernit S. M. ，Gilman M. The role of social media in the COVID-19 pandemic：Insights and recommendations ［C］//Proceedings of the 2020 CHI Conference on Human Factors in Computing Systems. 2020：1-12.

77. Fiske S. T. ，From dehumanization and objectification to rehumanization ［J］. Annals of the New York Academy of Sciences，2009，1167：31-34.

78. Flap H. D. ，De Graaf N. D. ，Social capital and attained occupational sta-

tus [J]. Netherlands Journal of Sociology, 1986, 22 (2): 145-161.

79. Fortunato S. , Barthélemy M. , Resolution limit in community detection [J]. Proceedings of the National Academy of Sciences, 2007, 104 (1): 36-41.

80. Fortunato S. , Community detection in graphs [J]. North-Holland, 2010, 486 (3): 75-174.

81. Fortunato S. , Hric D. , Community detection in networks: A user guide [J]. Physics Reports, 2016, 659: 1-44.

82. Foster B. L. , Seidman S. B. , Network structure and the kinship perspective [J]. American Ethnologist, 1981, 8 (2): 329-355.

83. Frank O. , Strauss D. , Markov graphs [J]. Journal of the American Statistical Association, 1986, 81: 832-842.

84. Freeman L. C. , A set of measures of centrality based on betweenness [J]. Sociometry, 1977: 35-41.

85. Freeman L. C. , Roeder D. , Mulholland R. R. , Centrality in social networks: II. Experimental results [J]. Social Networks, 1979, 2 (2): 119-141.

86. Freeman L. C. , The development of social network analysis [J]. A Study in the Sociology of Science, 2004, 1 (687): 159-167.

87. Frey V. , Rijt A. V. D. , Social influence undermines the wisdom of the crowd in sequential decision making [J]. Management Science, 2020, 67 (7): 3985-4642.

88. Friedkin N. E. , Social cohesion [J]. Annual Review of Sociology, 2004, 30: 409-425.

89. Friedman R. A. , Krackhardt D. , Social capital and career mobility [J]. The Journal of Applied Behavioral Science. 1997, 33: 316-334.

90. Gayo-Avello D. , I wanted to vote but I didn't: An analysis of the influence of social media on voter turnout [C] //Proceedings of the 2012 International Conference on Social Media and Society. 2012: 138-145.

91. Girvan M. , Newman M. E. J. , Community structure in social and biological networks [J]. Proceedings of the National Academy of Sciences, 2002, 99 (12): 7821-7826.

92. Glover F. , Tabu search-part I [J]. ORSA Journal on Computing, 1989,

1 (3): 190-206.

93. Goldberg D. E., Holland J. H., Genetic algorithms and machine learning [J]. Machine Learning, 1988, 3 (2/3): 95-99.

94. González M. C., Hidalgo C. A., Barabási A-L., Understanding individual human mobility patterns [J]. Nature, 2008, 453 (7196): 779-782.

95. Goodfellow I., Pouget-Abadie J., Mirza M., Xu B., Warde-Farley D., Ozair S., Courville A., Bengio Y., Generative adversarial nets [C] // Advances in Neural Information Processing Systems. 2014, 27: 2672-2680.

96. Granovetter M. S., Economic action and social structure: The problem of embeddedness [J]. American Journal of Sociology, 1985, 91 (3): 481-510.

97. Granovetter M. S., Getting a job: A study of careers [M]. Cambridge: Harvard University Press, 1974.

98. Granovetter M. S., Strength of weak ties [J]. The American Journal of Sociology, 1973, 78 (6): 1360-1380.

99. Guidotti R., Monreale A., Ruggieri S., Turini F., A survey of methods for explaining black box models [J]. ACM Computing Surveys, 2018, 51 (5): 1-42.

100. Guimerà R., Amaral L. A. N., Functional cartography of complex metabolic networks [J]. Nature, 2005, 433: 895-900.

101. Handcock H. M. S., Inference in curved exponential family models for networks [J]. Journal of Computational & Graphical Statistics, 2006, 15 (3): 565-583.

102. Han J., Pei J., Yin Y., Mining frequent patterns without candidate generation: A frequent-pattern tree approach [J]. Data Mining and Knowledge Discovery, 2011, 8 (1): 53-87.

103. Hastie R., Dawes R. M., Rational choice in an uncertain world: The psychology of judgment and decision making [M]. Sage Publications, Inc., 2001.

104. Hastie T., Tibshirani R., Friedman J., The elements of statistical learning: Data mining, inference, and prediction (2nd ed.) [M]. Springer-Verlag. 2009.

105. Heggeness M. L., Ginther D. K., Larenas M I, et al., The impact of

postdoctoral fellowships on a future independent career in federally funded biomedical research [R] . National Bureau of Economic Research, 2018.

106. Heider F. , Attitudes and cognitive organization [J]. Psychological Review, 1946, 21 (1): 107-112.

107. Henneberg S. C. , Mouzas S. , Peter N. , Going beyond customers—A business segmentation approach using network pictures to identify network segments [J]. Journal of Business Market Management, 2009, 3 (2): 91-113.

108. He X. , Du H. , Cai M. , et al. , The evolution of cooperation in signed networks under the impact of structural balance [J]. PLOS ONE, 2018, 13 (10): e0205084.

109. He X. , Li G. , Du H. , Conformity effect on the evolution of cooperation in signed networks [J]. Chaos, 2023, 33: 023114.

110. Hobbs W. R. , Burke M. , Christakis N. A. , et al. , Online social integration is associated with reduced mortality risk [J]. Proceedings of the National Academy of Sciences, 2016, 113 (46): 12980-12984.

111. Hochreiter S. , Schmidhuber J. , Long short-term memory [J]. Neural Computation, 1997, 9 (8): 1735-1780.

112. Holland P. W. , Leinhardt S. , A method for detecting structure in sociometric data [J]. Social Networks, 1970, 76 (3): 492-513.

113. Holland P. W. , Leinhardt S. , An exponential family of probability distributions for directed graphs [J]. Journal of the American Statistical Association, 1981, 76 (373): 33-50.

114. Huang J. , Liu J. , A similarity-based modularization quality measure for software module clustering problems [J]. Information Sciences, 2016, 342: 96-110.

115. Hunter D. R. , Curved exponential family models for social networks [J] . Social Networks, 2007, 29 (2): 216-230.

116. Hunter D. R. , Handcock H. M . S. , Inference in curved exponential family models for networks [J]. Journal of Computational & Graphical Statistics, 2006, 15 (3): 565-583.

117. Jacob B. A. , Lefgren L. , The impact of research grant funding on scientific productivity [J]. Journal of Public Economics. 2011, 95 (9-10): 1168-

1177.

118. Jain A. K. , Data clustering: 50 years beyond K-means [J]. Pattern Recognition Letters, 2010, 31 (8): 651-666.

119. James G. , Anderson, et al. , Computers and clinical judgement: The role of physician networks [J]. Social Science & Medicine, 1985, 20 (10): 969-979.

120. Jia J. S. , Jia J. , Hsee C. K. , et al. , The role of hedonic behavior in reducing perceived risk: Evidence from postearthquake mobile-app data [J]. Psychological Science, 2017, 28 (1): 23-35.

121. Jurafsky D. , Martin J. H. , Speech and language processing (draft) [J]. Chapter A: Hidden Markov Models (Draft of September 11, 2018) . Retrieved March, 2018, 19 (2019): 59.

122. Kairouz P. , McMahan H. B. , Avent B. , Bellet A. , Advances and open problems in federated learning [J]. Foundations and Trends in Machine Learning, 2021, 14 (1): 1-210.

123. Kandel D. B. , Similarity in real-life adolescent friendship pairs [J]. Journal of Personality & Social Psychology, 1978, 36 (3): 306-312.

124. Karypis G. , Aggarwal R. , Kumar V. , et al. , Multilevel hypergraph partitioning: applications in VLSI domain [J]. IEEE Transactions on Very Large Scale Integration (VLSI) Systems, 1999, 7 (1): 69-79.

125. Kelleher C. , Wang A. C. G. , et al. , The role of social media in disaster response: A systematic review of the literature [C] //Proceedings of the 2015 International Conference on Information Systems for Crisis Response and Management (ISCRAM) . 2015: 303-312.

126. Kirkpatrick S. , Gelatt C. D. , Vecchi M. P. , Optimization by simulated annealing [J]. Science, 1983, 220: 671-680.

127. Korolova A. , Ben-Zur A. , Klement D. , Privacy violations using social networks: Measurement and mitigation [C] //Proceedings of the 2008 ACM Conference on Computer Supported Cooperative Work. 2008: 277-286.

128. Kossinets G. , Watts D. J. , Origins of homophily in an evolving social network [J]. American Journal of Sociology, 2009, 115: 405-450.

129. Krackhardt D. , Predicting with networks: Nonparametric multiple re-

gression analysis of dyadic data [J]. Social Networks, 1988, 10 (4): 359-
381.

130. Lauderdale D., Clark R., The impact of personal networks on food se-
curity: Evidence from the US [J]. Food Security, 2018, 10 (4): 947-960.

131. Laumann E. O., Marsden P. V., Prensky D., The Boundary Specifi-
cation problem in Network Analysis [J], 1983, 61: 18-34.

132. Lazer D., Pentland A., Adamic L., Aral S., Barabási A. L., Brew-
er D., Christakis N., Contractor N., Fowler J., Gutmann M., Jebara T.,
King G., Macy M., Roy D., Van Alstyne M., Computational social science [J].
Science, 2009, 323 (5915): 721-723.

133. LeCun Y., Bengio Y., Hinton G., Deep learning [J]. Nature,
2015, 521 (7553): 436-444.

134. LeCun Y., Denker J., Solla S., Optimal brain damage [J]. Advances
In neural Information Processing Systems, 1989, 2: 598-605.

135. Lin N., Conceptualizing social support [M] Social Support, Life E-
vents, and Depression. Elsevier, 1986: 17-30.

136. Lin N., Social networks and status attainment [J]. Annual Review of
Sociology, 1999, 25: 467-487.

137. Lin N., Dumin M., Access to occupations through social ties [J]. So-
cial Networks, 1986, 8 (4): 365-385.

138. Lin N., Social capital: A theory of social structure and action [M].
New York: Cambridge University Press, 2001.

139. Lin N., Social networks and status attainment [J]. Annual Review of
Sociology, 1999, 25 (1): 467-487.

140. Lin N., Social resources and instrumental action [J]. Social Structure
And Network Analysis, 1982, 131-145.

141. Lin S., Kernighan B. W., An effective heuristic algorithm for the trave-
ling-salesman problem [J]. Operations Research, 1973, 21 (2): 498-516.

142. Loury G. C., A dynamic theory of racial income differences [R]. Dis-
cussion Paper, 1976.

143. Macy M. W., Willer R., From factors to actors: Computational sociol-
ogy and agent-based modeling [J]. Annual Review of Sociology, 2002, 28: 143-

166.

144. Mantel N. , The detection of disease clustering and a generalized regression approach [J]. Cancer Research, 1967, 27 (2): 209-220.

145. Hobbs, Thomas, Facebook urges brands to 'catch up' in mobile [J]. Marketing Week, 2016.

146. Marsden P. , Core discussion networks of Americans [J]. American Sociological Review, 1987, 52 (1): 122-131.

147. Mazloumian A. , Eom Y. H. , Helbing D. , et al. , How citation boosts promote scientific paradigm shifts and nobel Prizes [J]. PLoS ONE, 2011, 6 (5): e18975.

148. McPherson M. , Smith-Lovin L. , Cook J. M. , Birds of a feather: Homophily in social networks [J]. Annual Review of Sociology, 2001, 27: 415-444.

149. Meadows D. H. , Randers J. , Meadows D. L. , Limits to growth: The 30-year update [M]. Chelsea Green Publishing, 2004.

150. Mehra A. , Dixon A. L. , Brass D. J. , et al. , The social network ties of group leaders: Implications for group performance and leader reputation [J]. Organization Science, 2006, 17 (1): 64-79.

151. Merton R. K. , The Matthew effect in science: The reward and communication systems of science are considered [J]. Science, 1968, 159 (3810): 56-63.

152. Milgram S. , The small world problem [J]. Psychology Today, 1967, 2: 60-67.

153. Mitchell J. C. , Social networks in urban situations: Analyses of personal relationships in central African towns [M]. Zambia: Manchester University Press. 1969.

154. Mokken R. J. , Cliques, clubs and clans [J]. Quality & Quantity, 1979, 13 (2): 161-173.

155. Monge P. R. , Contractor N. S. , Theories of communication networks [M]. Oxford University Press, 2003.

156. Moore C. , Newman M. E. J. , Epidemics and percolation in small-world networks [J]. Physical Review E, 2000, 61 (5 Pt B): 5678.

157. Najafabadi M. M. , Seliya N. , Khoshgoftaar T. M. , Deep learning: A

review [J]. IEEE Transactions on Neural Networks and Learning Systems, 2015, 26 (5): 1019-1034.

158. Nash Jr J. F. , Equilibrium points in n-person games [J]. Proceedings of the National Academy of Sciences, 1950, 36 (1): 48-49.

159. Nemeth R. J. , Smith D. A. , International trade and world-system structure: A multiple network analysis [J]. Review (Fernand Braudel Center), 1985, 8 (4): 517-560.

160. Newman M. E. J. , Assortative mixing in networks [J]. Physical review letters, 2002, 89 (20): 208701.

161. Newman M. E. J. , Barabási A. L. , Watts D. J. , The structure and dynamic of networks [M]. Princeton, New Jersey: Princeton University Press, 2006.

162. Newman M. E. J. , Fast algorithm for detecting community structure in networks [J]. Physical Review E, 2004, 69 (6): 066133.

163. Newman M. E. J. , Finding community structure in networks using the eigenvectors of matrices [J]. Physical Review E, 2006, 74 (3): 036-104.

164. Newman M. E. J. , Girvan M. , Finding and evaluating community structure in networks [J]. Physical Review E, 2004, 69: 026113.

165. Newman M. E. J. , Mixing patterns in networks [J]. Physical Review E, 2003, 67 (2): 026126.

166. Newman M. E. J. , Networks: An introduction [M]. Oxford University Press, 2010.

167. Newman M. E. J. , Networks (2nd ed.) [M]. Oxford University Press, 2018.

168. Nowak M. A. , May R. M. , Evolutionary games and spatial chaos [J]. Nature, 1992, 359 (6398): 826-829.

169. Olson M. , The logic of collective action [M]. Harvard University Press, 1971.

170. OTTE E. , ROUSSEAU R. , Social network analysis: A powerful strategy, also for the information sciences [J]. Journal of Information Science, 2002, 28 (6): 441-453.

171. Otte E. , Social network analysis: A powerful strategy, also for the information sciences [J]. Journal of Information Science, 2002, 28 (6): 441-454.

172. Pang B. , Lee L. , Opinion mining and sentiment analysis [J]. Foundations and Trends in Information Retrieval, 2008, 2 (1-2): 1-135.

173. Panning W. H. , Fitting blockmodels to data [J]. Social Networks, 1982, 4 (1): 81-101.

174. Pareto V. , The new theories of economics [J]. Journal of Political Economy, 1897, 5 (4): 485-502.

175. Petersen A. M, Fortunato S. , Pan R. K. , et al. , Reputation and impact in academic careers [J]. Proceedings of the National Academy of Sciences, 2014, 111 (43): 15316-15321.

176. Pizzuti C. , Evolutionary computation for community detection in networks: A review [J]. IEEE Transactions on Evolutionary Computation, 2018, 22 (3): 464-483.

177. Portes A. , The economic sociology of immigration: Essays on networks, ethnicity, and entrepreneurship [M]. New York: Russell Sage Foundation, 1995.

178. Price D. J. D. S. , General theory of bibliometric and other cumulative advantage processes [J]. Journal of the American Society for Information Science, 1976, 27 (5): 292-306.

179. Price D. J. D. S. , Networks of scientific papers [J]. Science, 1965, 149: 510-515.

180. Putnam R. , The prosperous community: Social capital and public life [J]. The American Prospect, 1993, 4: 35-42.

181. Raftery A. E. , Statistics in sociology [J]. Journal of the American Statistical Association, 2000, 95 (450): 654-661.

182. Rahel F. J. , Biogeographic barriers, connectivity and homogenization of freshwater faunas: It's a small world after all [J]. Freshwater Biology, 2010, 52 (4): 696-710.

183. Rand D. G. , Cotter C. , Baras A. , Social networks and the dynamics of collective behavior [J]. Science, 2019, 364 (6439): 989-993.

184. Ravasz E. , Somera A. L. , Mongru D. A. , et al. , Hierarchical organization of modularity in metabolic networks [J]. Science, 2002, 297 (5586): 1551-1555.

185. Resnick P. , Iacovou N. , Sucharita M. , Recommender systems: Challenges and research directions [C] //Proceedings of the 2nd ACM Conference on Electronic Commerce (EC) . 2000: 1-6.

186. Richardson J. G. , Handbook of theory and research for the sociology of education [M]. Contemporary Sociology, 1986.

187. Robins G. L. , Morris M. , Advances in exponential random graph (p*) models [J]. Social Networks, 2007, 29: 169-172.

188. Robins G. L. , Pattison P. E. , Wang P. , Closure, connectivity and degree distributions: Exponential random graph (p*) models for directed social networks [J]. Social Networks, 2009, 31 (2): 105-117.

189. Rogers E. M. , Bhowmik D. K. , Homophily-heterophily: Relational concepts for communication research [J]. Public Opinion Quarterly, 1970, 34: 523-538.

190. Rong Z. , Li X. , Wang X. , Roles of mixing patterns in cooperation on a scale-free networked game [J] .Physical Review E, 2007, 76 (2): 027101.

191. Ruan D. , Social network in urban China [D]. Columbia University, 1993.

192. Sabidussi G. , The centrality index of a graph [J]. Psychometrika, 1966, 31 (4): 581-603.

193. Santos F. C. , Pacheco J. M. , Lenaerts T. Cooperation prevails when individuals adjust their social ties [J]. PLoS Computational Biology, 2006, 2 (10): 1284-1291.

194. Schläpfer M. , Gollier J-P. , et al. , The role of urban density in the spread of COVID-19: Evidence from a longitudinal study of Swiss cities [J]. Scientific Reports, 2021, 11: 13218.

195. Schwartz S. H. , Normative influences on altruism [J]. Advances in Experimental Social Psychology, 1977: 221-279.

196. Scott J. , Social network analysis: A handbook [M]. 2nd ed. Thousand Oaks: Sage Publications, 2002.

197. Seidman S. B. , Foster B. L. , A graph-theoretic generalization of the clique concept [J]. Journal of Mathematical Sociology, 1978, 6 (1): 139-154.

198. Smith J. M. , Price G. R. , The logic of animal conflict [J] . Nature, 1973, 246 (5427): 15-18.

199. Snijders T. A. B. , Markov chain Monte Carlo estimation of exponential random graph models [J]. Journal of Social Structure, 2002, 3 (2): 1-40.

200. Snijders T. A. B. , Pattison P. E. , Robins G. L. , et al. , New specifications for exponential random graph models [J] . Sociological Methodology, 2006, 36 (1): 99-153.

201. Snijders T. A. B. , The degree variance: An index of graph heterogeneity [J]. Social Networks, 1981, 3 (3): 163-174.

202. Snyder D. , Kick E. L. , Structural position in the world system and economic growth, 1955-1970: A multiple-network analysis of transnational interactions [J]. American Journal of Sociology, 1979, 84 (5): 1096-1126.

203. Solove D. J. , A taxonomy of privacy [J] . University of Pennsylvania Law Review, 2006, 154 (3): 477-564.

204. Szabó G. , Vukov J. , Cooperation for volunteering and partially random partnerships [J]. Physical Review E, 2004, 69 (2): 036107.

205. Szabó G. , Vukov J. , Szolnoki A. , Phase diagrams for an evolutionary prisoner's dilemma game on two-dimensional lattices [J] . Physical Review E, 2005, 72 (4): 047107.

206. Szolnoki A. , Perc M. , Danku Z. , Towards effective payoffs in the prisoner's dilemma game on scale-free networks [J] . Physica A, 2008, 387 (8): 2075-2082.

207. Tang C. L. , Wang W. X. , Wu X. , et al. , Effects of average degree on cooperation in networked evolutionary game [J]. European Physical Journal B, 2006, 53 (3): 411-415.

208. Taylor P. D. , Jonker L. B. , Evolutionarily stable strategies and game dynamics [J]. Mathematical Biosciences, 1978, 40 (1-2): 145-156.

209. Tumasjan A. , Sprenger T. O. , Sandner P. G. , Welpe I. M. , Predicting elections with Twitter: What 140 characters reveal about political sentiment [C] //Proceedings of the Fourth International Conference on Weblogs and Social Media (ICWSM) . 2010: 178-185.

210. Uzzi B. , Social structure and competition in interfirm networks: The

paradox of embeddedness [J]. Administrative Science Quarterly, 1997, 42 (1): 35-67.

211. Wallerstein I. , The rise and future demise of the world capitalist system: Concepts for comparative analysis [J]. Comparative Studies in Society & History, 1974, 16 (4): 387-415.

212. Walter D. , Didimo F. , Fabrizio, et al. , Fast layout computation of clustered networks: Algorithmic advances and experimental analysis [J]. Information Sciences: An International Journal, 2014, 260: 185-199.

213. Wang D. , Song C. , Barabási A. L. , Quantifying long-term scientific impact [J]. Science, 2013, 342 (6154): 127-132.

214. Wang Z. , Reliability analysis of social network data transmission in wireless sensor network topology [J]. Journal of Sensors, 2022, 1-10.

215. Wasserman S. , Faust K. , Social network analysis: Methods and applications [M]. New York and Cambridge, ENG: Cambridge University Press, 1994.

216. Watts D. J. , Small worlds: The dynamics of networks between order and randomness [M]. Princeton: Princeton University Press, 1999.

217. Watts D. J. , Strogatz S. H. , Collective dynamics of 'small-world' networks [J]. Nature, 1998, 393 (6884): 440-442.

218. Welch E. , Melkers J. , Effects of network size and gender on PI grant awards to scientists and engineers: An analysis from a national survey of five fields [C] Annual Meeting of the Association for Public Policy and Management (APPAM) . 2006: 999-1006.

219. Wellman B. , Berkowitz S. D. , Social structures: A network approach [J]. American Political Science Association, 1988, 83 (4): 1-25.

220. Wellman B. , The community question: The intimate networks of East Yorkers [J]. American Journal of Sociology, 1979, 84 (5): 1201-1231.

221. Wellman B. , Wellman B. , Domestic affairs and network relations [J]. Journal of Social and Personal Relationships, 1992, 9 (3): 385-409.

222. White H. C. , Boorman S. A. , Breiger R. L. , et al. , Social structure from multiple networks: I. Blockmodels of roles and positions [J]. American Journal of Sociology, 1976, 81 (4): 730-780.

223. White H. C. , Breiger R. L. , Pattern across networks ［J］. Society, 1975, 12 (5): 68-74.

224. Wilkinson D. M. , Huberman B. A. , A method for finding communities of related genes ［J］. Proceedings of the National Academy of Sciences of the United States of America, 2004, 101 (52): 5241-5248.

225. Wuchty S. , Jones B. F. , et al. , The increasing dominance of teams in production of knowledge ［J］. Science, 2007, 316 (5827): 1036-1039.

226. Wu Y. , Zhang Z. , Wang M. , Yu Z. , The role of social media in the COVID-19 pandemic ［J］. PLOS ONE, 2020, 15 (10): e0240093.

227. Yang Y. , Chawla N. V. , Uzzi B. , A network's gender composition and communication pattern predict women's leadership success ［J］. Proceedings of the National Academy of Sciences of the United States of America, 2019, 116 (6): 2033-2038.

228. Zhang X. , Newman M. E. , Multiway spectral community detection in networks ［J］. Physical Review E, 2015, 92 (5): 052808.

229. Zhao Y. , Zhang X. , Liu L. , The role of social media in shaping public opinion on climate change: Evidence from the 2019 United Nations Climate Action Summit ［J］. Environmental Communication, 2019, 13 (5): 647-665.

230. Zikopoulos G. L. , Eaton C. , Understanding big data: Analytics for enterprise class Hadoop and streaming data ［M］. McGraw-Hill, 2011.

231. Zipf G. K. , Human behavior and the principle of least effort: An introduction to human ecology ［M］. Ravenio Books, 2016.

232. Zuckerman H. , Scientific elite: Nobel laureates in the United States ［M］. Transaction Publishers, 1977.

233. Zukin S. , DiMaggio P. , Structures of capital: The social organization of the economy ［M］. New York: Cambridge University Press, 1990.

234. 边燕杰. 城市居民社会资本的来源及作用: 网络观点与调查发现 ［J］. 中国社会科学, 2004 (03): 136-146.

235. 边燕杰. 关系社会学及其学科地位 ［J］. 西安交通大学学报 (社会科学版), 2010, 30 (03): 1-6+48.

236. 边燕杰, 雷鸣. 虚实之间: 社会资本从虚拟空间到实体空间的转换 ［J］. 吉林大学社会科学学报, 2017, 57 (03): 81-91+205-206.

237. 边燕杰. 找回强关系：中国的间接关系，网络桥梁和求职 [J]. 国外社会学，1998（02）：50-65.

238. 陈悦，邢黎黎，滕立. 科学计量学视角下的石墨烯发现之争 [J]. 自然辩证法研究，2013，29（01）：84-89.

239. Dean L.，Johan K.，Garry R.，et al.，社会网络指数随机图模型：理论、方法与应用 [M]. 北京：社会科学文献出版社，2016.

240. 党兴华，裴筱捷，王雷. 风险投资网络社群结构、信息传播与认知临近性 [J]. 科研管理，2022，43（03）：134-141.

241. 董姗姗. 突发灾害下应急物资调度网络级联故障建模与恐慌情绪对公众物资需求的影响 [D]. 杭州：浙江工商大学，2021.

242. 段尧清，尚婷，周密. 我国政务大数据政策扩散特征与主题分析 [J]. 图书情报工作，2020，64（13）：133-139.

243. 冯仕政. 沉默的大多数：差序格局与环境抗争 [J]. 中国人民大学学报，2007（1）：122-132.

244. 付允，牛文元，汪云林，等. 科学学领域作者合作网络分析——以《科研管理》（2004-2008）为例 [J]. 科研管理，2009，30（03）：41-46.

245. 郭福. 关系强度与社会资本——基于条件性来源视角的个案研究 [D]. 兰州：西北师范大学，2021.

246. 郭丽婷. 社会资本：文献回顾与研究展望 [J]. 财会月刊，2017（30）：80-84.

247. 郭永正. 国际科学合作个体中心网的中印比较 [J]. 科学学与科学技术管理，2008（8）：18-23.

248. 黄少华. 社会资本对网络政治参与行为的影响——对天津、长沙、西安、兰州四城市居民的调查分析 [J]. 社会学评论，2018，6（02）：19-32.

249. 季航宇，蔡忠亮，姜莉莉，等. 出租车出行的空间不平等及其与人口结构的关联 [J]. 武汉大学学报（信息科学版），2021，46（05）：766-776.

250. 江晟. 秩序的崩溃：鼠疫对现代早期法国社群结构的影响 [J]. 史学月刊，2022（01）：126+136+127-135.

251. 李金华. 网络研究三部曲：图论、社会网络分析与复杂网络理论 [J]. 华南师范大学学报（社会科学版），2009，178（02）：136-138.

252. 李黎明，李晓光. 社会资本动员如何影响社会支持获取？——理论拓展与因果检验 [J]. 山东社会科学，2019（05）：46-56.

253. 李立群，王礼力．社会网络视角下知识管理与农业企业绩效关系研究 [J]．科技管理研究，2015，35（13）：141-145.

254. 李树苗，杨绪松，任义科，等．农民工的社会网络与职业阶层和收入：来自深圳调查的发现 [J]．当代经济科学，2007（01）：25-33+124-125.

255. 梁潇．三螺旋创新模式中信息流主体研究——以信息论加权的社会网络分析法 [J]．情报科学，2008，197（01）：115-119.

256. 林聚任．论社会网络分析的结构观 [J]．山东大学学报：哲学社会科学版，2008，（5）：7.

257. 林聚任．社会网络分析：理论、方法与应用 [M]．北京：北京师范大学出版社，2009.

258. 林南．从个人走向社会：一个社会资本的视角 [J]．社会科学战线，2020，（02）：213-223.

259. 林南．社会资本：关于社会结构与行动的理论 [M]．上海人民出版社，2005.

260. 林南，俞弘强．社会网络与地位获得 [J]．马克思主义与现实，2003，（2）：14.

261. 刘纪达，王健．变迁与演化：中国退役军人安置保障政策主题和机构关系网络研究 [J]．公共管理学报，2019，16（04）：142-155+175.

262. 刘京臣．大数据视阈中的明清进士家族研究——以 CBDB、中华寻根网为例 [J]．北京大学学报（哲学社会科学版），2019，56（04）：96-108.

263. 刘军．社会网络分析导论 [M]．北京：社会科学文献出版社，2004.

264. 刘军．整体网分析：UCINET 软件实用指南（第 2 版）[M]．格致出版社；上海人民出版社，2014.

265. 刘林，刘丽．企业家社会资本的测量评述 [J]．重庆工商大学学报（社会科学版），2013，30（06）：27-44.

266. 刘淑华，魏以宁，唐心怡．数据分析视角下的地方政府危机治理与政策传播研究 [J]．复旦公共行政评论，2017（01）：24-61.

267. 鲁谢尔，科斯基宁，罗宾斯．社会网络指数随机图模型：理论，方法与应用 [M]．社会科学文献出版社，2016.

268. 吕涛．社会资本的网络测量——关系、位置与资源 [J]．广东社会科学，2012（01）：233-239.

269. 罗家德. 社会网分析讲义（第2版）［M］. 北京：社会科学文献出版社，2010.

270. 梅大伟，修春亮. 沈阳市居住-就学网络空间结构研究［J］. 经济地理，2020，40（12）：72-80.

271. 米加宁，章昌平，李大宇等. 第四研究范式：大数据驱动的社会科学研究转型［J］. 学海，2018（02）：11-27.

272. 聂瑞华，石洪波，米子川. 一对多轮换估计法下的同伴驱动抽样方法探讨［J］. 统计与决策，2019，35（22）：16-19.

273. 潘俊. 探微知著：从知识库和科举文献中构建历史社会网络——以明代进士群体为中心［J］. 图书馆论坛，2021，41（05）：48-59.

274. 邱均平，于长福，马瑞敏. 图林博客的社会网络分析［J］. 图书情报工作，2008，52（11）：6-9.

275. 邱泽奇，乔天宇. 强弱关系，还是关系人的特征同质性？［J］. 社会学评论，2018，6（01）：3-20.

276. 苏娜，张志强. 社会网络分析在学科研究趋势分析中的实证研究——以数字图书馆领域为例［J］. 情报理论与实践，2009，32（09）：79-83.

277. 孙立新，刘志祥，黄晓芬. 社会资本的理论基础与测量方法研究［J］. 商业时代，2013（01）：93-94.

278. 孙秀林. 城市移民的政治参与：一个社会网络的分析视角［J］. 社会，2010，30（1）：46-68.

279. 谭跃进，吴俊，邓宏钟. 复杂网络中节点重要度评估的节点收缩方法［J］. 系统工程理论与实践，2006（11）：79-83+102.

280. 汪维富，钟志贤. 博客社区中好友链接的社会网络分析——以科学网的博客社区为分析案例［J］. 现代远距离教育，2010，（05）：55-59.

281. 汪小帆，李翔，陈关荣. 复杂网络理论及其应用［M］. 清华大学出版社，2006.

282. 汪应洛. 系统工程［M］. 北京：机械工业出版社，2015.

283. 王家辉，夏志杰，王诣铭等. 基于句法规则和社会网络分析的网络舆情热点主题可视化及演化研究［J］. 情报科学，2020，38（07）：132-139.

284. 王术坤，董永庆，许悦. 宗教信仰与农村居民社会网络：信教者的朋友更多吗？——基于 CLDS 数据的实证检验 [J]. 世界经济文汇, 2020 (02): 36-55.

285. 王卫东. 中国城市居民的社会网络资本与个人资本 [J]. 社会学研究, 2006 (03): 151-166 + 245.

286. 王卫东. 中国社会文化背景下社会网络资本的测量 [J]. 社会, 2009, 29 (03): 146-158+227.

287. 王文彬, 赵延东. 自雇过程的社会网络分析 [J]. 社会, 2012, 32 (3): 78-97.

288. 王晓光. 微博客用户行为特征与关系特征实证分析——以 "新浪微博" 为例 [J]. 图书情报工作, 2010, 54 (14): 66-70.

289. 韦尔曼. 网络分析: 从方法和隐喻到理论和实质 [J]. 张文宏, 译. 国外社会学, 1994 (02): 8.

290. 魏龙, 党兴华. 非对称视角下技术创新网络社群结构涌现及其对双元创新的影响研究 [J]. 运筹与管理, 2017, 26 (10): 188-199.

291. 魏娜, 范梓腾, 孟庆国. 中国互联网信息服务治理机构网络关系演化与变迁——基于政策文献的量化考察 [J]. 公共管理学报, 2019, 16 (02): 91-104+172-173.

292. 魏娜, 缪燕子. 新中国成立以来社会救助政策变迁: 历程、原因与趋势——基于间断-均衡理论的视角 [J]. 教学与研究, 2018, 472 (02): 78-85.

293. 夏一雪. 基于舆情大数据的社会安全事件情报感知与应用研究 [J]. 现代情报, 2019, 39 (11): 121-127.

294. 夏雨禾. 微博互动的结构与机制——基于对新浪微博的实证研究 [J]. 新闻与传播研究, 2010, 18 (04): 60-69+110-111.

295. 肖鸿. 试析当代社会网研究的若干进展 [J]. 社会学研究, 1999 (03): 11.

296. 谢宇. 奥迪斯·邓肯的学术成就: 社会科学中用于定量推理的人口学方法 [J]. 社会, 2008, 28 (03): 81-105.

297. 谢宇. 社会学方法与定量研究 [M]. 北京: 社会科学文献出版社, 2006.

298. 徐汉青, 滕广青, 安宁, 等. 领域核心知识个体网的生长演化研究 [J]. 图书馆学研究, 2018, 432 (13): 19-27.

299. 徐选华，余紫昕. 社会网络环境下基于公众行为大数据属性挖掘的大群体应急决策方法及应用 [J]. 控制与决策，2022，37（01）：175-184.

300. 许超，陈小荷.《左传》中的春秋社会网络分析 [J]. 南京师范大学文学院学报，2014（01）：179-184.

301. 许进，席酉民，汪应洛. 系统的核与核度 [J]. 系统科学与数学，1993，（02）：102-110.

302. 许彤，朱瑾. 在线社群结构特征对企业双元创新的影响研究 [J]. 科技管理研究，2021，41（11）：9-15.

303. 严程. 顾太清交游网络分析视野下"秋红吟社"变迁考 [J]. 山东社会科学，2018（07）：64-69.

304. 杨奕，张毅. 复杂公共议题下社交媒体主题演化趋势与社会网络分析——以中美贸易争端为案例的比较研究 [J]. 现代情报，2021，41（03）：94-109.

305. 余梦珑，余红. 科学传播行动者的角色呈现与关系互动研究 [J]. 情报杂志，2022，41（05）：169-175+91.

306. 翟学伟. 是"关系"，还是社会资本 [J]. 社会，2009，29（01）：109-121.

307. 张芳，司光亚，罗批. 谣言传播模型研究综述 [J]. 复杂系统与复杂性科学，2009，6（04）：1-11.

308. 张剑，黄萃，叶选挺，等. 中国公共政策扩散的文献量化研究——以科技成果转化政策为例 [J]. 中国软科学，2016（02）：145-155.

309. 张生太，宣雅迪，仇泸毅，等. 基于社会网络分析和文献计量学的新冠肺炎学术研究现状与特点研究 [J]. 北京邮电大学学报（社会科学版），2020，22（05）：87-98+124.

310. 张文宏，李沛良，阮丹青. 城市居民社会网络的阶层构成 [J]. 社会学研究，2004（06）：1-10.

311. 张文宏，阮丹青. 城乡居民的社会支持网 [J]. 社会学研究，1999（03）：12-24.

312. 张文宏. 社会网络分析的范式特征——兼论网络结构观与地位结构观的联系和区别 [J]. 江海学刊，2007（05）：100-106.

313. 张文宏. 中国社会网络与社会资本研究 30 年 [J]. 江海学刊，

2011（02）：104-112.

314. 张文玉，蒋承. 家庭社会资本与大学生就业——区分社会资本存量与使用量的实证分析［J］. 教育学术月刊，2018（09）：16-29.

315. 张学志，才国伟. 社会资本对农民工收入的影响研究——基于珠三角调查数据的证据［J］. 中山大学学报（社会科学版），2012，52（05）：212-220.

316. 张应强，郝静. 试论社会网络分析技术在历史人类学中的应用——兼议清水江文书数据化的一种可能路向［J］. 西北民族研究，2022，114（03）：71-82.

317. 赵延东，李睿婕. 使用定位法测量个体社会网结构［J］. 天津师范大学学报（社会科学版），2017（01）：36-42.

318. 赵延东，罗家德. 如何测量社会资本：一个经验研究的综述［J］. 国外社会科学，2005（02）：18-24.

319. 赵延东，周婵. 我国科研人员的科研合作网络分析——基于个体中心网视角的研究［J］. 科学学研究，2011，29（7）：999-1006.

320. 郑曦，孙建军. 链接分析领域的作者合作网络及其分析［J］. 图书情报工作，2009，53（04）：29-32+105.

321. 周涛，柏文洁，汪秉宏等. 复杂网络研究概述［J］. 物理，2005，34（001）：31-36.

322. 邹宇春. 社会资本的效用分析：以对城市居民普遍信任的影响为例［J］. 华中科技大学学报（社会科学版），2015，29（03）：70-80.

323. 左旭东. 定名法、讨论网与社会分层［J］. 宁夏大学学报（人文社会科学版），2006（05）：40-43.

图书在版编目（CIP）数据

社会网络分析方法与应用：从属性分析到结构分析／
杜海峰等编著 . --北京：社会科学文献出版社，2025.
5. --（关系社会学丛书）. --ISBN 978-7-5228-5400-7

Ⅰ. C912.3

中国国家版本馆 CIP 数据核字第 2025HV1654 号

关系社会学丛书

社会网络分析方法与应用
——从属性分析到结构分析

编　　著／杜海峰　何晓晨　任义科　王　洋　蔡　萌

出 版 人／冀祥德
责任编辑／徐崇阳
文稿编辑／周晓莹
责任印制／岳　阳

出　　版／社会科学文献出版社·生态文明分社（010）59367143
　　　　　地址：北京市北三环中路甲 29 号院华龙大厦　邮编：100029
　　　　　网址：www.ssap.com.cn
发　　行／社会科学文献出版社（010）59367028
印　　装／三河市尚艺印装有限公司

规　　格／开　本：787mm×1092mm　1/16
　　　　　印　张：24.75　字　数：427 千字
版　　次／2025 年 5 月第 1 版　2025 年 5 月第 1 次印刷
书　　号／ISBN 978-7-5228-5400-7
定　　价／128.00 元

读者服务电话：4008918866